VOLTA AO MUNDO

VOLTA AO MUNDO

um guia irreverente

ANTHONY BOURDAIN

e Laurie Woolever

TRADUÇÃO DE LIVIA DE ALMEIDA

ILUSTRAÇÕES DE WESLEY ALLSBROOK

Copyright @ 2021 by Anthony M. Bourdain Trust UW.
Todos os direitos reservados.

Anthony M. Bourdain Trust UW, c/o InkWell Management LLC.
"De volta a Nova Jersey com Tony" (p. 174), "Paris pelos olhos de uma criança" (p. 252) e "*Uruguay dreamin*'" (p. 436) © 2019 Christopher Bourdain. Publicados com a permissão de Christopher Bourdain.

TÍTULO ORIGINAL
World Travel: an irreverent guide

PREPARAÇÃO
Gabriel Demasi

REVISÃO
Rayana Faria
Ulisses Teixeira

DIAGRAMAÇÃO
Inês Coimbra

DESIGN DE CAPA
Allison Saltzman

ARTE DE CAPA
Wesley Allsbrook

ADAPTAÇÃO DE CAPA
Antonio Rhoden

CIP-BRASIL. CATALOGAÇÃO NA PUBLICAÇÃO
SINDICATO NACIONAL DOS EDITORES DE LIVROS, RJ

B778v

Bourdain, Anthony, 1956-2018
    Volta ao mundo : um guia irreverente / Anthony Bourdain, Laurie Woolever ; ilustração Wesley Allsbrook ; tradução Livia de Almeida. - 1. ed. - Rio de Janeiro : Intrínseca, 2021.
    464 p. : il. ; 23 cm.

    Tradução de: World travel
    ISBN: 978-65-5560-300-2

    1. Bourdain, Anthony, 1956-2018 - Viagens. 2. Cozinha internacional. 3. Viagens internacionais. 4. Hábitos alimentares. I. Woolever, Laurie. II. Allsbrook, Wesley. III. Almeida, Livia de. IV. Título.

21-72582   CDD: 641.59
                 CDU: 641:910.4

Camila Donis Hartmann - Bibliotecária - CRB-7/6472

[2021]
Todos os direitos desta edição reservados à
EDITORA INTRÍNSECA LTDA.
Rua Marquês de São Vicente, 99, 3º andar
22451-041 — Gávea
Rio de Janeiro — RJ
Tel./Fax: (21) 3206-7400
www.intrinseca.com.br

1ª EDIÇÃO
Outubro de 2021

REIMPRESSÃO
Julho de 20212

IMPRESSÃO
GEOGRÁFICA

PAPEL DE MIOLO
UPM 60g/m²

PAPEL DE CAPA
Cartão Supremo 250g/m²

TIPOGRAFIA
BRANDON GROTESQUE

SUMÁRIO

9	**INTRODUÇÃO**
15	**ARGENTINA** | BUENOS AIRES 15
21	**AUSTRÁLIA** | MELBOURNE 21 | SYDNEY 24
31	**ÁUSTRIA** | VIENA 31
37	**BRASIL** | SALVADOR 37
41	**BUTÃO**
47	**CAMBOJA** | PHNOM PENH E SIEM REAP 47 | KAMPOT E KEP-SUR-MER 51
53	**CANADÁ** | MONTREAL E QUEBEC 53 | TORONTO 58 | VANCOUVER 66
71	**CHINA** | HONG KONG 71 | XANGAI 76 | PROVÍNCIA DE SICHUAN 82
87	**CINGAPURA**
97	**COREIA DO SUL** | SEUL 97
105	**CROÁCIA**
111	**CUBA**
119	**ESPANHA** | BARCELONA 119 | SAN SEBASTIÁN 122
127	**ESTADOS UNIDOS** | LOS ANGELES, CALIFÓRNIA 127 | MIAMI, FLÓRIDA 135 | ATLANTA, GEÓRGIA 138 | CHICAGO, ILLINOIS 144 | NOVA ORLEANS, LOUISIANA 154 | PROVINCETOWN, MASSACHUSETTS 159 | DETROIT, MICHIGAN 162 | LIVINGSTON, MONTANA 167 | NOVA JERSEY 171 | NOVA YORK 178 | PORTLAND, OREGON 194 | FILADÉLFIA, PENSILVÂNIA 198 | PITTSBURGH, PENSILVÂNIA 202 | CHARLESTON, CAROLINA DO SUL 205 | AUSTIN, TEXAS 210 | SEATTLE, WASHINGTON 213 | VIRGÍNIA OCIDENTAL 218
223	**FILIPINAS** | MANILA 223
229	**FINLÂNDIA**
233	**FRANÇA** | CHAMONIX (ALPES FRANCESES) 233 | LYON 236 | MARSELHA 244 | PARIS 246
257	**GANA** | ACRA 257

261	**ÍNDIA** | MUMBAI 261 | PUNJAB 264 | RAJASTÃO 268 | UDAIPUR 270	
273	**IRLANDA** | DUBLIN 273 |	
277	**ISRAEL** | JERUSALÉM 277 |	
281	**ITÁLIA** | NÁPOLES 281 | ROMA 285 | SARDENHA 293 |	
299	**JAPÃO** | OSAKA 299 | TÓQUIO 303 |	
311	**LAOS** |	
317	**LÍBANO** | BEIRUTE 317 |	
321	**MACAU** |	
327	**MALÁSIA** | KUALA LUMPUR 327 | PENANG 332 |	
335	**MARROCOS** | TÂNGER 335 |	
341	**MÉXICO** | CIDADE DO MÉXICO 342 | OAXACA 347 |	
351	**MIANMAR** |	
357	**MOÇAMBIQUE** |	
363	**NIGÉRIA** | LAGOS 363 |	
369	**OMÃ** |	
377	**PERU** | LIMA 377 | CUSCO E MACHU PICCHU 380 |	
383	**PORTUGAL** | LISBOA 384 | PORTO 385 |	
389	**QUÊNIA** |	
395	**REINO UNIDO** | LONDRES, INGLATERRA 395 | EDIMBURGO, ESCÓCIA 400 | GLASGOW, ESCÓCIA 402 |	
405	**SRI LANKA** |	
413	**TAIWAN** |	
419	**TANZÂNIA** |	
425	**TRINIDADE E TOBAGO** |	
431	**URUGUAI** | MONTEVIDÉU 433 | GARZÓN 434 |	
443	**VIETNÃ** | HOI AN E HUE 443 | HANÓI 446 | SAIGON E HO CHI MINH 449 |	

Apêndice: Referências cinematográficas **454** | Agradecimentos **456** | Citações **458**

VOLTA AO MUNDO

INTRODUÇÃO

Nunca tive a intenção de ser um repórter, um crítico, um paladino. Também nunca tive a intenção de informar ao público "tudo" o que ele precisava saber sobre um lugar — nem mesmo oferecer um panorama equilibrado ou abrangente. Sou um contador de histórias. Vou a lugares e volto. Conto o que esses lugares me fizeram sentir. Através de ferramentas poderosas como ótima fotografia, edição habilidosa, mixagem de som, correção de cores, música (muitas vezes composta especificamente com esse propósito) e produtores brilhantes, consigo — nos melhores casos — fazer você se sentir um pouco como eu me senti naquele momento. Pelo menos é o que espero. É um processo manipulador. E também profundamente satisfatório.

ANTHONY BOURDAIN, 2012

Será que o mundo precisava mesmo de outro guia de viagens, e será que precisávamos escrevê-lo? Em março de 2017, quando Tony e eu começamos a discutir as ideias para este livro — um atlas visto pelos olhos dele (e pelas lentes da televisão) — eu também não tinha certeza disso. Ele estava ainda mais ocupado e produtivo, com um selo editorial, uma participação num site de viagens e vários projetos de filme e de escrita pelos quais era apaixonado, além da sua carreira na TV que exigia bastante dele. Com tanto conteúdo por aí e muita coisa já em andamento, às vezes eu sentia que estávamos indo destrambelhados rumo ao "Monte Bourdain".

No entanto, eu tinha gostado bastante do processo de escrever um livro de receitas (*Appetites*, publicado em 2016) com Tony. Nós nos conhecemos em 2002, quando fui contratada para editar e testar receitas para o livro *Anthony Bourdain: Afinal, as receitas do Les Halles — Nova York*, sua primeira incursão nessa categoria. Comecei a trabalhar como sua assistente (ou, como ele gostava de dizer, sua "tenente") em 2009, e com o passar dos anos eu me envolveria em diversos projetos de redação e escrita, além das tarefas mais banais de uma assistente. Não seria eu a dizer não quando ele me perguntou se gostaria de trabalhar em mais um livro com ele.

Trabalhávamos bem juntos. Eu passava um tempo considerável me correspondendo diariamente com Tony para ter uma boa visão de como ele escolhia as palavras e definia o ritmo delas. Ele escrevia uma prosa praticamente impecável, mas nos momentos em que precisava de uma amarrada ou encorpada, eu podia fazer isso, acho, sem que ficasse perceptível.

Com o mercado editorial do jeito que é e a agenda de Tony impossível como era, se passou quase um ano daquela conversa inicial até o nosso trabalho neste livro começar para valer. Nossa primeira providência foi sentar e fazer um *brainstorm* do que seria incluído — os lugares, as pessoas, as comidas, os pontos turísticos, os mercados, os hotéis e muito mais que ele guardara consigo, sem ajuda de anotações ou vídeos, ao longo de quase vinte anos de viagens pelo mundo para a televisão.

Numa tarde de primavera, em 2018, me sentei diante de Tony à mesa de sua sala de jantar, no apartamento num arranha-céu de Manhattan que ele havia decorado amorosamente como um fac-símile razoável de uma suíte de seu hotel favorito de Los Angeles, o Chateau Marmont (ver página 129). Ele tinha voltado a fumar, vários anos depois de ter parado; vinha falando seriamente sobre como ia parar de vez, mas, enquanto isso não acontecia, em resposta às reclamações dos vizinhos, ele havia acabado de instalar um exaustor de fumaça de tamanho industrial, do tipo e do calibre que em geral só é visto em cassinos e bares.

Eu tinha escolhido bastante mal um lugar bem embaixo da engenhoca presa no teto: enquanto Tony fumava um cigarro atrás do outro por mais de uma hora, relembrando os pratos, os hotéis e as pessoas mais queridos, o poderoso aspirador da máquina sugava a fumaça bem na minha cara e a engolia. Deixei o apartamento com o cheiro horrível de um bar do final dos anos 1990, mas de posse de uma gravação de uma hora em que definíamos uma estrutura para o livro, uma janela para o que havia moldado seu entendimento e sua admiração

INTRODUÇÃO

por alguns dos lugares mais interessantes do mundo, enquanto ele os explorava e documentava incansavelmente.

Depois dessa conversa, Tony voltou a explorar o mundo para seu programa de televisão *Lugares desconhecidos* — Quênia; Texas; o Lower East Side, em Manhattan; Indonésia —, enquanto eu começava a vasculhar episódios antigos, a transcrever meticulosamente as partes relevantes e escrever listas de perguntas. Meu plano era completar alguns esboços de capítulo e entregá-los a Tony, para ter certeza de que estávamos alinhados, e deixar que ele começasse a engrossar o caldo, dando aquele seu tom tão característico. Só que nunca tive essa chance.

Se soubesse que aquele encontro seria o único que teríamos para falar sobre o livro, eu o teria pressionado para dar mais detalhes daqueles lugares sobre os quais ele disse "depois a gente fala disso" ou "vê o que você consegue tirar daí". É difícil e solitário ser coautora de um livro sobre as maravilhas das viagens mundo afora quando seu parceiro de escrita, o próprio viajante, não está mais viajando neste mundo. E, para ser sincera, nos dias e nas semanas difíceis após sua morte, mais uma vez me peguei perguntando "o mundo precisa mesmo deste livro?".

De grande consolo logo após a partida de Tony, e mesmo agora, mais de dois anos depois, é o coro constante de admiração pelo que ele realizou enquanto esteve por aqui, e as expressões de profunda tristeza por sua perda, vindas de vários cantos do planeta. A real grandeza de seu impacto cultural só ficou clara para mim depois de sua morte.

Talvez o mundo *precisasse* de outro guia de viagem, cheio da sagacidade ácida de Tony, de suas observações detalhadas e com algumas revelações astuciosas sobre os contornos misteriosos de seu coração surrado, costurado a partir de todas as coisas geniais e hilárias que ele falou e escreveu sobre o mundo tal como o via.

A princípio tínhamos planejado que Tony escreveria uma série de ensaios sobre assuntos específicos que o comoviam — seu amor duradouro pela França; os países onde ele não era mais bem-vindo, por decreto de um ou outro governo irritado; as excentricidades de variados paladares europeus; um *onsen* específico nos arredores de Quioto, tão silencioso, luxuoso e refinado que permanecia sendo seu favorito, mesmo depois de inúmeras viagens ao Japão.

Ele se foi antes de ter a chance de escrever aqueles ensaios, então recrutei vários amigos, parentes e colegas de Tony para contribuir com os próprios pensamentos e memórias sobre lugares que experimentaram ao lado dele. Você encontrará lembranças de visitas à França, ao Uruguai e à costa de Nova Jersey de Christopher Bourdain, irmão de Tony; uma história de Nari Kye, produtora e diretora de Tony, sobre como fez as pazes com suas raízes coreanas enquanto gravavam em Seul; o produtor e músico Steve Albini, falando sobre os lugares em que gostaria de comer com Tony em Chicago, e muito mais.

Também vai notar que, embora este livro inclua informações básicas sobre temas como transporte e hotéis, está longe de ser um guia completo de um lugar. Preços, taxas de câmbio*, roteiros de viagem, estabilidade geopolítica e todo o negócio de preparação e venda de alimentos e bebidas estão sujeitos a mudanças; para obter as informações mais atualizadas e detalhadas sobre como pegar um trem entre a cidade de Ho Chi Minh e Hanói, digamos, ou saber exatamente quais linhas de ônibus levarão você do centro de Manhattan ao Bronx, você precisará complementar este volume com um guia grosso e colorido, dedicado a uma cidade ou a um país ou com a internet, é claro.

Observe também que, em certos casos, algumas das falas de Tony foram levemente editadas ou condensadas a bem da clareza; essas falas foram extraídas de várias fontes, sendo a principal delas as transcrições de seus programas de televisão *Sem reservas*, *Fazendo escala*, *Lugares desconhecidos* e *A Cook's Tour* junto com diversos artigos que Tony escreveu para complementar alguns episódios, e, de vez em quando, com comentários que ele fez em várias publicações sobre determinada pessoa ou lugar.

Tentei, o quanto foi possível, seguir à risca o plano para este livro conforme traçado por Tony. Em alguns casos, um restaurante ou bar favorito fechou de-

---

* Em prol da consistência, optamos por manter todos os valores aqui apresentados em dólares americanos (USD), evitando, assim, ocasionais discrepâncias causadas pela instabilidade de câmbio do real (BRL) no ano em que este livro é editado e publicado no Brasil. (N. do E.)

finitivamente ou mudou de proprietário e, com isso, houve uma mudança no produto, no ambiente ou na recepção. Em alguns casos, o negócio sucumbiu ao "efeito Bourdain", ou seja, quando um restaurante, um bar discreto ou um quiosque de salsicha era apresentado no programa, o número de clientes costumava disparar, com peregrinos inspirados por Bourdain indo aos montes experimentar o que ele provara diante das câmeras. Em teoria, isso era bom, era algo cobiçado pelos estabelecimentos, mas também podia transtornar por completo uma querida instituição local, transformando-a num espetáculo à parte ou, dependendo de como o negócio lidava com isso, num show de horrores. Tony e sua equipe estavam cientes dessa possibilidade e eram sensíveis a ela, embora, é claro, no fim das contas, isso fosse uma decisão de cada proprietário.

Existem riscos e recompensas em se expor à fome do mundo inteiro por comer, viajar e viver como Tony.

"**Quem acaba contando as histórias?**"[1] perguntou Tony no episódio de *Lugares desconhecidos* sobre o Quênia, feito com W. Kamau Bell, seu colega da CNN. Foi o último episódio para o qual ele gravou a narração em off, vencedor de um prêmio Emmy de roteiro para a televisão, em 2019.

"É uma pergunta feita com frequência. A resposta, neste caso, para o bem ou para o mal, é 'eu conto'. Pelo menos desta vez. Eu faço o melhor que posso. **Observo. Escuto.** Mas, no final, eu sei: é a minha história, não é a história de Kamau, do Quênia ou dos quenianos. Essas histórias ainda não foram ouvidas."

ARGENTINA

BUENOS AIRES

"Buenos Aires, capital da Argentina, segundo maior país da América do Sul. Tem uma personalidade própria, excêntrica, singular. Não lembra nenhum outro lugar, e faz você se sentir como nenhum outro lugar faz."[1] Tony visitou a Argentina para o programa *Sem reservas*, em 2007, e voltou nove anos depois com o *Lugares desconhecidos*, para lançar um olhar mais focado na cidade, num verão em que ela estava quente e semideserta.

"Tem um ar melancólico, triste e doce que gosto. Combina com a arquitetura. Janeiro e fevereiro são os meses mais quentes por aqui, o meio do verão, e a maioria dos portenhos que podem pagar por isso deixa a cidade, em busca de climas mais frescos.

"A Argentina se distingue por ter a maior concentração de psicoterapeutas per capita no mundo inteiro. É um país orgulhoso. Quer dizer, um dos estereótipos sobre os argentinos é que eles são orgulhosos demais, muito cheios de si. Vaidosos. Se isso é verdade, por que a psicoterapia é tão importante assim para os portenhos? Quer dizer, aqui é o reino da dúvida. É algo extraordinário, porque em muitas culturas se considera um sinal de fraqueza até mesmo confessar que você precisa se abrir com alguém. Aqui, todo mundo faz isso e ninguém faz cara feia."

Tony se submeteu a uma sessão de terapia com uma psicóloga diante das câmeras, imagens que entremearam o episódio. Na ocasião, ele revelou o pesadelo recorrente de estar preso num hotel de luxo e a espiral depressiva que podia ser causada por um hambúrguer ruim no aeroporto.

"Me sinto o próprio corcunda de Notre-Dame... se ele se hospedasse em suítes de bons hotéis com lençóis de muitos fios. Me sinto como se fosse uma aberração e... muito isolado."

CHEGADA E DESLOCAMENTO

Buenos Aires tem dois aeroportos. O maior deles é o Aeroporto Internacional Ministro Pistarini, também conhecido como **Aeroporto Internacional de Ezeiza (EZE)**, a cerca de vinte quilômetros do centro da cidade. Responde por 85% do tráfego internacional do país e é um hub para as Aerolíneas Argentinas. O EZE recebe voos de toda a América do Sul, de algumas cidades da América do Norte e de algumas cidades da Europa e do Oriente Médio. Os táxis fazem fila na saída do desembarque; a viagem do EZE ao centro da cidade leva cerca de 35 minutos e custa cerca de 1.750 pesos argentinos, ou cerca de 30 dólares. Os motoristas de táxi não esperam receber um percentual padrão da tarifa como gorjeta, mas sempre apreciam quando se arredonda o valor ou quando lhe dizem para ficar com o troco, em especial se ele ou ela ajudou a carregar a bagagem. Há também linhas de ônibus que saem do EZE e diversas locadoras de veículos.

O aeroporto menor de Buenos Aires, voltado exclusivamente para o tráfego doméstico (com exceção de um único voo para Montevidéu, no Uruguai), é o Aeródromo Jorge Newbury. Fica a apenas dois quilômetros do centro de Buenos Aires, com linhas de ônibus, táxis e locadoras de veículo.

Os viajantes que já estão no Uruguai podem optar por cruzar o rio da Prata (na verdade, um estuário) numa balsa que vai de Montevidéu a Buenos Aires, uma viagem que leva de duas a quatro horas, e custa entre 2.900 e 8.700 pesos, ou 50–150 dólares por trecho, dependendo do horário e se sua viagem é apenas de barco ou inclui também transporte rodoviário. Tenha em mente que, como se trata de uma travessia internacional, você passará por segurança, controle de passaportes e alfândega, como se estivesse voando de avião. As duas principais operadoras são a Buquebus e a Colonia Express.

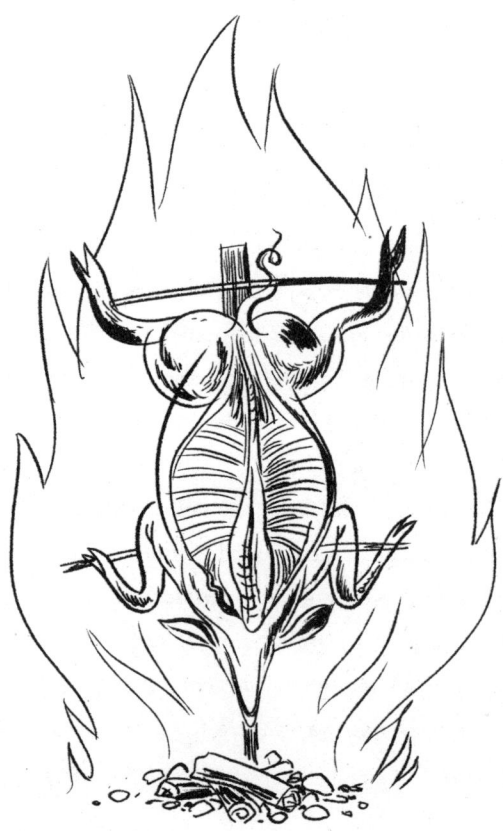

Buenos Aires é bem servida por linhas de ônibus, assim como por um sistema de metrô de sete linhas conhecido como Subte, que liga o centro às extremidades da cidade. As passagens de ônibus e metrô são pagas por meio de cartão recarregável, o SUBE, disponível nas estações de metrô, nos postos oficiais de atendimento ao turista e em diversos *kioskos*, bancas de cigarros e doces espalhados pela cidade. Para informações detalhadas sobre o sistema de transporte, visite www.argentina.gob.ar/sube.

VOLTA AO MUNDO

A FIM DE UMA CARNE

Tony apreciou o **Bodegón Don Carlos, "um estabelecimento familiar despretensioso em frente ao estádio de futebol [La Bombonera]"**, comandado desde 1970 pelo proprietário Juan Carlos Zinola, conhecido como Carlitos, por sua esposa, Marta Venturini, e a filha deles, Gaby Zinola. Fica no bairro de La Boca, que, durante o dia, apesar de ter a reputação de ser um tanto decadente, é um destino turístico animado para os fãs de futebol, para a turma da arte contemporânea atraída pela Fundación Proa e pelas multidões em busca de diversão barata no Caminito, paraíso dos artistas de rua que se transformou numa espécie de feira fajuta permanente.

Historicamente, nunca houve um menu no Bodegón Don Carlos; os clientes são recepcionados e questionados sobre o tamanho da fome e sobre o que gostam de comer, e então os pratos são servidos com base nisso — almôndegas, *tortilla* de batata espanhola, salada de tomate, empanadas, chouriço, bifes, massas e muito mais. Dizem por aí que o número de visitantes estrangeiros cresceu desde a visita de Tony, e que os menus, com preços, estão disponíveis mediante solicitação, embora ainda valha a pena se entregar às mãos hábeis de Carlitos.

BODEGÓN DON CARLOS: rua Brandsen, 699, La Boca, Buenos Aires, C1161AAM, Tel. +54 11 4362 2433 (refeição completa com bebida em torno de 3.500 pesos/60 dólares por pessoa)

"Nos arredores da cidade, no sufocante calor do verão, as churrasqueiras ainda queimam. Um miasma tentador de carne preenche o ar da tarde."

Tony encontrou Marina, sua terapeuta, diante das câmeras, no **Los Talas del Entrerriano** para um tradicional almoço de *parrilla*: pratos e mais pratos de costelas, bifes, linguiças e, por insistência de Marina, *achuras* ou, como Tony poderia ter chamado, "os maus bocados": intestinos, rins, chouriço e muito mais. "Na *parrilla*", observou Tony, "chiam e se chamuscam muitas partes de coisas antes vivas, para o prazer dos portenhos que permanecem na cidade. No fogo, a carne é a rainha, e vamos nos esforçar bastante para honrar a chama."

O Los Talas tem um ambiente intimista e informal, com mesas que acomodam até dez pessoas; grupos menores se sentam juntos, dividindo a mesa. As porções são enormes; os acompanhamentos e as bebidas são coadjuvantes; as chamas são quentes e o clima é animado.

LOS TALAS DEL ENTRERRIANO: avenida Brigadier Juan Manuel de Rosas, 1391, José León Suárez, Buenos Aires, Tel. +54 11 4729 8527 (em torno de 1.750 pesos/30 dólares por pessoa)

AUSTRÁLIA

MELBOURNE

"Austrália: um novo mundo do outro lado do mundo, uma cultura de culinária e de chefs que se aprofunda e se expande rápido, com vinhos extraordinários, alguns *melting pots* importantes e um monte de espaço entre eles. A imagem do Crocodilo Dundee — toda aquela bobagem de 'camarão *on the barbie*' enquanto o camarada entorna cerveja — não passou de um infeliz passo em falso.

"Já estive aqui muitas vezes, e a Austrália que amo é bem diferente do reino folclórico e selvagem ao ar livre, com toda aquela besteira dos filmes e dos comerciais de cerveja Foster."[1]

Levando em consideração a distância de sua casa, em Nova York, até o país da Oceania, Tony passou um bom tempo na Austrália, entre gravações, divulgação de livros (os australianos são consumidores vorazes dos livros dele) e palestras, mais recentemente no vigésimo aniversário do lendário Festival de Comidas e Vinho de Melbourne. Ele era sincero sobre seu amor pela cidade:

"Melbourne foi descrita, de maneira soberba, como uma 'São Francisco sem a neblina', uma cultura fantástica que mistura influências chinesas, vietnamitas, gregas e libanesas. Sempre me senti particularmente ligado à máfia dos chefs de Melbourne, um adorável bando de australianos e britânicos que, há algum tempo, fazem verdadeira magia lá nos confins da cidade. Os restaurantes requintados de Sydney são ótimos, mas é para Melbourne que sempre volto. Talvez sejam os amigos, talvez sejam os ingredientes. Suponho que seja também pela atitude tão típica do local. Todo mundo deve ter um lugar favorito e, na Austrália, o meu é Melbourne."

CHEGADA E DESLOCAMENTO

O **Aeroporto de Melbourne (MEL)**, conhecido na região como Tullamarine, é o segundo mais movimentado da Austrália, depois do de Sydney. Atendido por todas as grandes companhias aéreas da orla do Pacífico — Qantas, Singapore, Cathay Pacific, Air China, Virgin Australia e outras —, fica a cerca de vinte quilômetros da região central da cidade.

Há um ponto de táxi na saída do desembarque e a corrida do aeroporto até o centro de Melbourne leva aproximadamente trinta minutos, dependendo do trânsito, e custa cerca de 60 dólares australianos/40 dólares; gorjetas são bem-vindas, mas não esperadas.

Há também uma linha do SkyBus que circula com frequência entre o aeroporto e a cidade, a 19 dólares australianos/13 dólares apenas a ida ou 36 dólares australianos/25 dólares ida e volta (www.skybus.com.au).

Uma vez no centro, você pode aproveitar o amplo sistema de transporte público de Melbourne, composto por trens, ônibus e bondes, tudo parte da Public Transport Victoria (www.ptv.vic.gov.au). Existe também um programa de compartilhamento de bicicletas, e os táxis podem ser chamados na rua ou pedidos em dezenas de pontos espalhados pela cidade.

MERCADOS E COMILANÇAS

"O **Queen Vic Market** é uma ampla área coberta movimentada, onde aparentemente todo mundo vem comprar verduras, peixes, laticínios, abacate, tamboril e excelentes peças de carne por um bom preço."

Fundado em 1878, o Queen Victoria Market atrai turistas e atende chefs locais, mas, na verdade, é também o lugar onde aqueles moradores que torcem o nariz para supermercados fazem compras. Mais de 600 vendedores trabalham num espaço que cobre dois quarteirões da cidade.

"Por mais que não pareça crível, o almoço típico de um melbourniano que vai ao mercado é um *bratwurst*. É provavelmente a comida de rua mais fa-

AUSTRÁLIA

mosa da cidade. Você vai a Melbourne, você visita o Vic Market, você come um *bratwurst*. É o que todo mundo, todo mundo mesmo, faz", observou Tony, durante uma visita com o chef Paul Wilson, em 2009, para o *Sem reservas*. A dupla foi atrás do querido "**tubo de carne**" na Bratwurst Shop, um "**puta café da manhã**", que ele achou "**grandão, picante... lindo, cara**".

QUEEN VICTORIA MARKET: Esquina das ruas Elizabeth e Victoria, Melbourne 3000, Tel. +03 9320 5822, www.qvm.com.au

BRATWURST SHOP & CO.: Queen Victoria Market, loja 99–100, Dairy Produce Hall, Melbourne 3000, Tel. +03 9328 2076, www.bratwurstshop.com (*bratwurst* básico por cerca de 8 dólares australianos/5,50 dólares).

Tony era louco pelo prazer e pela dor causados pela boa culinária de Sichuan, e o Dainty Sichuan, comandado pelo casal Ye Shao e Ting Lee, deixou sua marca.

"Sichuan é um dos meus estilos regionais chineses favoritos e é surpreendentemente difícil encontrar a verdadeira comida de lá, mesmo em Manhattan, onde a maioria dos cozinheiros dos restaurantes de Sichuan é de Hong Kong ou de Fuzhou. Mais conhecida por seu ardor intenso, [a culinária de] Sichuan é, na verdade, uma maravilhosa interação sadomasoquista entre prazer e dor, entre a mordida ardente e abrasadora da pimenta-vermelha seca e a minúscula pimenta-preta flor de Sichuan, um componente mais refrescante, com mais relevo floral, que provoca formigamento e torpor."

Ao chegar ao Dainty Sichuan, ele observou: "**Dava para sentir o cheiro de cara, ao entrar pela porta: as pimentas de Sichuan sendo preparadas. Há uma razão para que persistam lendas sobre cozinheiros sichuaneses que temperavam seus pratos com ópio. Nada mais explica o poderoso vício que se desenvolve com algo que machuca tanto.**" Você pode saciar seu apetite com porções de frango, coração, língua, barriga de porco temperada com cominho, tudo "**de dar água na boca**".

"**O que posso fazer para superar isso, agora que meu paladar foi arrebatado pelo que é, em termos de sabor, o equivalente a um fim de semana na** casa de Calígula? É surreal. É realmente surreal. É coisa de doido, no bom sentido. Você chega a esquecer que está no movimentado centro urbano de Melbourne. É como se estivesse em outro lugar, pegando onda após onda de sabor até outra dimensão."

DAINTY SICHUAN: Toorak Road, 176, South Yarra, Melbourne 3141, Tel. +61 3 9078 1686, www.daintysichuanfood.com (refeição típica em torno de 60 dólares australianos/40 dólares por pessoa)

Tony deixou todas as decisões relacionadas às refeições noturnas nas mãos da gangue de chefs amigos, e foi assim, para cortar o efeito do álcool, que ele frequentemente se viu comendo *congee*, leitão, guisado de carne e peixe inteiro cozido no vapor no **Supper Inn**, um modesto restaurante cantonês de Chinatown que há mais de quatro décadas atende com frequência um público notívago (fica aberto até 2h30). Suba uma escada revestida de madeira para chegar a um salão com iluminação fluorescente que, nas horas mais tardias, fica invariavelmente lotado de representantes do esforçado setor de serviços de Melbourne. Como Tony lembrou com clareza, ao planejar este capítulo: **"Esse lugar é bom."**

SUPPER INN: Celestial Avenue, 15, Melbourne 3000, Tel. +61 3 9663 4759 (em torno de 30 dólares australianos/20 dólares por pessoa)

SYDNEY

"Sydney, Austrália: famosa pelo clima ameno e ensolarado, praias quentes e convidativas, água azul-turquesa."

Não fosse pelo voo extremamente longo de Nova York até lá, as visitas a Sydney se encaixariam no que Tony chamava de viagens de **"baixo impacto"**: clima agradável, acomodações de primeiro mundo, muita comida e vinho de boa qualidade, sem dificuldades de comunicação. A Austrália era um lugar onde ele conseguia relaxar e aproveitar tudo.

Em 2012, durante a temporada final do *Sem reservas*, Tony observou: **"Pela primeira vez, estou começando a sentir desejo por imóveis.**

"Ninguém reclama de Sydney... Beber durante o dia é algo realmente subestimado, e essa é uma das grandes coisas daqui. Você bebe na rua. É um bom momento para comer na Austrália e está ficando cada vez melhor. As pessoas ficam bem por aqui."

CHEGADA E DESLOCAMENTO

O **Aeroporto Internacional Kingsford Smith (SYD)** é o maior e mais movimentado da Austrália, localizado a cerca de oito quilômetros do centro de Sydney. É o principal *hub* da Qantas e é atendido por todas as principais companhias aéreas do Pacífico e muitas linhas domésticas.

Para ir do aeroporto até a cidade, você pode pegar um táxi no ponto logo na saída do desembarque, uma corrida de aproximadamente 25 minutos por cerca de 50 dólares australianos/34 dólares. Gorjetas são bem-vindas, mas não esperadas. Há também diversas opções de traslado de ônibus, que podem ser providenciadas nos balcões da Redy2Go, nos terminais.

O trem Sydney Airport Link sai a cada dez minutos e faz parte da rede de metrô e trens da cidade. Adquira um cartão Opal na plataforma ou em bancas de jornais selecionadas no terminal do aeroporto. A tarifa de ida custa cerca de 20 dólares australianos/13,50 dólares para adultos e 16 dólares australianos/11,50 dólares para crianças (www.airportlink.com.au).

BUENOS AIRES À *LA* SYDNEY, FRUTOS DO MAR VIVOS, TORTAS DE RUA CLÁSSICAS E "O TEMPLO DA CARNE"

Em Sydney, Tony aproveitou a companhia de Ben Milgate e de Elvis Abrahanowicz, chefs-proprietários do **"maravilhoso, absurdamente delicioso e pirado Porteño, restaurante com temática argentina que leva a, digamos, novos extremos, a mania recente dos australianos por cortes de carne suculentos. Os animais giram bem devagarinho na churrasqueira, que fica no meio do salão. Perto dali, queima a lenha da** *parrilla***. A área de preparo das carnes fica quente o suficiente para derreter aquelas tatuagens, mas os filhos da mãe são dedicados"**.

Desde a visita de Tony, em 2012, o restaurante mudou de endereço (e levou seu equipamento de chama aberta). Seguindo as tendências de dietas inovadoras, parte do Porteño foi entregue aos vegetais, embora os amados porcos inteiros, pedaços de carne, chouriços e miúdos permaneçam. Foi-se, infelizmente, o Gardel's, o bar no andar de cima do endereço antigo, onde os clientes aguardavam pacientemente sua vez na lista de espera com uma bebida; felizmente, o Porteño, por outro lado, passou a aceitar reservas.

PORTEÑO: Holt Street, 50, Surry Hills, Sydney, Tel. +61 2 8399 1440, www.porteno.com.au (refeição média em torno de 120 dólares australianos/82 dólares por pessoa)

O **Golden Century** é **"para onde todos os chefs — e estou falando de** *todos* **os chefs — vão, mais cedo ou mais tarde. Em geral mais tarde, à noite, bêbados, depois do trabalho". Onde quer que exista uma próspera cultura urbana de restaurantes existem esses abrigos para chefs, para uma camaradagem tarde da noite. "Quando se está no ramo dos restaurantes, você realmente sente, sobretudo depois de um dia de trabalho, que não consegue falar com gente normal. Você precisa ver gente que compreende o tipo de mundo estranho e terrível em que você vive, sabe?"

No Golden Century, tocado pelos donos Linda e Eric Wong há mais de trinta anos, os trabalhadores e civis habituais dos restaurantes escolhem o jantar em "tanques e mais tanques de frutos do mar, que vêm direto para seu prato, depois de uma breve passagem pela wok, servido com uma cerveja gelada, ou três". Ou com uma garrafa de vinho: a carta é tão vasta e profunda que chega a impressionar, ainda mais dada a simplicidade do salão e o serviço despojado. No começo do dia, também é servido um *dim sum* clássico.

Experimente os caranguejos de manguezal fritos na wok com gengibre e chalotas. Ou, se quiser ousar, peça uma lagosta inteira servida crua e cozida: "Abra, remova os miúdos, extraia a carne da cauda e depois corte em cubos. Harmonize com salmão cru e ostras. Ela emerge de uma espessa nuvem de gelo seco como o Led Zeppelin no Madison Square Garden, em 1975. E o resto dessa senhora lagosta, ao sal e pimenta, é empanada com grãos de pimenta de Sichuan. Se existe um prato típico australiano, pode muito bem ser este."

GOLDEN CENTURY: Sussex Street, 393-399, Sydney 2000, Tel. +61 2 9212 3901, www.goldencentury.com/au (em torno de 80 dólares australianos/55 dólares por pessoa)

"Guisado de carne bovina ao *curry*, uma colher gigante de purê de batata, uma cratera de vulcão cheia de purê de ervilhas e uma erupção de molho marrom. Vamos lá, você sabe que quer. Olhe só para isso: um vulcão de amor. É uma daquelas coisas que você simplesmente precisa fazer em Sydney."

Pegue um garfo de plástico, uma cerveja e você está pronto para o Curried Tiger Pie, marca registrada do **Harry's Café de Wheels,** que já foi itinerante, mas agora é um quiosque fixo no bairro de Woolloomooloo, na zona leste da cidade, que vende tortas recheadas com carne desde 1938 (com uma breve pausa durante a Segunda Guerra Mundial para que seu fundador, Harry "Tiger" Edwards, pudesse se alistar na Segunda Força Imperial Australiana).

"Pode não ser a melhor torta de carne do mundo, nem mesmo de Sydney, mas com certeza é a mais famosa, com certeza é a mais tradicional, até mesmo inevitável. E é muito boa. Em qualquer cidade, você só precisa fazer uma pergunta: 'O que se faz melhor aqui do que em qualquer outro lugar?' E as tortas de carne daqui são boas pra cacete." Além do quiosque principal, agora existem vários Harry's em Sydney e nos subúrbios, bem como filiais perto de Melbourne, Newcastle e Shenzhen, na China.

HARRY'S CAFÉ DE WHEELS: Esquina da Cowper Wharf Roadway com a Dowling Street, Woolloomooloo, NSW 2011, Tel. +02 9357 3074, www.harryscafedewheels.com.au (tortas e cachorros-quentes de 6-10 dólares australianos/4-7 dólares)

"Este é o açougue mais magnífico de todos, o templo de tudo da carne no planeta. O açougue de Victor Churchill era o mais antigo de Sydney, remontando a 1876, mas depois de passar por uma reforma caríssima, se transformou na realização de um sonho, um presente de Anthony Puharich para seu pai, Victor Puharich, terceira geração de uma linhagem de açougueiros que emigrou da Croácia para cá e que ralou muito para mandar os filhos para a faculdade e cuidar da família."

Desde então, Victor se tornou um dos cortadores de carne para o atacado do país, e sua loja de varejo é requintadíssima, mais parecida com uma loja de roupas de grife ou uma joalheria do que com um açougue.

"Isto não é um negócio: é amor. A antiga máquina de fatiar, as salas de corte envidraçadas, as velhas tábuas de madeira. As prateleiras refrigeradas exibem uma variedade estonteante de patês, terrines e outros clássicos da *charcuterie* francesa."

AUSTRÁLIA

Além dos cortes de carne crua e maturada a seco, toda produzida no país, o açougue Victor Churchill oferece uma boa variedade de charcutaria, patês, terrines e salsichas com origens francesas, espanholas e italianas, além de frango preparado numa clássica "televisão de cachorro". Uma amostra de *jamón*, *prosciutto*, chouriço, salame, *rillettes* de pato e *ballotine* de coelho vai convencê-lo: **"O lugar é mágico."**

VICTOR CHURCHILL: Queen Street, 132, Woollahra, 2025 NSW, Tel. +02 9328 0402, www.victorchurchill.com (preços variam)

ÁUSTRIA

VIENA

"Tenho sentimentos conflitantes por qualquer país onde se fala alemão."[1]

A visita de Tony a Viena, na época do Natal, para um episódio do *Sem reservas*, é um grande exemplo de uma viagem na qual a relutância inicial dele a gostar de um lugar foi, para sua própria surpresa, lentamente substituída pelo encantamento.

"Viena, capital da Áustria, antiga sede do gigantesco império austro-húngaro e hoje uma cidade com 1,3 milhão de habitantes. Sempre hesitei em vir para cá, sem nenhum bom motivo, na verdade. Preconceito irracional e as consequências de um trauma de infância.

"Quando eu era criança, ia num barbeiro austríaco chamado Helmut que invariavelmente repicava meu cabelo até me deixar parecido com um dos Batutinhas enquanto eu ficava sentado diante de um mural com uma paisagem alpina. Depois teve *A noviça rebelde*, que tinha Salzburg como cenário, e não Viena, mas que eu odiava e que sempre associei a qualquer coisa nas proximidades. E então tinha também todos aqueles doces e tortas tradicionais pelos quais a Áustria sempre foi famosa, com toda justiça. Na verdade, não gosto de doces. Foi por isso que me mantive longe."

Embora Viena seja uma cidade culturalmente rica, tendo visto séculos de ascensões e quedas de impérios, sendo um importante criadouro de músicos (Johann Strauss pai e filho, Johannes Brahms, Anton Bruckner, Gustav Mahler); artistas (Gustav Klimt, Egon Schiele); arquitetos (Otto Wagner, Adolf Loos), bem como lar do pai da psicanálise moderna, Sigmund Freud — apesar de tudo isso, Tony era imune ao seu charme. Ou melhor, *foi* imune até descobrir uma anti-tradição austríaca que tocou seu lado sombrio.

"O *Krampusnacht*: uma noite em que as pessoas se vestem com peles e roupas de demônio para homenagear Krampus, a contraparte maligna de São Nicolau. Ele é uma espécie de agente do Papai Noel. Na lista dele, você está entre os que não se comportaram bem? Krampus aparece e acaba com você." Mais tarde, ele tentaria fazer uma animação de Krampus para um dos especiais de Natal do *Sem reservas*, famosos por serem inusitados, mas, no fim das contas, ficou sinistro demais para o canal de televisão.

"Eu tinha muitas emoções conflitantes em relação ao país, e talvez seja por isso que demorei tanto tempo para visitá-lo, mas devo dizer que acho charmoso. Descobri chefs que ultrapassam os limites do sabor e, francamente, da decência, com comida simples e muito boa, e um lugar que entende o poder da carne de porco. Esta cidade me transformou, o fantasma do Natal presente me mostrou algo novo. Me sinto vagamente natalino. É, me sinto como Scrooge, no fim da história, sabe, quando ele fica todo feliz e quer comprar presentes e tudo mais. Feliz Natal para todo mundo, cacete."

CHEGADA E DESLOCAMENTO

O **Aeroporto Internacional de Viena (VIE)** é o maior do país, recebendo diariamente centenas de voos de dentro da Europa, bem como muitos outros da África, Ásia e América do Norte. O VIE é o quartel-general e *hub* da Austrian Airlines.

O VIE fica a cerca de 16 quilômetros do centro da cidade. Um táxi, facilmente encontrado nos pontos nos terminais, leva de vinte a trinta minutos, dependendo do trânsito, e custa cerca de 35 euros/39 dólares, fora uma gorjeta de 10%, que é esperada. O City Airport Train (CAT) é outra opção, levando passageiros do aeroporto até a estação ferroviária Wien Mitte, no centro da cidade, em apenas 16 minutos, por 12 euros/13,25 dólares, apenas ida, ou por 21 euros/23 dólares, ida e volta. Crianças de até 14 anos viajam de graça. Quem deixa a cidade rumo ao aeroporto pode também despachar a bagagem e obter passes para os voos próximos ao embarcar no CAT na estação ferroviária. Consulte www.cityairporttrain.com para mais detalhes.

Uma vez na cidade, o sistema de transporte público vienense, **Wiener Linien**, composto de metrôs, trens locais, ônibus e bondes, é abrangente, excelente e fácil de usar. As viagens individuais custam pouco mais de 2 euros, com vários passes com descontos para múltiplas viagens. Todos os meios de transporte operam em sistema de honra, o que significa que não há verificações de passagens nem catracas, apenas agentes à paisana que ocasionalmente conferem todas as passagens e emitem multas altíssimas para aqueles que não pagaram a tarifa.

RODA-GIGANTE

Dentro de um dos maiores parques públicos de Viena, o Prater, há um parque de diversões, o Wurstelprater. Lá fica a roda-gigante mais antiga do mundo ainda em funcionamento, construída em 1897 e reconstruída em 1945, depois de um incêndio. Entre numa de suas cabines de madeira com janelas para um empolgante passeio a 65 metros de altura.

"Uma das cenas mais famosas da história do cinema acontece aqui: na roda-gigante Riesenrad, no Prater. Orson Welles e Joseph Cotton em *O terceiro homem*. Orson Welles, no papel de Harry Lime, concorda em se encontrar com o velho amigo Holly Martins no Prater e sobe na roda-gigante. No topo, de forma bastante assustadora, ele desliza a porta, abrindo-a, o que não é permitido, por mais chocante que possa parecer. Ele olha para baixo e faz o famoso discurso [que Tony mais ou menos sabia de cor; o diálogo de Harry, a partir do roteiro de Graham Greene, é o seguinte]:

'Não seja melodramático. Olhe lá embaixo. Você sentiria pena se um desses pontos parasse de se mover para sempre? Se eu lhe oferecesse vinte mil libras por todo ponto que parasse, meu velho, você me diria mesmo para guardar meu dinheiro?'"

A Riesenrad pode ser antiga, mas é mantida com todo o cuidado, tendo sido reformada várias vezes nos anos do pós-guerra, com um gerador reserva em caso de falta de energia e capacidade de operação manual se todo o resto falhar.

RODA-GIGANTE RIESENRAD: Riesenradplatz 1, 1020, Viena, Tel. +43 1 7295430, www.wienerriesenrad.com (adultos, 12 euros/13,25 dólares; crianças de 3 a 14 anos, 5 euros/5,50 dólares; grátis para menores de 3 anos)

PORCO LEVADO A SÉRIO NO NASCHMARKT

"Como fui tão rude e desprezei tudo o que é austríaco, não tenho nenhum amigo por aqui. Por sorte, meu motorista também é um jovem erudito de muitas facetas: Clemens é um DJ, *gourmand*, motorista profissional, facilitador e um cara legal pra cacete. E que sabe do que eu gosto."

É difícil não gostar do **Naschmarkt**, o maior mercado ao ar livre de Viena, com cerca de 120 barracas de verduras, carnes, peixes, aves, queijos, produtos de panificação, artigos importados do Oriente Médio, da Ásia e da Índia e um mercado de pulgas aos sábados, além de uma série de bares, cafés e restaurantes.

"Clemens me guiou pelo Naschmarkt até o destino central para os carnívoros, o **Urbanek**. O Urbanek é magnífico; meu tipo de País das Maravilhas; uma referência merecidamente famosa do amor do homem pelo porco... Raramente vi tantas coisas boas num lugarzinho tão minúsculo. Queijos maravilhosos, a maioria deles desconhecida para mim. Presuntos e produtos feitos com carne de porco curada que deixariam até Hef com tesão. Um negócio de família, claro, comandado por Gerhard [Urbanek] e seus filhos, Thomas e Daniel."

Experimente um pouco de tudo, depois leve de presunto, porco defumado e queijo e transforme num *cordon bleu*: embrulhe tudo isso num lombo de porco, empane e frite em gordura de porco, numa pequena cozinha na parte de trás do açougue Huerta Gruber. Infelizmente, Gruber morreu em 2013 e a loja fechou, mas existem outros fornecedores de *cordon bleu* em Viena; pergunte à família Urbanek ou a um guia austríaco de confiança.

NASCHMARKT: Linke & Rechte Wienzeile, Viena, Tel +43 1 40005430, www.wien.gv.at

URBANEK: Naschmarkt, banca 46, Viena, Tel. +43 1 1 5872080 (vinho, presunto, pão e queijo para duas pessoas, em torno de 50 euros/55 dólares)

BRASIL

SALVADOR

"Acho que Salvador em particular é um daqueles lugares para onde, independentemente de qualquer coisa, as pessoas devem vir. Até quem tem medo de viajar, até quem diz: 'Pois é, mas eu ouvi falar que...' Não! Sabe por quê? A vida existe para ser vivida, cara. Você não pode perder um lugar como este porque não existem muitos lugares no mundo que sequer cheguem perto. A Bahia é o coração do Brasil — o lugar de onde vem a magia — e para chegar lá basta seguir o som dos tambores. As coisas parecem balançar e se movimentar constantemente. É um lugar onde todo mundo é sensual. Não sei se é o álcool, a música ou o calor tropical, mas, depois de um tempo saltitando de um lugar para o outro, vagando por antigas ruas de paralelepípedos, com músicas diferentes vindo de todos os lugares, com festas, gente saindo das casas, uma aglomeração se combinando à outra, a música se misturando, realmente parece que todo mundo está se movimentando ao som de uma pulsação misteriosa e desconhecida."[1]

Existe, é claro, beleza em Salvador, uma cidade de 3 milhões de habitantes no nordeste do litoral brasileiro. Há ótima comida, música, arte, essa sensualidade tangível — mas também há uma história perturbadora.

Salvador é a capital do estado da Bahia. Foi capital do país de 1549 a 1763, e a região do centro histórico conhecida como Pelourinho se tornou, em 1558, o primeiro local de desembarque de navios negreiros da África Ocidental, estabelecendo operações comerciais no Novo Mundo.

"É bom saber que entre os mais de 12 milhões de africanos arrastados, arrancados e sequestrados de sua terra natal, quase 5 milhões acabaram no

Brasil; 1,5 milhão deles na Bahia. O Pelourinho se tornou o *locus* de uma vasta infraestrutura de plantações e do comércio de escravos que as movimentava — transformando esta cidade na mais opulenta do Novo Mundo. O Pelourinho, o centro histórico da cidade, é agora patrimônio da Unesco; suas construções coloniais em cores vivas e as ruas de paralelepípedos são um lembrete da forma como o mundo moderno foi construído."

CHEGADA E DESLOCAMENTO

O **Aeroporto Internacional de Salvador (SSA)** também é conhecido como Aeroporto Luís Eduardo Magalhães. Existem voos diretos para Salvador a partir de Miami, Lisboa e, sazonalmente, de Paris, bem como várias conexões com cidades de todo o Brasil e com algumas cidades da América do Sul. O aeroporto fica a 20 quilômetros do centro da cidade, que pode ser acessado por várias linhas de ônibus, ou de táxi, que custa cerca de 160 reais/cerca de 40 dólares. Não é hábito dar gorjetas aos motoristas no Brasil, mas arredondar, acrescentando alguns reais ao valor será apreciado.

Salvador tem táxis, um sistema de metrô de duas linhas e um amplo sistema de ônibus, além de um funicular e do Elevador Lacerda, um grande elevador público que faz a ligação entre as partes alta e baixa da cidade.

CAIPIRINHAS, QUEIJO COALHO, ACARAJÉ E DENDÊ

Em todo o Brasil, a qualquer hora do dia e da noite, você vai ter muitas oportunidades de se deliciar com caipirinhas, que são facilmente encontradas em bares, restaurantes e feitas na hora, na praia.

"A caipirinha, cara, esse ícone indispensável da cultura praiana brasileira, começa com limão fresco. Amasse com um pilão e misture com mais suco de limão, açúcar, gelo e o ingrediente mágico, cachaça — basicamente um destilado da cana-de-açúcar. Deve ser batido, não mexido, e aí está um dos melhores drinques do mundo. A bebida é versátil, boa para qualquer hora do dia ou para qualquer ocasião social."

Também são populares na praia os vendedores de queijo coalho, que tostam delicadamente o queijo sobre um equipamento portátil, que muitas vezes não passa de uma lata de metal com carvão e brasas, até que ele se assemelhe a um marshmallow marrom-dourado assado na fogueira.

Para experimentar outro lanche baiano onipresente, junte-se às dezenas ou até centenas de soteropolitanos famintos junto ao **Acarajé da Dinha**.

"O que é acarajé? É isso: **uma pasta, uma massa, um bolinho parecido com um falafel de feijão-fradinho amassado, temperado com camarão seco moído e cebolas, frito no azeite-de-dendê misturado com pimenta-malagueta até ficar crocante e dourado. Dentro vem o vatapá, uma espécie de pasta de camarão, a salada de tomate e o camarão frito. Imperdível."** É um lugar muito animado, movimentado, e as mesas e cadeiras na praça são disputadíssimas, então esteja preparado para comer de pé.

ACARAJÉ DA DINHA: Largo de Santana, Salvador, Bahia, Tel. +71 3334 1703 (em torno de 16 reais/4 dólares)

Uma observação sobre o azeite-de-dendê: o dendê é um azeite vermelho vivo, muito utilizado para fritar e temperar alimentos cozidos no Brasil, sobretudo na Bahia, feito a partir do fruto da palmeira africana, nativa de Angola e da Gâmbia, e também muito cultivada no Brasil. O azeite-de-dendê tem sabor intenso, com uma nota de nozes, verdadeira marca registrada da culinária baiana, ainda mais quando misturado a leite de coco, pimenta e coentro.

Primeira vez no Brasil? Uma advertência: **"Adoro azeite-de-dendê. Mas leva algum tempo para se acostumar. A primeira vez que estive aqui foi assim: você come e caga sem parar durante horas. Mas, depois de se acostumar, sem problemas! Eu adoro."**

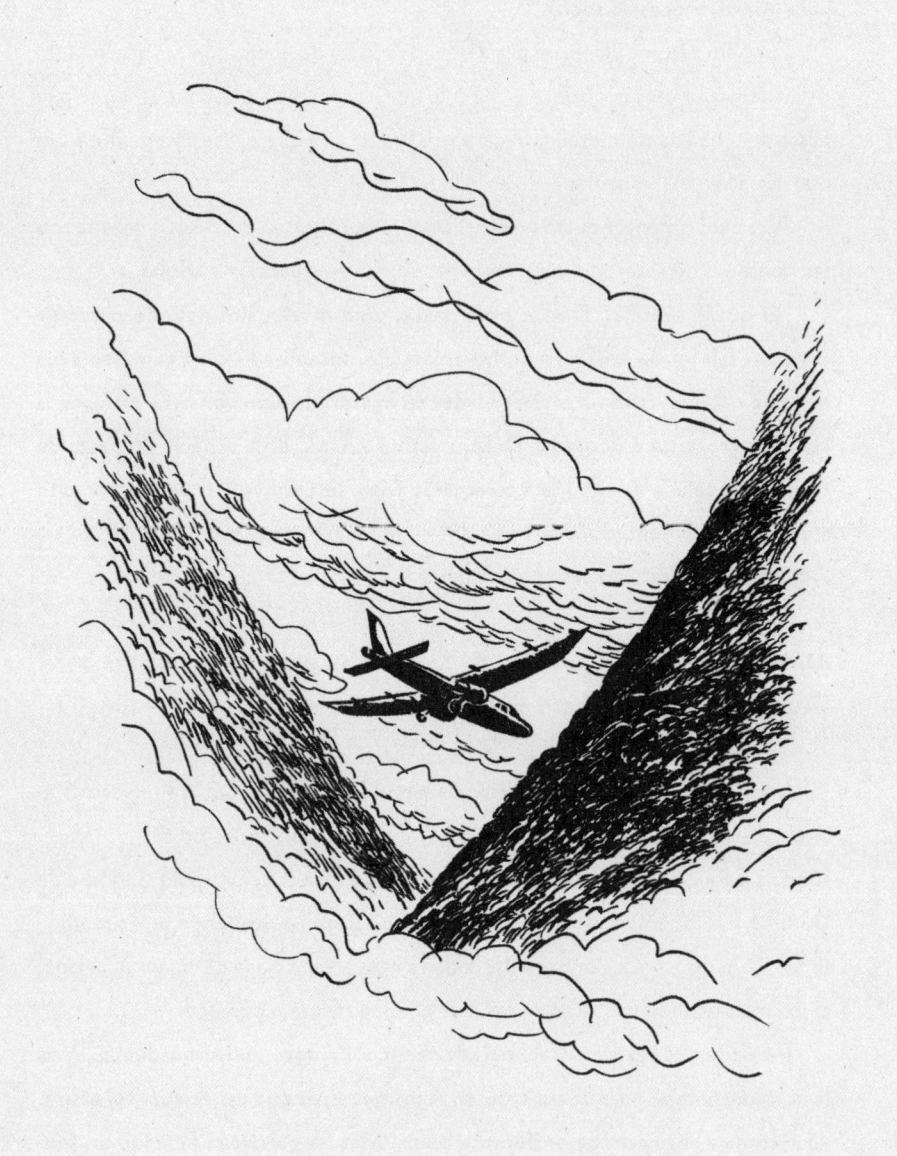

BUTÃO

"Butão: um reino remoto, relativamente pouco visitado, cheio de mitos e lendas, no alto do Himalaia, conhecido como a 'terra do dragão do trovão'. [O Butão] sobrevive a contento há séculos, em isolamento autoimposto.

"Localizado entre a Índia e o Tibete, o Butão, que tem mais ou menos o tamanho da Suíça, está entre o mundo antigo e o novo. O turismo só pôde começar nos anos 1970. O número de visitantes estrangeiros a cada ano é rigidamente limitado a fim de proteger a cultura e o meio ambiente do país. Não há Starbucks, KFCs e hambúrgueres. Basicamente, eles não querem que as pessoas venham para cá, pelo menos não em bandos.

"Até uns quinze anos atrás, a East-West Highway era a única estrada no Butão. Dividindo o país, ela serpenteia por alguns desfiladeiros inacreditáveis. Às vezes, de um lado há a face pedregosa e instável de um penhasco, e do outro, declives vertiginosos e assustadores. A estrada está passando por uma grande expansão, com planos para ser totalmente pavimentada em... bem, em breve.

"O respeito pela natureza é fundamental para a identidade espiritual do Butão. Mais da metade do país é inacessível para a urbanização ou para exploração madeireira. Impressionantes 50% do PIB do Butão vêm da energia hidrelétrica."[1]

CHEGADA E DESLOCAMENTO

"Um dos motivos para [o Butão] não fazer parte dos roteiros turísticos é o fato de ser difícil de chegar. Enquanto seu avião se aproxima, segure-se no assento para suportar algumas manobras alarmantes em meio a desfiladeiros antes de pousar no único aeroporto internacional do país [Paro], considerado o mais perigoso do mundo por algumas pessoas."

Há três companhias aéreas que voam para esse aeroporto, o **Paro (PBH)**, a partir de Bangkok, Cingapura, Catmandu e de um punhado de cidades indianas e butanesas. São elas a Bhutan Airlines, a Drukair e a Buddha Air. Os pilotos precisam de uma certificação específica para pousar em Paro, por causa dos desafios geográficos, e as aterrissagens são feitas apenas em horários diurnos.

Há táxis disponíveis, embora talvez seja aconselhável providenciar um deles com antecedência, por meio de uma agência de viagens de boa reputação, para evitar a montanha humana de motoristas que vai disputar sua preferência na chegada, e também para evitar a típica cobrança excessiva de turistas. As rúpias indianas são amplamente aceitas como moeda, assim como o ngultrum do Butão, cujo valor é atrelado à rúpia. A passagem de Paro até a capital, Thimphu, cerca de 45 quilômetros, deve custar cerca de 1.100 rúpias/ngultrum, ou de 15 a 20 dólares, para um carro com quatro passageiros.

Tradicionalmente, as gorjetas não fazem parte da cultura, mas estão se tornando cada vez mais aceitas e esperadas à medida que a indústria do turismo se expande no país. Uma boa gorjeta para um motorista de táxi fica entre 10% a 20% do valor da corrida. O mesmo se aplica aos hotéis e restaurantes, mas confira a conta para verificar se uma taxa de serviço já não foi incluída.

EM CASA NA REDE AMAN

Tony ficou encantado com os vários resorts de luxo da Aman, onde se instalou enquanto atravessava o Butão. Projetadas pelo consagrado arquiteto australiano Kerry Hill, já falecido, com uma sensibilidade apurada para o cenário natural, utilizando matérias-primas da região sempre que possível, as propriedades da Aman possibilitam repouso e calma supremos, como convém a um pequeno reino pouco explorado no Himalaia.

Em Thimphu, Tony se hospedou no hotel Amankora, o principal empreendimento da Aman no Butão, localizado numa encosta arborizada e decorada como um *dzong* butanês, uma fortaleza. Em Punakha, Bumthang e Paro, ele se hospedou em chalés do Amankora. Nas quatro propriedades, os espaçosos quartos amplos, revestidos de madeira e metal, contam com fogões a lenha (acesos pela equipe do hotel), camas king-size, banheiras enormes e opções de refeições no restaurante e serviço de quarto *all inclusive*.

O Punakha Lodge, localizado num fértil vale subtropical que é a residência de inverno da realeza butanesa, se distingue pela ponte suspensa coberta de bandeiras de oração que deve ser cruzada para se chegar ao chalé. A propriedade em Paro, localizada perto do aeroporto, é uma boa opção para começar ou encerrar uma visita ao Butão. A pousada em Bumthang se encontra numa área com dezenas de templos e mosteiros.

É claro que tanto luxo e tranquilidade não saem barato. No momento em que este livro foi escrito, as suítes custavam cerca de 60 mil rúpias/ngultruns/850 dólares na baixa temporada, 90 mil rúpias/ngultruns/1.250 dólares na alta temporada.

AMANKORA: +975 2 331 333, www.aman.com/resorts/amankora (tarifas acima)

MOMOS EM THIMPHU

Tony pode ter dormido cercado de luxo, mas, numa viagem ao Butão, em 2017, junto com o diretor de cinema Darren Aronofsky, as aventuras aconteceram mais perto da rua.

Aronofsky, pouco depois do lançamento do filme *Mãe*, uma alegoria sombria sobre a destruição do meio ambiente pelo homem, foi movido por sua curiosidade sobre um país que, por enquanto, era poupado dos piores efeitos de um desenvolvimento desenfreado.

"Manhã em Timpu, capital e maior cidade do Butão. A população de 100 mil habitantes está em rápido crescimento, pois os butaneses já começaram o inevitável afastamento do estilo de vida rural e agrário.

"Nossa primeira refeição [no Menzu Shiri] se torna nossa favorita pelo restante da viagem. Quando não estou diante das câmeras, é provável que esteja em algum lugar comendo essas coisinhas: os momos. *Dumplings* rechonchudos, saborosos, muitas vezes bastante picantes, recheados com carne, queijo ou vegetais. Já mencionei que Darren é vegetariano?"

MENZU SHIRI: perto da Norzin Lam Road, Thimphu. Sem telefone, sem site. Prato com cinco momos em torno de 72 rúpias/ngultruns (1 dólar).

EM BUSCA DO LOUCO DIVINO

"É uma viagem de duas horas e meia de carro da capital até Punakha, pitoresco vilarejo nas montanhas. Um destino imperdível, antigo lar de Drukpa Kunley, venerado e amado no Butão — conhecido como o Louco Divino."

Em torno do **Chimi L'Hakhang**, também chamado de Templo da Fertilidade, construído em homenagem a Drukpa Kunley, você encontrará uma profusão de pinturas, desenhos e esculturas de pênis.

"Durante séculos, o Butão celebrou o... hum... o falo. Tudo isso é o legado de Drukpa Kunley — lama e homem santo que viveu há 500 anos e espalhou os princípios do budismo, junto com um ceticismo saudável em relação às instituições de poder. Ele desfrutava do sexo casual sem culpa, do consumo abundante de bebidas alcoólicas — e da sedução. Atingia demônios — e fazia muitos amigos — com o que é conhecido como seu 'raio flamejante da sabedoria', um termo que, para nós, é difícil de levar ao pé da letra."

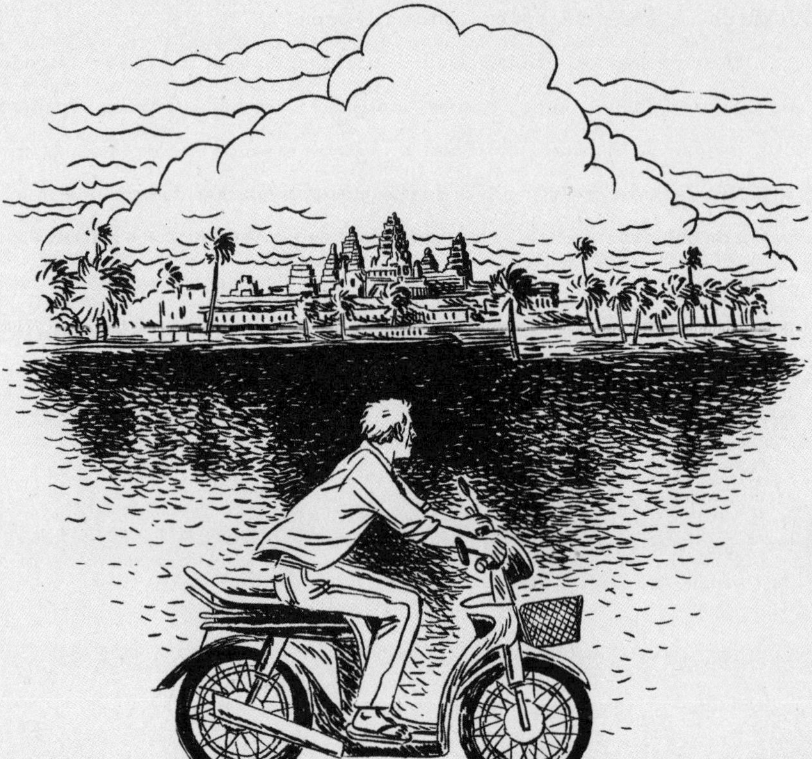

CAMBOJA

O Camboja — lindo, selvagem, com uma história recente dolorosíssima de genocídio, episódio de um horror inimaginável — é um lugar sobre o qual Tony expressou admiração e raiva. Era muito interessado no assunto e lia bastante sobre o envolvimento desastroso do governo dos Estados Unidos na política do Sudeste Asiático durante a Guerra Fria, tanto no conflito escancarado, no Vietnã, quanto nas campanhas secretas de bombardeio no Laos e no Camboja. Tony visitou o Camboja pela primeira vez em 2000, para *A Cook's Tour*, e voltou uma década depois para o *Sem reservas*.

"Desde minha última visita ao Camboja, estive em quase todos os cantos do globo e não vou dizer — por mais que queira acreditar — que fiquei mais esperto. Depois de um tempo, até a paisagem mais bela ameaça se tornar um papel de parede — um pano de fundo — em movimento. Existem, porém, ocasiões em que tudo parece se encaixar: o trabalho, a diversão, todos os lugares em que estive, onde estou agora, uma confluência feliz, estúpida e maravilhosa de eventos. Arrozais ondulando, a música perfeita tocando dentro da cabeça. Se algo profundo não está acontecendo, pelo menos parece que está.

"Em 17 de abril de 1975, o Khmer Vermelho entrou com seus tanques em Phnom Penh. Foi um dia que pôs fim a anos de sangrenta guerra civil. Foi também o dia que marcou o início de um período de terror, loucura e caos numa escala inimaginável."[1]

Mais de 1,7 milhão de pessoas foram mortas, observou Tony. "Liderados por Pol Pot, educado na França, que se referia a si mesmo como Irmão Número Um. A proposta era criar um paraíso agrário ultramarxista, mas, primeiro, o passado teria que ser apagado. Dois mil anos de cultura e de história cambojanas tiveram um fim imediato. Foi declarado o ano zero, e tudo o que veio antes dele deveria ser eliminado. Literalmente da noite para o dia, cidades inteiras foram esvaziadas. Moradores foram obrigados a marchar para o campo, trabalhadores escravizados foram forçados a cultivar a terra como uma forma de realizar a utopia agrária de Pol Pot. O dinheiro foi abolido. Os livros foram queimados. Famílias foram separadas de propósito. Professores, comerciantes, médicos e quase toda a elite intelectual do país foram assassinados. A escala de matança foi tão grande que áreas inteiras, mais tarde conhecidas como 'campos da morte', em torno de Phnom Penh e de suas imediações, foram usadas para eliminar os corpos.

"Quando, em 1979, os vizinhos vietnamitas derrubaram o Khmer Vermelho, mandando Pol Pot e seus amigos para a selva, isso talvez tenha salvado o país, mas os problemas estavam longe de terminar. Para simplificar, alguns dos mesmos desgraçados dos velhos tempos ocupam posições de poder hoje em dia.

"Essas ruas não eram asfaltadas da última vez que estive aqui", observou ele, em 2010. "Em 2000, era mais selvagem e bem mais perigoso, um lugar que ainda cambaleava desde os dias em que a cidade fora reduzida de uma população de 2 milhões para apenas alguns oficiais do Khmer Vermelho. Escriturários, trabalhadores administrativos, motoristas de táxi, cozinheiros foram levados pelo país e obrigados a trabalhar na agricultura. Qualquer um que fosse sortudo o suficiente para ser médico, advogado, profissional, poliglota foi morto; bastava apenas que usasse óculos.

"Depois de uma viagem ao Camboja, você nunca mais vai parar de querer surrar Henry Kissinger até a morte", escreveu Tony em 2001 em *Em busca do prato perfeito: Um cozinheiro em viagem*, livro que acompanha a série de TV de mesmo nome [A Cook's Tour]. "Você nunca mais vai conseguir abrir um jornal e ler sobre aquele canalha traiçoeiro, prevaricador e assassino... sem ficar com um nó na garganta. Testemunhe o que Henry fez no Camboja — os frutos de seu gênio como estadista — e nunca vai conseguir entender por que ele não está sentado no banco dos réus em Haia, ao lado de Milošević."

CHEGADA E DESLOCAMENTO

Só há voos diretos a partir da China, do Japão ou da Coreia e o desembarque será num dos dois principais aeroportos internacionais do país, Phnom Penh **(PNH)** ou Siem Reap **(REP)**. A partir de qualquer um deles, pegue um táxi ou *remorque*/tuk-tuk (um pequeno trailer com assentos cobertos, puxado por uma motocicleta) para o hotel por cerca de 40 mil riels cambojanos/10 dólares para um táxi ou 33 mil riels/8 dólares para um tuk-tuk. Os motoristas não esperam gorjetas, mas elas são sempre bem-vindas.

LUXO COLONIAL

Tony não escondia seu amor pelos luxuosos e bem preservados (ou bem reformados) hotéis coloniais do Sudeste Asiático, e em sua temporada em Phnom Penh, ele se hospedou no **Raffles Hotel Le Royale**. Inaugurado como Le Royale em 1929, um oásis para viajantes abastados, serviu de base para os jornalistas que cobriram a guerra civil do Camboja de 1970 a 1975, antes de ser fechado após a vitória do Khmer Vermelho e as atrocidades que se seguiram. O grupo Raffles empreendeu uma reforma meticulosa, reabrindo o hotel em 1997; digno de nota é o gim Kaf-Kaf com tônica servido no Elephant Bar.

RAFFLES HOTEL LE ROYALE: Sangkat Wat Phnom, 92, Rukhak Vithei Daun Penh, Phnom Penh, Tel. +855 23 981 888, www.raffles.com/phnom--penh/ (quartos a partir de 814 mil riels/200 dólares por noite)

Tony também usou o **Raffles Grand Hotel d'Angkor**, construído em 1932 e restaurado em 1997, como base para explorar Angkor Wat (veja a próxima seção), e continua a ser uma ótima opção de luxo. Desde sua última visita, Siem Reap recebeu alguns novos hotéis de luxo, incluindo o boutique **Jaya House Riverpark**, cujo impecável design modernista dos anos 1960 é acompanhado por excelente comida, apoio incomparável às causas ambientais e sociais, e o compromisso com a contratação de moradores da região e a promoção do trabalho dos artesãos locais.

RAFFLES GRAND HOTEL D'ANGKOR: Vithei Charles de Gaulle, 1, Siem Reap, Tel. +855 63 963 888, www.raffles.com/siem-reap (quartos a partir de 814 mil riels/200 dólares por noite)

JAYA HOUSE RIVERPARK: River Road, Siem Reap, Tel. +55 63 962 555, www.jayahouseriverparksiemreap.com (quartos começam em cerca de 1.020.000 riels/250 dólares por noite)

COMER EM PHNOM PENH

"Eu também já disse isso muitas e muitas vezes: se você está indo para um país, especialmente no Sudeste Asiático, [onde] nunca esteve antes, é uma boa ideia ir primeiro ao mercado para ver o que estão vendendo e ter uma ideia daquilo em que eles são bons a partir do que as pessoas estão comprando." Em Phnom Penh, esse lugar seria o **Mercado Central**. Desorganizado ao extremo em 2000, mas consideravelmente arrumado em 2010, para Tony o mercado manteve suas marcas olfativas e gustativas:

"É mais assim que me lembro do Camboja — o cheiro de jaca, de fumaça de lenha, peixe seco, frango cru e café da manhã. *Ka tieu* — uma sopa de macarrão tipo *pho* com frango, almôndegas de porco e verduras num caldo saboroso e de aparência vibrante — é sempre a via expressa para chegar ao meu coração."

MERCADO CENTRAL: Calmette St., 53, Phnom Penh, Tel. +855 98 288 066. Sem site (os preços do *ka tieu* e de outras sopas, dos pratos de macarrão e doces variam entre 2 mil–12 mil riels/50 centavos–3 dólares)

ANGKOR WAT

"Em Angkor Wat, a centenária sede do poder do império Khmer, desisti de fotografar minhas viagens. Como seria possível para qualquer lente capturar a escala, a grandeza de um reino que, no passado, dominou esta parte do mundo e então inexplicavelmente se desfez na selva?"

Use um hotel em Siem Reap como ponto de partida e reserve pelo menos um dia inteiro para explorar Angkor Wat, o vasto complexo de templos de arenito construído no século XII e que permanece como um símbolo da genialidade, da devoção e da engenhosidade da civilização Khmer. Há muitas barracas de comida diante da entrada do templo, e você pode alugar bicicletas ou contratar motoristas de motocicleta para facilitar suas explorações.

KAMPOT E KEP

"Originalmente colonizada e profundamente urbanizada por comerciantes chineses, Kampot já foi a principal cidade portuária do Camboja. A categoria dos mercadores chineses, é claro, foi considerada estrangeira pelo Khmer Vermelho e quase foi exterminada. (...) Hoje, a população chinesa da região é uma sombra do que costumava ser, mas sua influência ainda é visível na arquitetura, nas pessoas e na comida. Esta área também era conhecida por suas plantações de pimenta, antes tão prósperas."

Na vizinha **Kep-sur-Mer**, que já foi um balneário para as elites francesas e, mais tarde, para a alta sociedade cambojana, existem sobras de suntuosas mansões modernistas para explorar e o Mercado do Caranguejo. Não deixe de pedir seu carro-chefe, o caranguejo com pimenta Kampot. "**Com ingredientes tão frescos, basta uma preparação simples — alho, verduras, pimenta em grãos refogada e caranguejo de rio fresco.**" Existem vários restaurantes descontraídos que oferecem o prato. Siga a multidão.

MERCADO DO CARANGUEJO: 33A Street, Krong Kaeb, Tel. +855 10 833 168. Sem site (preços variam)..

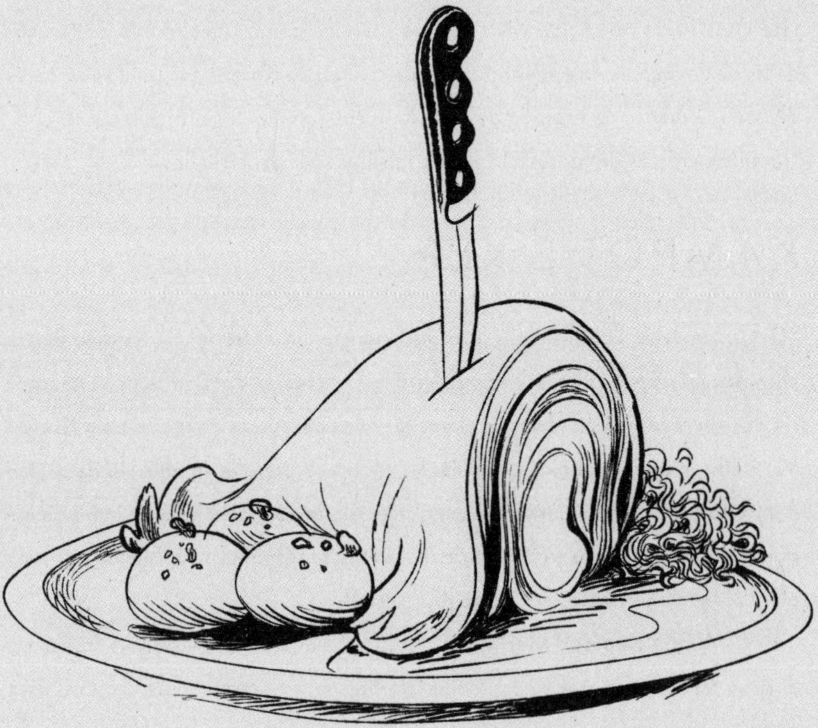

CANADÁ

MONTREAL E QUEBEC

Montreal e a província de Quebec tinham um apelo especial para Tony, e ele fez episódios de *Sem reservas*, *Fazendo escala* e *Lugares desconhecidos* por lá, variações sobre o excesso e sobre o modo como Quebec não é nem Canadá, nem França, mas algo com uma personalidade própria.

"Vou confessar de cara que sou parcial: amo Montreal. É meu lugar favorito no Canadá. Seus habitantes são uns doidos varridos duros na queda, qualidades que os tornam admiráveis. Toronto, Vancouver, amo vocês. Mas não tanto quanto amo Montreal. Por quê? Vou explicar. Tudo será revelado.[1]

"O que você precisa saber sobre Montreal? Pois bem, que não é a pequena Paris ao norte da fronteira. Ninguém precisa falar francês para vir para cá. E não se vem para cá comer comida francesa, embora haja bastante, se você quiser. A comida é, no entanto, um dos principais motivos para visitar a cidade."

CHEGADA E DESLOCAMENTO

Você pode ir de carro para Montreal a partir de qualquer ponto nos Estados Unidos ou no Canadá (com passaporte), pegar um trem Amtrak de Nova York ou um VIA Rail Canada em várias cidades, ou pode ir de avião.

"Montreal fica próximo [de avião] — cerca de uma hora e pouco de Nova York. Se faz questão de saber, sua localização exata é numa ilha na confluência dos rios São Lourenço e Ottawa. Isso não é tão importante assim. Montreal fica na região sudoeste do Quebec, porém. Isso, sim, é importante saber. Se pegar um avião, é bem provável que chegue no Aeroporto Internacional Trudeau (YUL), a cerca de trinta quilômetros do centro da cidade."[2]

Saindo do aeroporto, a viagem de táxi até a cidade leva cerca de meia hora e custa uma tarifa fixa de 40 dólares canadenses/30 dólares, fora a gorjeta. A Societé de Transport de Montreal opera uma linha de ônibus entre o aeroporto e a principal rodoviária, Gare d'autocars de Montreal (na estação de metrô Berri-UQAM), que faz a viagem de 45 a 60 minutos e custa 10 dólares canadenses/7,50 dólares. Para mais informações, visite www.stm.info/en.

Se não quiser caminhar, pegue o metrô ou um táxi. "O sistema de metrô de Montreal segue o modelo, dizem, do de Paris. E não é ruim. Custa uns três dólares por viagem, ou oito dólares por um passe de 24 horas. Se estiver dirigindo, tudo bem, mas saiba que nesse ponto o francês será útil porque as sinalizações de tráfego são todas no idioma. As orientações também podem ser complicadas. Os limites de velocidade seguem o padrão quilômetros por hora em vez de milhas, então tenha em mente esse pequeno detalhe, ok?"

HORA DE COMER

"Realmente não sei como é Montreal para as pessoas normais. O que posso dizer é que, para chefs, é um lugar reconhecidamente muito perigoso." Uma pequena gangue de chefs-proprietários de Montreal é famosa por oferecer aos chefs visitantes comidas saborosíssimas e grandes quantidades de vinho e destilados. Entre esses zeladores quase diabólicos estavam os chefs **Normand Laprise** do **Toqué!** e da **Brasserie T!**, **Martin Picard** do **Au Pied du Cochon** e da **Cabane à Sucre**, e **David McMillan** e **Frédéric Morin** do **Joe Beef**, **Liverpool House** e **Le Vin Papillon**. Recentemente, no entanto, McMillan e Morin pararam de beber, reduziram seus excessos em todos os níveis e começaram a falar em público sobre o abuso no consumo de álcool e drogas, além de outros problemas historicamente inerentes ao ramo da hotelaria.

Comece o dia comendo na região Sud-Ouest de Montreal, especificamente na **Brasserie Capri**. Do que se trata?

"Um pub, um pub canadense — um pub *Quebecois*, para ser mais exato — e exatamente, exatamente mesmo, do tipo que eu gosto. Grandes pedaços de joelho de porco — você não vê muito disso por aí. Trata-se de uma arte em extinção: joelho de porco marinado e cozido, servido com batatas cozidas."

O Capri é despojado e se apresenta mais como um bar de esportes do que como um restaurante, com jogos passando na TV, máquinas de videopôquer e muitos clientes que aparecem apenas para beber, mas café da manhã, almoço e jantar são servidos para quem os procura. (Observe que o bar mudou de localização desde que Tony filmou por lá, em 2012.)

BRASSERIE CAPRI: Wellington St, 2687, Montreal, QC, H3K 1X8, Tel. 514 935 0228 (joelho de porco em torno de 16 dólares canadenses/12 dólares; sanduíches em torno de 13 dólares canadenses/10 dólares)

"Montreal é uma cidade de chefs. É uma cidade para ficar acordado até tarde e se divertir. Comida e bebida, isso eles fazem bem por aqui e muitas vezes em excesso, mas sempre com propriedade. O bairro de Little Burgundy em Montreal antes era uma área negligenciada e decadente da cidade, mas aí ele chegou, o magnífico Joe Beef — o quartel-general desses dois personagens, Fred e Dave. O Joe Beef original era contramestre dos britânicos durante a Guerra da Crimeia. Sua habilidade sobrenatural (segundo dizem) de arranjar carne para seus homens mesmo quando o tempo fechava fez dele uma lenda. Sua taverna lendária e, digamos, devassa, fez dele uma figura memorável na história dos bebedores da cidade. Era justo, então, que aqueles dois dessem prosseguimento à tradição orgulhosa enquanto forjavam, audaciosos, suas próprias tradições. O menu é maravilhoso e assumidamente exagerado. E muda todo dia."

JOE BEEF: Notre-Dame West, 2941, Montreal, QC, H3J 1N6, Tel. 514 935 6504, www.joebeef.ca (tira-gostos em torno de 15 dólares canadenses/12 dólares; pratos em torno de 40 dólares canadenses/30 dólares)

"Carne defumada: não deixe de experimentar quando vier a Montreal. Não há como escapar. Você precisa comer. E o Schwartz's, inaugurado em 1928, não é apenas o mais antigo do Canadá, mas indiscutivelmente o melhor no preparo dessa substância mágica semelhante a um pastrami. Tão boa que vale a pena se espremer pela multidão, sentar lado a lado com desconhecidos e fazer uma lambança comendo uma dessas gloriosas montanhas de carne."

Conselho aos viajantes: "**Prestes a entrar no avião? Coma algo gostoso antes de ir para o aeroporto, algo grande e absurdamente delicioso.**"

Com essa dica em mente, vá até o salão de azulejos brancos atulhado de gente do Schwartz's e devore um sanduíche de *brisket* defumado fumegante com guarnição de picles, regado com refrigerante de cereja. "**Quando o avião decolar, estarei inconsciente e posso ir embora de Montreal com a consciência tranquila.**"

SCHWARTZ'S Montreal DELI: Boulevard Saint-Laurent, 3895, Montreal, QC, H2W 1X9, Tel. 514 842 4813, www.schwartzsdeli.com (sanduíche de carne defumada a 10,50 dólares canadenses/8 dólares)

"Uma vez no intervalo de algumas décadas, talvez uma vez a cada século, uma nação produzirá um herói — um Escoffier, um Muhammad Ali, um dalai-lama, um Joey Ramone — alguém que muda tudo na sua área de atuação, que muda todo o cenário. A vida depois deles nunca volta a ser a mesma. Martin Picard é um desses caras. Híbrido nunca antes visto — homem rústico do campo, chef veterano com muitos anos de experiência em restaurantes finos, renegado, inventivo —, Picard é um dos chefs mais influentes da América do Norte. É também um *québécois* orgulhoso. E talvez tenha sido ele, mais do que qualquer outra pessoa, que definiu o significado disso para uma nova geração de norte-americanos e canadenses.

"A tradição da *cabane à sucre*, ou cabana de açúcar, é tão antiga quanto *maple syrup* no Quebec, de onde vem 70% da produção mundial. As cabanas na floresta onde a seiva de bordo é coletada e transformada em xarope são parte integrante desse estilo do *maple syrup*-lenhador. Com o tempo, muitas dessas cabanas viraram restaurantes informais, refeitórios para trabalhadores e alguns convidados. E Martin Picard levou essa tradição ao que é, de certa forma, sua conclusão lógica e uma extrema loucura, criando a própria *cabane à sucre*, servindo comida que se origina diretamente dessas raízes humildes, porém resistentes."

Quem tiver a sorte de conseguir uma reserva (as vagas tendem a se esgotar depressa em dezembro) desfrutará de uma refeição que pode ter até uma dúzia de pratos. "Vamos começar a loucura: uma peça inteira de *foie gras* com feijão assado, dentro de uma panqueca, tudo isso cozido em gordura de pato, é claro, e queijo cottage com um ovo cozido em *maple syrup*. Corações de pato salteados, moela e orelha de porco cobertos de torresmo frito.

Ah, e uma omelete de miolo de vitela e bacon ao *maple*... Coxas de pato empanadas em farinha panko com mousse de camarão, salmão e molho barbecue com *maple*. *Tourtiere du shack*: uma peça inteira de queijo Laracam, *foie gras*, miolo de vitela, miúdos, bacon e rúcula. E agora o prato principal: presunto da casa, defumado ali mesmo, com abacaxi e *almondine* de vagem. E [um] clássico *old-school* canadense, praticamente pré-histórico: o *maple syrup* aquecido e derramado na neve, criando uma espécie de caramelo."

A Cabane à Sucre no passado só abria na temporada de extração do *maple syrup* (do final do inverno ao início da primavera), mas passou também a receber clientes na época de colheita da maçã (meados de agosto a meados de novembro), e a nova Cabane d'à Côté, que, como o nome sugere, fica "ao lado", alimenta os hóspedes durante o ano inteiro.

AU PIED DU COCHON CABANE À SUCRE: Rang de la Fresnière, 11382, St-Benoît de Mirabel J7N 2R9, Tel. 514 281 1114, www.aupieducochon.ca (refeição de 12 pratos em torno de 70 dólares canadenses/54 dólares)

TORONTO

"Toronto: a maior cidade do Canadá, a quinta maior da América do Norte. 'Nunca fui.' 'Estive só de passagem.' 'Nada de muito impressionante.' Sim, sua reputação é basicamente essa.

"Não é uma cidade bonita. Não mesmo. Quer dizer, eles meio que ficaram com as sobras dos modismos arquitetônicos do século XX. Uma Bauhaus criptofascista. Todas as escolas públicas dos Estados Unidos. Todas as bibliotecas municipais de terceira linha. *Sovietic-chic*. Mas a fachada de aço que envolve Toronto esconde, na verdade, um interior excepcionalmente maravilhoso e estranho."[3]

CHEGADA E DESLOCAMENTO

O principal aeroporto internacional é o **Lester B. Pearson International**, também conhecido como **Aeroporto Toronto Pearson (YYZ)**. Seus dois terminais são atendidos por dezenas das principais companhias aéreas internacionais e domésticas, com destaque para a Air Canada, e são conectados por trem 24 horas, todos os dias da semana.

Como o aeroporto fica a cerca de 22 quilômetros a noroeste do centro de Toronto, um táxi leva de 30 a 60 minutos, dependendo do trânsito, e sai a 50-75 dólares canadenses/40-65 dólares mais 15% de gorjeta, dependendo do destino. No momento em que escrevemos este texto, há um ônibus para a cidade por 3,25 dólares canadenses/2,50 dólares que leva mais de uma hora no trajeto, assim como o Union Pearson Express, um trem do aeroporto para a cidade que custa cerca de 13 dólares canadenses/10 dólares por trecho. Encontre todas as informações sobre transporte em www.torontopearson.com.

Toronto também tem um aeroporto pequeno, o **Billy Bishop Toronto City Airport (YTZ)**, localizado em Centre Island, ao sul da região central, e acessível de carro ou balsa. A Porter Airlines oferece a maioria dos voos do YTZ, com destino a Newark, Boston, Washington, Chicago, Myrtle Beach, Orlando e diversas cidades canadenses.

Uma vez na cidade, você pode caminhar, pegar táxis ou usar o sistema de metrô. Horários, rotas e tarifas em www.ttc.ca.

HOSPEDAGEM EM GRANDE ESTILO

Embora o Drake continue sendo o centro da cultura dos hotéis boutique descolados de Toronto, existem opções para quem busca mais luxo. **"Se você está viajando a trabalho e quer encher o departamento de contabilidade com despesas de sua hospedagem ostentosa, fique no excelente Ritz-Carlton — camas confortáveis e um bom filé no restaurante do hotel."** Acrescente a isso um spa com piscina de água salgada, enxoval Frette, banheiros de mármore, banheiras fundas para imersão e o tipo de serviço caloroso, atento e educado que se espera de um lugar como esse.

RITZ-CARLTON TORONTO: Wellington Street West, 181, Toronto, O,N M5V 3G7, Tel. 416 585 2500, www.ritzcarlton.com (diárias em quarto standard a partir de 725 dólares canadenses/550 dólares)

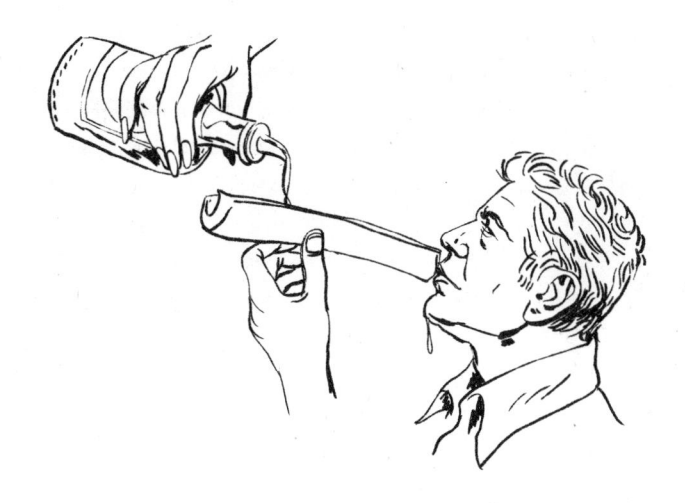

Sobre as origens do tobogã de osso

POR JEN AGG

A maioria das pessoas não diz a verdade. Elas têm a intenção de dizer, e até acham que dizem, na maioria das vezes, mas não. Mas o que é realmente verdade? Uma noção subjetiva sobre a forma correta de viver não é a mesma coisa que, digamos, a ciência exata, como a força da gravidade terrestre que dita que quando as coisas sobem, elas necessariamente devem descer.

Como alguém que acredita piamente que suas ideias são as *mais corretas*, gosto de outras pessoas que dizem a verdade — mesmo que nem sempre estejamos de acordo —, que talvez enfeitem algumas verdades mais duras, mas que sempre se esforçam para ser sinceras.

E é por isso que eu estava pulando, em 2012, vibrando de empolgação, quando soube que Anthony Bourdain ia gravar um trecho do episódio do *Fazendo escala* sobre Toronto no meu restaurante, o Black Hoof, na época com quatro anos. O Hoof era especial, merecedor da atenção internacional que logo passaria a receber, em grande medida graças ao Efeito Bourdain ou, como eu diria, por ter sido *"Tonyficado"*.

Tony era famoso por dizer a verdade, e talvez não exista verdade maior sobre Toronto do que sua feiura. É uma cidade muito, muito feia, e ele percebeu isso. ("Não é uma cidade bonita.") Fico feliz que tenha notado. Sempre acho esquisito quando pessoas viajadas não mencionam o quanto a cidade é horrível, como se o problema desaparecesse se todo mundo o ignorasse, o que, em geral, é uma péssima ideia.

Tirando esse grande contra, Toronto tem muitos prós. É uma cidade de vizinhanças, de muitas culturas (embora estejamos longe de ser tão integrados quanto gostamos de fingir que somos, sobretudo diante de nossos companheiros norte-americanos), uma cidade que teve que lutar tanto contra seus instintos anglo-saxões protestantes e brancos que não teve outra escolha a não ser se tornar algo muito mais descolado do que deveria. É a cidade onde cresci, aquilo que chamo de lar: uma cidade de possibilidades e onde realizei vários sonhos. Queria mostrar a Tony, com o meu restaurante, que Toronto podia não ser Nova York, mas que talvez fosse tão legal quanto. Que dizer, nós servíamos *carne de cavalo*. Me diga o nome de um restaurante de Nova York que ousaria fazer isso.

A produção apareceu um dia antes para acertar os detalhes e planejar as muitas horas de filmagem. Eles me pareceram não apenas competentes no que faziam, como também um grupo inteligente e divertido — gostei deles de cara. O diretor, Tom Vitale, tinha a última palavra sobre as complicações que estavam sendo resolvidas. Era muito encantador e educado, mas fez um pedido com o qual eu não sabia muito bem se poderia lidar.

Televisão documental de qualidade se faz na tensão entre o gênio criativo, uma visão singular e as pessoas nos bastidores que garantem que essa visão seja executada e se torne algo bom de assistir. É preciso criar um eixo narrativo que garanta que o espectador vá se envolver com o desenrolar dos acontecimentos. Numa ponta do espectro estão programas como *The Bachelor* ou qualquer uma das séries *Real Housewives*, e o *Fazendo escala* obviamente tinha muito mais integridade do que aquelas franquias, sendo, ao mesmo tempo, muito bom de assistir. Porém...

Os câmeras planejaram os ângulos e as tomadas para o dia seguinte, enquanto Tom e eu jogávamos conversa fora. Aí ele lançou, assim, como quem não quer nada: "Ouvi dizer que vocês servem tobogãs de osso aqui na cidade." Eu não fazia a mínima ideia do que era aquilo. Ele esclareceu: depois de raspar e ensopar o resto do tutano reluzente dos ossos de vitela assados, cortados ao comprido, você pega alguma coisa como xerez ou bourbon e coloca a ponta estreita do osso na boca, como se fosse um funil de cerveja, enquanto outra pessoa derrama a dose pela extremidade mais larga, para dentro da sua boca.

Eu estava muito, muito reticente. Tinha medo de aparecer em um programa que eu amava sendo retratada essencialmente como uma espécie de tequileira — um medo que acabou sendo bastante justificado. Também me preocupava a ideia de que, fazendo toda aquela encenação de tobogãs de osso, passássemos a ter que fazê-los para os clientes para sempre, em looping eterno como naquele filme *No limite do amanhã*. Também não estava enganada quanto a isso.

Então deixei clara essa incerteza justa e razoável. Nunca havíamos servido um tobogã de osso antes, falei. Não era a *nossa praia*. Não *mesmo*. Mas Tom foi irredutível, e então, no dia das filmagens, entrei na brincadeira, embora um tanto contrariada, e despejei bourbon num osso ainda quente direto na boca de Anthony Bourdain. Estava extremamente constrangida, o que é bem raro para mim. Mas eu fiz.

E aí, assim que o episódio foi ao ar, precisei fazer isso de novo e de novo. Eu procurava evitar tanto quanto possível, mas as pessoas muitas vezes me pediam especificamente o tobogã, e isso não ajudava em nada a aliviar a sensação de ser uma espécie de tequileira. (Não que haja algo de errado nisso, ok? É que eu, *pessoalmente*, não queria fazer.) Às vezes, as pessoas pediam para ficar na mesma mesa em que Tony tinha gravado a cena, coisa que eu nem tentava atender a menos que estivessem dispostas a esperar muito tempo. E as pessoas são engraçadas: às vezes, elas esperavam.

Eu assisti ao episódio, quando foi ao ar pela primeira vez, em 2012, e só voltei a vê-lo recentemente. Fiquei feliz de ver que a única coisa que eu disse diante das câmeras foi: "Eu me sinto uma espécie de tequileira e, para falar a verdade, é um tanto humilhante". Com a perspectiva do tempo, porém, tenho de concordar com o instinto de Tom em inserir essa esquisitice. Foi um sucesso entre os espectadores e cristalizou a cena na cabeça das pessoas. Sendo bem sincera, ganhamos muito dinheiro com a quantidade de tobogãs de osso que veio depois disso. Tony nunca soube que eu e Tom criamos aquilo na hora e a coisa se tornou uma parte tão grande da história do Hoof que nem importa. O tempo é mesmo um eterno retorno.

DRINQUES, CARNE DE PORCO E FACAS

O *cocktail hour* é uma convenção civilizada, adequada para uma cidade civilizada como Toronto. "**O Cocktail Bar em Little Italy é um lugar perfeito para um Negroni antes do jantar.**" Estiloso, pertence à renomada *restaurateur* e escritora Jen Agg, que decidiu fechar seu principal restaurante, o Black Hoof, em seu auge, depois de uma década de influência na cena gastronômica de Toronto. Felizmente, o Cocktail Bar permanece em franca atividade (junto com os outros restaurantes de Agg, o **Grey Gardens** e o **Le Swan French Diner** e os bares **Rhum Corner** e **Bar Vendetta**, que ocupa o espaço do antigo Black Hoof), oferecendo drinques cuidadosamente concebidos e executados como o Whiskey Business (bourbon, *rye*, uísque irlandês e escocês, licor de figo e bitters) e o Absinthe Whip, aromatizado com laranja, pistache e coco. "Também temos uma boa carta de vinhos e de cervejas", informa Agg no site, "mas recomendo provar um drinque."

COCKTAIL BAR: Dundas Street West, 923, Toronto, ON M6J 1W3, Tel. 416 792-7511, www.hoofcocktailbar.com (coquetéis em torno de 14 dólares canadenses/10,50 dólares)

E para beber depois do jantar, há o **Cold Tea**. "**O Cold Tea é um excelente exemplo de bar requintado e maravilhoso, escondido das hordas. Entre por uma porta sem identificação, passe pelas senhoras que vendem *dim sum* autêntico, e siga até ótimas bebidas.**" Escondido no Kensington Mall, com um pátio acolhedor e rodízio de chefs locais que criam petiscos para saciar bebedores famintos, o Cold Tea leva o nome da prática clandestina — que dizem ter se originado nos restaurantes chineses de Toronto — de servir cerveja em bules de chá para a freguesia tardia cuja sede se estendia além da última rodada (atualmente às 2h).

COLD TEA: Kensington Avenue, 60, Toronto, ON M5T 2K2, Tel. 416 546 4536, www.instagram.com/coldteabar (chope a 9 dólares canadenses/6,75 dólares, coquetéis em torno de 14 dólares canadenses/10,50 dólares, petiscos em média 10 dólares canadenses/7,50 dólares)

Tony acompanhou David Sax, jornalista de Toronto especializado em gastronomia e negócios, numa ida ao histórico Mercado Saint Lawrence, onde cerca de duzentas barracas vendem verduras, carnes, frutos do mar, assados, produtos secos e muito mais. A dupla estava decidida a buscar **"o sanduíche original *old-school* de Toronto — o clássico sanduíche de *peameal bacon* na Carousel Bakery. Não aceite imitações."** Numa época anterior ao fácil acesso à refrigeração, os abatedouros de suínos de Toronto curavam lombo de porco magro e desossado na salmoura para fazer bacon, e depois o empanavam com farinha de ervilhas amarelas moídas (que em algum momento foi substituída pela farinha de milho atual). O *peameal bacon* é grelhado e servido num pão Kaiser, com raiz-forte e mostarda temperada com *maple*, "saboroso e crocante". Para acompanhar, peça uma clássica sobremesa canadense, a torta de manteiga. **"Parece uma torta de noz-pecã, só que sem a noz-pecã."**

CAROUSSEL BAKERY: Mercado Saint Lawrence, 93, Front Street East, Toronto, ON, M5E 1C3, Tel. 416 363 4247, www.stlawrencemarket.com (sanduíche de bacon peameal 6,50 dólares canadenses/5 dólares, tortas a 1,50 dólar canadense/1,15 dólar)

Mais um dia, mais um sanduíche de porco. No **Porchetta & Co.**, em Little Italy, durante um tempo o único item oferecido era o carro-chefe (desde então, a empresa ampliou o cardápio, incluindo frango frito, *banh mi* de pastrami, *arancini* e vários acompanhamentos, *poutine* entre eles).

CANADÁ

"Não é uma *porchetta* tradicional no sentido de que não é feita de um porco inteiro", disse Nick Auf Der Mauer, o proprietário, a Tony. "É uma ponta da paleta marinada, embrulhada em *prosciutto*... enrolamos tudo em barriga de porco curada com a pele." Os torresmos então são removidos e torrados até ficarem crocantes ao máximo, e depois são empilhados sobre o prato principal, num pão torrado. O resultado final é **"suculento e delicioso"**, em outras palavras, **"coisa de gênio"**.

PORCHETTA & CO.: King Street West, 545, Toronto, ON, M5V 1M1, Tel. 647 351 8844, www.porchettaco.com (sanduíches em torno de 10 dólares canadenses/7,50 dólares)

A **Tosho Knife Arts** é, segundo Tony, **"uma loja incrível, diferente de qualquer outra; o tipo de joia escondida, disponível a qualquer um que saiba procurar. Os proprietários Ivan Fonseca e Olivia Go sabem tudo o que uma pessoa pode saber sobre facas."** A loja é abastecida principalmente com lâminas japonesas de altíssima qualidade, para diferentes propósitos: culinário, doméstico e tático. A equipe pode sugerir facas específicas para polvo, macarrão, desossar frango, cortar casca de lagosta e até uma faca com um orifício de drenagem de sangue, para evitar o atraso causado pela sucção na hora de remover a lâmina do corpo da vítima. Eles também oferecem acessórios de amolação, serviços e aulas.

TOSHO KNIFE ARTS: Bathurst Street, 934, Toronto, ON, M5R 3G5, Tel. 647 722 6329, www.toshoknifearts.com (as facas custam a partir de 100 dólares canadenses até muitos milhares de dólares)

VANCOUVER

"O que faz uma cidade ser melhor do que outra? O que faz uma cidade ser... legal? Tamanho? Localização? Infraestrutura? Recursos naturais?

"Minha primeira visita a Vancouver foi durante a turnê de divulgação de um livro e gostei dela de cara.

"Bem, chove o tempo todo, tem vegetarianos por todos os lados e existe uma praia pública cheia de nudistas albinos. No entanto, Vancouver foi recentemente classificada como a melhor cidade do mundo para se viver. É uma cidade gastronômica, cheia de restaurantes e chefs. É uma cidade multicultural. Um caldeirão proverbial de etnias... Mas e aí, onde a gente encontra essas coisas legais?"[4]

CHEGADA E DESLOCAMENTO

O **Aeroporto Internacional de Vancouver (YVR)** recebe voos de toda a Colúmbia Britânica e do restante do Canadá, dos Estados Unidos e do México, além de algumas cidades da Europa e da Ásia. Para ir do aeroporto à cidade, quem chega pode pegar o Canada Line Skytrain, construído originalmente para dar conta do fluxo massacrante de visitantes nos Jogos Olímpicos de Inverno de 2010, até o centro de Vancouver, por 7,75 a 9 dólares canadenses/6 a 7 dólares, dependendo do destino final e da hora do dia. É uma viagem de 25 minutos; compre as passagens nas máquinas da plataforma.

O aeroporto fica a 14,5 quilômetros do centro, trajeto que pode levar de 20 a 45 minutos de táxi, ônibus de hotel ou carro alugado, dependendo do trânsito. Os táxis cobram uma tarifa fixa estabelecida pelo destino; espere pagar cerca de 40 dólares canadenses/ 30,50 dólares, incluindo a gorjeta.

A Pacific Central Station é o terminal de trem e ônibus de Vancouver, atendendo passageiros da Canadian VIA Rail e da Amtrak, junto com a Greyhound e uma série de outras empresas de ônibus. O Rocky Mountaineer é uma linha particular de trem turístico com uma estação de mesmo nome e conexões para Seattle e pontos canadenses ao norte e a leste.

Percorra a cidade a pé, de bicicleta, de carro ou táxi, ou use o extenso sistema de transporte público de Vancouver, composto por três linhas de SkyTrain que conectam a cidade aos subúrbios, ônibus, trens suburbanos e balsas. Todas as informações sobre transporte público estão em www.translink.ca.

COMER NA "CIDADE DOS CHEFS"

"É provável que o fato de que as primeiras três pessoas que conheci fossem chefs tenha ajudado: Pino [Posteraro], [Hidekazu] Tojo e Vikram [Vij]. Três chefs completamente diferentes, que fazem comidas completamente diferentes, mas típicos da espécie de diversidade emblemática de Vancouver.

"Pino é o chef do Cioppino's Mediterranean Grill, que serve, sem surpresa alguma, comida italiana moderna BASICAMENTE PREPARADA com ingredientes locais. Pino foi um pioneiro neste bairro [Yaletown] e fez isso com coragem, determinação e com o uso despreocupado de mão de obra infantil, aparentemente." (O filho de Pino, um adolescente na época da última visita de Tony, costumava ser visto trabalhando na cozinha.) Mais de uma década depois, Pino e sua equipe continuam a proporcionar uma experiência excelente aos clientes.

CIOPPINO'S MEDITERRANEAN GRILL AND ENOTECA: Hamilton Street, 1133, Vancouver, BC, V6P 5P6, Tel. 604 688 7466, www.cioppinosyaletown.com (entradas de 16-24 dólares/12-18 dólares; massas 30-40 dólares/23-31 dólares; pratos principais a 38-48 dólares/29-37 dólares)

Como Pino, Tojo também tem sido uma presença extraordinariamente estável na dinâmica cena de restaurantes de Vancouver. A casa que leva seu nome comemorou o 30º aniversário em 2018. Atribui-se a Tojo a inserção do estilo *omakase* em Vancouver, e a lenda local afirma que foi ele quem inventou o california roll, hoje onipresente, uma espécie de droga de iniciação para seus primeiros clientes ocidentais, que, às vezes, sentiam-se desconfortáveis com frutos do mar crus envoltos em algas.

"Ao contrário de muitos chefs japoneses transplantados na cena local, Tojo se baseia no que está disponível na região em vez de encomendar tudo de Tóquio. Ele celebra a extraordinária fartura de frutos do mar frescos em Vancouver e adapta suas possibilidades de menu diário. De modo tradicional, ele conhece os clientes pessoalmente e memoriza suas preferências para criar suas refeições."

Deleite-se com peças amanteigadas de atum *bluefin*, uni, tempura de flor de abobrinha recheada com vieiras frescas e uma salada de caranguejo Dungeness com molho de mostarda e missô.

TOJO'S: West Broadway, 1133, Vancouver, BC, V6H 1G1, Tel. 604 872 8050, www.tojos.com (pratos a 28-45 dólares/21-35 dólares; menus *omakase* começam a partir de 80 dólares canadenses/61 dólares por pessoa para seis pratos)

Para completar o trio, temos **Vikram Vij**, outro pioneiro e pilar de Vancouver, criando pratos indianos fenomenais com sua sócia e ex-mulher, Meeru Dhalwala desde 1994. **"Vikram é uma mistura estranha e maravilhosa de hippie idealista e empresário esperto, e o Vij's é o melhor, mais moderno e mais criativo restaurante indiano da cidade."** Recentemente, Vij mudou a casa homônima; ampliou sua segunda casa, o Rangoli, que agora ocupa o lugar onde era o primeiro Vij's; ampliou sua linha de congelados até atingir os freezers de redes de supermercados; escreveu um livro de memórias e abriu dois novos restaurantes, o My Shanti e o Vij's Sutra.

VIJ'S: Cambie Street, 3106, Vancouver, BC, V5Z 2W2, Tel. 604 736 6664, www.vijs.ca (entradas a 16 dólares canadenses/12 dólares; pratos principais em torno de 30 dólares canadenses/23 dólares)

"Mas e a comida de rua de Vancouver? Bem, que tal uma espécie mutante de salsicha que remonta aos povos originários? O Japadog é um desses lugares. Algas desidratadas, rabanete *daikon* e maionese de wasabi — a explicação para o nome Japadog é grosseiramente óbvia, mas gratificante.

"Se a vida nos ensinou alguma coisa [é que:] carne misteriosa em forma de tubo é sempre bom. O pessoal da cidade faz fila? É bom. Reconheça esses sinais. O Japadog é cada vez mais o lugar onde gente boa come comida boa."

O que antes se limitava a uma única barraca de cachorro-quente ao ar livre hoje é uma verdadeira minirrede, com seis pontos de venda na área metropolitana de Vancouver, um trailer, e duas barracas em Los Angeles, vendendo cachorros-quentes com cerca de duas dúzias de combinações de condimentos e temperos japoneses (como o Terimayo, salsicha bovina com molho teriyaki, cebolas fritas e maionese Kewpie; o Negimiso, salsicha de peru coberta com molho de missô e repolho ralado; e o Yakisoba, uma salsicha *arabiki* coberta com *noodles* grelhados). Alguns locais também oferecem batatas fritas, temperadas, por exemplo, com ameixas japonesas em conserva (*ume*), manteiga, molho de soja e algas desidratadas moídas.

JAPADOG (localização original): Burrard Street, 899, Vancouver, BC, V6Z 2K7, Tel. 604 322 6465, www.japadog.com (cachorros-quentes de 6-9 dólares canadenses/4,50-7 dólares)

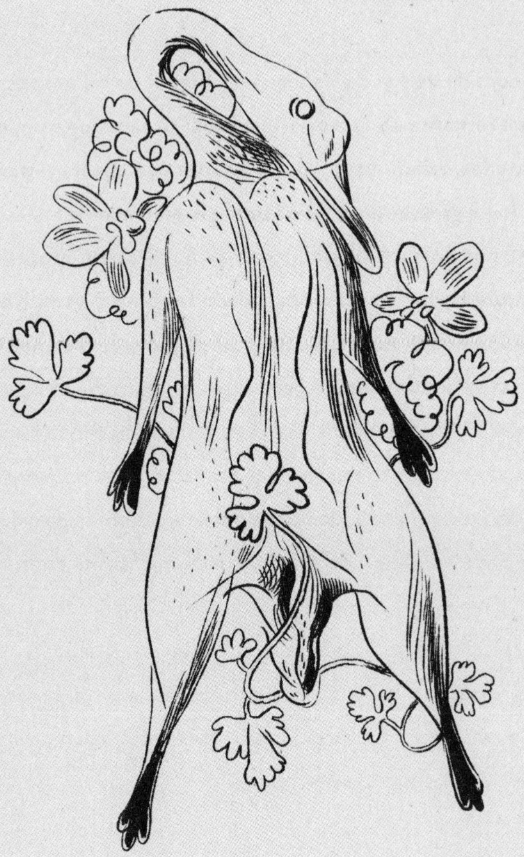

CHINA

HONG KONG

"Hong Kong é a China sem ser a China. O lugar tem uma coisa única, que se você não for capaz de apreciar por algumas horas ou dias, considere-se um caso perdido."[1]

Tony visitou Hong Kong três vezes: primeiro, como um viajante relativamente novato, para o *Sem reservas*: ele torceu pelos cavalos no Hipódromo de Happy Valley, testemunhou a arte em extinção do preparo do macarrão com vara de bambu e foi agilmente lançado no ar pelas mãos (e pelos muitos equipamentos) da equipe de dublês pessoais de Jackie Chan. Poucos anos depois, ele voltou, irritado e suado, para gravar o *Fazendo escala*, usando suas 48 horas para fazer um terno sob medida, andar no Star Ferry, comprar um cutelo, comer ganso assado e *dim sum*. Na terceira visita, para o *Lugares desconhecidos*, realizou o sonho de passar longos dias e noites de filmagem com um herói pessoal da fotografia cinematográfica.

"Todos nós, quando viajamos, olhamos para os lugares onde vamos, as coisas que vemos, com outros olhos. E o modo como vemos tudo isso é moldado por nossas experiências anteriores, pelos livros que lemos, os filmes que vimos, nossa bagagem pessoal.

"Anos atrás, quando assisti pela primeira vez aos filmes belíssimos do diretor Wong Kar-wai, a experiência moldou para sempre a minha maneira de ver Hong Kong. Daquele ponto em diante, todas as minhas expectativas em relação a essa cidade passariam por aquela lente, uma que foi, em quase todos os casos, apontada e focalizada por este homem: Christopher Doyle, morador de longa data de Hong Kong, conhecido por seu nome em mandarim, 'Du Ke Feng'. Seus primeiros trabalhos com Wong Kar-wai se distinguiram por imagens de um deslumbramento indizível, uma gente bonita que se desloca por espaços que são ao mesmo tempo pouco familiares e dolorosamente íntimos, alternadamente irregulares, frenéticos, inovadores, desanimados, serenos, caóticos. Fiquei obcecado pelo trabalho dele, que tornou um fetiche para mim. Eu estava louco por Hong Kong assim como os personagens de muitos de seus filmes ficavam loucos uns pelos outros. E, como eles, eu temia a rejeição. Logo vi que estava errado."

CHEGADA E DESLOCAMENTO

O **Aeroporto Internacional de Hong Kong (HKG)**, na ilha Chek Lap Kok, é, como disse Tony em *Fazendo escala*, "**a porta de entrada para a China continental e o restante da Ásia (...) uma parada frequente, importante.**" Um dos aeroportos mais movimentados do mundo em volume de passageiros, é a base da Cathay Pacific, British Airways, Virgin Atlantic, Singapore Airlines e Korean Air, mas dezenas de outras grandes companhias aéreas também oferecem voos diários.

Saindo do aeroporto, pegue um táxi, um ônibus ou uma van reservada antecipadamente por seu hotel. Por aproximadamente 200 dólares americanos, o Peninsula Hotel envia um motorista para encontrar os hóspedes no portão de desembarque com um carrinho motorizado, acompanhá-los durante os trâmites com a bagagem e a alfândega até a área especial onde ficam estacionadas as limusines, levando-os para o hotel num Rolls-Royce Ghost equipado com Wi-Fi, água mineral e uma toalha fresca para o rosto. Você também pode pegar o Hong Kong Airport Express, um trem que o levará ao centro de Hong Kong em 25 minutos, por cerca de 115 dólares de Hong Kong/15 dólares.

O Mass Transit Railway (MTR) de Hong Kong tem dez linhas que levam o passageiro de forma confiável por toda a cidade, com conforto e segurança, com orientações e anúncios em inglês, cantonês e mandarim.

"**Com o que se ouve dizer sobre o metrô daqui daria para pensar que as pessoas são pagas para falar bem. Mas é realmente um sistema limpo, fácil de** se localizar e leva você a mais de sessenta destinos com facilidade e conforto." Compre passagens e consulte os mapas nas estações.

Táxis também estão disponíveis, embora o tráfego possa ser intenso (e as tarifas, caras). O Uber opera tanto em Kowloon quanto em Central e a travessia entre esses dois pontos, feitas no Star Ferry, é romântica, eficiente e barata — cerca de 3 dólares de Hong Kong /0,40 dólares em qualquer direção.

No momento em que este livro foi escrito, Hong Kong estava passando por agitações políticas e protestos constantes que ocasionalmente interrompiam os serviços aeroportuários e o transporte público. Fique de olho no noticiário e consulte a embaixada de seu país antes de planejar uma viagem.

O NOVO JEITO ANTIGO DE HONG KONG

"Sempre me perguntam: 'qual é a melhor cidade gastronômica do mundo?' E sempre digo que ninguém pode dizer que você está errado se responder Hong Kong."

Depois de pousar em Hong Kong, vá direto para o pequeno e lotado **Joy Hing's Roasted Meat**, um restaurante de *char siu* (churrasco) cantonês com mais de um século de atividade. Ou, para outra opção de *char siu*, almoce no **Kam's Roast Goose**, famoso por preparar ganso e porco à perfeição, que conta com uma estrela Michelin.

"Sim, gosto de carne de porco e sei que falo muito sobre isso, sobre como é maravilhoso, e, digamos, a melhor coisa de todos os tempos. Mas, verdade, a verdade mesmo, é que a melhor coisa de todos os tempos é a carne de ganso."

JOY HING'S ROASTED MEAT: Chong Hing Building, Hennessy Road, 265-267, Chai Hu, Hong Kong, Tel. +852 2519 6639, www.joyhing.com (porção típica de ganso ou porco com arroz em torno de 47 dólares de Hong Kong/6 dólares)

KAM'S ROAST GOOSE: Hennessy Road, 226, Wan Chai, Hong Kong, Tel. +852 2520 1110, www.krg.com.hk (ganso assado com arroz em torno de 53 dólares de Hong Kong/7 dólares)

"O amor pelo dinheiro e por coisas inúteis e caras vem apagando o passado de uma forma lenta mas contínua. Então, antes que tudo desapareça, eis um lembrete: Hong Kong se alimentava nos *dai pai dongs*. Comida barata e deliciosa servida em barracas ao ar livre. Puxe um banquinho de plástico, abra uma cerveja e mande brasa na wok."

Como o chef Gazza Cheng explicou a Tony em *Lugares desconhecidos*, *dai pai dong* significa "local com uma licença de funcionamento e tanto". E, como o amor já mencionado por coisas inúteis e caras continua acelerado, em 2018 restavam apenas 28 *dai pai dongs* licenciados em toda a cidade, um deles sendo o **Keung Kee** de Gazza Cheng. Experimente o frango bêbado: **"Aves picadas, cozidas em panela quente com raízes medicinais e ervas que sem dúvida vão me deixar forte."** Depois, continue com tripas de peixe em creme de ovo, cobertas com *youtiao*, uma espécie de bastão de pão chinês frito e crocante.

Em outro *dai pai dong*, chamado **Sing Heung Yuen**, o cardápio é cheio de um tipo específico de comida caseira: macarrão cotovelo (aquele pequenino, em formato de U) em sopa de tomate, coberto com ovos fritos e fiambre; uma grossa torrada branca com manteiga e salpicada com mel, e uma bebida leitosa com cafeína conhecida como chá com leite de Hong Kong ou, localmente, "chá meia de seda", assim chamado devido à aparência do filtro alongado usado no preparo e pela própria cor da bebida.

KEUNG KEE: Loja 4, Yiu Tung Street, Sham Shui Po, Hong Kong, Tel. +852 2776 2712 (refeição típica a 20-40 dólares de Hong Kong/2,50-5 dólares)

SING HEUNG YUEN: Mee Lun Street, 2, Central, Hong Kong, Tel. +852 2544 8368 (refeição típica a 20-40 dólares de Hong Kong/2,50-5 dólares)

CHINA

"No começo, Hong Kong é um mundo totalmente à parte, um choque para o sistema. Estou perdido? Não exatamente. Estou vagando pela Temple Street, famosa pelos mercados noturnos e pela comida de rua, com seus ensopados e carnes cartilaginosas. É um movimento instintivo."

O Mercado Noturno de Temple Street é o último do tipo na cidade, uma mistura de artistas de rua e vendedores de roupas e de souvenirs. E em Woo Sung Street e Temple Street, ao norte do templo que lhe deu o nome, há um monte de vendedores sentados em banquinhos dobráveis servindo macarrão, frutos do mar, sopas, carnes assadas e grelhadas, cerveja gelada e doces para os clientes que se aglomeram ao redor.

MERCADO NOTURNO DE TEMPLE STREET: Temple Street, Jordan, Hong Kong, www.temple-street-night-market.hk (preços variam)

No alto do mercado de Java Road, no bairro de North Point, você encontrará o **Tung Po**, um restaurante cantonês de frutos do mar enorme e barulhento.

"Fabuloso, e falo por experiência própria. Coma de tudo, mas não perca o macarrão com tinta de lula... Incrível. E faça uma reserva. O lugar vive cheio, e por um bom motivo."

TUNG PO SEAFOOD NO JAVA ROAD MARKET:, Java Road Municipal Services Building, 99, 2º andar, Java Road, North Point, Hong Kong, Tel +852 2880 5224 (pratos a 88-233 dólares de Hong Kong/11-33 dólares)

"O Lau Sum Kee é administrado pela terceira geração de uma família que ainda prepara seus *wontons* do zero e faz o macarrão com bambu à moda antiga: dolorosa, trabalhosa e demorada. Lau Sum Kee é um dos últimos estabelecimentos em Hong Kong onde ainda se faz as coisas assim. Isso impõe respeito e, acredite, o resultado é o macarrão perfeito."

O macarrão *jook sing* do **Lau Sum Kee** é feito com farinha de trigo, ovos de galinha e de pata, e óleo. O proprietário, Lau Fat-cheong, que administra o negócio com os irmãos, mistura a massa e a sova, sentando-se numa das extremidades de uma grande vara de bambu, aplicando a pressão certa para que a massa do macarrão e do *wonton* fique compacta e elástica, um processo difícil do ponto de vista físico, às vezes até torturante. Na loja, os *wontons* são recheados com carne de porco e com um camarão inteiro, e o macarrão é preparado com ovas de camarão.

LAU SUM KEE: Kweilin Street, 48, Sham Shui Po, Hong Kong, Tel. +852 2386 3533 (macarrão e *wontons* 30-50 dólares de Hong Kong/3,50-6,50 dólares)

"A chef e proprietária May Chow é a força criativa por trás do Happy Paradise, um restaurante e bar que serve pratos cantoneses tradicionais preparados com modernas técnicas de cozinha. Camarões salteados com abóbora assada na frigideira, ovas de camarão secas e óleo de camarão; pombo defumado no chá e servido ao ponto, sal marinho à parte; frango ao estilo Hakka, escaldado em vinho Shaoxing com arroz frito, shimeji-preto e caldo de shiitake; cérebro de porco com vinagrete de pera queimado... Tudo real e incrivelmente delicioso."

Em *Lugares desconhecidos*, Chow se sentou com Tony no hipermoderno salão com detalhes em neon do **Happy Paradise**. "Como posso ser moderna, mas sem perder a alma disso aqui?", perguntou ela. "Esses são pratos bem antigos, que nem mesmo as pessoas de Hong Kong andam preparando muito. Nossa ideia é torná-los legais de novo."

HAPPY PARADISE: Staunton Street, 52-56, Central, Hong Kong, Tel. +852 2816 2118, www.happyparadise.hk (pratos a 78-220 dólares de Hong Kong/ 10-28 dólares)

XANGAI

Tony fez duas viagens a Xangai: a primeira em 2007, para o *Sem reservas*, e depois em 2015, para o *Lugares desconhecidos*. Ele se surpreendeu com o ritmo da mudança que se manifestou entre as duas visitas.

"Xangai: uma superpotência econômica em ebulição, onde os edifícios se erguem à medida que os antigos vão abaixo, onde a história dá lugar ao que parece ser um futuro inevitável como capital do mundo.[2]

"Se você mora em Manhattan, como eu, e acha que mora no centro do mundo, Xangai o confrontará com uma realidade bastante diferente. Basta virar uma esquina para dar de cara com uma cultura ancestral, uma mistura de séculos de tradições culinárias, aromas, sabores. E aí, a um quarteirão de distância: uma caixa registradora ultramoderna, apitando sem parar, níveis de riqueza e luxo, de coisas e serviços não imaginados nem pelos mais gananciosos e burgueses dos capitalistas imperialistas."

Xangai é uma cidade com 25 milhões de habitantes, dividida em duas partes, a antiga e a nova, junto ao rio Huangpu, ele próprio um afluente do Yangtze. A parte antiga, a oeste do rio, inclui o Bund, cujas dezenas de edifícios históricos ao longo da orla já abrigaram bancos, casas comerciais, editoras e consulados de nações do Ocidente, além de bancos chineses e repartições públicas. O lado leste inclui a parte mais nova — com mais construções e mais populosa —, Pudong, que significa "margem leste", e é o lar do Centro Financeiro Mundial de Xangai e de uma série de arranha-céus que compõem a icônica silhueta da cidade junto ao rio.

CHEGADA E DESLOCAMENTO

Xangai tem dois aeroportos principais: **Pudong (PVG)**, que atende principalmente aos voos internacionais, e **Hongqiao (SHA)**, com alguns voos internacionais e várias rotas regionais e domésticas.

O PVG, *hub* da China Eastern Airlines, é o aeroporto internacional mais movimentado do País. Para fazer a viagem de trinta quilômetros do PVG ao centro de Xangai, você pode pegar o metrô, uma das várias linhas de ônibus, um trem de alta velocidade ou um táxi, que deve levar cerca de 40 minutos e custar 170-240 yuans chineses/24-34 dólares, dependendo do destino. Os motoristas não esperam gorjetas, mas arredondar a tarifa para evitar o

VOLTA AO MUNDO

Pratos essenciais de Xangai, segundo China Matt

Nas visitas à China continental, Hong Kong e outras partes da Ásia, Tony foi acompanhado e guiado por **Matt Walsh**, um jornalista norte-americano que mora em Hong Kong há duas décadas, a quem Tony e sua equipe chamavam carinhosamente, de China Matt.

"É importante notar que muitos restaurantes de Xangai têm vários pratos de origem sichuanesa", explica Walsh. "Xangai fica numa ponta do Yangtzé e Sichuan fica na outra, e vários pratos clássicos desceram o rio, foram adotados pela culinária local e suavizados para atender ao paladar local. *Ma po dou fu, gan bian si ji dou* (vagem seca e frita) e *kou shui ji*, 'frango de dar água na boca', estão entre eles."

Walsh compartilhou o que ele chama de "uma pequena lista incompleta de outros pratos importantes de Xangai":

SHIZI TOU: "almôndegas de cabeça de leão", feitas com carne de porco e temperadas com gengibre, cebolinha, gergelim, soja e açúcar.

XUE CAI MAO DOU BAI YE: "folhas" de tofu (na verdade, fatias), com brotos de soja verdes e "verduras da neve", ou folhas de mostarda em conserva finamente cortadas.

XUN YU: O nome é traduzido como "peixe defumado", mas na verdade é frito e servido glaceado em temperatura ambiente, como tira-gosto.

SHENGJIAN BAO: Bolinhos de massa fermentada fritos recheados com carne de porco temperada, levemente tostados numa panela e finalizados no vapor.

DONGPO ROU: Barriga de porco assada em molho de soja, vinho de arroz e caldo, com açúcar, gengibre, alho, cebolinha e anis-estrelado; é um prato mais associado à vizinha Hangzhou.

LONGJING XIAREN: Camarão de rio frito com folhas de chá *longjing*. É também um prato de Hangzhou, mas amplamente disseminado na região.

CARANGUEJO PELUDO: Também conhecido como caranguejo-luva--chinês, por causa dos pelos marrons em suas garras, é um crustáceo escavador de rio que emerge (e é caçado por humanos famintos) no 9º e 10º mês do ano lunar, em geral entre setembro e novembro. É apreciado por sua carne doce e suas ovas douradas, e é tradicionalmente servido no vapor com um molho simples de vinagre e gengibre.

A mais famosa fonte dos "melhores" caranguejos peludos é o lago Yangcheng, nos arredores de Xangai. Os caranguejos coletados ali são bastante regulamentados para evitar a falsificação; contudo, se caranguejos criados em outro lugar forem jogados no lago Yangcheng para um breve mergulho, podem ser legalmente chamados de "autênticos". Dá para entender?

XIAO LONG BAO: Os bolinhos de sopa, é claro. Me lembro de Tony se referindo a eles como "a comida mais perfeita do mundo".

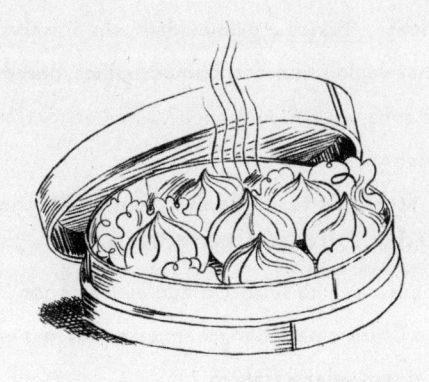

troco é bem-vindo. Para obter detalhes sobre transporte terrestre, consulte www.shanghai-airport.com.

Se estiver chegando a Xangai vindo de outra parte da China, talvez você se dirija ao **Hongqiao**, outro *hub* da China Eastern. Ele está localizado a cerca de 13 quilômetros do centro da cidade, e você pode chegar lá de metrô, ônibus ou táxi. Este último leva cerca de meia hora, com uma tarifa média de cerca de 100 yuans/15 dólares. Consulte www.shanghai-hongqiao-airport.com para obter detalhes sobre transporte terrestre.

A cidade em si possui um transporte público excelente e abrangente, incluindo mais de mil linhas de ônibus operadas por várias empresas, um sistema de metrô com treze linhas (com várias outras em desenvolvimento) e táxis. O site oficial do sistema de transporte público da cidade é www.service.shmetro.com, mas você terá mais sorte usando um site comercial como www.chinatravelguide.com.

COMER EM XANGAI

"Como é a comida clássica de Xangai? Qual é seu diferencial? Em geral, são pratos escuros ou pretos, bem carregados com óleo, soja e açúcar. Xangai é, e tem sido há algum tempo, uma cidade de imigrantes. E a gastronomia reflete essa genealogia: uma combinação de pessoas da província vizinha de Zhejiang, conhecida por abusar do uso de açúcar, soja e vinagre; e da província de Jiangsu, famosa pelos ingredientes frescos e pelo cuidado em preservar a vitalidade de seus pratos. É o melhor de dois mundos: ótimos molhos, ótimos ingredientes."

Para bolinhos de sopa, ou *xiao long bao*, é difícil encontrar algo melhor do que o **Fu Chun Xiaolong**.

"*Xiao long bao*: literalmente, 'pãezinhos fumegantes no cesto', mas na minha cabeça a tradução é 'almofadinhas de felicidade que vão queimar sua língua e seu céu da boca se não souber o que está fazendo'. Existem muitos motivos para ir para a China e para Xangai em especial, mas esses bebêzinhos, quando bem-feitos, fazem valer a viagem.

"O mais maravilhoso de tudo é que esse bolinho requer uma suspensão sobrenatural, ou pelo menos fisicamente improvável, de caldo fervente e carne salgada num envelope de massa minuciosamente trabalhada, quase tão fina quanto papel.

"Como é feito? Basicamente, prepara-se um caldo de porco rico em tutano, que então é resfriado até se solidificar e misturado ao recheio. Depois de cozida no vapor, a mistura se derrete e se transforma numa ambrosia deliciosamente abrasadora. Perigoso, impossível e indescritivelmente delicioso."

FU CHUN XIAOLONG: Yuyuan Road, 650, distrito de Jing'an, Shanghai Shi, 200000, Tel. +86 21 6252 5117 (6 *xiao long bao* de porco, 12 yuans/cerca de 1,70 dólar; refeição completa, 85-110 yuans/12-15 dólares)

"Talvez a primeira coisa que uma pessoa realmente louca por comida que tenha acabado de voltar de Xangai lhe diga para experimentar, além dos bolinhos de sopa, é claro, seja *zi ran pai gu*, ou simplesmente costelinhas ao cominho." O lugar certo para fazer isso é o **Di Shui Dong**.

"É preciso dois cozinheiros trabalhando ao mesmo tempo para preparar esse prato. Um deles frita as costelinhas em óleo quente até o ponto certo; o outro tosta o gengibre, o cominho e outras especiarias numa wok e lá entram as costelinhas. Se for devoto do chamado *wok hei*,* você se senta o mais próximo possível da cozinha para capturar aquele calor ardiloso e fugaz: o sabor da própria wok."

DI SHUI DONG: Maoming South Road, 56, 2º andar, Huaihai Road District, Xangai, Tel. +86 21 6253 2689 (costelas de cominho a cerca de 60 yuans/8,25 dólares)

---

* Em inglês, *breath of a wok*, o mesmo que "bafo da wok". (N. do E.)

VOLTA AO MUNDO

PROVÍNCIA DE SICHUAN

"Sabe do que eu gosto? Gosto da província de Sichuan, localizada no sudoeste do país, a mais de 1.500 quilômetros de Pequim. Uma região tão fértil e exuberante que é conhecida como o celeiro da China.

"É a pátria picante e sensual de todas as coisas que amo naquele país. Gente, eu amo a comida desse lugar, uma junção do muito, muito antigo com o muito novo. Uma classe média em ascensão. Um monte de história. E uma comida que pode esturricar a pessoa até ela virar um pedacinho de carvão."[3]

Quase todo ano Tony se fazia acompanhar numa gravação de TV pelo seu amigo Eric Ripert, chef do Le Bernardin, em Nova York, dono de três estrelas Michelin. Em algum lugar no meio do caminho, se incorporou à dinâmica desses episódios um aspecto de tortura lúdica, que nunca ficou tão aparente quanto na viagem da dupla pela região em 2016 para o *Lugares desconhecidos*.

"Concluí que para voltar a Sichuan, eu devia trazer um amigo. Alguém desacostumado com — como direi? — o nível de ardência geralmente encontrado na comida daqui. Alguém que nunca esteve na China e que não está familiarizado com os costumes. Estou falando, é claro, de Eric."

Enquanto preparava Ripert para os dias que se seguiriam, Tony fez uma advertência ao amigo, que parecia cada vez mais preocupado: "A cultura da bebida é muito importante aqui. Em uma refeição formal, a capacidade de beber leva a várias suposições a respeito da pessoa. A masculinidade de um modo geral, o tamanho do pênis, seu valor enquanto ser humano, coisas assim, sabe?"

CHEGADA E DESLOCAMENTO

O **Aeroporto Internacional de Shuangliu (CTU)** atende Chengdu, capital da província de Sichuan. O CTU é um *hub* para a Air China e a Sichuan e a Chengdu Airlines, e recebe voos diretos de muitas cidades da China e de toda a Ásia, bem como voos diretos de Chicago, Los Angeles, Nova York, São Francisco e Vancouver, de algumas das principais cidades europeias e de várias cidades da Austrália. O aeroporto fica a cerca de 16 quilômetros do centro de Chengdu; na chegada, você terá a opção de pegar um táxi a 60-80 yuans chineses/9-11 dólares, um dos três ônibus urbanos ou um trem de alta velocidade que custa cerca de 11 yuans/1,50 dólar cada trecho. Informações sobre trens e metrô podem ser encontradas em www.chengdurail.com. A maneira mais fácil de obter informações sobre linhas de ônibus é acessando www.chinatravelguide.com.

COMER EM CHENGDU

"Eis um aspecto muito mencionado quando se fala sobre comida em Sichuan: dois elementos de sabor, personificados por dois ingredientes que são essenciais de grande parte da culinária daqui. O grão de pimenta de Sichuan, conhecido por seu sabor floral e aromático, proporciona efeitos formigantes, perturbadores e entorpecentes, um fenômeno chamado *ma*. E as pimentas picantes como o *erjingtiao*, ou a pimenta que olha o céu, fornecem o *la*, que é um calor absurdo. Se imaginamos o *la* sendo Ilsa, a guardiã perversa da SS, torturando a pessoa com pinças nos mamilos, e que o *ma* é um prazer perturbador, temos aqui o ápice do sadomasoquismo culinário.

"*Noodles*. É por aí que você deve começar. Chengdu é famosa por lugarezinhos como este: *Xiao Ming Tang Dan Dan Tian Shui Mian*, nome que homenageia um lanche muito amado da cidade." Ambiente o seu paladar com uma visita a uma filial desta minirrede de Chengdu, onde poderá experimentar o *dan dan mian*, *noodle* de trigo misturado pelo cliente numa combinação complexa de óleo de pimenta, porco moído temperado e um molho saboroso que equilibra doce, ácido, amargo, salgado e picante.

XIAO MING TANG DAN DAN TIAN SHUI MIAN: Jiangjun Street, 1, Luo MaShi, Quingyang Qu, Chengdu Shi (sem telefone, sem site) (macarrão *dan dan* a cerca de 10 yuans/1,40 dólar)

No **Tian Tian Fan Dian**, permita-se conhecer melhor a delícia borrachuda dos pés de frango picantes em conserva. "*Lao zhi chi* significa literalmente 'frango picante', mas o prato, em termos práticos, é um jogo de identificar os pedaços de frango em meio a coisas que mais tarde farão a sua bunda arder. É diversão para toda a família, juro! 'Isso é um pedacinho de frango ou um aglomerado nuclear de sementes de pimenta?'

"Para mim, o ápice da comida de Sichuan, meu favorito absoluto, por mais incrível que pareça, é um prato de tofu. O lendário *mapo dofu*, ou 'tofu da velha de cara marcada': carne bovina ou suína moída, cubos de tofu, num molho ardente, repleto de nuances, mas intensamente satisfatório com óleo de pimenta, pasta de fava, brotos de alho, grãos de pimenta Sichuan moídos e realçadores de sabor. Este prato, bem-feito, tem de tudo. Meu Deus, é bom demais! É o equilíbrio perfeito de coisas acontecendo. Eu simplesmente amo, amo, amo esse prato."

TIAN TIAN FAN DIAN: Yu E Street, Wuhou Qu, Chengdu Shi, Tel. +86 28 8557 4180 (pratos a 12-40 yuans/2,50-5,75 dólares)

Na região de Sichuan, há um prato que é quase uma unanimidade, uma refeição que pode ser compartilhada por uma família ou por um grupo de amigos uma vez por semana ou com mais frequência: o *hot pot* de Sichuan.

"Olhe bem fundo para as profundezas turvas do mais glorioso e icônico dos pratos de Sichuan. Ele queima. Queima até a alma.

"Funciona assim: você pede um monte de ingredientes — carne, vegetais, *noodles*, peixe — o que quiser, vários tipos de coisa, e coloca tudo dentro de um caldeirão. A parte mais funda é um caldo mais neutro. A parte rasa, porém, é a parte boa. A parte difícil.

"Ingredientes comuns como tofu e algas, várias carnes e peixes, misturam-se a outros que são, digamos, menos familiares ao paladar ocidental. À medida que cozinha, o sabor fica cada vez mais forte e picante: uma deliciosa e imprevisível sedimentação de especiarias se acumula no fundo desse rio de lava."

CHONGQING LIANGLUKOU HUO GUO: Gao Xin Qu Zizhu Bei Jie 2 Hao, Chengdu Shi, Tel. +86 2885561337, www.cdliangkuo.com (*hot pot* a cerca de 80 yuans/12 dólares por pessoa)

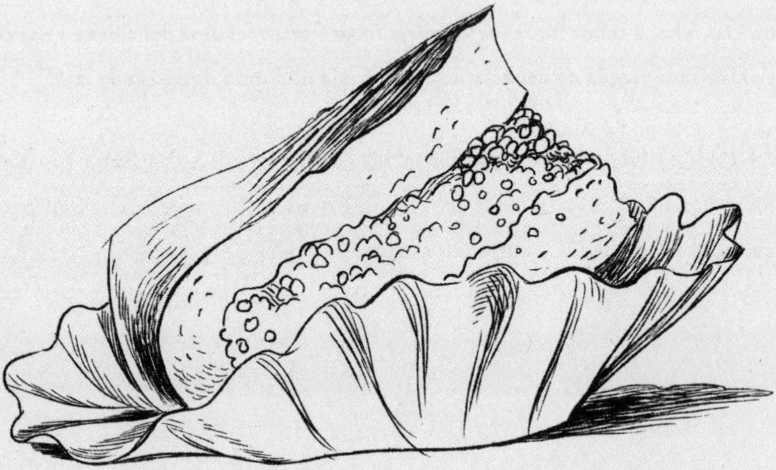

CINGAPURA

Em 2017, ao falar sobre Cingapura para a revista *Food & Wine*, Tony escreveu: "**Embora em geral eu chore de tédio ou me cague de medo em lugares onde as ruas são muito limpas, todos se comportam bem e os trens sempre funcionam no horário correto, abro uma grande exceção quando se trata da cidade-estado de Cingapura. Pode ser que o calor abrasador e a umidade deixem um tanto difusas as garras afiadas do estado babá&shopping. Pode ser que a riqueza de vícios legalizados comece a equilibrar proibições como mascar chiclete, jogar lixo na rua e brigar em público. Ou pode ser que eu simplesmente seja apaixonado pela comida, esse grande fator de democratização, sobretudo pela que é servida nas barraquinhas dos famosos centros de alimentação, que o governo gostaria de começar a replicar às dezenas.**[1]

"**Impecável, eficiente, segura, protegida, controlada, essa cidade-estado utópica é administrada como uma multinacional. Bem-vindo a 'Cingapura S.A.'**"[2]

A terra hoje conhecida como Cingapura era de fato um importante porto comercial já no século XIII. Estabelecida como colônia britânica e entreposto comercial essencial em 1819 por Stamford Raffles e pela Companhia Britânica das Índias Orientais, Cingapura é uma entidade independente desde 1965.

"**Chefiada pelo primeiro primeiro-ministro Lee Kuan Yeu, a minúscula Cingapura ficou famosa por ter passado, numa única geração, de um posto avançado de terceiro mundo para uma nação de primeiro mundo. De acordo com determinados padrões, Cingapura é um estado de bem-estar social que cuida das pessoas menos favorecidas — mas em seu cerne, trata-se de uma meritocracia de sangue-frio. Siga as regras — e há muitas —, trabalhe duro e terá uma vida boa. Essa é a ideia.**

"Em um estado onde 30 gramas de maconha podem colocá-lo atrás das grades por até dez anos (e a mesma quantidade de outras drogas pode resultar em pena de morte) e onde o chiclete é de fato ilegal, há um número surpreendente de vícios permitidos. O consumo de bebidas alcoólicas é permitido a partir dos 18 anos. A prostituição é legal, sendo que as profissionais do sexo fazem exames médicos regulares. Existem cassinos e boates de strip-tease. O governo parece entender que, ao aplicar certa dose de repressão, é necessário oferecer válvulas de escape. Ficando bêbado e fazendo sexo é menos provável que você venha a criar caso. Talvez seja esse o raciocínio? Ou talvez sejam apenas negócios."

CHEGADA E DESLOCAMENTO

"O Aeroporto Changi de Cingapura (SIN) é um dos poucos do mundo onde você talvez queira chegar mais cedo. Há todas as vantagens habituais de um bom aeroporto — hotéis, quartos para passar o dia, lojas, coisas que você pode querer comprar. Há comida aceitável e numa variedade bastante decente. Mas as coisas vão muito mais além, juro. Há um cinema gratuito, internet grátis, poltronas reclináveis, salas para fumantes, um superescorregador, jardins internos, área de recreação infantil, salas de TV e entretenimento, área de experiência 3-D, piscina na cobertura, salão de floresta tropical com hidromassagem, instalações para tirar um cochilo e tomar um banho, serviços de cabeleireiro e beleza, um jardim de borboletas que talvez gostaríamos de visitar e o lago de carpas..."

No solo de Cingapura, onde quase sempre é quente e úmido, dá para confiar no ar-condicionado potente do transporte, conhecido aqui como Singapore Mass Rapid Transit (SMRT), para ir de um lugar a outro. Há linhas de trem e de ônibus que transportam passageiros entre o aeroporto e o centro da cidade, por cerca de 2 dólares de Cingapura/1,50 dólares por um trajeto de 45 minutos.

"Nos Estados Unidos, não me animo de pegar o metrô. Tento evitá-lo. Mas aqui em Cingapura ele é limpo, novo e reluzente como quase todo o resto. E o mais importante, é fresco." Também é extenso e eficiente.

As tarifas simples são calculadas com base na rota e na distância, começando em torno de 0,75 dólares de Cingapura/cerca de 0,50 dólares e chegando a cerca de 3 dólares de Cingapura/cerca de 2,15 dólares. Cartões ilimitados para um, dois e três dias estão disponíveis para turistas. A SMRT também administra o serviço de ônibus da cidade-estado e até seus táxis; uma corrida do aeroporto para o hotel deve levar cerca de 30 minutos e custar em torno de 30 dólares de Cingapura/22 dólares.

Cingapura também é, em teoria, uma cidade que pode ser percorrida a pé, embora a temperatura média seja de 31°C e chova cerca de 10 dias por mês; portanto a quilometragem do caminhante pode variar.

E, finalmente, uma dica para os espertinhos: "Embora tenha estado na cidade muitas vezes, acho que nunca vi um policial, mas saiba que quando dizem 'zero drogas em Cingapura', as pessoas não estão de brincadeira. E estou falando MUITO sério. Se trouxer qualquer coisa, um baseadinho que seja, você é facilmente a pessoa mais burra do mundo."

HOTEL

"Vou dizer logo de cara. Fico no Grand Hyatt porque venho para cá com frequência há anos e, a essa altura, eles me tratam muito, muito bem mesmo."

Às vezes, a ordem do dia é puro luxo. As suítes mais extravagantes e espaçosas são equipadas com saunas privativas, seca e a vapor, mas até o quarto mais modesto do Grand Hyatt é tranquilo e elegante, assim como as áreas comuns. O hotel tem uma cachoeira interna exclusiva, além do spa obrigatório, piscina ao ar livre e muitas opções para comer.

O restaurante do hotel, o StraitsKitchen, também é particularmente notável. Cozinheiros habilidosos preparam e apresentam pratos malaios, chineses e indianos em diferentes cozinhas abertas sob o mesmo teto ao estilo dos vendedores ambulantes, uma concepção que poderia cheirar a Disneyficação, se feita de forma errada — mas no Grand Hyatt é bem feita.

GRAND HYATT SINGAPORE: Scotts Road, 10, Singapore 228211, Tel. +65 6416 7016, www.hyatt.com/en-US/hotel/singapore/grand-hyatt-singapore/sinrs (os quartos custam a partir de 380 dólares de Cingapura/280 dólares por noite)

COMIDA, OU O QUE TROUXE VOCÊ AQUI

"Nova York pode ser a cidade que nunca dorme, mas Cingapura é a cidade que nunca para de comer. Para um turista gastronômico, alguém que viaja para comer, ou para qualquer tipo de pessoa que leva comida a sério, Cingapura é provavelmente o melhor lugar ao qual você pode ir para obter o máximo de efeito num período mínimo de tempo. Nesta pequena cidade-estado, que pode ser atravessada de carro em cerca de 45 minutos, você encontra mais variedade, opções, especialidades de muitos países (e baratas!) do que em qualquer outro lugar: especialidades de regiões de toda a China e do estreito, cozinha malaia, indiana.

"Há opções para todos os gostos. Os cingapurenses amam comer e entendem do assunto sem serem esnobes. Restaurante chique ou barraquinha de rua, o que importa é fazer bem-feito. O pior que pode acontecer com você em Cingapura é ter uma refeição mediana, mas até isso é improvável."

AS GRANDIOSAS PRAÇAS DE ALIMENTAÇÃO DE CINGAPURA

"As praças de alimentação de Cingapura são fruto de uma estratégia astuciosa de incorporar e controlar o que costumava ser uma cultura caótica, mas bastante difundida, de vendedores de rua."

Um pouco de história: a partir de meados de 1800, os vendedores ambulantes de Cingapura — caminhando pelas ruas, com barracas fixas ou indo de porta em porta — vendiam de tudo, desde alimentos cozidos, hortifrutigranjeiros, carnes e bebidas quentes até cigarros, artigos domésticos diversos e ofereciam serviços como corte de cabelo e funilaria. Era uma forma de ganhar a vida ou de complementar a renda com baixo investimento, mas haviam problemas decorrentes disso: a saber, congestionamento das ruas, condições sanitárias duvidosas e lixo.

Na década de 1930, havia cerca de 6 mil vendedores ambulantes autorizados e outros 4 mil informais. Para resolver as questões de qualidade de vida já mencionadas, o governo empreendeu um plano para as próximas décadas, visando regulamentar ainda mais os vendedores ambulantes, e acabou construindo as praças de alimentação [*Hawkers Centres*] onde eles ficam reunidos, frequentadas por cingapurenses e visitantes famintos. Até o momento, o governo supervisiona 114 centros de vendedores ambulantes, com planos para construir outros 20.

"As praças são estruturas um pouco curtas, as barracas têm água encanada, refrigeração e operam sob regras rígidas de manuseio de alimentos. Então, basicamente, você não precisa se preocupar com o risco de intoxicação alimentar.

"Há todo tipo de besteira para comer no café da manhã. Lembre que estamos falando de uma cultura onde não é vergonha alguma comer uma tigela grande de *noodles* fumegantes ou *laksa* logo depois de acordar. Barraca após barraca, muitas vezes organizadas por nacionalidade: chinesa, malaio halal, indiana. Cada proprietário ou operador tem uma ou duas especialidades. Isso é o que fazem de melhor.

"As opções de café da manhã num lugar como este são bem vastas. *Tiong bahru*, arroz de frango desossado, *teck seng soya*, *min nan*, *noodles* de camarão com costela de porco e o famoso bolo de cenoura *kampong*." Este prato especial é um bolo salgado de rabanete-branco fresco e em conserva e farinha de arroz cozido no vapor, picado e frito com ovos e temperos. A versão "branca" tem tempero mais brando, com pimenta branca e cebolinha, enquanto a versão "preta" é cozida com molho de soja espesso e adocicado. As opções são infinitas, mas sugiro começar na praça **Tiong Bahru** com um *chwee kueh*, uma porção de bolinhos de arroz esféricos cozidos no vapor, cobertos com rabanetes em conserva doce e salgada, além de molho de pimenta opcional.

PRAÇA DE ALIMENTAÇÃO TIONG BAHRU: Seng Poh Road, 30, Cingapura (sem telefone, sem site) (os preços variam de acordo com as barracas)

"Em geral, cada barraca é comandada por uma família, e a **Whampoa não é diferente. O que é incomum é que Li Ruifang abandonou a vida de executivo para trabalhar com os pais, contrariando a tendência que criou uma força de trabalho envelhecida nos centros de alimentação, uma vez que não há sangue novo para reabastecer gerações de experiência.**" Sua especialidade — uma combinação substancial de *noodle* amarelo de trigo e *bee hoon*, ou aletria de arroz, mais fino, misturado com camarões inteiros e um molho de *sambal* rico e picante e coberto com pedaços crocantes de chalotas — é feita com uma receita que não foi modificada desde 1950, quando o avô de Ruifang abriu o negócio.

Whampoa faz parte do movimentado Tekka Food Centre, que inclui um mercado de carnes, um centro de vendedores ambulantes e várias lojas de produtos secos. Localizado na Little India de Cingapura, oferece uma variedade de pratos do subcontinente, então reserve algum espaço para *biryani*, *dosas* e muito mais, tudo de primeira qualidade.

545 WHAMPOA PRAWN NOODLE: Buffalo Road, 665, Tekka Food Center # 01-326 Singapura 210665 (sem telefone, sem site) (pratos a 3-4 dólares de Cingapura/2-3 dólares)

A barraca **Tanglin Halt Original Peanut Pancake** é especializada numa panqueca doce e consistente feita com massa de farinha de trigo batida à mão e salpicada com amendoim moído fermentado naturalmente, recheada com mais amendoim e açúcar. "**Esses caras são famosos por colher, torrar e moer os próprios amendoins, procedimento que a maioria dos estabelecimentos não faz.**" Também há panquecas redondas recheadas com pastas adoçadas feitas de gergelim preto, inhame, *pandan*, feijão vermelho e feijão verde salgado. A barraca abre às 3h30 apenas às terças, quintas, aos sábados e domingos, e geralmente esgota seus produtos antes do horário oficial de fechamento, às 11h. Por isso, verifique seus dias disponíveis, ajuste o despertador e não se atrase.

TANGLIN HALT ORIGINAL PEANUT PANCAKE: Tanglin Halt Road, 48A, Cingapura 148813 (sem telefone, sem site) (panqueca de amendoim a 0,80 dólar de Cingapura/0,58 dólar; panquecas redondas diversas a 0,90-1,20 dólar de Cingapura/0,70-0,90 dólar)

Está a fim de fazer uma refeição mais substancial, o tipo de café da manhã que o levará de volta para a cama ou o ajudará a dormir durante um longo voo de volta para casa? Passe no Hong Lim Hawker Centre para um favorito de Tony:

"Ah, aqui está, o poderoso *char kway tiao*. Toda vez que estou em Cingapura como um. É simplesmente o café da manhã menos saudável do mundo: banha de porco, pedaços crocantes de banha, berbigões, pasta de camarão, um montão de *noodles*. É a refeição calórica suprema, originalmente criada para alimentar trabalhadores. Não é o café da manhã mais bonito e saudável do mundo, mas é delicioso. Se você está querendo caber naquela sunga apertadinha, melhor pensar em outra coisa.

"O grande problema é que, nesse lugar, a gente fica cercado por todas essas 'Maravilhas da Ásia' e não dá para fugir delas. E, sinceramente, não sei como as pessoas vão trabalhar depois de comer essas coisas."

OUTRAM PARK FRIED KWAY TIAO MEE: Complexo Hong Lim, Upper Cross Street 02-17, 531A, Cingapura (sem telefone, sem site) (macarrão a 4-6 dólares de Cingapura/2,90-4,40 dólares)

Arroz com frango pode parecer algo meio sem graça, mas é sublime quando bem-feito e está entre os pratos mais conhecidos e amados de Cingapura. "**É obrigatório experimentar. Pode ser que não vire seu favorito, mas é o prato que pode levá-lo a entender melhor a cultura do lugar. É lindo, austero e simples.**"

O frango é escaldado com delicadeza, depois resfriado e pendurado para secar. É servido com osso, com uma camada de gordura gelatinosa entre a pele e a carne. O arroz é cozido em caldo de galinha enriquecido com uma mistura de pimenta branca, alho, gengibre, capim-limão, folha de *pandan*, molho de soja e óleo de gergelim; o prato costuma ser servido com molho de pimenta, molho de soja enriquecido e gengibre em conserva, tornando cada mordida única.

Um dos melhores lugares para comer arroz com frango é o **Tian Tian**. Os donos preparam o prato da mesma maneira, na mesma barraca localizada no Maxwell Hawker Centre, desde 1985, e receberam a designação Bib Gourmand, do Michelin, por seu desempenho em 2017. O arroz com frango também é excepcional no **Chin Chin Eating House**. "Este restaurante pertence e é gerenciado pela mesma família desde 1934. Portanto, aí está a continuidade para você."

TIAN TIAN HAINANESE CHICKEN RICE: Kadayanallur Street, 1, # 01-10/11 Maxwell Food Centre, 069120, Cingapura, Tel. +65 9691 4852 (sem site) (porção individual de arroz com frango a 3,50 dólares de Cingapura/2,50 dólares)

CHIN CHIN EATING HOUSE: Purvis Street, 19, 188598 Cingapura, Tel. +65 6337 4640, www.chinchineatinghouse.com (porção individual de arroz de frango em torno de 4 dólares de Cingapura/3 dólares; refeição média em torno de 15 dólares de Cingapura/12 dólares)

Nasi lemak é outro clássico imperdível de Cingapura. "**No caminho para o aeroporto, o Changi Village Hawker Center, localizado num bairro residencial, serve um *nesi lemak* reconhecidamente bom. Não parece grande coisa, mas acredite em mim, é importante: ovo, frango frito ou peixe, *sambal* e arroz de coco depois de encarar uma fila longa e lenta — evidentemente vale a pena esperar, e digo isso por experiência própria.

"Essa é uma das coisas que adoro nessas praças de alimentação. Você repara que tem *nasi lemak* sendo vendido aqui e ali. Numa das barracas, uma fila demorada, no calor escaldante, e espera de meia hora a 40 minutos. Na outra, vende-se o mesmo item, mas não há ninguém na fila. A voz do povo é a voz de Deus."

INTERNATIONAL MUSLIM FOOD STALL NASI LEMAK: Changi Village Hawker Centre, Changi Village Road, 2, 01-03 500002, Cingapura, Tel. +65 8400 6882 (sem site) (pratos de *nasi lemak* 3-4,50 dólares de Cingapura/2,15-3,25 dólares)

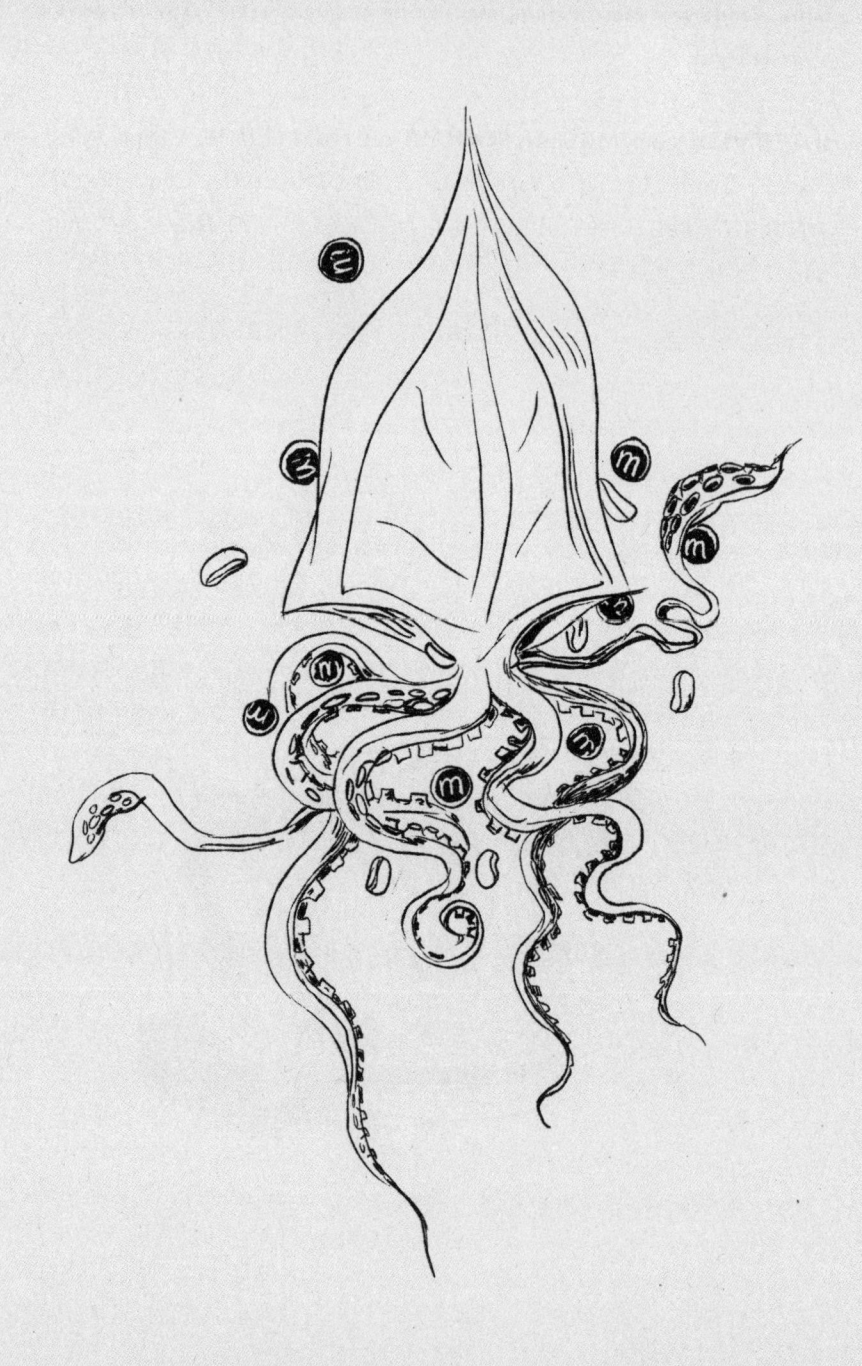

COREIA DO SUL

SEUL

"Muitos dos bons momentos viajando por este mundo estão diretamente relacionados a encontrar alguém para associar ao seu destino, à comida e às memórias que ficarão guardadas para sempre. Os melhores momentos ocorrem quando é impossível ser cínico. Quando nos vemos deixando de lado o passado e os preconceitos, quando nos tornamos mais autoconscientes da própria natureza. O sarcasmo, a desconfiança, a ironia e a dúvida desaparecem, pelo menos por um tempo. São as ocasiões em que a gente muda, mesmo que por alguns segundos ou algumas horas.

"Às vezes, algo em você precisa se desprender da concha. Por meio de astúcia, persistência e uma crença fervorosa em algo tão fundamental quanto seu país, sua família e sua bondade inerente, alguém vem e o liberta de dentro de si mesmo. Na Coreia do Sul, Nari Kye fez isso por mim."[1]

Nari, que estava com a Zero Point Zero quase desde o início, teve uma tarefa dupla nos dois episódios na Coreia do Sul, um para o *Sem reservas* e um para o *Lugares desconhecidos*, aparecendo diante da câmera para mostrar a Tony o lugar onde ela nasceu e trabalhando como produtora nos bastidores. (Veja o artigo de Nari sobre a experiência na página 278.)

CHEGADA E DESLOCAMENTO

Seul tem dois aeroportos: o **Gimpo International (GMP)**, originalmente construído como base do Exército Imperial Japonês durante a Segunda Guerra Mundial, agora atende voos de curta distância para o Japão e a China, bem como voos domésticos; e o enorme e moderno **Incheon International (ICN)**, para voos de todos os lugares do mundo. Os dois aeroportos são conectados pelo trem suburbano Airport Railroad Express (AREX), uma viagem que leva cerca de 25 minutos e custa aproximadamente 4.700 wons/4 dólares. Uma linha expressa do AREX faz o transporte de passageiros entre o aeroporto Incheon International e a estação de Seul, o que leva em torno de 45 minutos e custa cerca de 8.300 wons/7 dólares. Existem, é claro, táxis e ônibus fretados para transporte de grupo, disponíveis para a conexão entre os aeroportos e a cidade e, no momento em que este livro foi escrito, é possível chamar um Uber em Seul pelo celular.

Uma vez em Seul, sua melhor aposta para se locomover pela cidade de 10 milhões de habitantes é o excelente, amplo e econômico sistema de metrô, cujos anúncios são feitos em coreano e inglês. Obtenha um cartão T-money recarregável ou um Seoul City Pass e um mapa em inglês ou um aplicativo de metrô de Seul, como o Seoul Metropolitan Subway, o Subway Korea ou o Explore Seoul. O sistema de ônibus da cidade também oferece transporte barato, mas é menos amigável para quem não fala coreano. Os táxis são relativamente baratos e bons para distâncias mais curtas. Os táxis *Ilban* (comuns) aceitam apenas pagamento em dinheiro, distinguidos pela cor prata, laranja, azul ou branco, e os táxis pretos *mobeum* (de luxo) são geralmente mais espaçosos, aceitam cartões de crédito e fornecem recibos. Nos dois casos, é aconselhável ter seu destino escrito em hangul, a forma escrita do idioma coreano, pois muitos motoristas não falam inglês.

PESCAR, COMER, BEBER, CANTAR, SE DIVERTIR

"A Coreia é uma cultura de peixe e arroz. A impressionante demanda por frutos do mar revela muito do que significa ser coreano. E antes do nascer do sol, o Mercado Atacadista de Peixe Noryangjin, o maior de Seul, com quase 18,5 mil metros quadrados e aberto 24 horas, é um ótimo lugar para começar o dia."

É frio, úmido e caótico, então vista-se e aja de acordo: use várias camadas de roupa, calce sapatos ou botas impermeáveis, se possível leve dinheiro vivo e mantenha o juízo, pois as pessoas estão trabalhando. Há um leilão de peixe às 3 horas da manhã e, durante o dia, você pode comprar frutos do mar para serem preparados para você, ou limpos e fatiados no estilo sashimi num dos restaurantes no local, por uma modesta taxa de serviço.

MERCADO ATACADISTA DE PEIXE NORYANGJIN: Nodeul-ro, Noryangjin-dong, 674, Dongjak-gu, Seul, Tel. +82 2 2254 8000, www.susanijang.co.kr (preços variam)

O que é *hwe sik*? Nari explica: "É um encontro do pessoal do trabalho, basicamente obrigatório, que consiste de três partes chamadas de *cha*: (1) *il cha*, (2) *ee cha* e (3) *saam cha*. Se você perder qualquer uma dessas partes da noitada (sobretudo as últimas), será desprezado, sacaneado e rejeitado pelo grupo todo. *Il cha* é o jantar, em geral churrasco; *ee cha* é a bebida; e *saam cha* é o karaokê.

"Os coreanos levam muito a sério o lema 'trabalhe muito, divirta-se muito', e embora o objetivo de todos os aspectos do *hwe sik* seja se divertir, descontrair e ficar bêbado, a política da empresa dá as cartas. O tempo de casa é tudo, então os funcionários mais jovens servem as bebidas e pagam a conta. Há muita pressão para beber e a coisa toda pode ficar bem intensa, a ponto de os funcionários mais jovens, especialmente mulheres, desenvolverem técnicas espertas para fingir que bebem e não se embriagarem durante essas saídas sociais."

Comece com *il cha* no **Mapo Jeong Daepo**, onde a especialidade da casa é *galmaegisal* (bife de fraldinha suína), cozido à mesa numa grelha redonda a carvão,

Me tornando quem eu sou

POR NARI KYE

O episódio da Coreia do Sul do *Sem reservas* começou como uma piada. Eu era gerente de produção do programa, e uma das minhas tarefas era planejar nossas festas de fim de gravação. No final da primeira temporada, falei: "Vamos todos comer churrasco coreano e beber muito *soju*." Consegui uma mesa enorme na K-Town de Manhattan e Tony foi. Saímos para fumar e, em meio à minha embriaguez de *soju*, eu disse: "Tony, você tem que jurar que vai para a Coreia." E ele respondeu: "Claro. E você tem que ir junto."

Alguns meses depois, ele entrou no escritório e disse: **"Você devia começar a planejar aquela viagem à Coreia. Vamos visitar sua família e você vai aparecer diante das câmeras."** Fiquei muito impactada com a notícia, porque só tinha uma vaga lembrança da nossa conversa de bêbados. Havia 10 mil coisas que eu queria mostrar a ele na Coreia e logo comecei a fazer listas na minha cabeça.

Eu não tinha ideia de que aquilo seria uma das coisas mais importantes que eu faria na minha vida, algo que me transformaria profundamente, para sempre. Fiquei tão concentrada no planejamento, que não parei para pensar no panorama geral.

Quando pousamos em Seul — depois de um voo de 14 horas, já estávamos exaustos, sofrendo com o *jet lag*. Mas como o gancho do episódio era minha visita à terra natal, a filmagem começou no aeroporto. Era meu aniversário, e o produtor Rennik Soholt havia combinado que a produção local levaria um bolo para nos receber quando pousássemos. E quando chegamos ao hotel, mesmo exausto, Tony disse: **"Precisamos comemorar. É seu aniversário."** Ele pediu um monte de petiscos, pagou bebidas para todo mundo. Tivemos uma noite incrível, que nunca esquecerei.

Fomos a uma fazenda de *kimchi*, onde preparei *kimchi* com senhoras coreanas à moda antiga. Visitamos uma indústria de soja. Fizemos uma cena de churrasco numa fábrica de carvão que também tinha uma sauna. Foi fantástico.

Tony disse: **"Prefiro morrer a ir num karaokê. Você nunca vai me fazer cantar."** Mas não dá para evitar, ainda mais na Coreia. Seria indelicado pular essa parte. Existe todo esse processo nas saídas: você precisa comer, beber e ir a um karaokê. Você *tem* que fazer essas coisas. Uma vez lá, a cena foi ridícula. E se você assistir a um dos clipes, vai ver Tony cantando num karaokê pela primeira vez! No fim das contas, conseguimos convencê-lo.

Também fomos para a zona desmilitarizada que separa a Coreia do Norte da Coreia do Sul desde 1953, e Tony deu uma volta com alguns soldados norte-americanos. Mas o momento realmente especial, o ponto alto do programa, foi quando meu avô nos encontrou na fronteira da zona desmilitarizada. Fomos pescar e comemos num restaurantezinho no meio do nada, onde ele nos contou toda a sua história, inclusive coisas que eu nunca tinha ouvido antes.

Minha família por parte de pai era do Norte, antes da divisão do país, e meu avô se embra da história angustiante de sua fuga para o Sul durante a guerra, se cobrindo de lama e se escondendo na floresta para escapar dos soldados. Os comunistas estavam tentando recrutá-lo — ele era um jovem bem-educado e inteligente. Queriam que ele se filiasse ao Partido e lutasse na guerra.

Ele e minha avó eram recém-casados; tinham acabado de ter o primeiro filho. Minha avó escapou primeiro, no meio da noite, de barco, e quase teve que sufocar o bebê, que não parava de chorar. Eles haviam planejado se encontrar de novo no Sul, um reencontro que aconteceu apenas um ano depois. Em seguida, nasceram meu pai e seus irmãos.

Naquele momento, percebi que ouvir essa história, fazer esse programa, me transformaria. De volta a Nova York, assistindo ao processo de edição, pensei: "Esta é a melhor coisa que já fiz." E estava muito grata a Tony por me proporcionar esse momento. Ele não fazia ideia — ou talvez fizesse — de que estava mudando minha vida com um único episódio do programa.

Eu me mudei da Coreia para os Estados Unidos aos 5 anos. Desde então, tive uma educação predominantemente branca e anglo-americana. Sendo uma criança diferente das demais, tentava me encaixar como norte-americana e ficava horrorizada com minha herança coreana. Minha mãe só cozinhava comida coreana. Meus pais só falavam comigo em coreano. Só assistíamos à televisão coreana — alugávamos fitas VHS do supermercado coreano toda semana. Nós basicamente morávamos na Coreia dentro da nossa casa, localizada numa cidade muito norte-americana.

Todas as minhas amigas eram garotas loiras e brancas chamadas Jenny e Erin, que usavam sapatos dentro de casa, chamavam os adultos pelo primeiro nome e, para o jantar, comiam coisas estranhas como macarrão com queijo e vagem enlatada. Quando iam à minha casa, eu corria e escondia todas as coisas coreanas porque não queria que elas percebessem o quanto eu era diferente. Uma vez cheguei a pedir que minha mãe tentasse cozinhar pratos norte-americanos (o que ela se recusava a fazer).

Antes de fazer o episódio da Coreia do *Sem reservas*, eu era outra pessoa: envergonhada e constrangida por ser diferente. Só queria me camuflar na multidão. Durante toda a minha vida, nunca senti que pertencia a um lugar. Foi só depois daquela experiência que percebi que é exatamente isso que define quem sou.

Hoje, se eu tivesse que apontar o que me torna um indivíduo singular, diria, em primeiro lugar, que é a minha herança coreana — antes mesmo da condição de mulher, mãe, esposa. Meu maior desejo atualmente é pregar o evangelho da cultura coreana nos Estados Unidos.

Agora, tenho dois e falo com eles em coreano. Também criei uma escola de mães e filhos em que ensinamos o idioma para crianças pequenas, de até 1 ano. Comemos comida coreana e tento apresentar a comida e a cultura coreana a não coreanos. Por meio de meu trabalho, estou desenvolvendo conteúdo criativo focado na cultura de meu país. Tudo o que faço hoje passa por essa perspectiva. Foi Tony quem abriu essa porta para mim. Ele me ajudou a perceber o que quero fazer como pessoa criativa e como pessoa, ponto final. Tony provocou mudanças fundamentais em mim.

Obrigada, Tony.

rodeada por uma canaleta metálica por onde a gordura de porco escoa. Um garçom colocará ovos mexidos e os clientes podem adicionar *kimchi*, cebolinha ou outros pedaços de *banchan* (legumes e peixes em conserva que acompanham o churrasco).

MAPO JEONG DAEPO: Dohwa-dong, Mapo-gu, 183-8, Seul, Tel. +82 2 3275 0122 (sem site) (churrasco de fraldinha 12 mil wons coreanos/10,25 dólares)

Em seguida, vá ao minúsculo e enfumaçado **Gol Mok Jib** para comer *kimchi jjigae* (guisado) e jogar *drinking games* coreanos regados a muita cerveja, *soju* e vinho de arroz.

GOL MOK JIB: Yuk Sam Dong, Gangnam-gu, 813-11, Seul (sem telefone, sem site) (*kimchi jjiage* em torno de 1.800 wons/1,50 dólar)

Quando já estiver devidamente bêbado, é hora do karaokê no **Junco Music Town,** onde poderá desfrutar de lula, M&M's, baladas suaves e muitas outras bebidas no *noraebang* ("sala de canto").

JUNCO MUSIC TOWN: porão, Suh-cho gu, Sucho-dong, 1309-5, Seul, Tel. +82 2595 3235 (sem site) (karaokê 5 mil-10 mil wons/4,50-9 dólares por hora; pratos quentes a 10 mil-20 mil wons/8-18 dólares)

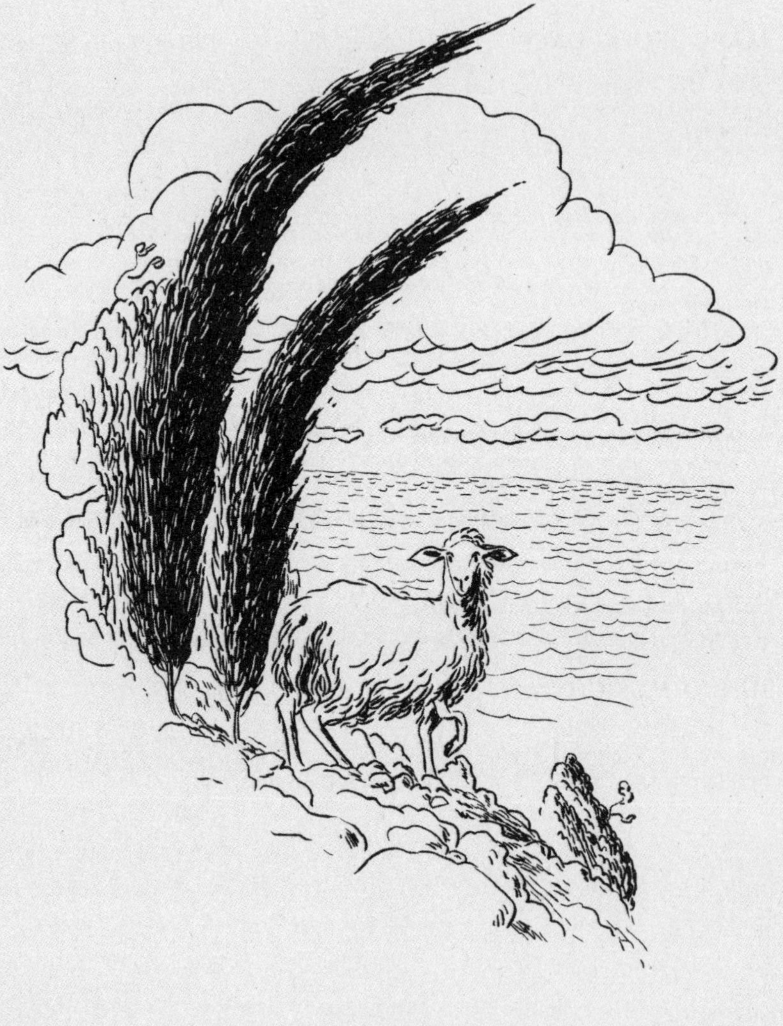

CROÁCIA

Tony era um leitor voraz, que consumia frequentemente a história e a literatura de um local antes de visitá-lo, para entender melhor seu povo e ser capaz de contextualizar o que veria e ouviria por lá. Para se preparar para o episódio do *Sem reservas* na Croácia, ele leu *Black Lamb and Grey Falcon*, de Rebecca West, livro em dois volumes com os detalhes da expedição de seis semanas da autora pelos Bálcãs, em 1937, publicado à véspera da invasão alemã à Iugoslávia.

O restante ele recolheu de "**24 horas de notícias de TV a cabo [sobre] uma guerra ocorrida há quase duas décadas**", se referindo às guerras dos Bálcãs ou da Iugoslávia que desmontaram o antigo estado iugoslavo e resultaram na morte de pelo menos 100 mil pessoas entre 1990 e 2001. "**Eu não tinha ideia de como era a cozinha croata, zero. Nenhuma imagem na cabeça. Sabia vagamente que a Croácia fizera parte de Roma ou do império veneziano muito tempo atrás e que era um lugar bonito. Mas só isso.**

"**Quer saber, vou dizer com sinceridade: se você gosta de comida e não veio aqui para comer, não sabe o que está perdendo. A comida tem padrão internacional; o vinho tem padrão internacional; o queijo tem padrão internacional. A Croácia é a próxima grande novidade. Se ainda não esteve aqui, então é um completo idiota. Eu mesmo sou um idiota.**"[1]

Embora a costa da Dalmácia, ao sul do país, seja, com toda a justiça, um ímã para aqueles que buscam as férias dos sonhos no Mediterrâneo, longe das hordas que se amontoam nas áreas mais badaladas da Europa, a visita de Tony se concentrou nas áreas costeiras do norte e do centro, e nas ilhas, que são ainda mais exuberantemente subpovoadas.

CHEGADA E DESLOCAMENTO

O **Aeroporto Franjo Tudman** de Zagreb **(ZAG)** é o maior e mais movimentado do país, localizado na região centro-norte. Fica a cerca de três horas de carro de Rovinj, onde Tony começou a explorar vários pontos da costa croata para o *Sem reservas*. É atendido sobretudo pela Croatia Airlines. Também oferece conexão direta com cidades da Europa e do Oriente Médio com empresas como British Airways, Qatar Airways, Air Serbia, KLM Royal Dutch Airlines, Air France e outras.

Do aeroporto, uma corrida de táxi para o centro de Zagreb custa cerca de 150 kunas, ou cerca de 25 dólares, uma viagem de 15-25 minutos de duração. Gorjetas não são habituais, mas os salários são baixos em todo o país, e uma pequena gratificação de 5% a 10% será bem-vinda. Há um ônibus do aeroporto para a rodoviária de Zagreb por 30 kunas/cerca de 4,50 dólares. Acesse www.plesoprijevoz.hr/en para mais detalhes.

Se você está planejando passar um tempo em Zagreb, uma cidade bonita, histórica e de fácil navegação, pode atravessá-la a pé ou aproveitar o sistema de ônibus e bonde (consulte www.zet.hr/en para mais informações sobre rotas, horários e tarifas, que variam de 4-15 kunas/0,60-2,25 dólares, dependendo da hora do dia e da duração da viagem).

Rijeka é considerada a porta de acesso para as ilhas do país. Embora seja possível chegar de trem, saindo de Zagreb (uma viagem de cerca de quatro horas, em torno de 111 kunas/17 dólares), se quiser explorar a costa, será preciso alugar um carro ao chegar.

Observe que a Croácia não faz parte da União Europeia; alguns hotéis e restaurantes podem aceitar euros, mas não são legalmente obrigados a fazê-lo.

VISTA PARA O LITORAL

Na ilha montanhosa, rochosa e arborizada de Pag, situada no mar Adriático, você encontrará um hotel que é um microcosmo perfeito da hospitalidade croata. "**Este lugar, o hotel Boskinac, aninhado numa colina com vista para tudo isso, é um lugar incrível, uma coisa de louco, [com] um dos melhores restaurantes do país."**

É um lugar intimista, com apenas 11 quartos e suítes. Há uma vinícola no local, e olivais e queijarias nas proximidades. O chef e produtor de vinho Boris Suljic serve pratos como polvo cozido numa panela de barro com tomate, alho, batata e vinho branco; tripa de cordeiro **"cozida com chalotas, *pancetta* e cenoura até ficar suave e macia"**, macarrão artesanal com cordeiro assado, uma *frittata* feita com polvo seco e queijos locais.

"Se você gosta de comida italiana, já é quase todo o caminho andado para curtir a comida daqui. E, quando chegamos a esta seleção de queijos de Pag — todos feitos com o leite dessas ovelhas felizes, que pastam as ervas e o capim extraordinariamente salgados do mar —, estamos felizes pra caramba. Foi tudo bom pra cacete desde o segundo em que nos sentamos."

HOTEL BOSKINAC: Skopaljska Ulica, 220, 53291 Novalja-Ilha de Pag, Tel. +385 53 663500, www.boskinac.com (quartos a partir de 1.500 kunas/223 dólares por noite)

O chef e restaurateur croata David Skoko pesca o peixe que é preparado no **Konoba Batelina**, restaurante de sua família. Skoko tem como missão procurar frutos do mar subestimados, que costumam ser ignorados.

"O mais valorizado por aqui é o robalo, mas não foi atrás disso que viemos. Estamos procurando lixo, o que vem nas redes, as coisas com que os pescadores aprenderam a trabalhar depois que as supostas coisas boas são vendidas. Graças ao impacto de uma recente aparição no *MasterChef*, o restaurante familiar de repente ficou muito conhecido pelo que fazia desde sempre. David e a mãe, Alda, fazem mágica com aquilo que, até recentemente, ninguém queria.

"Lagosta crua levemente temperada, tão fresca que ainda está se mexendo. A filha da mãe olha para você enquanto você está comendo sua metade inferior. É, lagosta não é exatamente um fruto do mar lixo, mas vamos viver um pouco, certo? Fígado de tubarão, por outro lado — não há muita demanda. Mas deveria haver. É muito bom. E tripas de tamboril? Isso soa tão apetitoso quanto entrar em um elevador onde alguém acabou de soltar um peido. Mas quer saber? É incrível. Foi a primeira vez que experimentei uma coisa assim em qualquer lugar do mundo."

O interior do restaurante é discreto e acolhedor. Eles só aceitam dinheiro, é preciso fazer reserva e o menu varia, dependendo do que pescam no dia.

KONOBA BATELINA: Cimulje, 25, 52100, Banjole, Tel. + 38552573767 (refeição média em torno de 250 kunas/37 dólares por pessoa)

"A vila de Plastovo fica bem acima de Skradin, um pacato vilarejo de pescadores. Mas é importante frisar que a latitude é a mesma da Toscana, do outro lado do Adriático. É aqui, na vinícola da família Bibic, que tudo passa a fazer sentido para mim: a comida, o vinho, a coisa toda."

Alen e Vesna Bibic são os proprietários, no comando de um negócio que está na família há muito tempo. "Minha família está aqui há séculos e fazemos vinho há pelo menos quinhentos anos", explicou Alen a Tony. "É mediterrânico, mediterrânico de verdade, com muito sol. A uva é bem doce. Estamos 220 metros acima do mar. E as montanhas ficam atrás, por isso temos esta brisa fresca e fria em todas as noites de verão, e mantemos a acidez e os aromas nos vinhos."

Séculos de existência nos Bálcãs também são séculos de testemunhos de conflitos e mudanças. De fato, a vinícola Bibics ocupa terras que já foram identificadas como italianas, húngaras, sérvias e, agora, croatas. Alen e Vesna se consideram dálmatas, uma antiga identidade tribal que transcende a geopolítica. As recentes guerras nos Bálcãs foram duras na propriedade de Bibic, situada na linha de frente do conflito e recheada de minas terrestres. Muito foi destruído e teve que ser reconstruído e replantado em seguida.

Hoje em dia, no entanto, os visitantes podem saborear **"uma refeição de 12 pratos, não tão improvisada assim, de qualidade épica, acompanhada por vinhos igualmente épicos"**. Os chefs da Bibich oferecem pratos como ostras da região com espuma de molho inglês, pó de limão, ovas de truta e *sorbet* de pepino e iogurte salgado defumado com espuma de alho.

Com sorte, você encontrará o carnudíssimo risoto Skradin: "**Se você me conhece o mínimo que seja, sabe que isso é o que conta: ragu de vitela cozido muito, muito, muito devagar, junto com vários outros cortes que permanecerão em segredo. O preparo levou o dia todo, desde antes do sol nascer, recebendo todos os cuidados, sendo mexido sempre. Em seguida, o arroz: mais mexidas delicadas, cuidadosas, cozimento na medida certa, salpicado com queijo da ilha Pag, é claro, e o aroma que sai disso enche o quintal, deixando todo mundo — homens e animais — louco de vontade. É o melhor prato que já comi neste país.**"

VINÍCOLA BIBICH: Zapadna Ulica, 63, Plastovo, 22222, Skradin, Tel. +385 91 323 5729, www.bibich.co (menu-degustação de almoço com harmonização de vinhos a 1.120 kunas/170 dólares; menu-degustação de jantar com harmonização de vinhos, 2.240 kunas/335 dólares)

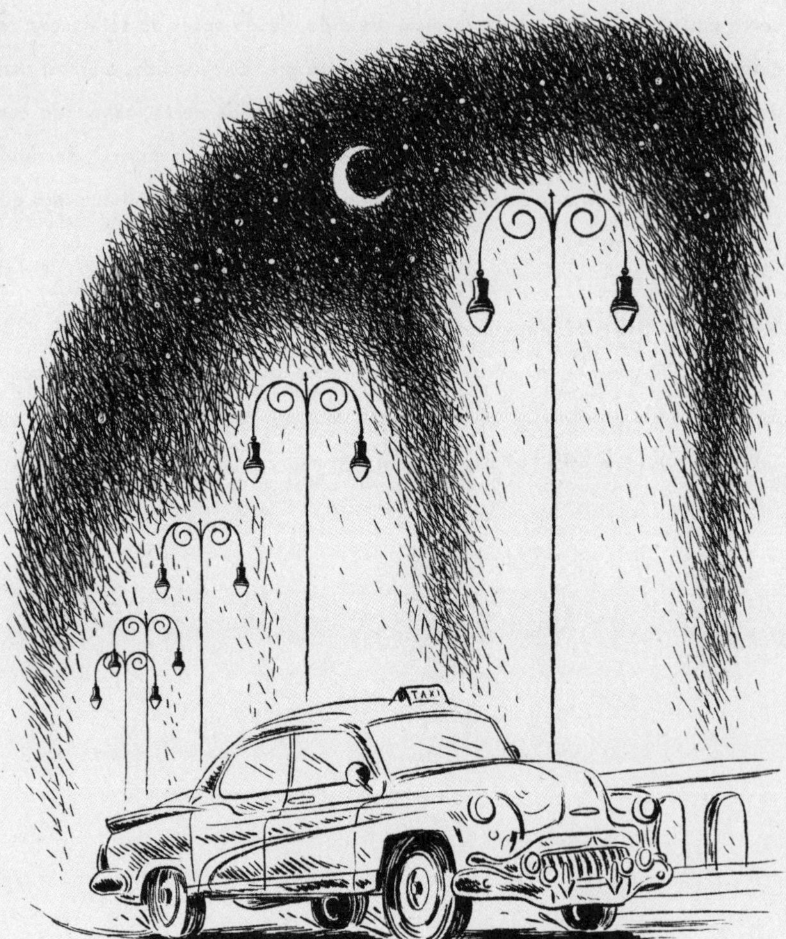
TAXI

CUBA

"A Cuba da minha infância é a Cuba da Crise dos Mísseis. 'Escondam-se embaixo da mesa, crianças. Cubram-se com jornal molhado, porque vamos todos morrer.' Éramos duas nações em pé de guerra perpétuo."[1]

Por mais de meio século, as relações entre os Estados Unidos e Cuba ficaram congeladas por um embargo econômico e turístico; as relações diplomáticas eram praticamente inexistentes.

No final de 2014, porém, a maré começou a mudar. O presidente Barack Obama, durante um discurso na Casa Branca, declarou: "Hoje, os Estados Unidos da América estão mudando sua relação com o povo cubano. Por meio das mudanças mais significativas em nossa política em mais de cinquenta anos, acabaremos com uma abordagem ultrapassada que, por décadas, não conseguiu promover nossos interesses. Em vez disso, começaremos a normalizar as relações entre nossos países. Assim, pretendemos criar mais oportunidades para os povos norte-americano e cubano, iniciando um novo capítulo entre as nações das Américas... Ao povo cubano, a América estende a mão da amizade." Era palpável a sensação de um novo futuro.

Desde então, a esperança radiante do trânsito aberto, da comunicação livre e de uma relação calorosa e amigável entre os dois países foi complicada por subsequentes mudanças e retrocessos da política do governo republicano. Ocorreram misteriosos ataques sônicos com graves efeitos para a saúde de funcionários da embaixada dos Estados Unidos e de seus familiares, em Havana. Após um breve tempo, no momento em que este texto foi escrito, os cidadãos norte-americanos voltaram a ser proibidos de viajar a Cuba sob a norma *people to people*, e limites rígidos às quantias que podem ser enviadas para seus parentes na ilha voltaram a vigorar. Nos círculos do Departamento de Estado, fala-se em colocar Cuba novamente na lista de países que financiam o terrorismo.

Dito isso, cidadãos norte-americanos ainda podem visitar a ilha numa das 12 categorias de viagem aprovadas, e todas as principais companhias aéreas têm voos regulares para Havana e alguns outros aeroportos de Cuba. Ainda é possível ir — e, na opinião de Tony, é aconselhável fazê-lo.

"Não importa como você se sente em relação ao governo ou aos últimos 55 anos, nenhum lugar no mundo é como Cuba. E com isso quero dizer que é um país totalmente encantador. Sim, o futuro está presente, mas o passado também se vê em toda parte. Os prédios, os carros, as engrenagens de todo o sistema ainda estão, em sua grande maioria, parados no tempo.

"Já estive em muitos lugares, mas não consigo pensar em outro que tenha sido menos ferrado pelo tempo do que Havana. Diga o que quiser sobre todo o resto: é lindo, dolorosamente lindo. O povo cubano [é] sincero, amigável, dono de uma curiosidade implacável, sofisticado em quase tudo. Se puder, venha com a mente aberta e absorva tudo o que conseguir, tanto o bom quanto o ruim. Absorva tudo, porque tudo é lindo e resistiu ao tempo."

CHEGADA E DESLOCAMENTO

O **Aeroporto Internacional José Martí (HAV)** é o aeroporto de Havana, em Boyeros, a 14 quilômetros a sudoeste da cidade. É o maior e mais movimentado aeroporto do país, onde chega a maioria dos voos do exterior. Existem, no entanto, dez aeroportos na ilha, muitos deles localizados em áreas específicas de balneários, e todos operam voos internacionais e domésticos.

Do HAV, se você não fizer parte de uma excursão com transporte para o hotel, é possível pegar um táxi para o seu destino, que deve custar 20-25 pesos cubanos conversíveis (CUC), o equivalente a 20-25 dólares, mais uma gorjeta habitual de cerca de 3 CUCs por viagem. Combine uma tarifa com seu motorista antes de sair do aeroporto, pois os taxímetros quase nunca são usados.

Também há um ônibus local no aeroporto, mas ele sai apenas do terminal doméstico, e a tarifa deve ser paga em pesos nacionais cubanos (CUP), tornando esta opção menos atraente para a maioria dos visitantes que chegam do exterior.

Uma vez em Havana, você pode se locomover pela cidade usando táxis compartilhados, ou *colectivos*, que fazem uma rota fixa e pegam os passageiros pelo caminho, se houver espaço semelhantes. Carros particulares e serviços semelhantes também estão disponíveis, por uma tarifa de 30-40 CUCs/dólares por hora. Há um sistema de ônibus urbano com 17 rotas em Havana por 1 CUP por viagem (o equivalente a 5 centavos). É um preço imbatível, embora haja a inevitável lotação e a falta de ar-condicionado. Para consultar uma ótima fonte de informações sobre o transporte público cubano, incluindo o sistema de ônibus de Havana, visite www.cubacasas.net.

Todas as principais cidades da ilha estão ligadas por um sistema ferroviário, Ferrocariles de Cuba, com um número robusto de artérias ao longo do caminho. As viagens de trem em Cuba têm má reputação por conta das paradas frequentes e a evidente falta de conforto. Recentemente, no entanto, uma nova frota de vagões de fabricação chinesa foi colocada nos trilhos, a primeira parte de um plano para revitalizar o transporte ferroviário. A viagem de Havana a Santiago de Cuba custa, no momento, 95 CUCs/dólares para estrangeiros e cerca de 10 CUCs/dólares para cubanos. Consulte o site de viagens de trem Seat61.com para mais informações e atualizações.

COMER EM HAVANA

O estado possui e opera restaurantes em Havana e, em geral, eles não são muito bons. Já os *paladares* são de propriedade privada e operados nas casas dos proprietários, e tendem a ter melhor comida e serviço. No passado, operavam na clandestinidade. Foram legalizados a partir de 1993, mas ainda são bastante regulamentados pelo governo, com restrições ao número de lugares e de funcionários assalariados, além de tributos substanciais.

Gerenciar seu próprio *paladar* representa uma série de desafios diários, mas Elizabeth Espinoza provou que está à altura da tarefa. "[Elizabeth é] o tipo de proprietária durona, decidida e trabalhadora que você precisa ser neste país se quiser navegar pela complicada e difícil estrada que é ter um restaurante em Cuba.

"Num prédio verde-limão reluzente, logo depois de um corredor e virando uma esquina, turistas e locais fazem fila para esperar por mesas no restaurante de Elizabeth, o Paladar los Amigos. No minuto em que se tornou legal, Elizabeth abriu as portas, mas, como costuma acontecer nesse pesadelo dos sistemas ultraburocráticos, as regras estão sempre mudando e são cada vez mais ambíguas. Tudo depende muito de quem você conhece."[2]

Os menus nos *paladares* devem permanecer flexíveis, um reflexo das forças de mercado variáveis e da escassez ocasional. "Hoje é carne de porco. É improvável que você encontre algum dia um t-bone com uma bela capa de gordura. *Masa de cerdo* marinada, picada e frita na frigideira. *Escalope*, uma costeleta amaciada, empanada e frita, servida com a santíssima trindade: *mandioca*, arroz e feijão. Os moradores locais também comem aqui, mas só conseguem porque nós — ou seja, turistas e estrangeiros — custeamos essa possibilidade pagando bem mais pelo mesmo prato. É um esquema com duas faixas de preço: a nossa e a deles."

PALADAR LOS AMIGOS: Calle M, #253, La Habana, Tel +53 830 0880 (pratos principais a 8-12 CUCs/dólares)

"[No passado], uma refeição num *paladar* consistiria em arroz e feijão. Agora, sushi; um sinal certeiro do apocalipse iminente." Veja com seus próprios olhos, no **Santy Pescador**, um queridíssimo restaurante de frutos do mar numa casa de madeira às margens do rio Jaimanitas, na periferia da cidade. É mais movimentado durante o almoço, quando as vistas do pátio são melhores; a hora do jantar costuma ser mais tranquila.

SANTY PESCADOR: Calle 240A #3C (entre a Calle 23 e o rio), Jaimanitas, Havana, Tel. +535 286 7039, www.santypescador.com (almoço a 10 CUCs/dólares, jantar a 20-30 CUCs/dólares)

O **Malecón** é um encantador calçadão de oito quilômetros de extensão, com mureta e uma avenida costeira de seis pistas, que se estende da Fortaleza de La Punta até a foz do rio Almendares, com muitas casas antigas imponentes, hotéis e, entre eles, praças. Caminhar ao longo do Malecón, sair com amigos, assistir ao pôr-do-sol, admirar os monumentos e as paisagens e, ocasionalmente, evitar uma onda violenta que arrebenta contra o muro é a experiência cubana por excelência. A última sequência do episódio de Cuba de *Lugares desconhecidos*, um longo travelling, foi ideia de Tony, como ele explicou numa entrevista nos *Prime Cuts*, uma espécie de documentário com os destaques da série:

"A última tomada do episódio de Cuba [foi] profundamente satisfatória para mim, porque eu estava no carro, a caminho de uma cena, olhei pela janela para todos os casais e as pessoas sentadas ali, na mureta, e pensei: *Meu Deus, esse take vai ficar incrível...* Me lembro de assistir ao produto final e prender a respiração, a cena quase parecia ensaiada... Foi um final perfeito para o episódio, sem aqueles resumos bobos... Mostrou algo verdadeiro e significativo e, neste caso, muito bonito — e esperançoso, creio — sem que eu precisasse dizer o que o espectador deveria achar.

"Tenho esse sonho de assistir a um jogo de beisebol cubano. Seria um eufemismo descarado falar que os torcedores daqui são apaixonados. Eles vivem e respiram beisebol. Os ingressos custam menos de um dólar para o público geral. As opções de petiscos são limitadas, para dizer o mínimo. Nada disso, entretanto, atrapalha o jogo."

No **Estadio Latinoamericano**, casa do Havana Industriales com 55 mil lugares, torcidas organizadas aparecem com instrumentos musicais para tocar música animada, e uma chuva de palavrões costuma sair das arquibancadas. Em 2016, o Tampa Bay Rays esteve presente para um amistoso com o Industriales diante de uma arquibancada que incluía o presidente Obama e Raúl Castro, o que provocou algumas reformas para melhorar as condições do estádio. No entanto, relatos recentes indicam que assentos quebrados e o ar de decadência geral permanecem.

Diariamente, numa área do Parque Central da cidade conhecida como *la esquina caliente*, ou "esquina quente", um grupo de torcedores de beisebol extremamente bem informados e cheios de opiniões "**têm licença oficial para se reunir em público e discutir. As discussões quase sempre se tornam muito acaloradas e a licença oficial ajuda quando as autoridades pensam se tratar de agitadores políticos**".

ESTADIO LATINOAMERICANO: El Cerro (horários e informações disponíveis em www.baseballdecuba.com)

PARQUE CENTRAL: delimitado pelas ruas El Prado, Zulueta, San José e Neptuno

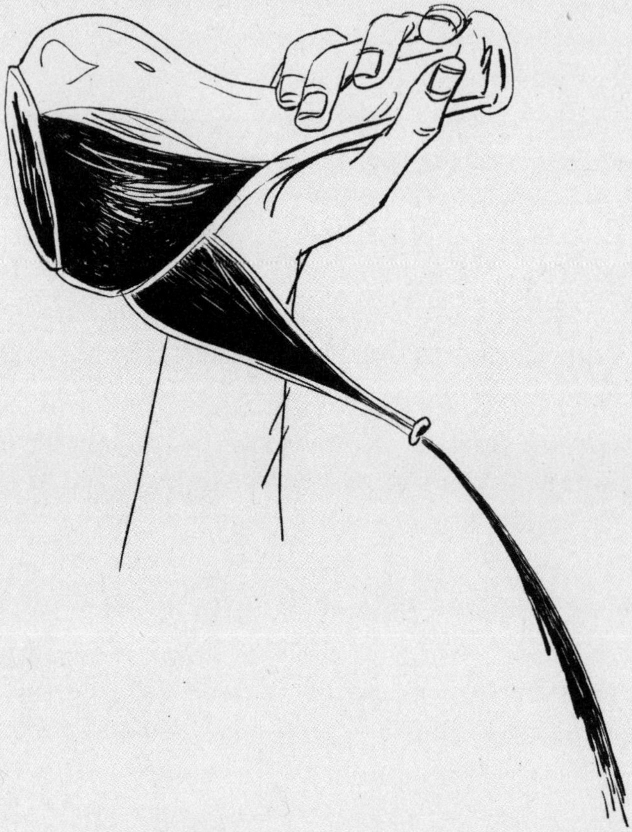

ESPANHA

Desde sua primeira viagem ao país, em 2002, Tony foi arrebatado pela cultura e culinária espanhola, onde séculos de tradição esbarram em algumas das técnicas e ideias mais modernas do mundo, com um pano de fundo de extrema beleza natural e arquitetura extraordinária de diversas eras.

BARCELONA

"Com exceção da Ásia, eis um fato: a Espanha é o melhor e mais empolgante lugar para se comer no mundo. É aqui que todos os jovens chefs querem trabalhar. É aqui que todos os jovens aprendizes querem fazer estágios. É aqui que está a inovação, é aqui que a criatividade anda acontecendo. Pelo caminho, eles se deparam com a comida cotidiana da Espanha, coisas simples e boas que a maioria dos espanhóis vê como seu direito de nascença.

"Como um presunto pode ser tão bom?! Como algo saído de uma lata pode ser tão incrível? Coisas simples: uma anchova, uma azeitona, um pedaço de queijo. Coisas bem simples e corriqueiras no dia a dia do país: isso que é legal na Espanha."[1]

CHEGADA E DESLOCAMENTO.

O aeroporto de **Barcelona-El Prat Josep Tarradellas (BCN)**, mais conhecido como El Prat, é o segundo aeroporto mais movimentado do país, depois do de Madri, e a porta de entrada mais usual para viajantes no norte da Espanha.

O El Prat está localizado a cerca de 15 quilômetros do centro da cidade. Existem pontos de táxi na saída de cada desembarque; há um custo mínimo de 20 euros/22 dólares por viagem a partir do aeroporto, independentemente da distância; uma tarifa típica de El Prat até o centro da cidade fica em torno de 35 euros/39 dólares. Gorjetas não são esperadas, mas será apreciado se você arredondar o valor para facilitar o troco ou adicionar 10% para serviços que julgar excepcionais.

A linha número 9 do sistema de metrô, o Transports Metropolitans de Barcelona (TMB), faz parada nos dois terminais do aeroporto. Consulte www.tmb.cat para rotas, tarifas e horários. A linha de trem R2 Norte vai do aeroporto para a cidade e redondezas. Diversas linhas de ônibus levam os passageiros para Barcelona, cidades da região e partes do sul da França, Suíça e Andorra.

Barcelona Sants é a principal estação ferroviária para viagens regionais e internacionais; o trem Renfe e o metrô da cidade circulam entre o aeroporto e a estação de trem.

COMER EM BARCELONA E ARREDORES

"Se eu morasse do outro lado da rua, largaria meu emprego e ficaria nesse lugar o dia todo, até meu dinheiro acabar. O Quimet & Quimet é um bar de tapas de quatro gerações no bairro de El Poble-Sec de Barcelona, que se baseia fortemente nos tapas catalães feitos com enlatados." Há uma grande seleção de vinhos, além de drinques e cerveja, mas a atração principal são os *montaditos*, sanduíches abertos com tamanho de canapés povoados por coisas como *cipriones* (filhote de lula recheado), anchovas, mexilhões, barriga de atum, ouriço-do-mar, queijos espanhóis e franceses, vegetais em conserva e mais, tudo preparado na hora atrás do balcão do bar — não há cozinha no local e o espaço é apertado, com capacidade para cerca de vinte clientes por vez.

QUIMET & QUIMET: Carrer del Poeta Cabanyes, 25, 08004, Barcelona, Tel. +34 93 442 31 42, www.quimetquimet.com (tapas 2-18 euros/2,25-20 dólares)

"Há algo muito libertador, democrático e divertido em comer comidinhas tão gostosas num balcão de madeira envelhecida. Na melhor das hipóteses, são tantas coisas boas ao mesmo tempo: uma cerveja ou vermute na mão, ambiente animado, um banquete móvel e confortável que dá a você a oportunidade de circular e comer quando quiser."

A cerca de meia hora de carro de Barcelona, você encontra a **Taverna Espinaler**. "Parece um milhão de outros bares frequentados por idosos, um bar de bairro. Os não iniciados podem ser perdoados por não ficarem impressionados. No entanto, o que está sendo servido são, na verdade, alguns dos melhores, mais deliciosos e mais caros frutos do mar do mundo. Aqui, as melhores coisas vão direto do convés para a lata."

Há cerca de vinte anos, Miguel Tapias, integrante da quarta geração de proprietários da Espinaler, procurando fazer crescer o negócio da família, decidiu entrar para a venda a varejo de mariscos enlatados, pescados nas frias águas atlânticas da Galícia, e assim os visitantes podem levar para casa amêijoas, berbigões, mexilhões, atum de alta qualidade e outras iguarias disponíveis com a marca da família.

"Fique tranquilo, esse prato não tem qualquer relação com a lata de ostras defumadas que você comeu, chapado e desesperado, às duas da manhã durante a faculdade. Estou falando do melhor marisco do mundo, e aqui vai um fato surpreendente: dentro da lata ele só fica mais gostoso." Frutos do mar tão bons não são baratos: uma latinha de 170 gramas de amêijoas pode custar mais de 225 euros/250 dólares.

TAVERNA ESPINALER: Camí Ral, 1, 08340, Vilassar de Mar, Barcelona, Tel. +34 937 591 589, www.espinaler.com (tapas 2-14 euros/2,25-15,50 dólares)

SAN SEBASTIÁN

"Poderíamos argumentar que não há lugar melhor para comer na Europa do que a cidade de San Sebastián. Há mais restaurantes com estrelas Michelin per capita aqui do que em qualquer outro lugar do planeta. Mas mesmo os lugares do dia a dia são excelentes. O amor pela comida, a insistência no uso dos melhores ingredientes, tudo isso é fundamental para a cultura e para a vida aqui. E é lindo, já falei isso? É uma cidade linda.

"No cerne desta capital culinária está o chefão da nova cozinha espanhola, Juan Mari Arzak. Ele e a filha, Elena, dirigem o lendário restaurante Arzak, de três estrelas. A comida é inovadora, extremamente criativa e de vanguarda, mas sempre, sempre, de origem basca."[2]

Tony costumava dizer que, no decorrer de seu trabalho na televisão, ele fazia amigos íntimos toda semana, mas dada a frequência das viagens, a maioria dessas amizades era impossível de manter. Seu vínculo com Juan Mari e Elena foi uma rara exceção.

"Meu pai morreu muito jovem", falou Tony a Elena, enquanto gravava *Lugares desconhecidos*. "Mas (...) eu gostaria que [Juan Mari] soubesse que, desde a primeira vez que vim para cá, sinto que ele cuida de mim como um pai. Ele tem sido um amigo leal e parceiro, e quero que saiba que gosto dele."

À mesa, em qualquer mesa, com Juan Mari e Elena, Tony relatou sentir "uma sensação de pertencimento, de estar entre amigos e, de alguma forma, ao mesmo tempo em casa. E é uma coisa linda quando a realidade corresponde às nossas expectativas; quando tudo, tudo é tão bom quanto poderia ser".

No prato, os destaques de uma refeição do Arzak podem incluir lagosta com azeite em pó; um ovo escaldado em caldo de galinha e temperado com frango liofilizado e a pele caramelizada; papadas de pescada grelhadas com grãos teff e amêndoas frescas, servidas em folha de bambu; e atum branco com molho de melão verde e jaca.

ARZAK: Avenida del Alcalde J. Elosegi Hiribidea, 273, 20015 Donostia, Gipuzkoa, Tel. +34 943 27 84 65, www.arzak.es (refeição em média 242 euros/286 dólares por pessoa)

"Elkano, no vilarejo litorâneo de Getaria, é um lugar conhecido e amado por chefs de todo o mundo pelo que eles chamam de culinária paleolítica: aplicação direta do fogo e poucos ingredientes para fazer, digamos, uma espécie de mágica. Camarão-pedra — a cabeça e o corpo são cozidos separadamente; o corpo é servido quase cru, no que eles chamam de semiceviche, enquanto as cabeças são grelhadas. Lulas, servidas à moda paleo, grelhadas com vinagrete de cebola e pimentão. E *kokotxas*, um ingrediente tão profunda, tradicional e fundamentalmente basco que é uma paixão local. A *papada*, ou o queixo da pescada, é cozida ao estilo *pil-pil*, em azeite de oliva e mexida constantemente para emulsionar o óleo com a gelatina natural do peixe.

"Mas é este prato que traz a Elkano os amantes de comida de todo o mundo: o *turbot*, grelhado e depois metodicamente porcionado pelo proprietário, Aitor Arregi. A ideia é destacar cada pedaço único e suas características especiais — a pele clara e gelatinosa, com polpa macia e um pouco caramelizada; a barriga gorda e untuosa; as espinhas com pedacinhos de carne. Um mosaico de diversos sabores e texturas distintas, todos eles muito deliciosos, em um único prato."

ELKANO: Herrerieta Kalea, 2, 20808, Getaria, Gipuzkoa, Tel. +34 943 140 00 24, www.restauranteelkano.com (refeição média 70-100 euros/78-111 por pessoa)

"**Ganbara** é meu lugar favorito. Venho sempre, praticamente um míssil na direção do alvo. Considero a especialidade da casa, pela qual eles são famosos, o suprassumo da culinária: cogumelos silvestres grelhados e *foie gras* com um leve toque de gema crua por cima, que derrete e se mistura aos fungos quentes."

GANBARA: San Jeronimo Galea, 21, 20003, Donostia, Gipuzkoa, Tel. +34 943 42 25 75 (porções de tapas de 9 a 20 euros/10-22 dólares cada uma)

"Num mundo perfeito, em outra vida, eu moraria em San Sebastián. E assim tudo isso, toda essa comida e esse lugar, seria um direito de nascença, e de alguma forma Elena Arzak seria minha irmã e Juan Mari Arzak me adotaria. Eu amo esse homem, adoro Elena e fico absolutamente zonzo de empolgação porque vou me encontrar com eles no Bar Haizea, um de seus barzinhos de tapas favoritos." Entre os *pintxos* [petiscos consumidos em uma ou duas mordidas] que valem a pena experimentar estão o *brick de bacalao* (uma espécie de bolinho de bacalhau), ovos recheados, mousse de salmão e a "delícia salgada e picante [de] pimentas-banana em conserva e anchovas. Simples, tradicional e incrivelmente recompensador."

BAR HAIZEA: Aldamar Kalea, 8, 20003, Donostia, Gipuzkoa, Tel. +34 943 42 57 10 (*pintxos* 1,50-4 euros/1, 75-4,50 dólares; *raciones* (pratos) 4-14 euros/4,50-15,50 dólares; *bocadillos* (sanduíches) 4-5 euros/4,50-5,50 dólares)

"Não é exagero dizer que, quando você está comendo no **Etxebarri**, nessa hora exata não há ninguém no mundo que esteja comendo melhor do que você. É, em todos os sentidos, um evento extraordinário. E este homem é uma lenda. É mestre em executar processos de uma forma que parece austera e simples, mas que, na verdade, parece japonesa em seu perfeccionismo quase fetichista em relação aos os ingredientes locais."

O restaurante de grelhados iconoclasta de Victor Arguinzoniz está localizado no vale Atxondo, a cerca de uma hora de carro de San Sebastián. Na companhia de uma diminuta equipe, Victor grelha tudo no carvão que ele mesmo faz, com o carvalho que ele mesmo corta: carnes de todo tipo, como a costeleta de boi galega, e também o chouriço feito por ele com lombo de porco ibérico, bem como camarões, amêijoas, enguias locais (durante a temporada), e lulas servidas na própria tinta, mas também pequenas ervilhas frescas na estação; caviar beluga (numa assadeira feita sob medida, sobre algas marinhas); e até sorvete, cujos componentes lácteos são infundidos com fumaça antes de serem transformados, com açúcar e ovos, num confeito congelado e etéreo.

"Com certeza uma das melhores refeições da minha vida. Para entender essa nova culinária e esse novo jeito espanhol de cozinhar, é preciso entender que os caras amam profundamente esse negócio", disse Tony, se referindo ao apreço da nova vanguarda pela culinária tradicional, e acrescentando: "Um não pode existir sem o outro."

ASADOR ETXEBARRI: San Juan Plaza, 1, 48291, Atxondo, Bizkaia, Tel +34 946 58 30 42, www.asadoretxebarri.com (menu fixo a 180 euros/200 dólares por pessoa)

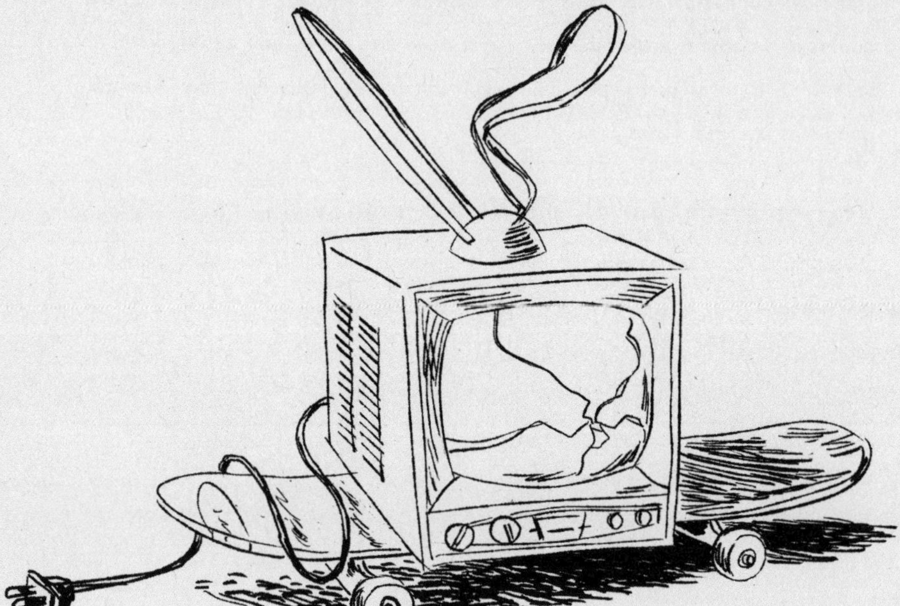

ESTADOS UNIDOS

LOS ANGELES, CALIFÓRNIA

Fisgado de vez depois da primeira gravação do *Sem reservas*, Tony voltou a Los Angeles várias vezes — para o *Fazendo escala*, para dois episódios do *Lugares desconhecidos* e algumas temporadas do programa de competição culinária *The Taste*, além de uma longa série de visitas por conta do Emmy — às vezes como indicado, às vezes como vencedor —, bem como para noites de autógrafos e outros assuntos.

"Sou um mentiroso. Eu não presto. Eu falava mal de Los Angeles, porque é meio o que se espera de um nova-iorquino. Saio por aí com uma atitude típica de nova-iorquino, pensando: 'Ah, isso aqui é uma porcaria. Eles não sabem de nada. É o fim do mundo. Uma ofensa, uma bagunça!'

"Mas há muito tempo já aceitei ficar de quatro para o grande deus da televisão. Então, não dá para dizer que sou virgem quando se trata de Los Angeles ou Hollywood, ou de ser um grande michê da mídia. Se você encontrar comigo no dia seguinte, depois de dirigir um belo conversível com a capota abaixada, estarei pensando: 'Eu bem que poderia morar aqui, viu? Poderia, sim.'

"Amo isso aqui, admito. Amo as palmeiras, os shoppings, o Pacífico, toda essa coisa peculiar saída direto de um milhão de filmes."[1]

VOLTA AO MUNDO

CHEGADA E DESLOCAMENTO

O **Los Angeles International (LAX)** é o aeroporto icônico e gigantesco da cidade, com nove terminais e voos de/para todo os Estados Unidos, Canadá e México, e as principais cidades da Ásia, Austrália, Europa, América do Sul e Oriente Médio. O LAX, um *hub* para as companhias Alaska, American, Delta e United Airlines, é um dos aeroportos mais movimentados do mundo, sempre em algum lugar entre os cinco primeiros, junto com Atlanta, Pequim, Dubai e Tóquio Haneda. Fica a 27 quilômetros a sudoeste do centro de LA. Existem algumas opções de ônibus públicos entre o LAX e a cidade (veja flylax.com para detalhes). Quem estiver com um pouquinho mais de grana pode pegar um dos muitos ônibus Lax-it gratuitos que circulam na área externa dos terminais, até o enorme estacionamento onde táxis e carros chamados por aplicativos fazem fila para buscar os passageiros. Esse combinado foi planejado para reduzir a gigantesca circulação de automóveis perto dos terminais e, no momento da redação deste livro, a norma ficará em vigor até 2023, quando grandes obras serão concluídas. (Veja www.flylax.com/lax-it para mais detalhes.) De táxi, uma tarifa normal entre o LAX e, digamos, West Hollywood, fica em torno de 60 dólares, já incluindo uma gorjeta padrão de 15%.

"**Gosto de usar o LAX porque prefiro voos diretos, como a maioria das pessoas sãs, mas o lendário trânsito de LA significa que o lugar onde você fica hospedado terá grande influência sobre o aeroporto escolhido. O Los Angeles International fica no lado oeste, Long Beach (LGB), ao sul, e o Aeroporto Bob Hope (BUR) fica lá em Burbank.**"

Se você tem tempo sobrando pode preferir chegar de trem da Amtrak na **Union Station**, construída em 1939 no estilo arquitetônico conhecido como Mission Moderne, um amálgama do colonial espanhol, releitura do estilo Mission, e do art déco. A Amtrak opera uma série de rotas que começam e terminam na Union Station, que também opera linhas de trem locais e regionais e é uma rodoviária. Regularmente, há instalações de arte, exibições de filmes e outros eventos culturais realizados na estação, junto com uma variedade mais do que satisfatória de opções de restaurantes e bebidas, fazendo dela um lugar que merece uma visita, quer se embarque num trem ou não.

UNION STATION: North Alameda Street, 800, Los Angeles, CA, 90012, www.unionstationla.com

Los Angeles, é claro, é uma lendária cidade de carros. **"Embora existam várias opções de transporte público, todas são péssimas. Ninguém anda em LA. Todo mundo dirige. É assim que as coisas são."** Isso não é mais totalmente verdade, mas Tony gostava de alugar um Dodge Charger para se locomover pela cidade, quando não dependia de motoristas contratados por variados estúdios e redes.

Dito isso, a **Metro**, a agência que cuida do transporte de Los Angeles, relata que atende mais de um milhão de passageiros por dia em ônibus e metrôs, então *nem todo mundo* dirige. Verifique horários, rotas e tarifas em metro.net se estiver inclinado a ir contra a maré.

"NÃO AMO NENHUM HOTEL MAIS DO QUE..."

"Sou extremamente leal e entusiasmado com alguns poucos hotéis que realmente amo no mundo, e não amo nenhum hotel mais do que o **Chateau Marmont**. O Marmont é um clássico de 1929, que sobreviveu a cinco grandes terremotos e a hóspedes como Jim Morrison, John Belushi, Hunter S. Thompson. Alguns fazendo o *check-in*, alguns fazendo o *checkout*.

"O pavilhão principal é lendário, escuro, confortável. É informal. Você se sente como se estivesse na casa de um tio excêntrico. Em geral, qualquer um pode entrar, contanto que siga as regras: não dar gritinhos ao ver ou não ver alguém por aqui. Definitivamente, não tirar fotos e não se comportar como um babaca. Você será tratado da mesma forma que o famoso da mesa ao lado. Bem-vindo ao meu paraíso."

Mesmo o mais simples dos quartos no pavilhão principal tem dimensões generosas, com farta mobília, armários, cortinas e banheiros com azulejos *old-*

-*school*. E há os bangalôs, do outro lado da piscina, mais discretos, ótimos para começar ou terminar um tórrido caso de amor, um romance ou uma trouxinha elegante de maconha recreativa — agora legal —, e depois atacar o minibar, que conta com uma boa seleção.

"Na primeira visita não gostei tanto assim de LA. Não queria me misturar. Não queria andar por aí. Se você é parecido comigo e se sente desconfortável só de estar aqui, este é o hotel perfeito. Você pode se esconder. Nem parece que está em LA. Não dá para ver nada em 360 graus. Você tem seu próprio quintalzinho. Ninguém consegue ver você, e isso acontece em qualquer lugar do hotel. É uma superinstalação que torna compreensível a pessoa não querer sair dela. Mas preste atenção ao preço das bebidas. São caros."

CHATEAU MARMONT: Sunset Boulevard, 8221, Hollywood, CA, 90046, Tel. 323 656 1010, www.chateaumarmont.com (os quartos custam a partir de 450 dólares por noite)

IN-N-OUT AO CHEGAR E PARTIR

"Parar no In-N-Out Burger é um ritual, seja indo ou voltando do aeroporto." O adorado **In-N-Out** é uma rede de *fast-food* fundada em 1948 por Harry e Esther Snyder, que começaram com uma única loja na cidade de Baldwin Park, Califórnia, e aos poucos foram expandindo para além da grande Los Angeles e para o restante do estado; hoje em dia existem mais de trezentas lojas espalhadas pelos Estados Unidos, incluindo lugares como Nevada, Arizona, Utah, Texas e Oregon.

Peça um hambúrguer duplo-duplo estilo animal, "preparado com mostarda e cebolas grelhadas, picles, alface, tomate e molho extra, qualquer um deles. É *fast-food*, sim. É uma rede, sim. Mas eles também conseguem fazer cada maldito hambúrguer na hora, e vão prepará-lo no ponto que você quiser. E a única rede norte-americana que vale a pena. Essas coisas são boas até frias e congeladas. Acredite em mim. Eles também tratam os funcionários como seres humanos e servem batatas fritas e milk-shakes muito bons. Toma essa, Krusty."

IN-N-OUT BURGER: estabelecimentos em todo o sul da Califórnia e além; www.in-n-out.com (hambúrgueres a 2,50-4 dólares)

TACO-CITY

Embora a cena culinária mexicana de Nova York tenha melhorado e se diversificado na última década, ela ainda não chega aos pés do que pode ser encontrado em Los Angeles.

"Em Atwater Village, lar de gerações de mexicanos e filipinos, existe este lugar, o Tacos Villa Corona. Fica a apenas alguns quilômetros do centro de LA, mas a distância mantém a maioria dos viajantes longe. Minúsculo e comandado por uma família: as duas características de um lugar de qualidade. Maria e Felicia Florez preparam tacos e burritos numa cozinha do tamanho de um armário."São famosas pelos burritos fartos no café da manhã, mas os tacos também são sublimes.

TACOS VILLA CORONA: Glendale Boulevard, 3185, Los Angeles, CA, 90039, Tel. 323 661 3458, www.tacosvillacorona.net (burritos no café da manhã 3-7 dólares; tacos 2-3 dólares)

DIVERSÃO TAMANHO FAMÍLIA

Existem muitos clubes de strip-tease em Los Angeles. Muitos mesmo. Mas só um conquistou o coração de Tony: o **Jumbo's Clown Room**. "É um dos últimos refúgios para a antiga arte do burlesco. As garotas daqui levam as apresentações bastante a sério e são atléticas pra cacete. E digo isso com absoluta sinceridade. Se estivesse saindo com uma pessoa pela primeira vez, eu a levaria lá. O Jumbo's é bem divertido e atrai uma grande mistura de tipos de pessoa. Há algo extremamente íntegro neste estabelecimento. Quer dizer, tem um certo charme."

Jack "Jumbo" Taylor abriu a casa em 1970 no bairro de East Hollywood, hoje conhecido como Thai Town. Era, a princípio, um bar simples de bairro, com festas do pijama, porco assado e outras atividades divertidas para a comunidade. Depois de uma breve temporada como discoteca e bar no estilo *country-and-western*, desde 1982, o Jumbo's é um clube de strip-tease — ou, tecnicamente, um "bar de biquíni", de acordo com as leis da cidade. A filha de Taylor, Karen, administra o lugar desde 1990, a equipe é em grande parte feminina e as dançarinas controlam a jukebox bem abastecida, o que contribui para uma vibe que é muito mais divertida, respeitosa e comemorativa do que a média num bar onde as pessoas ficam de peitos de fora.

Esteja ciente de que, apesar do nome, o Jumbo's não é um lugar tão grande e a espera para entrar e receber as bebidas pode ser um pouco longa, sobretudo nos fins de semana.

JUMBO'S CLOWN ROOM: Hollywood Boulevard, 5153, Los Angeles, CA, 90027, Tel. 323 666 1187, www.jumbos.com (drinques em torno de 7 dólares; duas bebidas no mínimo, sem couvert, embora seja altamente recomendável dar gorjeta às dançarinas)

"SAIA DO MEU GRAMADO"

"O Musso & Frank é um restaurante tradicional de Hollywood, perfeitamente preservado, onde *bartenders* adultos e profissionais sabem preparar um drinque perfeito. E eles sabem porque é o trabalho deles, não estão ali por algum fetiche steampunk ou porque acharam um pote de cera modeladora para bigode no porão do pai", disse Tony à revista *Haute Living* em 2016. Embora não tenha filmado nenhum episódio por lá, era um de seus lugares favoritos para receber jornalistas e amigos quando estava em LA, para comer um rib-eye perfeitamente preparado, com creme de espinafre e cogumelos refogados, prato selecionado de um menu clássico que quase não mudou desde a inauguração do restaurante, em 1919.

"Isso é algo que LA faz muito, muito bem", disse Tony a Katherine Spires em entrevista para o podcast *Smart Mouth*, em 2016. "**A cidade tem ótimos bares antigos e instituições que ainda estão em funcionamento, sem ironia alguma nisso. Não há ironia no Musso & Frank. Os caras são diretos: 'Isso é o que fazemos, isso é o que sempre fizemos e se não gostou pode dar o fora.'**"

THE MUSSO AND FRANK GRILL: Hollywood Boulevard, 6667, Los Angeles, CA, 90028, Tel 323 467 7788, www.mussoandfrank.com (entradas em média 42 dólares)

K-TOWN

Lugares desconhecidos dedicou um episódio inteiro à experiência coreano-americana em Los Angeles, começando com a Lei de Imigração de 1965, que estimulou a chegada de milhares de imigrantes coreanos à cidade. Tony abordou, com o chef Roy Choi, os protestos de Los Angeles de 1992 e seu impacto descomunal no que veio a ser conhecido como Koreatown, onde proprietários de negócios locais e famílias foram parar na miséria, sem defesa contra saques, incêndios criminosos e violência pessoal, depois de terem sido abandonados pela polícia local. Com a ajuda de Choi e do artista David Choe, Tony explorou a atual Koreatown, onde a segunda e a terceira gerações de coreanos-americanos perpetuam as tradições culinárias sem qualquer adaptação para se adequar ao paladar ocidental e, desde a reconstrução após os protestos, compartilham o bairro com restaurantes tailandeses, filipinos, samoanos, mexicanos, da América Central e de Bangladesh.

"Park's Bar-B-Q: esse é um lugar onde faço questão de ir todas as vezes. Peço de tudo: língua, não deixe de pedir a língua. Um pouco de *galbi*, alguma costelinha — o que me mandarem. E acho que os *banchan* [acompanhamentos variados e arroz, principalmente à base de vegetais e peixes] estão entre os melhores que já comi", disse Tony a Jeff Miller para *Thrillist*, em 2016.

Jenee Kim chegou a Los Angeles em 2000 com um diploma em ciências culinárias da Seoul Women's College e, em 2003, abriu o Park's, especializado em carne bovina Wagyu norte-americana, mas que também oferece carne de porco, frutos do mar, tofu, guisados e pratos de macarrão. Como o falecido Jonathan Gold escreveu numa seção especial do *Los Angeles Times* dedicada à K-Town, no início de 2018: "É provavelmente indiscutível que o restaurante modernista de Jenee Kim permanece como o melhor lugar em Koreatown para comer churrasco coreano."

PARK'S BAR-B-Q: South Vermont Avenue, 955, Los Angeles, CA, 90006, Tel. 213 380 1717, www.parksbbq.com (40-60 dólares por pessoa para uma experiência completa de churrasco de carne no jantar; no almoço, menus especiais a 15 dólares)

Nem tudo é carne, carros envenenados e coquetéis clássicos em Los Angeles. Há um prazer particular a ser encontrado na **Book Soup**, "uma das últimas grandes livrarias independentes", que está em operação desde 1975. Sua própria existência prejudica um pouco o estereótipo dos habitantes de Los Angeles como indivíduos desprovidos de qualquer interesse por cultura que não seja relacionada a Hollywood. **"Cada prateleira é pessoalmente selecionada por uma equipe bem informada. Eles têm uma coleção incrível e esotérica de esquisitices insuperáveis relacionadas a LA. Uma coleção rara e enorme de coisas estranhas e belas, parada importante para qualquer autor de peso. Todo mundo adora este lugar."**[33] Como bônus, há até estacionamento, algo raro na cidade louca por carros.

BOOK SOUP: Sunset Boulevard, 8818, West Hollywood, CA, 90069, Tel. 310 659 3110, www.booksoup.com (preços típicos do varejo de livros)

ESTADOS UNIDOS

MIAMI, FLÓRIDA

Tony ia a Miami com certa frequência: nas férias em família, em gravações para a TV, promovendo livros e em aparições durante uma bacanal anual que reunia, na praia, personalidades da culinária e do vinho num evento corporativo.

"Miami dá um jeito de chegar até a gente. Ou será que a gente — enchendo a cara, talvez — que dá um jeito de chegar até Miami?

"A cidade é maior e mais multifacetada do que pensamos. Tendemos, com o passar dos anos, a olhar mais para a... como devo dizer?... *alma festeira* de Miami. É uma tentação quase irresistível. A sedução dos flashes, das palmeiras, das noites amenas, da arquitetura déco, a realização de sonhos construídos ao longo de tantos programas de televisão."[2]

Mas Miami é mais, muito mais do que o néon e o fulgor de South Beach e Lincoln Road. Não perca as ilhas, Coral Gables, a recém-artística Wynwood, o Design District ou o centro da cidade. "E, obviamente, não devem ser ignorados os bairros de Little Havana e Little Haiti. Miami é a mais latino-americana das cidades norte-americana, lar de um número incontável de cubanos, sul-americanos e imigrantes caribenhos, com todas as coisas boas que vêm junto.

"Os sonhadores, os visionários, os bandidos e os vigaristas que construíram Miami imaginaram diversos tipos de paraíso. Uma Nova Jerusalém num pedaço de expansão imobiliária aparentemente infinito. Basta aterrar onde há água e você tem outro lote. Ou, como em Coral Gables, construa uma nova Veneza, com grandes canais e toda a arquitetura fantasiosa no estilo Otelo Mourisco de Hollywood. Gôndolas para levar os novos exploradores aos seus palácios sob o sol. O sonho era tão expansível quanto o espaço. Onde havia água, passava a haver, magicamente, terra quase firme.

"E, na década de 1980, onde havia uma decadência, um vácuo, de repente apareceu uma economia nova e vibrante. Aquela que balançou todos os barcos, encheu Miami de novas construções, carros reluzentes, boates elegantes, rios de dinheiro e uma nova fama por conta dos assassinatos e da criminalidade que acompanhavam o negócio. Cocaína.

"Falem o que quiserem, mas a cocaína transformou para sempre o horizonte de Miami. Para o bem ou para o mal, fez dela uma cidade sexy novamente."

CHEGADA, DESLOCAMENTO E UMA OBSERVAÇÃO SOBRE O RALEIGH

O **Aeroporto Internacional de Miami (MIA)** é o maior da região, um lugar para trocar de avião entre as Américas do Norte e do Sul, atendendo voos com destino a muitas partes dos Estados Unidos, América Central e do Sul, México e Caribe e algumas dezenas de cidades da Europa do Oriente Médio.

Pegue um táxi ou um SuperShuttle para ir do aeroporto ao hotel; consulte www.miami-airport.com para obter uma lista de tarifas fixas que variam por zona (ou seja, pela distância do aeroporto). Há também um sistema de trem de duas linhas chamado Metrorail e algumas opções de ônibus; consulte www.miamidade.gov para obter detalhes.

Tony era cliente fiel do **Raleigh Hotel**, uma joia em art déco em South Beach com móveis peculiares e de época, uma piscina luxuosa (e um excelente serviço na beira da piscina) e o tipo de privacidade e atenção individual discreta que tornava difícil deixar suas instalações.

"Venho aqui não apenas pelo bar, pelo interior tradicional ou mesmo pela linda piscina. Venho porque é um daqueles poucos refúgios originais, de gente grande e ligeiramente disfuncional que amo de todo o coração. É um lugar onde me sinto em casa."

Infelizmente, no momento em que este livro foi escrito, o hotel estava fechado e numa espécie de limbo imobiliário, com o novo proprietário ameaçando transformá-lo em residência particular, a menos que recebesse uma licença de zoneamento para construir um hotel de vários andares no terreno vizinho. As informações mais recentes nos sugerem que o proprietário conseguiu o que queria e que o Raleigh, no fim de contas, pode sobreviver.

"UM REFÚGIO GLORIOSO"

Restaurantes, hotéis e festivais vêm e vão em Miami; apenas o oceano e o **Mac's Club Deuce** são eternos.

"Há um lugar para onde sempre volto. Um lugar que, se você olhar a fundo, se fizer as perguntas certas, poderá ouvir toda a história de Miami contada por apenas um homem, Mac Klein: o proprietário e barman do Mac's Club Deuce que acaba de completar cem anos", disse Tony, em 2014; Klein morreu no ano seguinte, embora o bar permaneça em atividade.

"Mac chegou a Miami em 1945, vindo do Lower East Side de Nova York, passando pela batalha da Normandia. Durante a Segunda Guerra Mundial, Miami recebeu um fluxo maciço de militares. Os hotéis, que tiveram uma queda acentuada nos negócios, fizeram um acordo com o governo para abrigar tropas nos resorts vazios. No outono de 1942, mais de 78 mil soldados viviam em trezentos hotéis de Miami e de Miami Beach."

O bar foi inaugurado com o nome Club Deuce em 1933; Mac assumiu o comando e acrescentou o próprio nome em 1964. O lugar permaneceu como uma espécie de cápsula do tempo perfeitamente preservada, uma clássica espelunca que não sofre alterações há mais de cinquenta anos: as paredes ainda pintadas de preto, a fachada despretensiosa de estuque ainda cheia de letreiros em néon (embora tenham sido os cenógrafos de *Miami Vice* que adicionaram o néon ao interior do bar na década de 1980, antes de filmar uma cena lá), a frequência permanece uma mistura heterogênea. "**É um refúgio glorioso para convidados ilustres de todas as classes, perfeito para o fim da tarde ou para o fim da noite. Amo esse lugar. Amo mesmo. É meu bar favorito em Miami.**"

MAC'S CLUB DEUCE: 14th Street, 222, Miami Beach, FL, 33139, Tel. 305 531 6200, www.macsclubdeuce.com (duas bebidas pelo preço de uma das 8h00 às 19h00, diariamente; pagamentos somente em dinheiro)

ATLANTA, GEÓRGIA

"Atlanta: já passei pela cidade algumas vezes, não conheço bem, e faz muito tempo que não como nada muito relevante por lá"[3], disse Tony no início de um episódio de *Fazendo escala*. O que ele encontrou foi uma cena gastronômica profundamente diversa, com clássicos do filé de frango frito como o Colonnade, excelentes tacos e especialidades do norte da China ao lado de lugares do "Novo Sul", que preparam pratos sofisticados que desafiam os clichês.

"Existe uma *ideia* sobre a comida sulista que não é apenas um equívoco propagado por quem não é de lá. A noção de que a culinária clássica do Sul consiste em fritar tudo é propagada por pessoas *do próprio* Sul. E se você tem alguém com um livro de receitas dizendo muito '*Ya'll*' na capa, as chances são grandes de que tudo seja cozido em banha, empanado e calórico. Mas nem sempre foi assim", disse Tony, explicando que a verdadeira culinária sulista, pela qual vale a pena viajar, é cheia de verduras frescas, feijões, grãos, picles, carnes cuidadosamente criadas e frutos do mar frescos do Atlântico e do Golfo.

CHEGADA E DESLOCAMENTO

"**O Hartsfield-Jackson Atlanta International (ATL) é um *hub* aéreo importante, grande, extenso e nem um pouco divertido.**" É o aeroporto mais movimentado do mundo em número de voos e de passageiros atendidos anualmente. Existem voos diretos para quase todos os principais destinos mundiais, além de voos regionais para todo o Sul.

Por ser muito grande, o ATL dispõe de diversas opções de transporte ferroviário, ônibus e esteiras rolantes apenas para transportar os passageiros entre os terminais e saguões. Há também ônibus especiais e municipais para levar os passageiros à cidade, assim como o serviço ferroviário fornecido pela Metropolitan Atlanta Rapid Transit Authority (Marta), além de táxis e outros transportes particulares. A viagem entre o ATL e a cidade, um percurso com cerca de 20 quilômetros, leva 30 minutos e, num táxi, ela custa cerca de 35 dólares, mais a gorjeta.

E, quando estiver rumo ao hotel: "**Trânsito em Atlanta? Não é muito bom. Todo mundo dirige. Mesmo assim, você provavelmente deve fazer o mesmo.**" O transporte público pode deixar a desejar, ainda mais se estiver com pouco tempo. Alugue um carro ou pegue táxis.

VOLTA AO MUNDO

FAÇA COMPRAS E PROVE O MUNDO NA BUFORD HIGHWAY

"A cada ano, Atlanta se torna cada vez mais uma cidade de gente que veio de outros lugares. Tudo o que você precisa fazer é seguir para a Buford Highway e descobrir que está numa maravilhosa zona internacional, uma longa faixa com centros comerciais que apresenta todas as variedades de paradas deliciosas vindas de outros países."

Pegue um carrão alugado para dar uma volta e pare para comer *tacos de lengua* (língua bovina) no **El Taco Veloz**. "Entre com carro e tudo e pegue alguma delícia autêntica, *vato*. Tacos, burritos, regue tudo com uma *horchata*, talvez." O Taco Veloz é uma pequena rede de Atlanta com meia dúzia de filiais. A primeira, na Buford Highway, foi aberta em 1991 e eleita como tendo "os melhores tacos de Atlanta" pelos leitores do *Atlanta Journal-Constitution*, numa pesquisa local.

EL TACO VELOZ: Buford Highway, 5084, Doraville, GA, 30301, Tel. 770 936 9094, www.tacoveloz.com (tacos em torno de 2 dólares, burritos em torno de 5 dólares; pratos principais em torno de 9 dólares)

"Outros destaques da Buford Highway, essa verdadeira *stairway to heaven*? A Northern China Eatery ou o Crawfish Shack Seafood.

"O norte da China, ou Dongbei, é a terra do trigo, e não do arroz: isso significa bolinhos, bolinhos *bons*, pães, *noodles*, com kebab de carne ou cordeiro temperado com cominho e pimenta, ou cabeça de leão mandarim com molho marrom, que não é feita com leão, diga-se de passagem. São almôndegas gigantes de carne de porco. O prato a ser pedido, na minha opinião, é o peixe na panela quente e picante — peixe frito em imersão com muito, muito chili. Sem frescuras, bem barato e muito, muito bom. Coloque isso no topo da sua lista."

NORTHERN CHINA EATERY: Buford Highway, 5141, Doraville, GA, 30304, Tel 678 697 9226, www.Northernchinaeatery.com (peixe picante a 20 dólares; bolinhos 8-9 dólares)

ESTADOS UNIDOS

Em seguida, "**descendo a *yellow brick road* para a mutação asiática ao estilo cajun, encontra-se o Crawfish Shack Seafood, administrado pelo sr. Hieu Pham, um nativo de Atlanta de ascendência vietnamita-cambojana. Peixe frito, cozido devagar à moda caipira que não é exatamente o cajun tradicional, mas muito gostoso.**" O cozido de lagostins da Louisiana é uma homenagem às comunidades de imigrantes vietnamitas que se estabeleceram por lá na década de 1970, e Pham adiciona capim-limão à sua mistura de especiarias, mas tirando essa exceção, é um menu bastante simples e bem executado de peixe e mariscos fritos ou cozidos no vapor, sanduíches *po'boy* e acompanhamentos.

CRAWFISH SHACK SEAFOOD: Buford Highway, 4337, Atlanta, GA 30341, Tel. 404 329 1610, www.crawfishshackseafood.com (prato individual de frutos do mar a 30 dólares; *po'boy* inteiro, 10-15 dólares)

"**O gigantesco Buford Highway Farmer's Market não faz o menor sentido, da melhor maneira possível. Parece o mundo inteiro da gastronomia sob o mesmo teto. Asiáticos de toda a Ásia, ingredientes da Europa Oriental, da África e de outras regiões, tudo num lugar improvável (...) simplesmente não termina... Das Filipinas, da Tailândia, da China, da Índia, a seção de lámen.**" Enquanto você caminha pelos corredores desta megaloja internacional com mais de 9 mil metros quadrados, maravilhe-se com caramujos, durião, cabeças de bagre, conchas vivas e centenas de cortes específicos de carne. Belisque os *dumplings* coreanos preparados na hora, no vapor, numa das muitas barracas da praça de alimentação.

BUFORD HIGHWAY FARMER'S MARKET: Buford Highway, 5600, Doraville, GA, 30340, Tel. 770 455 0770 (sem site) (preços variam)

"**Projetada expressamente para as sensibilidades gastronômicas de outros cozinheiros, chefs e pessoal de restaurantes, a Holeman & Finch Public House é agora um sucesso com o público geral. O futuro da culinária norte-americana, a próxima moda, provavelmente está acontecendo ao sul** da linha Mason-Dixon. Na verdade, já vem acontecendo há um tempo e só vai ficar maior e melhor."

Aqui você encontrará "presunto caipira tratado com o mesmo respeito que um fino *jamón* ibérico ou *prosciutto*; ovos cozidos e recheados de três maneiras; e souse [queijo de carne de cabeça de porco], algo que qualquer chef se orgulharia de ter no menu, ainda mais sendo tão delicioso". Siga com "Johnnycake, ovo pochê, bacon, fígado de pato e xarope de sorgo" e "*lamb fries*, ou melhor, testículos de cordeiro, com nozes-pecã, cebola, hortelã e uma *beurre blanc* de mostarda".

Anos atrás, a Holeman & Finch costumava oferecer duas dúzias de hambúrgueres duplos aos clientes, por ordem de chegada, às 22h, todas as noites. Hoje em dia, eles têm uma loja dedicada ao hambúrguer, a H&F Burger — e continuam a oferecer essas duas dúzias limitadas no início de cada serviço na Holeman & Finch.

HOLEMAN & FINCH PUBLIC HOUSE: Peachtree Road NE, 2277, Atlanta, GA, 30309, Tel. 404 948 1175, www.holeman-finch.com (entradas em média a 12 dólares; pratos principais em média a 25 dólares)

"Atlanta oferece muitas coisas maravilhosas além dos clubes de strip-tease, mas a verdade é que existem vários deles, o que poderia parecer incompatível com o relativo conservadorismo do Sul. Eu mesmo não gosto de clubes de strip-tease convencionais, mas uma das poucas exceções a essa regra, no entanto, fica em Atlanta.

"A Geórgia fica no Cinturão da Bíblia, certo? O Sul deveria ser conservador, certo? Temente a Deus, batista, evangélico? Então, por que esta é a capital norte-americana com mais boates de strip-tease? O Clermont Lounge é o melhor e mais requintado, a instituição mais bizarra e maravilhosa de Atlanta. Este lugar deveria ser considerado um patrimônio nacional. A casa mais querida de toda a cidade, um lugar de beleza renascentista, erotismo e sofisticação, onde as bebidas fortes são entornadas em pequenos copos de plástico. Não é como outros lugares. Ele opera num nível totalmente diferente."

Tony (na companhia de seu convidado Alton Brown) entrevistou a lendária Blondie (Anita Ray Strange), na época com mais ou menos cinquenta anos e ainda esmagando latas de cerveja entre os seios e dançando no minúsculo palco do Clermont. Blondie explicou o que torna este lugar tão especial, em funcionamento ininterrupto desde 1965: "É despretensioso, e as meninas são muito legais. Quer dizer, a mais nova tem 29, e a mais velha tem 66. As meninas aqui não têm corpos tão impressionantes, mas todas têm personalidades incríveis." Mais tarde, depois que Tony lhe entregou uma nota de 20 dólares, Blondie se ofereceu para fazer *dropkicks* e abrir espacate se ele pagasse pela próxima música — o Clermont não tem DJ e as dançarinas devem arcar com o custo da jukebox para animar suas performances.

"Blondie e eu, no fim das contas, não somos tão diferentes quanto você poderia imaginar. Quase da mesma idade, nos apresentando para outras pessoas que não conhecemos e, acho que, em determinados dias, ela gosta mais do trabalho dela do que eu do meu. Se você mora em Atlanta ou viaja para cá com frequência e ainda não prestou sua homenagem à grandeza desta mulher, por favor, faça isso. Vale a pena o reconhecimento, e não há entretenimento melhor para uma noitada na cidade."

O Clermont Motor Hotel, com o qual o lounge compartilha seu espaço, já foi um local decadente, de pagamento semanal, fechado por ordem da vigilância sanitária em 2013 e reaberto recentemente como um hotel boutique após passar por uma reforma que custou milhões de dólares. Por sorte, talvez até por milagre, nada disso afetou o charme do lugar.

THE CLERMONT LOUNGE: Ponce de Leon Avenue NE, 789, Atlanta, GA, 30306, Tel. 404 874 4783, www.clermontlounge.net (couvert artístico de 10 dólares na maioria das noites)

CHICAGO, ILLINOIS

Foi uma alegria testemunhar várias vezes o amor genuíno e descarado de Tony por Chicago. Ele gravou episódios para o *Sem reservas*, o *Fazendo escala* e o *Lugares desconhecidos*, sempre trazendo novas perspectivas sobre os bares, as lanchonetes de cachorro-quente e sanduíches, os fãs de esportes, os chefs experientes, os artistas aspirantes e sobre a arquitetura grandiosa que define a cidade.

"Gravei programas em Los Angeles, que é uma expansão urbana fantástica. Em São Francisco, que é incrível. Em Nova Orleans, que é um estado de espírito. Mas Chicago... Chicago é uma *cidade*.[4]

"E ela não precisa ser comparada a nenhuma outra. São as outras que precisam se comparar *a ela*. Chicago é grande, extrovertida, durona, cheia de opiniões e todo mundo tem uma história para contar a seu respeito.

"É verdadeiramente uma das cidades mais impressionantes do mundo. O pessoal de lá não está para brincadeira, sabe? Não sei se é fisicamente a maior ou a mais populosa, mas não ligo para números; a meu ver, é a maior cidade do país. É um monte Everest cultural após o outro. É uma cidade sem complexo de inferioridade."

E, ao final da sua visita, "Se fez tudo certo, você arrasta seu traseiro sonolento até o aeroporto, o queixo manchado com a gordura de um sanduíche de carne italiano, arrotando mostarda da noite anterior, tentando lembrar a quem deve pedir desculpa pelas desventuras da noita passada. Ah, Chicago, você é de fato uma cidade muito, mas muito maravilhosa."

CHEGADA E DESLOCAMENTO

Chicago tem dois aeroportos, sendo o maior deles o **Aeroporto Internacional O'Hare (ORD)**.

"Infelizmente, a primeira coisa a dizer é que a maioria das escalas na grande cidade de Chicago são involuntárias, porque há poucos aeroportos em que você desejaria estar menos do que esse. A experiência no O'Hare em geral é uma droga. Devido ao seu tamanho, sua importância como *hub* e ao clima imprevisível do Meio-Oeste, ele está entre os aeroportos com maior taxa de cancelamento de voos do mundo. É um pé no saco, de verdade. A favor do aeroporto, devo dizer que existem coisas bem piores do que ficar preso em Chicago."

O O'Hare atende uma extensa lista de voos domésticos e muitos outros para a América Central e do Sul, Europa, África, Ásia e até mesmo para a Austrália e Nova Zelândia. Ele está localizado a cerca de 27 quilômetros a noroeste do centro da cidade; um táxi deve levar cerca de quarenta minutos e custar de 35-40 dólares, mais uma gorjeta de 15%-20% sobre o valor da viagem.

Há uma série de serviços de ônibus fretados, como o Coach USA e o Go Airport Express, que fazem viagens entre o O'Hare e a cidade, e entre aeroportos. O trem da linha azul da Chicago Transit Authority ("o El", como o sistema de metrô é chamado localmente, uma referência aos seus trilhos elevados na maior parte do percurso) funciona 24 horas por dia, sete dias por semana, do O'Hare a Forest Park, com muitas oportunidades de baldeação para outras linhas. A tarifa saindo do O'Hare é de 5 dólares por um só trecho e 2,50 quando se usa o El para se deslocar entre a maioria das outras estações.

"Tenha em mente que o Aeroporto Internacional Midway de Chicago (MDW) é uma opção menor e mais razoável." O MDW é um *hub* para a Southwest Airlines. A maioria das rotas que ele atende é doméstica, mas existem alguns voos para o México, a Jamaica, a República Dominicana e o Canadá. O Midway fica a cerca de 19 quilômetros a sudoeste do centro de Chicago, um percurso de 25-45 minutos de carro que, assim como uma viagem de O'Hare, custará de 35-40 dólares mais uma gorjeta de 15%-20% sobre o valor da tarifa.

Também há ônibus Go Airport Express entre o Midway e a cidade, e a linha laranja da CTA sai do aeroporto para Adams/Wabash, com muitas oportunidades de baldeação para outras linhas. Ao contrário do O'Hare, não há valor mais alto sendo cobrado para a viagem saindo do Midway; 2,50 dólares, a tarifa padrão para uma viagem no El. Observe que esta linha não funciona entre 1h e 4h.

Uma vez lá, você vai constatar que Chicago é uma cidade bastante agradável para se caminhar, com avenidas e calçadas largas e muito para se ver pelo caminho. Para distâncias mais longas ou em condições meteorológicas extremas, use os trens elevados da CTA e sistemas de ônibus bem abrangentes, ou chame um táxi, abundantes nesta cidade. Você pode, é claro, alugar um carro; o estacionamento e a circulação são tão desafiadores e caros quanto em qualquer grande área metropolitana, guie-se de acordo com sua tolerância para tal.

LUXO EM GOLD COAST

"Vou ficar no Four Seasons e ponto final. É um hotel chiquérrimo, padrão ouro com camas grandonas e confortáveis." O hotel ocupa uma posição privilegiada no bairro nobre de Gold Coast, com vista para o lago Michigan e acesso a pé a lojas sofisticadas na chamada *Magnificent Mile* [Milha Magnífica], além de serviços e comodidades excelentes como sundaes sob demanda e carrinhos de martíni, um spa e uma piscina aquecida coberta por um teto de vidro — resumindo, é o tipo de lugar onde Tony adorava se recolher depois de um dia pesado de trabalho entre bares, sanduíches de carne e pessoas difíceis de lidar.

FOUR SEASONS CHICAGO: East Delaware Place, 120, Chicago, IL, 60611, Tel 312 280 8800, www.fourseasons.com/chicago (diárias a partir de 425 dólares)

UMA CULTURA DIFERENTE

Outra vantagem de se hospedar no Four Seasons é a proximidade com uma instituição cultural que contemplava o antigo fascínio de Tony por doenças, bizarrices e tratamentos incomuns, horrendos ou terrivelmente ineficazes.

"Gosto de museus. Sei que pode não parecer, porque quase nunca sou visto entrando neles e constantemente aconselho você a evitá-los, mas esse não é o caso em Chicago. Há bons museus na cidade, um monte deles. Tem o Art Institute, que é ótimo, mas também tem o incrível International Museum of Surgical Science [Museu Internacional da Cirgurgia] em Lake Shore Drive."

Fica localizado numa espécie de palacete que foi lar de infância do dr. Max Thorek, fundador do Colégio Internacional de Cirurgiões. As exposições de ferramentas médicas históricas são uma forma fascinante de despertar gratidão pelos avanços relativos da medicina moderna.

"Me interesso por trepanação", disse Tony a um funcionário do museu, referindo-se, é claro, à antiga prática de fazer um buraco no crânio de um ser humano vivo para aliviar uma variedade de doenças. **"Antigamente, se você tinha uma forte dor de cabeça, agia de forma estranha ou apenas se sentia mal, um tratamento popular era abrir a cabeça da pessoa como uma lata de cerveja para liberar um pouco da pressão intracraniana. Divertido, né? Às vezes até funcionava, mas não tentem fazer isso em casa, crianças."** Além dos instrumentos de trepanação e dos crânios preservados dos desafortunados pacientes que passaram pelo procedimento, o museu também contém textos históricos, obras de arte de inspiração médica e uma lojinha de presentes particularmente esquisita. "**Estou muito feliz. É um sonho realizado.**"

INTERNATIONAL MUSEUM OF SURGICAL SCIENCE: North Lake Shore Drive, 1524, Chicago, IL, 60610, Tel. 312 642 6502, www.imss.org (entradas a 16 dólares por adulto, 8 dólares por criança)

BEBENDO EM OLD TOWN

"**Numa esquina tranquila no bairro de Old Town fica um dos estabelecimentos de bebidas mais célebres e lendários do país, um pilar da história cultural dos Estados Unidos, um senado romano de discursos inspirados.**" É a **Old Town Ale House**, claro. "**Muitas figuras emblemáticas da literatura, da comédia, dos palcos e das telas, assim como poetas-filósofos para quem o reconhecimento nunca veio, em algum momento repousaram, ainda que brevemente, suas nobres testas nas paredes do banheiro da casa.**"

O bar está aberto desde 1958; ele foi destruído durante um incêndio na década de 1960, e mudou para a outra calçada da West North Avenue. Quando a proprietária Beatrice Klug morreu, em 2005, ela deixou o bar para Tobin Mitchell e seu ex-marido, "**autor, pintor de fama mundial, jogador de golfe, contador de histórias, produtor e blogueiro Bruce Cameron Elliot**", como Tony o descreveu.

Elliot mantém um blog animado e irreverente no qual detalha as desventuras cômicas (e, às vezes, trágicas), as bebedeiras e brigas dos frequentadores do bar, junto com o discurso político e suas narrativas pessoais. No porão do local, Bruce mantém um ateliê informal, mas sério, em que faz retratos amorosos dos frequentadores e estimados visitantes da casa, além de representações satíricas e hilariantes de um elenco cada vez maior de autoridades eleitas fanfarronas e/ou criminosas e de outros que aspiram aos mesmos cargos.

"Quando a noite cai em Chicago, é hora de beber — embora, para ser justo, quase qualquer hora seja hora de um drinque na Old Town Ale House. O coro se reúne para opinar sobre assuntos do dia, assuntos de grande importância para esta cidade à beira do lago, esta cidade de ombros largos, esta verdadeira metrópole."

OLD TOWN ALE: West North Avenue, 219, Chicago, IL, 60610, Tel 312 944 7020, www.theoldtownalehouse.com (jarra tradicional de cerveja a 10 dólares)

CARNE EM DOSE DUPLA

Chicago não carece de opções de restaurantes finos de primeira, mas Tony foi atraído várias vezes pelas opções culinárias carnudas, baratas e de se comer com a mão que a cidade oferece.

"**Vamos precisar de um carregamento de guardanapos. Não há uma maneira bonita de comer isso, você apenas manda ver e pronto.**" A convite do lendário músico e produtor de Chicago Steve Albini (veja "Onde eu levaria Tony se ele ainda estivesse por aqui" na página 150), Tony escapuliu para "**as delícias particularmente profanas do sanduíche de bife à milanesa**", pelo qual a **Ricobene's**, uma pizzaria tradicional de Chicago, é muito famosa. Um bife de fraldinha é empanado e frito, e, em seguida, é embebido em molho de tomate (permanecendo crocante, de alguma forma), dobrado em volta de punhados generosos de muçarela ralada e pimentões em conserva. Tudo isso é colocado dentro de uma baguete cuja tarefa é abrigar toda essa potência sem deixar vazar. "**É uma coisa linda e saborosa.**"

RICOBENE'S: West 26th Street, 252, Chicago, IL, 60616, Tel. 312 225 5555, www.ricobenespizza.com (sanduíche de bife tamanho padrão por cerca de 9 dólares)

VOLTA AO MUNDO

Onde eu levaria Tony se ele ainda estivesse aqui

POR STEVE ALBINI

As comidas proletárias de Chicago são fantásticas. Há uma barraca de cachorro-quente chamada **Jim's Original**, que fica aberta 24 horas por dia, há décadas. Ela tem um cardápio reduzido de cachorros-quentes, linguiça polonesa e sanduíches de costeleta de porco. E, entre eles, a linguiça polonesa é obra-prima absoluta. Não consigo contar quantas vezes estive na estrada, tarde da noite, e lembrei que poderia ir ao Jim's para uma polonesa. Fiz isso tantas vezes e nunca fiquei insatisfeito. Existe uma espécie de sociedade que cresce em torno da Jim's, pois sempre há pedintes e pessoas vendendo pacotes de meias e filmes pornôs de segunda mão. Fica nos arredores do Maxwell Street Market, que era um mercado aberto que funcionou por 150, 170 anos, algo assim. Pois bem, esse seria o primeiro lugar onde eu levaria Tony, tarde da noite: eu o levaria à Jim's. E pediríamos linguiça polonesa com cebola grelhada.

Existem outros lugares que servem cachorro-quente na cidade e que são bons por um motivo ou outro. Há um lugar chamado **The Wiener's Circle**, perto de Wrigley Field, onde os funcionários são famosos por tratar mal a clientela e isso faz parte da experiência de ir até lá. Os cachorros-quentes são bons, mas você vai lá porque é um prazer ser insultado e maltratado por um especialista.

Em termos de custo-benefício, provavelmente a melhor lanchonete de cachorro-quente da cidade é um lugar chamado **Superdawg**, no lado noroeste. Eles têm um menu extenso de diversos estilos, todos com nomes encantadores. O Superdawg é um cachorro-quente clássico de Chicago em pão de semente de papoula. O Whoopskidawg é um cachorro-quente com chili. O Francheesie leva uma linguiça polonesa partida e recheada com queijo, depois grelhada e enrolada com bacon. Ou seja, é uma verdadeira experiência.

Além de cachorros-quentes, há vários lugares em Chicago onde se pode pedir frios e carnes curadas realmente fantásticos, e coisas do gênero. Há um lugar chamado **Publican Quality Meats**, que é um braço do bar e restaurante Publican. E esse é um restaurante no centro da cidade, que funciona sem reservas, onde eles há enorme variedade de charcutaria feita na casa, e é tudo fantástico.

Se eu tivesse que ir comprar carne para cozinhar, iria ao **Paulina Market**. É um mercado de carnes com açougueiros clássicos, tradicionalíssimos, muito bem treinados e talentosos, e lá eles fazem sua própria charcutaria e suas próprias carnes defumadas; tudo é excepcional. Eles também apoiaram causas políticas progressistas no passado, o que aumenta ainda mais minha simpatia por eles.

Outra coisa pela qual a cidade é famosa é a cultura do churrasco, e há muitas, muitas, muitas opções de churrasco em Chicago. Há um rei do churrasco, que é o **Lem's Bar-B-Q**. Seu churrasco é intensa e profundamente defumado e saturado com o próprio molho deles, à base de vinagre, absolutamente delicioso. As costelinhas são de outro mundo, e foram elas que deram fama ao lugar. Mas eles também têm um *hot link*, que consiste de cortes de carne e cartilagens num invólucro de salsicha. E esse *hot link* é uma obra-prima. É o tipo de salsicha que tenta resistir a ser comida. É bastante fibrosa e pedaçuda, cheia de textura e com um sabor intenso.

Se estiver na área do Lem's, a poucos quarteirões de distância há um lugar chamado **Original Soul Vegetarian**. É um restaurante de *soul food* totalmente vegana. É dirigido por membros de uma seita religiosa estranha. Tento não me lembrar disso quando estou por lá, porque a comida é fantástica pra cacete. São todos clássicos da *soul food* — verduras, macarrão, torta de batata doce —, todas as coisas fantásticas que entram nesse tipo de cozinha, que a tornam uma tradição culinária tão rica e singular. E é tudo vegano. Uma das poucas experiências de gastronomia vegana verdadeiramente deliciosas.

Outra experiência vegana deliciosa é o **Amitabul**, com comida coreana tradicional, mas preparada sem ingredientes de origem animal. E é boa mesmo. Um menu bem vasto, com algo para cada paladar. É uma delícia.

Para frango, há o **Harold's Chicken Shack**, uma instituição famosa com vinte filiais em Chicago e arredores. Para churrasco de frango, minha recomendação seria um lugar chamado **Hecky's**. É uma raridade, pois abriu um *barbecue* realmente ótimo no subúrbio. A maior parte dos melhores churrascos da cidade ficam dentro da cidade, mas o Hecky's pertence a essa categoria e fica em Evanston. O frango defumado é sua obra-prima. É um frango intensamente defumado e coberto com molho barbecue após o cozimento. É muito, muito bom.

Tony esteve no **Kuma's Corner** e gostou, tanto do ponto de vista cultural quanto do culinário. Existem algumas perversidades nos alvarás de funcionamento em Chicago. É bem difícil abrir um bar que é apenas um bar, onde se bebe álcool e ouve música. Portanto, quase todos os empreendimentos como esse em Chicago são, em termos de licenciamento, restaurantes, o que significa que precisam ter algum tipo de serviço de alimentação.

Os caras que abriram o Kuma's queriam abrir um bar de heavy metal, porque não havia um bar assim em Chicago — um lugar onde os metaleiros pudessem se divertir, ouvir heavy metal bem alto e assistir a filmes de terror — então eles queriam abrir um. Mas não podiam abrir um bar, então abriram uma hamburgueria e batizaram todos os hambúrgueres com nomes de diferentes bandas de heavy metal. Poderiam ter feito isso sem que a comida fosse excepcional, mas ela é — muito bem pensada nos hambúrgueres em si, nos condimentos que usam e nos sabores que reúnem.

Eles também têm um menu de acompanhamentos que é fantástico. Eles fazem *pork fries*, tipo *poutine*, com carne de porco desfiada e molho barbecue. E *mac and cheese* "do seu jeito", onde você adiciona literalmente qualquer outra coisa que eles tenham na casa. Então você pode dizer "Sim, eu gostaria de macarrão com queijo com peras escalfadas em bourbon e ervilhas e linguiça *andouille*", e muito bem, sem problema, eles preparam para você.

Porções fartas, refeições bem satisfatórias. E eles têm um bar amplo, uma extensa seleção de bourbons; a bebida lá também é ótima. Mas a comida é o motivo para a visita, se você não for um fã de heavy metal. E o metal seria o motivo para ir lá, se não se importasse com comida.

Cada bairro de Chicago tem uma pequena taqueria. E, provavelmente, entre elas, uma típica se chama **La Pasadita**, em Wicker Park. Em geral, ficam abertas até tarde ou a noite toda, e a comida é muito semelhante à de Oaxaca — *tacos al pastor*, tacos de *carne asada*, tacos com *lengua*, *chicharrones* ou *barbacoa* — porque muitos dos cozinheiros em Chicago vêm de Oaxaca. E é tudo fantástico.

Há outros lugares de comida latina que não são mexicanos, mas a mexicana é provavelmente a gastronomia latina mais proeminente em Chicago. Há um lugar chamado **Irazú**, de comida da Costa Rica, com um toque um pouco mais caribenho, que é delicioso. Fantástico mesmo.

Já no **Café Tola** vende-se tacos e burritos como as outras taquerias; é um dos poucos lugares na cidade que oferece uma grande variedade de empanadas absolutamente deliciosas e uma *horchata* especial, que é um tipo de café híbrido chamado de *horchata latte*.

E há um monte de lugares de sopa *pho* vietnamita na cidade. Gosto particularmente da **Nhu Lan Bakery**. E tem também o **Ba Le**. Está aberto há quase quarenta anos. É um especialista incrível em sanduíches e *pho* vietnamita. Eles fazem o próprio pão. Fica em Uptown, que não é um bairro particularmente chique, e é legal que eles tenham mantido bons preços para que as pessoas da vizinhança possam comer lá, assim como as pessoas que fazem a viagem até lá.

Philly tem o *cheesesteak*, Nova Orleans tem o *po'boy* e Chicago tem o sanduíche de carne italiana.

"No meu caminho de volta para o temido O'Hare, paro numa importante estação da Via Crucis, o Johnnie's Beef, onde servem o alimento básico e essencial de Chicago: a carne italiana." O Johnnie's, em operação desde 1961 no subúrbio de Elmwood Park, é um lugar sem frescuras, que só aceita dinheiro, e muitas vezes há uma fila para ser atendido — mas nada disso deve detê-lo.

"Amado pelos moradores de Chicago, como deve ser, incrivelmente suculento e delicioso, esta amálgama transcendental de *round beef* cozido devagar com um maravilhoso pimentão doce, pimenta ardente, pingando com o sumo mágico e gorduroso da carne... Deixe-me ver esta criação magnífica, este filho favorito de Chicago... Meu Deus do céu, olha só isso... Minha nossa!"

JOHNNIE'S BEEF: West North Avenue, 7500, Elmwood Park, IL, 60707, Tel. 708 452 6000 (sem site) (sanduíche de carne italiana em torno de 5 dólares)

NOVA ORLEANS, LOUISIANA

Tony foi um dos roteiristas de *Treme*, série da HBO, produzida por David Simon e Eric Overmyer, sobre a vida em Nova Orleans depois do furacão Katrina. Segundo ele, foi um dos pontos altos em sua carreira como escritor, e permitiu que ele usasse seu potencial para escrever cenas de cozinha e diálogos enquanto se aprofundava na singular cultura da cidade.

"Não existe nenhum outro lugar na Terra que se pareça, nem remotamente, com Nova Orleans. Nem tente compará-la a qualquer outra cidade. É complicado até mesmo tentar descrevê-la, pois há grandes probabilidades de que você não a conheça de fato, por mais que a ame. Bares que não fecham, muita comida maravilhosa. Sabemos disso. As pessoas daqui são — como descrever? — maravilhosas de um jeito único. Há uma atitude por aqui que desafia todos os reveses, todas as coisas erradas que existem nessa cidade fabulosa e notoriamente ferrada, que desafia a lógica das melhores formas possíveis."

CHEGADA E DESLOCAMENTO

De avião, você pousará no **Aeroporto Internacional de Nova Orleans Louis Armstrong (MSY)**, em Kenner, a cerca de 17 quilômetros a oeste do centro da cidade. Ele atende voos de muitas das principais cidades dos Estados Unidos e de vários destinos no Canadá, México e Europa.

Do MSY, você pode pegar um táxi com valor fixo para a cidade; sai a 36 dólares para até dois passageiros, ou 15 dólares por passageiro para três ou mais, no momento que escrevemos este livro, além de uma gorjeta habitual de 15%-20% desse valor. Há ônibus especial por 24 dólares por pessoa, só ida, ou 44, ida e volta; compre passagens nos quiosques na área de bagagens. E, para uma opção verdadeiramente econômica (as tarifas são de 1,50-2 dólares), existem linhas de ônibus entre o aeroporto e a cidade, administradas pela Jefferson Transit (JeT) e pela New Orleans Regional Authority; consulte www.jefferson-transit.org e www.norta.com para detalhes de horários e linhas.

Quando estiver na cidade, Tony aconselhava: "**O transporte público em Nova Orleans, como quase tudo administrado por políticos ou burocratas por aqui, é irregular, na melhor das hipóteses. Portanto, planeje caminhar, alugar um carro ou pegar um dos muitos táxis baratos e incríveis da cidade. Os motoristas daqui já viram de tudo, por isso sabem o que fazer.**"[5]

COCHON, PO'BOYS, MUFFULETTAS, DAIQUIRIS E NATAL: COMER E BEBER EM NOVA ORLEANS

O chef Donald Link era um amigo e companheiro fiel diante das câmeras, e Tony adorava seus restaurantes, especialmente o **Cochon**. "**Link e o parceiro

Stephen Stryjewski permitem que os hóspedes compartilhem sua paixão pelas raízes cajun e pela comida caseira do Sul. Não estamos falando de hambúrgueres de donut ou de frituras esquisitas. Estamos falando de comida que avós de verdade faziam no passado, um tanto adaptada para o serviço do restaurante, é claro."

Os jantares consistem de delícias típicas do Cochon, como salsicha boudin, bochechas de porco empanadas, jarrete de presunto defumado com feijão vermelho, rabanete e coração de frango no carvão, caçarola de macarrão e queijo, e porco assado com nabo, repolho, pêssegos em conserva e torresmo crocante. "Cochon significa 'porco' em francês — e tem muito porco por aqui."

COCHON: Tchoupitoulas Street, 930, Nova Orleans, LA, 70130, Tel. 504 588 2123, www.cochonrestaurant.com (pratos principais em torno de 24 dólares)

"O melhor *po'boy* de Nova Orleans: não vou comprar essa briga. Não vou começar essa discussão. Tudo o que posso dizer é que o **R&O's** oferece uma excelente versão do *po'boy* de rosbife, uma combinação improvável, mas quase perfeita, de pão, carne, molho cheio de pedacinhos que se soltaram da carne, maionese, alface e tomate." O pão vem torrado, o sanduíche é uma lambança e as porções são enormes.

No R&O's, o serviço é acolhedor mas informal, a sala é ampla e iluminada, e para crianças inquietas (e adultos) há um pequeno fliperama com um jogo *Galaga* vintage. O R&O's fica numa área conhecida como Bucktown, originalmente um acampamento de pescadores entre o canal da 17th Street e o lago Pontchartrain, onde agora existem uma enorme barragem e uma estação de bombeamento destinadas a evitar o tipo de destruição que o furacão Katrina causou. A área, porém, continua a ser um destino para os habitantes locais e visitantes experientes que desejam apreciar frutos do mar fritos, especialidades italianas e *po'boys* num punhado de restaurantes familiares sobreviventes, como o R&O's.

Tony visitou o R&O's na companhia do escritor, jornalista e especialista em Nova Orleans Lolis Eric Elie. Tony observou que o menu não identificava o sanduíche em questão como um *po'boy*, ao que Elie explicou: "Há uma diferença entre os restaurantes de Nova Orleans voltados para turistas que se posicionam como se dissessem: 'Muito bem, senhor, aqui temos todas as coisas típicas que você espera.' Acho que o R&O's está dizendo algo mais parecido com: 'Olha, somos um lugar para o pessoal da cidade. Vocês [turistas] só vêm aqui uma vez por ano.'"

R&O's: Metairie-Hammind Highway, 216, Metairie, LA, 70005, Tel. 504 831 1248, www.r-opizza.com (sanduíches a cerca de 9 dólares, pratos principais a 10-20 dólares, pizzas em torno de 16 dólares)

Outro reverenciado local especializado em *po'boy* é o **Domilise's Po-Boy and Bar**, administrado por várias gerações da mesma família desde 1918, com pouquíssimas mudanças ao longo do tempo. Permanece numa despretensiosa casa amarela na esquina da Annunciation com Bellecastle Street; os sanduíches ainda são feitos com pão Leidenheimer, branco e leve; e a equipe tende a se manter a mesma por décadas.

Peça o sanduíche especial de camarão frito, queijo suíço e molho de rosbife, que não está no menu. **"Para encarar, só fazendo uma lambança mesmo."**

DOMILISE'S PO-BOY AND BAR: Annunciation Street, 5240, Nova Orleans, LA, 70115, Tel. 504 899 9126, www.domilisespoboys.com (sanduíches a 5,50-18 dólares)

Do conforto do seu quarto de hotel, peça um delivery da venerável **Verti Marte**, loja de conveniência e de bebidas que também oferece uma variedade impressionante de comidas quentes e sanduíches, funcionando 24 horas por dia, todos os dias. Opte pelo Mighty Muffuletta, o sanduíche com raízes na comunidade siciliana de Nova Orleans, construído num pão do mesmo nome, redondo e fofo com sementes, recheado com salame de Gênova, presunto, queijo suíço e provolone, e uma salada de azeitonas gregas e Kalamata, pimentão-vermelho assado, azeite e queijo romano. É uma coisa enorme — Tony sugeriu comer metade do sanduíche imediatamente e deixar a metade restante esmagada debaixo de um livro durante a noite, para saturar melhor o pão com o azeite e o suco das azeitonas.

VERTI MARTE: Royal Street, Nova Orleans, 1201, LA, 70116, Tel. 504 525 4767 (sanduíches a 2,2 5-10 dólares)

"Eu sou um cara muito leal. Quando me apaixono, eu me apaixono de verdade. E mesmo se nos separarmos, anos depois, provavelmente ainda haverá amor em meu coração. E meu amor por este lugar, embora menos intenso, é carinhosamente lembrado, vai durar para sempre. É um tesouro nacional."

Só os bares podem inspirar um monólogo tão sincero — neste caso, é o **Snake & Jake's Christmas Club Lounge**, um bar em Uptown que pertence desde 1992 a Dave Clements, natural de Nova Orleans. O prédio está em ruínas, as bebidas são baratas, os drinques, inexistentes, e a iluminação é bastante

ESTADOS UNIDOS

escura, pontuada por fracos pisca-piscas de Natal, uma homenagem a um proprietário anterior, chamado Sam Christmas. No passado, havia um gato de estimação bem bravo que bebia o uísque das pessoas e mordia todo mundo, hoje substituído por um cachorro mais amistoso, Peeve, para quem você pode comprar "shots" de petiscos caninos. Os valores arrecadados com os petiscos vão para abrigos de animais. O bar fica aberto das 19h às 7h. Todos são bem-vindos.

SNAKE & JAKE'S CHRISTMAS CLUB LOUNGE: Oak Street, 7612, Nova Orleans, LA, 70118, Tel. 504 861 2802, www.snakeandjakes.com (bebidas em torno de 3 dólares)

PROVINCETOWN, MASSACHUSETTS

Provincetown, Massachusetts, deixou uma presença marcante nas origens de Tony, como é do conhecimento de qualquer leitor de *Cozinha confidencial*. Depois de décadas longe, ele voltou com a equipe de filmagem de *Lugares desconhecidos* para ver o que tinha sobrado daquele abrigo de verão dos seus anos de juventude.

"Não há nada parecido no Atlântico Norte. É majestoso. Amo a praia. Pode perguntar sobre qualquer primeira vez da minha vida: praticamente todas foram na praia. Fui muito feliz e muito infeliz no amor, como só um garoto de 17 anos poderia ser. Morei aqui durante um ótimo verão muito feliz no início dos anos 1970. Se você parar para pensar, é um lugar e tanto para um bando de moleques trabalhando como auxiliares de cozinha, garçons e entregadores de pizza. Tempos mais felizes e mais idiotas.

"Foi aqui, bem na pontinha de Cape Cod: Provincetown, Massachusetts, o lugar onde os peregrinos chegaram. E foi aqui que cheguei, em 1972, à deriva, com a cabeça cheia de *orange sunshine* [LSD] e alguns amigos. Provincetown, uma terra com as maravilhas da tolerância e tradição em acolher artistas, escritores, pessoas fora dos padrões, homossexuais, gente diferente. Era o paraíso. Um lugar para viver aquela alegria que a gente só sente quando tem certeza absoluta de ser invencível, de que nenhuma das escolhas feitas terá qualquer repercussão ou efeito no futuro. Porque naquele momento não pensávamos em nada disso."[6]

CHEGADA E DESLOCAMENTO

Provincetown tem um pequeno aeroporto municipal **(PVC)**, a dez minutos de carro do centro da cidade, que recebe voos de Boston e, na temporada de verão, de Nova York. É possível alugar carros no aeroporto e há um punhado de serviços de táxi independentes (custa cerca de 7 dólares por pessoa para chegar à cidade) e um ônibus de 2 dólares entre o PVC e o centro da cidade. Existem também vários operadores de balsas sazonais entre Boston e Provincetown. A balsa rápida faz uma viagem de 90 minutos, por cerca de 100 dólares, ida e volta; a balsa tradicional leva três horas e custa cerca de 60 dólares, ida e volta.

Ir dirigindo de Boston ou outro lugar para Cape Cod é, obviamente, outra possibilidade, mas no verão, o tráfego intenso das férias pode torná-la uma opção mais lenta e bem menos agradável do que o avião ou o barco.

COMILANÇA EM P-TOWN

"Muitos dos lugares antigos de P-Town fecharam, mas o Lobster Pot permanece firme e forte mesmo depois de tantos anos, e ainda oferece o que quero e preciso: o essencial." O Lobster Pot destaca sabores e ingredientes portugueses açorianos que há muito são a marca da cozinha de Provincetown. O extenso menu de frutos do mar frios e cozidos no vapor, sopas, guisados, lagosta e preparações de peixe agora inclui opções sintonizadas com o mundo exterior, como *satay* de frango tailandês, sashimi de atum e itens sem glúten.

Peça a "versão P-town do caldo verde, que é exatamente como eu me lembrava: couve, chorizo vermelho picante, linguiça, feijão, batata, exatamente o que eu amava na comida aqui — o lance português". Também delicioso: "Bacalhau com crosta de farinha de rosca e linguiça portuguesa moída, recheado com vieira e siri, finalizado com um pouco de xerez e uma pitada de molho vermelho".

THE LOBSTER POT: Commercial Street, 321, Provincetown, MA, 02657, Tel. 508 487 0842, www.ptownlobsterpot.com (entradas a 11-16 dólares, pratos principais entre 23-40 dólares)

Spiritus Pizza é a incrível história de um estabelecimento de Provincetown administrado pelo mesmo proprietário, John "Jingles" Yingling, desde 1971, servindo tortas, café e sorvete, e disponibilizando suas paredes para exibir o trabalho de artistas locais.

"Esta cidade é tudo para mim", disse Yingling aos espectadores do *Lugares desconhecidos*. "Provincetown é um lugar realmente especial, onde as pessoas podem ser elas mesmas. Todos nós já usamos drogas, agimos como jovens e loucos, e Tony... ele provavelmente era um pouco mais doido do que alguns, e não tão doido quanto outros. Mas sempre foi um cara de quem gostei."

"E você me deixou dormir no saguão de entrada!", lembrou Tony. "Não posso dizer que sonho com frequência com a Spiritus Pizza. Estou andando pela Commercial Street e estou vagamente ciente de que a Spiritus mudou de lugar, e tenho essa sensação de deslocamento e de perda enquanto cambaleio por essa Provincetown dos sonhos, de quarenta anos atrás. Pois bem, ainda estamos aqui, cheios de esperança."

SPIRITUS PIZZA: Commercial Street, 190, Provincetown, MA, 02657, Tel. 508 487 2808, www.spirituspizza.com (pizzas em torno de 25 dólares cada; fatias em torno de 3 dólares; somente dinheiro)

Toda cidade portuária e festiva precisa de um bar para os coroas, e Provincetown já teve um monte deles. **"Na época em que eu trabalhava lá, para pescadores havia o Fo'c'sle, o Cookie's Taproom e este lugar: The Old Colony. Dos três, é o único que sobrou. Este lugar já estava aqui desde sempre quando cheguei aqui. Acho que é o único lugar da cidade que não mudou."** Está na família Enos desde 1954 e parece praticamente intocado pelo tempo. Há pinturas e fotografias de clientes assíduos (e já falecidos) nas paredes de tábuas de madeira, flâmulas esportivas, quinquilharias náuticas, luzes de Natal atrás do bar, mesas esculpidas com gerações de iniciais — resumindo, é um clássico bar de beira da praia.

OLD COLONY TAP: Commercial Street, 323, Provincetown, MA, 02657, Tel. 508 487 2361, www.old-colony-tap.business.site (bebidas em torno de 5 dólares)

DETROIT, MICHIGAN

Tony ficou muito intrigado com Detroit. Ele a visitou em 2009, para um episódio do *Sem reservas* chamado *"Rust Belt"* [cinturão da ferrugem], que também incluiu Buffalo e Baltimore, e voltou em 2013 para um episódio do *Lugares desconhecidos*. Ele fazia questão de que suas palestras e excursões de divulgação de livros passassem por lá, e ajudou a produzir um documentário sobre a cidade, inspirado no livro do jornalista e escritor David Maraniss,

Once in a Great City: a Detroit Story [Uma vez numa grande cidade: Uma história de Detroit].

"De Detroit veio quase tudo o que consideramos norte-americano e excelente. As coisas que o mundo inteiro queria são feitas aqui. O coração, a alma, a batida de uma superpotência cultural-industrial. Um ímã para todos que sonhavam com um futuro melhor, do Leste Europeu ao extremo Sul. Sonhando em viver o sonho americano? Era para cá que precisava vir.

"Detroit é uma das cidades mais bonitas da América. É uma mistura daqueles sonhos da era industrial com um futuro infinitamente glorioso. As pessoas que construíram essas estruturas pensavam grande.

"É um lugar onde a gente sente vontade de tirar fotos, tudo é convidativo. Desbravar a cidade, peneirar o que sobrou da grande tragédia americana que se desenrola lá. Fotografar esses restos, posar diante deles, é uma espécie de impulso irresistível. Os moradores de Detroit odeiam isso. Esses visitantes — como nós, devo salientar — que chafurdam na pornografia das ruínas.

"É difícil tirar o olho dessa decadência, impossível não encontrar beleza nela. As comparações com Angkor Wat, Machu Picchu e a Roma Antiga são inevitáveis. As magníficas estruturas, representações do sonho daqueles que já se foram, abandonadas, apodrecendo. No entanto, ao contrário de Angkor e Leptis Magna, por mais que a gente esqueça, ainda existem pessoas morando aqui."[7]

CHEGADA E DESLOCAMENTO

O **Detroit Metro Airport (DTW)** é um importante *hub* do Meio-Oeste que lida com voos domésticos e internacionais de uma ampla variedade de grandes e pequenas companhias aéreas. Um táxi do DTW até o centro de Detroit leva cerca de trinta minutos e custa cerca de 55 dólares, mais a gorjeta. O sistema da Regional Transit Authority of Southeast Michigan (RTA) oferece uma linha de ônibus entre o DTW e o centro da cidade que leva cerca de 45 minutos e custa 2 dólares; consulte smartbus.org para obter detalhes.

A Amtrak tem uma estação no centro de Detroit, e chegar de trem faz sentido se você estiver vindo de Chicago. É uma viagem de cerca de 5h30, na linha Wolverine; consulte www.amtrak.com para obter detalhes.

Se você estiver sem carro e sem vontade de caminhar, há muitos serviços de táxi, mas é provável que tenha que chamá-los, porque é raro ver um táxi rodando à procura de passageiros. Há também um amplo sistema de ônibus, administrado pelo Departamento de Transporte de Detroit, e o centro de Detroit tem um monotrilho, o People Mover, que circula no sentido horário em torno da área, fazendo várias paradas nas atrações locais. Consulte www.detroitmi.gov para horários, linhas e tarifas.

CONEYS, BLOCO LESTE E MEXILHÕES

"Se você disser que está indo para Detroit, é provável que alguém de lá diga: 'Não deixe de experimentar um Coney.' Nunca entendi isso. Quer dizer, moro a meia hora de um lugar chamado Coney Island, onde, presumivelmente, as pessoas sabem algo sobre malditos cachorros-quentes, certo?"

A **Duly's Place**, uma lanchonete à moda antiga, em funcionamento há quase um século, é o lugar perfeito para se entregar à curiosidade. Junto com um menu clássico de ovos, hambúrgueres, asinhas de frango, sanduíches e tortas, você vai encontrar também uma excelente versão do cachorro-quente supracitado.

"Não consigo dizer o quanto eles foram longe com essa invenção aqui.

Pizza *deep dish* (ou à moda de Chicago), *cheesesteak* na Filadélfia... As opiniões se dividem. Aqui não. Parece uma coisa simples: cachorro-quente, chili, cebola crua, muçarela, pãozinho no vapor. Ingredientes cuja delicada interação é sinfônica quando bem-feita." Assim como Tony, talvez você peça mais de um. A Duly's aceita apenas dinheiro.

DULY'S PLACE: West Vernor Highway, 5458, Detroit, MI, 48209, Tel. 313 554 3076 (sem site) (cachorro-quente em torno de 2 dólares)

Para comida polonesa original, visite o **Polonia**, no vilarejo de três quilômetros quadrados de Hamtramck, uma pequena cidade dentro da cidade de Detroit, que, no passado, foi lar de imigrantes poloneses em busca de bons empregos na indústria automobilística. O local ainda mantém um núcleo de cultura polonesa, embora os empregos e muitas pessoas tenham se mudado daqui. O Polonia serve pratos simples e fartos há quase cinquenta anos, numa sala cheia de arte popular polonesa e animada por música folclórica polonesa, com muito acordeão.

A lendária pasta de bacon do restaurante chega com pão e picles para quebrar um pouco a gordura. "**É promissor quando a refeição começa com banha e cortes de porco crocantes.** Em seguida, salsicha fresca, repolho recheado, **bolinhos de batata, uma boa opção de** *goulash*, pato assado com purê de maçã, **uma espécie de** *latke* grande recheado com cogumelos e um misterioso e delicioso 'frango da cidade' que, na verdade, nada mais é do que vitela no palito." Em cubos, empanados, fritos, refogados.

"**Pois bem, eu já tinha ouvido falar de substituir carnes mais caras por frango, mas o clássico do** *Rust Belt*, o chamado 'frango da cidade', é um raro exemplo de coisas acontecendo ao contrário. Aparentemente, a receita surgiu na década de 1930, uma época em que boi, porco e vitela não eram tão caros quanto o frango, item relativamente de luxo." Há também, naturalmente, uma seleção de meia dúzia de vodcas e outras bebidas alcoólicas.

POLONIA: Yemans Street, 2934, Hamtramck, MI, 48212, Tel. 313 873 8432, www.polonia-restaurant.net (pratos principais em torno de 10 dólares)

"Sinta o cheiro do sangue, suor e lágrimas do combate mortal: o mundo subterrâneo misterioso e brutal do *feather bowling*. Bem-vindo ao Cadieux Café. Por fora, parece bastante normal, mas, como um daqueles armazéns anônimos na Tailândia num filme de Jean-Claude Van Damme, por dentro a história diferente. O único lugar no mundo onde o *feather bowling* tradicional é jogado todos os dias e noites."

O *feather bowling* [literalmente, boliche de penas] é um esporte belga, semelhante a bocha, petanca ou ferraduras, em que discos com o formato de queijos redondos inteiros são estrategicamente arremessados em direção a uma pena em pé no fim de uma pista. Imigrantes flamengos em Michigan trouxeram o jogo na década de 1930. Depois de muito tempo como ambiente fechado, exclusivo para os integrantes da liga, os proprietários do Cadieux Café tomaram a sábia decisão de abri-lo ao público, na década de 1980. Saboreie a junção de um misterioso esporte europeu com um prato clássico de mexilhões e batatas fritas, regado a cerveja belga.

"A coisa toda não faz sentido, mas de um jeito maravilhoso. Se você fosse pedir um empréstimo para financiar um empreendimento assim, precisaria dizer ao gerente do banco algo do tipo: 'Bem, estou pensando em abrir um lugar com temática belga, com *feather bowling* e mexilhões'." Quase toda noite, o Cadieux oferece música ao vivo ou karaokê e as ligas dominam as pistas às terças e quintas-feiras, mas, em outros horários, elas estão disponíveis para o público comum jogar, com reservas antecipadas fortemente sugeridas.

CADIEUX CAFÉ: Cadieux Road, 4300, Detroit, MI, 48224, Tel. 313 882 8560, www.cadieuxcafe.com (jantares de mexilhão a 19,95 dólares; *feather bowling* a 25 dólares por hora durante a semana, 50 dólares por hora nos fins de semana)

LIVINGSTON, MONTANA

"Algumas pessoas precisam viver em cidades abertas, onde o céu não termina nunca. Onde todos se curvam à terra. Onde coisas como caçar, pescar, dormir sob as estrelas não são meras atividades, mas sim um estilo de vida.

"Da próxima vez em que desligar o noticiário repleto de comentaristas barulhentos, convencido de que o país está se transformando num inferno cheio de idiotas, questionando sua grandeza, pense em dar um pulo aqui, ver a majestade das montanhas púrpuras. Você estará diante de uma paisagem pela qual gerações de sonhadores, déspotas, aventureiros, exploradores, malucos e heróis lutaram e morreram. Montana é um dos lugares mais bonitos do planeta. Incomparável.

"Ao longo das últimas décadas, diversas pessoas vieram atrás disso, mas antes dos garimpeiros e dos exploradores, havia os indígenas. Os Absaroka são mestres cavaleiros desde que adotaram os mustangues — introduzidos pelos espanhóis — no século XVIII. Mais conhecidos como Crows, no passado os Absarokas faziam parte de uma tribo maior, a Hidatsa. Há séculos se dispersaram, em grande parte impulsionados por conflitos com os Blackfeet, Cheyenne e Dakota, até se estabelecerem por aqui, no vale do rio Yellowstone."[8]

CHEGADA E DESLOCAMENTO

Montana é um estado imenso, o quarto maior dos Estados Unidos em território (mas é o 42º de cinquenta estados em termos de população). As viagens de Tony se concentraram em Livingston e arredores; o **Aeroporto Internacional Bozeman Yellowstone (BZN)** é o mais próximo, atendendo cerca de 20 voos diretos para cidades do Oeste dos Estados Unidos com todas as principais companhias aéreas do país. O BZN fica a cerca de 35 minutos de Livingston, seja de carro alugado ou de ônibus comercial, disponível em várias opções.

Se você não alugou um carro nem fez planos com uma agência de turismo, existem alguns serviços de táxis particulares na cidade, muitas lojas de aluguel de bicicletas e um serviço de ônibus gratuito chamado Windrider, que opera uma linha fixa pela cidade nos dias de semana, das 6h30 às 18h30.

VIVENDO EM LIVINGSTON

"Livingston, Montana, é ao mesmo tempo original e estranhamente parecida com as cidades pequenas dos Estados Unidos, onde a velha guarda e os mutantes vivem juntos, fazem amizade, se dão bem e se tornam indistinguíveis por suas esquisitices. Gosto daqui."

A partir da década de 1960, muitos artistas e escritores começaram a chegar, passando a morar e criar sua arte em Livingston, entre eles o escritor e roteirista Tom McGuane, os atores Margot Kidder e Jeff Bridges, o pintor Russell Chatham e o poeta e escritor Jim Harrison.

Mais recentemente, os super-ricos chegaram, cheios de dinheiro para comprar partes de fazendas de gado em dificuldades e em busca de um retiro bucólico. Os interesses e necessidades de todos se cruzam no **Murray Hotel**.

"**Descendentes dos caubóis originais, dos pioneiros e trabalhadores ferroviários: todo mundo tem alguma história com o Murray Hotel. Onde quer que eu esteja, quando encontro um hotel antigo e excêntrico, permaneço fiel e volto quando posso. Gosto de hotéis com história, e o Murray Hotel tem muita. Por mais de um século, ele teve uma série de hóspedes famosos e infames — Calamity Jane e Buffalo Bill eram frequentadores assíduos, mas o que acho legal é que Sam Peckinpah, diretor de** *Sementes de ódio* **e** *Pistoleiros do entardecer***, escolheu este lugar para se esconder por alguns de seus últimos e mais loucos meses. Paranoico pela quantidade perigosa de cocaína e álcool que consumia, vez ou outra ele disparava com a pistola e abria buracos nas paredes, portas e tetos. Apesar de tudo, era um cara popular na cidade.**"

Construído em 1904 e reformado no início dos anos 1990, o Murray é um hotel de quatro andares com 25 quartos e suítes, com mobília e interior que refletem o clima do lugar sem cair no kitsch. Originalmente se chamava Elite Hotel e foi construído para acomodar passageiros da Northern Pacific Railway. A família de James E. Murray, que foi senador dos Estados Unidos de 1934 a 1961, financiou a reforma e assumiu a propriedade (mudando o nome) quando a administração original faliu. O Murray é popular entre os visitantes do Parque Nacional de Yellowstone, que fica a uma hora de carro.

"**É um ótimo hotel, e todo ótimo hotel precisa de um ótimo bar**", disse Tony, que passou muitas horas gravando e se divertindo no bar do Murray. Os letreiros de néon na entrada se mantêm intactos, as paredes cheias de retratos de todos os lendários especialistas locais em *fly fishing*, os lugares confortavelmente ocupados por frequentadores e visitantes. Com frequência há música ao vivo.

O requintado restaurante do hotel, o Second Street Bistro, foi inaugurado em 2004 pelo chef Brian Menges, que continua a administrar, expandir e aperfeiçoar o serviço de alimentação do hotel.

"Menges é, sem dúvida, o melhor chef daqui", disse Tony em 2009, "e tem cultivado relacionamentos com fazendeiros e produtores da área, num esforço para criar um menu excelente, local e, ao mesmo tempo, com receitas criativas que reflitam os pontos fortes de Montana. Numa pequena cozinha, com uma equipe mínima, sozinho em algo que é praticamente revolucionário para a região, Brian trabalha duro por horas a fio e faz um trabalho incrível com relativamente pouco. É difícil ser um chef ambicioso e desbravador num lugar tão distante, quase que totalmente sozinho. Mas acho que, desde o começo, existe uma tradição de fazer exatamente esse tipo de coisa por aqui."

Menges é conhecido por fugir do convencional em pratos como búfalo, alce e galantina de frango; *rillettes* de porco da região fritas e crocantes, e uma *paupiette* de peixe branco refogada com truta defumada e caviar de peixe branco, que merecem ser experimentados se houver a oportunidade. Mais de acordo com as ofertas diárias do restaurante estão a costela de cordeiro com crosta de lavanda e costeletas de boi assadas com cogumelos silvestres colhidos na região. "É tão bom quanto qualquer restaurante de padrão internacional."

MURRAY HOTEL: West Park Street, 201, Livingston, MT, 59047, Tel 406 222 1350, www.murrayhotel.com (diárias a partir de 240 dólares)

NOVA JERSEY

Tony cresceu na comunidade-dormitório de Leonia, Nova Jersey, numa família nuclear que valorizava a arte, a cultura, a educação e os bons modos à mesa — exatamente o que ele poderia desdenhar como um jovem rebelde da cidade de Nova York com gosto por prazeres mais mundanos, embora sempre mantivesse um ponto fraco nostálgico pelo Estado Jardim [Garden Estate, apelido pelo qual o estado de Nova Jersey é conhecido].

"Ah, a terra encantada da minha infância! Uma placa de Petri cultural da qual a grandeza emana.

"Caso não saiba, Nova Jersey tem praias, praias lindas, e elas não estão lotadas de bombadões briguentos saídos de *reality shows*. Cresci passando o verão nessas praias, e elas são incríveis.

"Jersey tem terras agrícolas. Lindas comunidades-dormitório que não tem nada a ver com o aspecto das pessoas do *Real Housewives*. Até as refinarias. Os intermináveis trevos das rodovias e das vias expressas serpenteando em padrões desconhecidos sobre os pântanos de algum modo são lindos para mim. Quem conhece Jersey se apaixona."[9]

CHEGADA E DESLOCAMENTO

O único aeroporto importante de Nova Jersey é o **Aeroporto Internacional Newark Liberty (EWR)**, localizado a sudoeste da cidade de Nova York, em Newark; é ligado a Manhattan por trens e ônibus da New Jersey Transit. Os trens Amtrak também param na Newark Liberty, Newark Penn Station e em várias outras estações em todo o estado. A New Jersey Transit tem uma rede bastante abrangente de ônibus e trens em todo o estado, mas quando você está em Jersey, realmente está no coração da cultura dos automóveis.

CACHORROS-QUENTES NA PONTE E SUBS À BEIRA-MAR

"Fort Lee: você talvez já tenha ouvido falar. Alguns dos minions do antigo governador Chris Christie supostamente conspiraram para congestionar o trânsito daqui por alguns dias. A cidade tem uma história de corrupção que é uma piada. É também onde se encontra o meu amado Hiram's, aberto desde 1932 e praticamente idêntico desde então. Meu pai me trazia aqui, com meu irmão mais novo, Chris, na década de 1950, e eles ainda honram a tradição. É um grande motivo de orgulho e satisfação pessoal ter convencido minha filha de que estes são os melhores cachorros-quentes do país. Ela fica muito empolgada para vir para cá, o que me deixa muito feliz."

No Hiram's, as salsichas dos cachorros-quentes são da marca Thumann's, com invólucros naturais, e são fritas sob imersão para obter um efeito maravilhoso. O tempo de fritura extralongo faz com que elas se rompam longitudinalmente, uma especialidade conhecida como *ripper*.

"É impressionante que os grandes gastrônomos da história tenham deixado de registrar a batata frita e o cachorro-quente de salsicha frita. Pior para eles. Os apreciadores da arte da fritura consideram a salsicha *ripper* o suprassumo da culinária." O menu compacto também inclui hambúrgueres, fritas, anéis de cebola, chope e a emblemática bebida achocolatada conhecida como Yoo-hoo.

ESTADOS UNIDOS

HIRAM'S ROADSTAND: Palisade Avenue, 1345, Fort Lee, NJ, 07024, Tel. 201 592 9602, www.restaurantsnapshot.com/HiramsRoadstand (cachorros--quentes em torno de 4 dólares cada)

"Como sempre gosto de dizer, o que é bom, é bom para sempre: boas letras, boas músicas e sanduíches clássicos de Jersey." Não há nada melhor do que um submarino italiano feito corretamente, como no **Frank's Deli** em Asbury Park.

"No Frank's, eles honram a tradição de Jersey de camadas assertivas de presunto fatiado, salame, pepperoni e provolone com salada de tomate, cebola e alface picadas. Também servem pimentões assados e, mais importante, um pão macio e fresquinho para molhar no azeite, formando um conjunto suculento e delicioso."

Observe que Asbury Park é uma cidade de praia movimentada entre o Memorial Day e o Labor Day (de junho a setembro), e que o Frank's é pequeno, bem estabelecido e bastante popular. Portanto, esteja preparado para esperar e tente não enrolar por lá.

FRANK'S DELI & RESTAURANT: Main Street, 1406, Asbury Park, NJ, 07712, Tel. 732 775 6682, www.franksdelinj.com (sanduíches a menos de 10 dólares)

De volta a Nova Jersey com Tony

POR CHRISTOPHER BOURDAIN

Em 2015, Tony me disse que filmaria um episódio do *Lugares desconhecidos* focado em Nova Jersey, e que incluiria paradas em alguns de nossos antigos lugares favoritos da infância. Ele perguntou se eu gostaria de acompanhá-lo em alguns trechos e, antes mesmo que ele terminasse a pergunta, eu respondi que gostaria.

No dia combinado, nos encontramos em Manhattan para o percurso até Long Beach Island. Tony foi dirigindo o próprio carro, o que para mim foi uma coisa notável, já que ele nunca tinha sido proprietário de um carro até aquela época. Acho até que ele só foi tirar a carteira de motorista quando já estava com mais de quarenta (embora, como a maioria de nós, tenha aprendido a dirigir na adolescência). Era a primeira vez na minha vida que Tony me conduzia por nosso território de origem.

A *playlist* dele refletia totalmente seus gostos musicais ecléticos. Em algum lugar no Garden State Parkway, uma música chamou minha atenção: "L'Amour Avec Toi", uma balada de Michel Polnareff, cantor pop francês, famoso nos anos 1960. Quando Tony e eu viajamos com nossos pais para a França em 1966, a maioria das músicas que ouvíamos nas jukeboxes eram americanas: "Whiter Shade of Pale" do Procol Harum; "Strangers in the Night" de Frank Sinatra; e "These Boots Were Made for Walking", da sua filha de um só êxito, Nancy. Mas também ouvíamos "L'Amour Avec Toi". Fiquei surpreso por Tony inclui-la em sua *playlist* para a viagem a Jersey. Quer dizer, a *mamãe* gostava dessa música!

Ao chegar a Barnegat Light, o plano era almoçar num de nossos antigos redutos de verão, ou pelo menos em algum lugar que lembrasse isso.

Pois bem, talvez tivéssemos encontrado um de nossos antigos redutos aberto se fosse verão, mas era fevereiro. A maioria dos lugares estava fechada para a temporada, mas o Kubel's, um clássico da costa de Jersey, localizado no lado mais protegido da baía em Barnegat Light, estava funcionando. Eu me lembrava vagamente de um restaurante por ali, mas não poderia jurar que Tony e tenhamos ido nele quando crianças. Ainda assim, se encaixava perfeitamente na proposta: um local aconchegante com lula à dorê, cerveja, *fish and chips*, hambúrgueres, coisas desse tipo. E que agrada as pessoas há gerações, o ponto em comum com a maioria dos lugares apresentados no episódio de Nova Jersey.

Nossa família alugou alguns lugares em Barnegat Light nas décadas de 1960 e 1970, em geral um andar em casas de dois andares em frente ao mar, por duas semanas, às vezes quatro. Não éramos ricos; o lugar era mais acessível naquela época. Nosso pai tinha apenas duas semanas de férias por ano, então nos anos em que alugávamos casa por um mês, ele ficava duas semanas e depois vinha de ônibus de Nova York nos outros dois fins de semana.

Coisas que amávamos: a antiquada loja de miudezas Surf City 5 & 10, com sua cacofonia colorida (e o cheiro inesquecível) de brinquedos de areia e bolas de praia e colchonetes infláveis, tubos e jangadas flutuantes. Golfe em miniatura. O parquinho com trampolins ao ar livre chamado Tumble Town (algo praticamente impossível de se imaginar nos dias de hoje, com pais superprotetores e processos a torto e a direito). Churrasco no deck sentindo a brisa do mar. Acesso diário a casquinhas de sorvete.

E mais: ficar de bobeira na praia à noite. O que era muito legal e às vezes assustador, com figuras sombrias sempre vagando na escuridão. Nós, aquele bando de garotos, ficávamos lá fora às vezes durante horas. E alguém sempre aparecia com estrelinhas (cuja venda era permitida) e foguetes e rojões (cuja venda era proibida, mas que sempre surgiam pelas mãos de alguém, trazidos da Chinatown de Manhattan ou de uma das Carolinas). Até hoje ainda adoro soltar fogos de artifício na praia, à noite.

Barnegat Light tem ruas numeradas e costumávamos alugar casas nos quarteirões do 20. Então lá estávamos nós em 2015, com um operador de câmera e o som montado no carro de Tony, dirigindo por aí para ver se conseguíamos encontrar alguns dos lugares de que nos lembrávamos.

Mas as coisas em Barnegat Light tinham mudado – e muito –, os pequenos chalés e casas modestas substituídos por residências maiores e mais vistosas. A mudança foi impulsionada, sem dúvida, pela crescente onda de visitantes mais ricos e grandes grupos de locatários jovens e gastadores. Acrescente a faixa de destruição criada pela "supertempestade" Sandy em 2012 e a reconstrução que se seguiu e temos um lugar quase irreconhecível.

Seguimos para Atlantic City.

Nossos pais nos levaram a Atlantic City para algumas breves visitas quando crianças. Tenho apenas lembranças pontuais e fotográficas daqueles tempos. Gostava do longo calçadão, das galerias, dos brinquedos no píer e do famoso restaurante de frutos do mar do Capitão Starn, um marco do tamanho de uma arena. Em uma das visitas, nos hospedamos no histórico Marlborough-Blenheim Hotel, o primeiro em que me deparei com uma piscina coberta, o que achei incrível. Construído antes de 1910, com os elementos exagerados do design espanhol e mourisco, foi o maior edifício de concreto armado construído até então e, em seu apogeu, atraiu políticos proeminentes, estrelas de Hollywood, etc. Como a maioria de seus coortes, no entanto, foi demolido, em 1978.

A viagem com meu irmão foi muito divertida, mas o final, em Atlantic City, foi deprimente para mim. Aquela que já tinha sido uma meca à beira-mar mundialmente famosa, amargava décadas de decadência.

Na década de 1970 fora propagada a esperança de mais riqueza e empregos para os moradores graças aos cassinos legalizados, mas a promessa ficou muito aquém, mesmo nos primeiros anos mais otimistas. Os empreendedores de cassinos construíram uma série de edifícios monolíticos e sem janelas, como o Muro de Berlim, que basicamente deixou o Atlântico de fora de sua cidade homônima. A maioria dos empreendedores se saiu bem por um tempo, mas depois quebrou. No momento de nossa visita em 2015, quase todos os cassinos do calçadão estavam fechados e vazios, um antigo cassino Trump se destacando como um dos mais extravagantes e gigantescos fracassos. Em vez do renascimento prometido, Atlantic City parecia enfrentar uma nova morte.

Infelizmente, eu estava viajando a negócios no dia em que Tony e a equipe filmaram no local que para mim é o mais sagrado de Nova Jersey: o Hiram's Roadstand em Fort Lee, para nós dois sempre um lugar feliz.

Tony e eu desfrutamos de inúmeras visitas ao Hiram's quando crianças, na cidade vizinha de Leonia. Quando nossa mãe não queria cozinhar, ele figurava em nossa curta lista de lugares para jantar.

Em operação desde 1932, o Hiram's é um dos muitos clássicos restaurantes de beira de estrada que chegaram logo após a inauguração da ponte George

Washington, em 1931, evento que impulsionou a primeira geração de turistas e excursionistas de Nova York, vindos de carro. No caso do Hiram's, sua localização conveniente, perto do Palisades Amusement Park – com suas décadas de idade (inspiração do hit das rádios de 1962, "Palisades Park", de Freddy Cannon) –, foi parte fundamental de seu sucesso.

Muitas outras atrações de beira de estrada na região, incluindo o Callahan's, um rival de longa data do Hiram's na vizinhança, e o Red Apple Rest na Route 17, a meio caminho de Catskills, tinham ido embora havia tempo, deslocadas por mudanças ou pelo mercado imobiliário ou pelo sistema de rodovias interestaduais que tornou muitas delas irrelevantes. O próprio Palisades Amusement Park, que atraiu hordas de visitantes a Fort Lee por décadas, fechou em 1971 e foi substituído por um conjunto de grandes edifícios residenciais.

Mas o Hiram's ainda está lá. Abençoado seja. Resistiu aos modismos por gerações, servindo simplesmente hambúrgueres básicos maravilhosos e seus famosos (e fabulosos) cachorros-quentes fritos com salsicha de pele rachada. E batatas fritas, ou anéis de cebola, ou ambos. Tudo servido em pratos de papel, numa caixinha de papelão dobrável.

Até onde sei, o Hiram's nunca testou novos itens no cardápio, como asinhas de frango à moda cajun ou hambúrgueres com molho de bacon ou *smoothies* de iogurte com seus preços altos. Nada de couve e açaí por aqui. O cardápio é básico e eterno.

O prédio está mais ou menos do jeito que sempre foi: balcão fechado que dá direto pra calçada, um pequeno (mas familiar!) salão/meio bar ao lado. Além disso, a cozinha aberta – que o Hiram's já tinha muito antes de virar moda! –, onde a obra de Deus acontece diante dos nossos olhos!

E por último: o banheiro assustador, estilo posto de gasolina; ou seja, do lado de fora, nos fundos. Por que estragar um pedacinho de perfeição dos anos 1930?

VOLTA AO MUNDO

NOVA YORK

Como selecionar o melhor da cidade de Nova York, um lugar onde Tony viveu e trabalhou durante toda a vida adulta? Ele visitou Chinatown com a família quando criança; na adolescência, rodava Manhattan de bicicleta como mensageiro; cumpriu turnos em muitas cozinhas da cidade como estudante de gastronomia, e se estabeleceu lá pelas quatro décadas seguintes para desempenhar uma carreira cheia de altos e baixos cozinhando, escrevendo e fazendo TV. Nos últimos 15 anos de vida, ele ia para outros lugares com cada vez mais frequência e por períodos cada vez maiores, mas sempre voltava para casa, para Manhattan, fosse de um lado ou de outro da cidade.

Ao todo, Tony e seus colegas da Zero Point Zero fizeram oito episódios dedicados a Nova York. A seguir, estão os lugares aos quais ele adorava ir, com e sem câmeras. Perceba a ligeira ênfase no que ele chamou de "Nova York Jurássica": instituições amadas que criam uma linha de continuidade entre os velhos e os novos tempos — além de alguns lugares mais novos que pareciam clássicos instantâneos para ele.

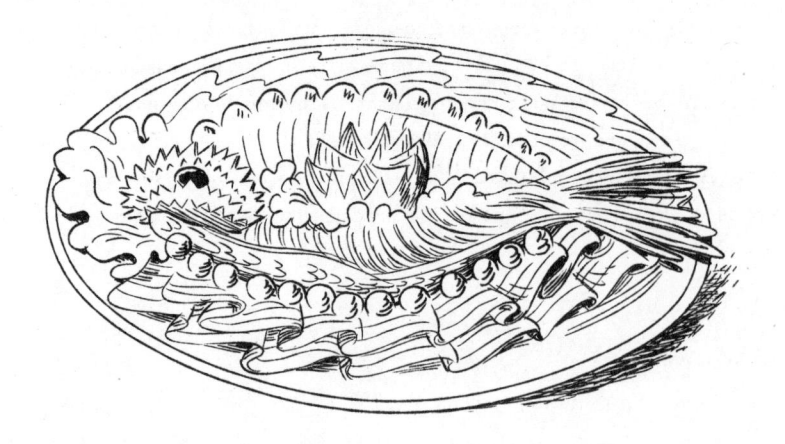

"Mesmo nas ruínas da Nova York do final dos anos 1960 e início dos anos 1970, havia muitas evidências de uma cultura anterior, uma cultura mais nobre; lugares que eram verdadeiras janelas para o passado, aos quais valia a pena se agarrar, mesmo que sem dúvida fossem anacrônicos. O que eles servem não está nem um pouco na moda, em alguns casos chega a beirar a maluquice, mas são lugares que merecem ser igualmente valorizados."[10]

CHEGADA E DESLOCAMENTO

Nova York tem três aeroportos principais: o enorme e movimentado **Aeroporto Internacional John F. Kennedy (JFK)**, na zona sudeste do Queens; o menor e mais modesto **Aeroporto La Guardia (LGA)**, também no Queens, em Flushing e Bowery Bays, e o **Aeroporto Internacional Newark Liberty (EWR)**, a sudoeste da cidade de Nova York, em Newark, Nova Jersey. O JFK e o Newark são ligados à cidade pelo Air Train, e há opções de ônibus públicos e de linhas particulares para transporte de passageiros entre a cidade e cada um dos três aeroportos, além da habitual oferta de táxis e carros. Consulte www.mta.info para obter informações sobre o JFK AirTrain e www.njtransit.com para obter informações sobre Newark.

"Todos os três são péssimos e ir e voltar deles em qualquer coisa que se assemelhe a transporte público é também horrível em comparação com muitas outras cidades. A maneira mais inteligente, na minha opinião, sobretudo com bagagem, é procurar as placas, entrar na fila e pegar um táxi."[11]

O trânsito, claro, é sempre um fator limitante e é aconselhável estar ciente dos tempos de viagem estimados, tendo em mente obras e outros obstáculos entre você e seu voo.

Nova York também tem duas grandes estações de trem: a magnífica **Grand Central Terminal**, em estilo *beaux arts*, no lado leste de Manhattan, que serve como terminal sul do Metro-North, uma linha de trens urbanos que chega às áreas metropolitanas do sul do estado de Nova York e Connecticut. No lado oeste, fica a feiosa **Pennsylvania Station**, que serve como *hub* de

Nova York para a Amtrak, a Long Island Railroad e a New Jersey Transit, além de várias linhas de metrô. É também o lar da arena de esportes e de entretenimento **Madison Square Garden**. Aqueles que chegam e partem de Nova York de ônibus podem fazê-lo por meio do lendário e sombrio (mas não tão terrível assim) **Port Authority Bus Terminal**, que atende passageiros de companhias de transporte como a Greyhound, a New Jersey Transit e várias outras empresas regionais.

Embora raramente o usasse, mesmo nos tempos das vacas mais magras como chef de cozinha, Tony era, teoricamente, um fã do sistema de metrô de Nova York, administrado pela Metropolitan Transportation Authority (MTA). **"Ele funciona num sistema de grade muito fácil de navegar, como as nossas ruas, além de ser barato. Uma passagem levará você a qualquer lugar nos cinco distritos, com uma baldeação gratuita incluída na tarifa."** O mesmo se aplica à maioria dos ônibus urbanos, embora existam algumas linhas expressas selecionadas que exigem a compra de uma passagem separada num quiosque localizado no ponto de ônibus.

LOWER MANHATTAN

"O Lower East Side foi, sob muitos aspectos, o berço de Nova York, local onde os recém-chegados se estabeleceram, criaram suas comunidades e, mais tarde, migraram e foram substituídos por outros. Na cidade de Nova York da década de 1970, quase falida, tomada por corrupção, o Lower East Side, principalmente Alphabet City, ficaram à própria sorte. Trechos imensos foram abandonados ou arruinados, ficando simplesmente vazios. Grande parte da localidade se tornou um mercado de drogas ao ar livre. Quarteirões inteiros foram tomados por gangues de traficantes. Os aluguéis eram baratos e o bairro começou a atrair um grupo mais novo, cheio de energia e criatividade. Gente que queria fazer coisas: música, poesia, filmes e arte. Nesses anos dourados, todo mundo ali era uma estrela, ou ao menos foi por algum tempo. Mas era também um lugar perigoso. Para morar ali era preciso ser

ESTADOS UNIDOS

duro na queda, talentoso e, frequentemente, bem veloz. Hoje em dias as coisas são diferentes. Bem diferentes.[12]

"Desde o início, a **Russ & Daughters** é uma loja especializada em peixes defumados e curados, descendente direta dos vendedores ambulantes e seus carrinhos, uma espécie de loja de aperitivos, tradição que cresceu ao lado das delicatessens nos anos 1800, mas que nunca pegou fora de Nova York. Esses caras são como o último búfalo selvagem. O avô de Mark Russ fundou o negócio, atendendo aos paladares mais antigos e humildes do Velho Mundo. Ainda oferece o mesmo atendimento dos velhos tempos, bem personalizado, de quando o lugar ainda era um bairro. Eles dão provinhas. A gente possivelmente compra. Não, pode anotar: a gente definitivamente compra."

Observação: "Há cem anos, a vizinhança ao redor era, em sua maioria, judia e quase toda pobre. Como quase tudo o que é bom, aquilo que costumávamos comer porque era barato agora custa mais de 80 dólares o quilo."

Em 2014, um século após a abertura do negócio, a Russ & Daughters inaugurou um café na Orchard Street, a alguns quarteirões da loja, para que os clientes pudessem se sentar e se deliciar com um prato de peixe defumado ou de caviar, uma salada ou sopa e uma taça de vinho ou um drinque.

RUSS & DAUGHTERS: East Houston Street, 179, Nova York, NY, 10002, Tel 212 475 4880, www.russanddaughters.com (preços variam)

"A Katz's Delicatessen, a essência dos estabelecimentos de Nova York, permanece desafiadoramente a mesma. O preço da entrada é apenas o amor por Nova York e o gosto por pastrami.

"Os nova-iorquinos tendem a olhar meio feio quando veem pessoas de fora comentando sobre o lugar, mas basta ir até o balcão, dar uma boa e demorada olhada na pilha de pastrami fumegante, de *corned beef* e *brisket*, respirar fundo e se lembrar do que significa estar vivo, ter orgulho, ser nova-iorquino."

O pedido habitual de Tony? "Pastrami no pão de centeio. Pastrami fatiado à mão — tão macio que uma máquina de corte o esmagaria — [em] fatias grossas; uma mistura de carne gorda e magra. Deve ser colocado no pão de centeio quente, fresco e com uma generosa porção de mostarda escura. Acompanhado de picles e *cream soda*, é claro."

KATZ'S DELICATESSEN: East Houston Street, 205, Nova York, NY, 10002, Tel 212 254 2246, www.katzdelicatessen.com (sanduíche de pastrami a 23 dólares)

Discretíssimo por fora, mas por dentro uma espécie de abrigo inesperado para músicos e atores populares, o **Emilio's Ballato** é um clássico restaurante ítalo-americano que funciona despretensiosamente desde 1956 na East Houston Street. O atual proprietário e chef, Emilio Vitolo, que está no comando do estabelecimento desde 1992, muitas vezes se encontra sentado a uma mesa perto da porta. Uma galera chata andou reclamando do clima meio de boate, mas por que não entrar e arriscar? Muitos italianos clássicos em *downtown* ainda servem versões originais de *cacio e pepe* ou vitela à parmegiana com espaguete, mas o Emilio's faz tudo isso particularmente bem.

EMILIO'S BALLATO: East Houston Street, 55, Nova York, NY, 10012, Tel. 212 274 8881 (sem site) (refeição típica em torno de 50 dólares por pessoa)

"Para uma criança de Nova Jersey, as viagens frequentes de minha família a Chinatown eram aventuras emocionantes. Era uma terra de maravilhas exóticas, cheia de dragões, galinhas que veem a sorte e jogos de fliperama. Mesmo assim, a comida dessa época está cada vez mais em desuso. As pessoas aos poucos foram percebendo que existem, de fato, várias regiões na China e que talvez a verdadeira comida cantonesa não seja bem daquele jeito, afinal de contas. Ficamos mais sofisticados e descobrimos pratos mais autênticos; porém acho que podemos, sim, ter perdido algo. E sinto falta das coisas de antigamente, de lugares como o **Hop Kee**, onde ainda servem bules de chá infinitos, rolinhos de ovo e alguns outros clássicos da época." O pedido habitual de Tony, que ficou gravado durante a infância, incluía sopa *wonton*, rolinhos primavera, costela grelhada, arroz frito com porco e porco agridoce.

"Minha família, a princípio, talvez não soubesse que existiam outros mundos deliciosos além daquilo que conhecíamos. Parece bobo e até irônico olhar para trás com ternura. Mas eram tempos felizes, quando tudo isso era, de fato, novidade."

HOP KEE: Mott Street, 21, Nova York, NY, 10013, Tel. 212 964 8365, www.hop-kee-nyc.com (refeição típica em torno de 25 dólares por pessoa)

MIDTOWN MANHATTAN

"Deus abençoe a **Esposito's Pork Store**. Um dos últimos açougues realmente incríveis, na minha opinião. Na época em que eu morava no mesmo prédio, um café da manhã perfeito era o seguinte: mocotó, tripa de boi e belos rabinhos de porco defumados que estavam expostos ali na vitrine." Conhecido oficialmente como Esposito Meat Market, o açougue foi fundado em 1932 e agora, em sua localização original, está sob a tutela de Teddy Esposito, representante da terceira geração de açougueiros da família.

ESPOSITO MEAT MARKET: Ninth Avenue, 500, Nova York, NY, 10018, Tel. 212 279 3298, www.espositomeatmarket.com (preços variam)

A **Keens Steakhouse** não parece estar correndo risco de extinção, mas é uma das últimas casas do tipo a prosperar em Manhattan, servindo os mesmos prazeres simples e antigos de décadas atrás.

"Hoje em dia parece que todo chef celebridade, toda cadeia de restaurantes, todo administrador do momento está tentando entrar na cena da *steakhouse* — o problema é que eles quase nunca conseguem fazer isso direito. Se você quer a verdadeira *steakhouse* no estilo nova-iorquino, é bom fazê-lo em Nova York. E não dá para fazer nada melhor ou mais autêntico do que ir ao

Keens, um lugar que remonta à tradição, a um mundo exclusivamente masculino de churrasco, de poder político sendo construído em torno de carne, de aventais ensanguentados e salas cheias de fumaça. No Keens, tudo gira em torno da carne e de alguns outros elementos intocáveis e irretocáveis: coquetel de camarão VG — e é melhor que sejam mesmo verdadeiramente grandes, com molho cremoso de wasabi original, nada dessa maionese de wasabi. Carne, é claro, costeletas de cordeiro ou carneiro, bife ou uma fatia monstruosa de rosbife sangrando, acompanhada exclusivamente, repito, *exclusivamente*, de creme de espinafre e talvez batatas fritas." O atendimento é simpático e profissional; o bar, farto de uísque e vinho tinto, e a torta de limão é uma excelente forma de encerrar a noite.

KEENS STEAKHOUSE: West 36th Street, 72, New York, NY, 10018, Tel. 212 947 3636, www.keens.com (refeição típica em torno de 100 dólares por pessoa)

O cachorro-quente do **Gray's Papaya** é com frequência mais barato, e com toda certeza mais gostoso e preparado com mais higiene do que os das carrocinhas de rua de Manhattan. "Eis a instituição de Nova York para chefs que trabalham até tarde e para os errantes. É minha segunda casa. A refeição clássica do nova-iorquino sem grana: carne, amido e verduras. O cheiro particularmente nova-iorquino de cachorro-quente grelhado em papel-alumínio, com chucrute e acompanhado de uma nutritiva e deliciosa vitamina de mamão. Quando bate aquela saudade de Nova York, é disso que sinto falta." Nos últimos anos, as filiais do Gray's e de outras lojas de cachorro-quente com nomes semelhantes foram vítimas do aumento dos aluguéis em Manhattan, mas ainda florescem no Upper West Side e na Times Square perto de Port Authority. Os dois locais ficam abertos 24 horas.

GREY'S PAPAYA: Broadway, 2090, Nova York, NY, 10023, Tel. 212 799 0243 e 8th Avenue, 612, Nova York, NY, 10018, Tel. 212 302 0462, www.grayspapaya.nyc (cachorro-quente e bebida em torno de 7 dólares)

"É um resquício de outra era", disse Tony à revista *Food & Wine*, ao mencionar o **The Distinguished Wakamba Cocktail Lounge**, cujo nome é uma espécie de propaganda enganosa. "Não há mixologistas atrás do balcão. Se você pedir uma bebida com mais de dois componentes, eles fariam cara feia." Não dá para não amar a cafonice da decoração safari, também descrita como "kitsch com um toque de perigo. Acredito que já teve gente que morreu por lá".

THE DISTINGUISHED WAKAMBA COCKAIL LOUNGE: Eighth Avenue, 543, New York, NY, 10018, Tel. 212 564 2042 (cerveja, 4-5 dólares, coquetéis, 8-10 dólares)

UPTOWN MANHATTAN

"Um buraco negro no universo, um portal para outra dimensão." Preservado em âmbar, este é o mais antigo dos dinossauros da tradicional cozinha francesa, Le Veau d'Or. "Escondido atrás de uma fachada modesta e alguns andaimes temporários, é uma dobra no tempo para a França. Mas não apenas para a França: para a França das décadas de 1930 e 1940. Lá dentro, as pinturas, a marcenaria, os garçons de smoking, tudo está como há 60 anos. A casa gloriosamente desafia a moda, o tempo, a lógica e a razão. O menu é uma viagem ao passado em pratos que já eram velhos quando eu era criança."

Tony estava fazendo referências amorosas e nostálgicas a clássicos franceses como *remoulade* de aipo, *saucisson chaud en croute*, *pâté du chef*, *poussin en cocotte* e pêssegos melba. "Estou muito feliz. Isso aqui é fantástico. A vida voltou a ser boa. A ordem do universo foi restaurada."

Em 2019, os veteranos chefs-empreendedores Riad Nasr e Lee Hanson anunciaram que haviam comprado e que reformariam o Le Veau d'Or, prometendo manter o DNA essencial do menu clássico (incluindo as pernas de rã, *escargots* e tripas) e o serviço, fazendo as atualizações necessárias para o espaço físico. No momento que esse artigo foi escrito, as reformas estavam em andamento.

LE VEAU D'OR: East 60th Street, 129, New York, NY, 10022, Tel. 212 838 8133 (de moderado a caro; os preços do restaurante depois da reforma ainda serão determinados)

Tony nunca levou uma equipe de TV à **Pastrami Queen**, uma delicatessen *kosher* do Upper East Side no estilo do Katz's, mas ele a adorava mesmo assim e a mencionava sempre que possível para a imprensa local, quando perguntavam o que ele gostava de comer quando estava na cidade. Numa manhã de abril de 2016, Tony acabara de voltar de longas filmagens no exterior, num lugar bem distante das delicatessens de Nova York; e me mandou o seguinte e-mail:

"Você pode, por favor, fazer um pedido PASTRAMI QUEEN e pedir para entregarem aqui em casa em qualquer horário antes das 13h? Obrigado!

1 sanduíche de pastrami no pão de centeio

1/2 kg de peru fatiado

1 kg de fígado picado

1 pão de centeio fatiado

2 panquecas de batata

100 gramas de língua fatiada

100 gramas de salada de batata."

PASTRAMI QUEEN: Lexington Avenue, 1125, Nova York, NY, 10075, Tel. 212 734 1500, www.pastramiqueen.com (sanduíche quente de pastrami a 20 dólares)

"Sempre que quero me mimar com o melhor café da manhã de Nova York — na verdade, com o melhor café da manhã do *universo* — vou a um lugar na minha vizinhança famoso exatamente por essa refeição: o lendário Barney

Greengrass, o Rei do Esturjão." O salão não é particularmente notável nem confortável, a melhor descrição do atendimento seria "rude", mas, para muitos nova-iorquinos, não há fornecedor melhor para os itens essenciais de café da manhã. Se um editor fazia um trabalho particularmente bom num episódio do *Sem reservas* ou do *Lugares desconhecidos*, Tony sempre agradecia enviando uma cesta do Barney Greengrass.

"**Uma verdadeira instituição de Nova York, o Barney Greengrass existe desde 1908, quando mais de um milhão de judeus do Leste Europeu fizeram de Nova York seu lar. Escolher é um problema, porque há muitas coisas boas no menu, mas o esturjão é o rei absoluto dos peixes defumados. A carne é firme, com um sabor delicado, quase amanteigado. É a minha pedida de sempre.**"[13] Tony também era fã do *nova lox* [salmão curado (*lox*) da Nova Escócia (*nova*)], cozido com cebola caramelizada e ovos, e muitas vezes saía com uma sacola de fígado picado, rico em *schmaltz*, mais cebolas caramelizadas e ovos cozidos picados. Tony não era um homem conhecido por suas convicções religiosas, mas certa visita ao Barney Greengrass o fez proferir a seguinte frase: "**Se Deus fez algo melhor, guardou para si mesmo.**"

BARNEY GREENGRASS: Amsterdam Avenue, 541, Nova York, NY, 10024, Tel. 212 724 4707, www.barneygreengrass.com (ovos e salmão defumado por cerca de 20 dólares)

Embora viessem de mundos bem diferentes e fossem de escolas culinárias muito diferentes, Tony e Daniel Boulud tinham uma amizade de longa data, colaborando ou apenas desfrutando da companhia um do outro com boa comida e vinho, com tanta frequência quanto suas programações permitiam. Para o episódio "Food Porn" do *Sem reservas*, boa parte filmado em Nova York, Tony e Daniel ficaram íntimos do menu de charcuteria desenvolvido e executado com a orientação do mestre *charcutier* Gilles Virot, no **Bar Boulud**.

"**Os antigos mestres, os chefs de outrora da França nos séculos XVIII e XIX, eles sabiam das coisas. Sabiam o que fazer com fibras e cortes de muitos** animais selvagens, a origem da boa charcutaria. Em camadas, moldadas, guarnecidas e resfriadas, envoltas em massas delicadas, crivadas de trufas e enfeitadas com diamantes da mais clara gelatina, é a comida dos deuses. Nesse patamar, trata-se de uma arte quase esquecida.

"Para mim, o ápice da arte da charcutaria, a explosão mais escandalosamente anacrônica de um passado que poucas pessoas vivas ainda lembram, é *tourte de gibier*. Uma versão altamente exagerada de *pâté en croute*: camadas de faisão de sabor intenso, javali, pombo-torcaz, alce e *foie gras*, tudo isso aninhado no interior de uma massa com crosta perfeita, a coisa toda protegida das forças cruéis do mundo exterior por uma fina camada de gelatina natural dourada.

"Uma especialidade da casa é o *boudin noir*, obsceno de tão bom, uma das melhores comidas do mundo. Um prato tão antigo e primitivo que é possível saborear toda a história do prazer a cada mordida. Profundo, escuro e lindo. Macio, mas ligeiramente firme, você corta e a coisa jorra no prato. Sangue, cebola e especiarias, um momento sublime, mas um tanto quanto perverso.

"Finalmente, *fromage de tête*, ou queijo de cabeça: pedaços de bochecha, língua, orelha em uma mistura de sabores e texturas intensos."[14]

Ao refletir sobre aquele almoço e suas lembranças de Tony, Boulud elaborou: "Pois bem, o *fromage de tête*. A beleza dele está na complexidade de usar realmente tudo o que há na cabeça do porco: focinho, orelhas, bochechas, língua e toda a carne gelatinosa das laterais das bochechas. Tudo isso é cozido diretamente no crânio; essa é a beleza e a delícia, na minha opinião. E na de Tony. Acho que, para ele, qualquer coisa que pudéssemos cozinhar no crânio era boa."

BAR BOULUD: Broadway, 1900, Nova York, NY, 10023, Tel. 212 595 0303, www.barboulud.com (entradas em torno de 21 dólares, pratos principais em torno 33 dólares)

"Sabe uma coisa boa? Livros. Livros são uma coisa boa e não tenho vergonha de dizer isso. Eu leio. E não só leio, mas também coleciono livros sobre assuntos relacionados a comida e gastronomia. Que surpresa, não? No Upper East Side de Manhattan temos uma livraria particularmente maravilhosa chamada Kitchen Arts & Letters. E eles têm uma das melhores, se não a melhor, seleção de livros raros sobre tudo o que se refere à comida." Os visitantes devem observar que a loja também possui os melhores lançamentos atuais e periódicos, e é conduzida por uma equipe pequena e extremamente apaixonada, chefiada pelo sócio-gerente Matt Sartwell.

KITCHEN ARTS & LETTERS: Lexington Avenue, 1435, Nova York, NY, 10128, Tel. 212 876 5550, www.kitchenartsandletters.com (preços variam)

OUTROS CANTOS

"Eu vivi, acho, uma vida muito plena e rica. Nunca me neguei nada. Vi o mundo, fiz muitas coisas. Mas minha própria cidade, ao que parece, o lar do qual alego ter tanto orgulho, continua sendo, para ser sincero, um mistério. Eu não sei nada. É meio irônico que já tenha estado no mundo todo e que provavelmente conheça Cingapura, por exemplo, melhor do que os bairros da minha própria cidade. Estou falando sobre Queens, Bronx, Staten Island e Brooklyn, pelo amor de Deus. Eu não os conheço.

"Fica mais evidente a cada dia que, ao falar da minha própria cidade, Nova York, a capital culinária dos Estados Unidos, perdi o barco, o trem partiu, os desfiles passaram, o ônibus foi embora sem mim. Tarde demais. Mas pelo menos posso provar um pouquinho com ar de desculpas, enfiar uma faca direto na ferida, me lembrar do que estou perdendo, do que poderia ter sido. Espero que não seja tarde demais para você."[15]

VOLTA AO MUNDO

QUEENS

"Fazer uma piada sobre o Queens hoje em dia diz mais sobre o piadista do que sobre o assunto. Porque é no Queens — se você está procurando por volume absoluto, pela grande mistura — que está a verdadeira ação.

"*Noodles* feitos à mão de forma magistral, carne de cordeiro, tudo nadando num caldo leitoso aclamado por vegetais perfumados e ervas como coentro, botões de lírio, bagas de *goji* chinês e cogumelo negro. Um pouco de especiarias une todos esses ingredientes." O endereço original do **Xi'an Famous Foods**, uma barraca com 18 metros quadrados no subsolo do Golden Shopping Mall do Queens, em Flushing, foi fechado. Hoje em dia há instalações mais novas e maiores a um quarteirão, além de diversas filiais em Manhattan, no Queens e no Brooklyn. O negócio começou com David Shi, depois de uma década de trabalho no circuito de restaurantes chineses da costa Leste por uma década. Jason Wang, seu filho, se juntou a ele depois de se formar, com o projeto de expandir um negócio que ganhava força rapidamente, depois da visita de Tony.

Wang observou, para este livro: "Quanto às especialidades da casa: elas são inspiradas na culinária de Xi'an ou da província de Shaanxi, mas é a versão de nossa família. Com toda certeza, não é exatamente a comida que seria encontrada nas ruas de Xi'an. Adicionamos nossa interpretação, com base em nossas próprias preferências. Por exemplo, os *noodles* e os hambúrgueres de cordeiro com cominho apimentado que Tony tornou famosos não costumam ser encontrados em Xi'an. O prato de cordeiro com cominho é comum, mas não é servido em cima dos *noodles* ou no pão de hambúrguer. Nossa comida vai lembrar as pessoas (como um imigrante chinês vindo do norte da China) do autêntico sabor de casa numa terra estrangeira. Ou apresentará a alguém que não é da China, ou mesmo que não esteja familiarizado com essa culinária específica, um novo perfil de sabor que abalará seu conhecimento sobre a culinária chinesa."

XI'AN FAMOUS FOODS: Main Street, 41-10, Flushing, NY, 11355, Tel 212 786 2068, www.xianfoods.com (pratos de *noodles* a 7-8 dólares)

BRONX

"Este é exatamente o tipo de coisa que pensei que tínhamos perdido em Nova York, que foi desaparecendo aos poucos nos bairros em que morei. E o tempo todo estava lá, bem debaixo de meu nariz: um jorro de delícia suína." Este é o **188 Cuchifritos**, onde você encontrará "**coisas boas e tradicionais da junção de Nova York com Porto Rico**": pratos como *morcilla* (chouriço), *mofongo* (banana verde frita com alho e torresmo), plátanos (banana madura frita) e, claro, *cuchifritos*, cortes fritos como orelha, língua e focinho. "**Como alguém pode** não gostar disso? Este é o centro do universo da carne suína como nunca vi em Nova York."[16]

188 CUCHIFRITOS: East 188th Street, 158, Bronx, NY, 10468, Tel. 718 367 4500 (sem site) (pratos em torno de 7 dólares)

BROOKLYN

O episódio final de *Sem reservas* teve Tony explorando o Brooklyn, "**um lugar bem ao lado, um lugar que nunca cheguei a conhecer**". É um bairro grande e infinitamente diverso, apesar da recente gentrificação, e Tony foi de uma ponta à outra, fazendo uma parada perto do mar, em Sheepshead Bay, em "**uma das pedras angulares do molho vermelho italiano, o Randazzo's Clam Bar**".

Nascido de um negócio familiar de décadas que começou como um mercado de frutos do mar e evoluiu para um restaurante familiar animado e próspero, o Randazzo's é conhecido pelo molho vermelho caprichado no orégano, de cozimento lento, que adorna uma variedade de receitas de frutos do mar e massas. "O cardápio remonta àquele dia em que você vai a um bar de mexilhões, mas tem que comer frango à parmesão, salmão grelhado, lagosta *fra diavolo*… Não se vê mais isso nos cardápios de Manhattan, uma mutação ítalo-americana que é basicamente lagosta, camarão, mexilhões, amêijoas e um marinara apimentado misturado ao macarrão que nem lembra o que significa *al dente*, servido em porções que poderiam alimentar um quarteirão inteiro no Lower East Side. Se você não tem coração para apreciar o Randazzo's, então sua alma está perdida."[17]

RANDAZZO'S CLAM BAR: Emmons Avenue, 2017, Brooklyn, NY, 11235, Tel. 718 615 0010, www.randazzosclambar.nyc (massas em torno de 20 dólares, pratos principais em torno de 25 dólares)

STATEN ISLAND

"Carinhosamente conhecido como a rocha, o bairro de Staten Island sempre foi um mistério para mim. Eu sabia que Paul Castellano [chefão da máfia] morava lá e só. Presa em algum lugar entre o Brooklyn, Manhattan e Jersey, Staten Island nunca teve uma identidade tão forte quanto a de seus vizinhos."

Eles ainda são pouco numerosos em relação aos muitos grupos robustos de imigrantes em Nova York, mas o coração da colônia cingalesa da cidade fica em Staten Island; portanto, é aqui que se encontra o melhor da culinária do Sri Lanka.

"O New Asha é um pedacinho de casa para muitos budistas, muçulmanos e hindus da ilha, bem como para qualquer um que goste de comida picante do Sri Lanka. A principal atração é o *curry* preto de cabrito, que é semelhante, acho, ao *curry* indiano, mas que fica mais picante e intenso porque os temperos são passados na panela." Você também pode desfrutar de *hoppers* de ovo (crepes em forma de tigela feitos com uma massa de farinha de arroz fermentada, com um ovo cozido no meio) e uma variedade de leguminosas, verduras e condimentos à base de coco, tudo temperadíssimo, pratos em que os cozinheiros do Sri Lanka se destacam. O New Asha é um lugar pequeno e despretensioso, com apenas algumas mesas e serviço informal no balcão.

NEW ASHA: Victory Boulevard, 322, Staten Island, NY, 10301, Tel. 718 420 0649 (*curries* cerca de 5 dólares; *hoppers* a 4 dólares)

"Para um drinque, a única coisa apropriada a se fazer é seguir até o magnífico **Jade Island**, um lugar intocado pelo tempo, um templo polinésio sem as máculas da ironia." O Jade Island também oferece o tipo de comida cantonesa à moda antiga — rolinhos de ovo, sopa *wonton*, porco agridoce — que Tony comia na infância quando ia à Chinatown de Manhattan.

"Fui com tudo naquele Head Hunter — uma mistura de frutas e rum. Quem se importa, contanto que tenha um guarda-chuvinha dentro e seja servido numa cabeça? Já me sinto beligerante. Sabe, amo este lugar. Eu seria um homem melhor e um ser humano melhor se tivesse isso em minha vizinhança."

JADE ISLAND: Richmond Avenue, 2845, Staten Island, NY, 10314, Tel. 718 761 8080, www.jadeislandstaten.com (refeição típica em torno de 14 dólares)

PORTLAND, OREGON

Tony se sentia atraído pelo espírito pioneiro do noroeste do Pacífico — a forma como foram combinados o isolamento geográfico, uma história de inovação tecnológica, artística e musical, a estranheza melancólica do clima e a abundância de excelentes frutos do mar, produtos, vinhos e maconha (legalizada) para fazer algo bem maior do que a soma de suas partes.

"Portland: há uma espécie de governo libertário aqui. Linda cidade, apenas 650 mil habitantes, a maioria dos quais parece ser cozinheiros ou gente que ama gastronomia. Mas nem tudo é queijo artesanal, produtos orgânicos bons pra caramba criados por hippies. Não, meus amigos, há um lado sinistro em Portland."[18]

CHEGADA E DESLOCAMENTO

O **Aeroporto Internacional de Portland (PDX)** atende voos de todo os Estados Unidos, do Canadá, do México, da Europa Ocidental e do Japão. Como convém à reputação de excentricidades *indie* da cidade, o aeroporto abriga um microcinema que exibe o trabalho de artistas locais, um lugar para consertar bicicletas e uma sala de degustação e vendas a varejo, a primeira do tipo num aeroporto norte-americano, a House Spirits Distillery, fabricante de uísque e outros destilados.

Para ir do PDX até a cidade propriamente dita, você pode pegar o trem leve, chamado MAX Red Line, que custa 2,50 dólares por viagem, com um

ESTADOS UNIDOS

percurso que leva cerca de 40 minutos. (Consulte www.trimet.org para obter informações completas sobre os sistemas de metrô, ônibus e trens urbanos da cidade.) Táxis também estão disponíveis, por cerca de 35 dólares mais a gorjeta; a viagem leva de 20-40 minutos, dependendo do trânsito e do destino.

Três trens da Amtrak fazem parada na Union Station em Portland — o Cascades e o Coast Starlight, que funcionam de norte a sul, e o Empire Builder, que segue de leste a oeste entre Chicago e o noroeste. (Consulte www.amtrak.com para obter mais detalhes.) Localizada no centro da cidade, perto da margem oeste do rio Wiliamette, a Union Station foi construída em 1896 e chama atenção com um letreiro de néon sugerindo aos transeuntes: "Vá de trem".

Portland é a cidade ideal para andar de bicicleta, com muitas ciclovias, caminhos e faixas exclusivas e um sistema independente de compartilhamento de bicicletas com preços razoáveis chamado Biketown — consulte www.biketownpdx.com para obter mais detalhes.

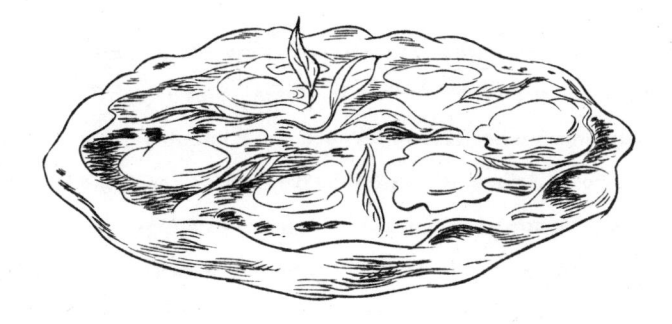

VOLTA AO MUNDO

DORMINDO NO HOTEL ASSOMBRADO

"À primeira vista, o Heathman Hotel é uma hospedagem elegante, mas de um luxo reconfortante, aconchegante. Madeira requintada, lustres de cristal, arte de Andy Warhol — mas uma inspeção mais detalhada revela um passado terrível e violento, uma história maligna de tragédia, morte e possível assombração." De acordo com a tradição local, um hóspede saltou do oitavo andar do hotel em algum momento da década de 1930, supostamente assombrando todos os cômodos pelos quais passou durante sua rápida queda, ou seja, aqueles da coluna que termina em "03". Há relatos de móveis e pertences que se mexem sem nenhuma explicação, copos de água que desaparecem e medicamentos com receita controlada que somem.

Rumores sobrenaturais (ou funcionários descontentes) à parte, o Heathman é um grande hotel, construído em 1927, com proporções generosas em seus quartos e áreas comuns, excelente serviço e um ótimo restaurante, o Headwaters, dirigido pelo chef Vitaly Paley e sua esposa, Kimberly. O Heathman está localizado a uma curta caminhada do Museu de Arte de Portland e ao lado do Arlene Schnitzer Concert Hall.

HEATHMAN HOTEL: SW Broadway, 1001, Portland, OR 97205, Tel. 503 241 4100, www.heathmanhotel.com (diárias a partir de 150 dólares)

"A obsessão pode ser uma coisa estranha e, às vezes, bonita. Algumas pessoas colecionam ovos de vidro; outras, recolhem restos de unhas e pele morta para construir uma mulher dos sonhos no porão. E há aqueles que fazem pizza.

"Bem-vindo ao **Apizza Scholls** de Portland. Numa comunidade que já é uma verdadeira vitrine para comidas artesanais, este lugar demonstra uma dedicação feroz em fazer tudo certo. E o proprietário Brian Spangler é o motivo." A profunda dedicação de Spangler para entender e aperfeiçoar a arte da fermentação, junto com suas regras que limitam o número de recheios em qualquer pizza e a excelente qualidade do produto, conquistaram o respeito e a admiração de Tony.

ESTADOS UNIDOS

Spangler explicou a regra de "não mais que três recheios" para Tony durante sua visita de 2008, para o *Sem reservas*.

"Pizza tem a ver com equilíbrio", disse ele, "entre borda, molho e queijo, e manter esse equilíbrio é a marca de quem de fato conhece o ofício. Fazemos nossa massa cem por cento à mão — não temos batedeira — para obter a textura: não apenas um pouco de tensão, mas também algumas rachaduras. Há algo tão simples e, ao mesmo tempo, tão fugaz nisso."

Ao provar o produto final, Tony falou: "**A hora da verdade... Pode crer! Esta é a pizza de Nova York. Esta é uma pizza de Nova York muito, muito boa, de primeira linha. Quer dizer, é o que ele queria fazer; é o que ele está fazendo obsessivamente, embora eu não conheça *ninguém* em Nova York que sove a massa com as mãos. Quer dizer, é uma maluquice, é obsessivo, e é bom pra caramba.**"

APIZZA SCHOLLS: SE Hawthorne Boulevard, 4741, Portland, OR, 97215, Tel. 503 233 1286, www.apizzascholls.com (antepastos e saladas, 11-14 dólares; pizzas de 45 centímetros em torno de 25 dólares cada)

"As delícias diferentonas do **Voodoo Doughnut**. Cap'n Crunch com Crunchberries? Espera aí, e tem Froot Loops também? Com bacon por cima? Rosquinha e bacon. Juntos!

"Kenneth 'Cat Daddy' Pogson e o parceiro Richard 'Tres' Shannon combinaram uma visão de mundo perversamente anárquica com um dos petiscos favoritos dos Estados Unidos! Podem entrar, rosquinhas inconformistas!" Na época da visita de Tony, em 2008, o Voodoo Doughnut funcionava numa única loja; desde então se expandiu para oito filiais (e o número não para de crescer) em Oregon, Califórnia, Colorado, Texas e Flórida. O etos esquisitão da loja original permanece intacto. As filiais de Portland, Colorado e Texas funcionam 24 horas por dia, sete dias por semana, e especialidades da casa como o Old Dirty Bastard (donut com massa de fermentação natural, cobertura de chocolate, biscoitos Oreo e manteiga de amendoim) e Tangfastic (donut com massa de bolo de morango com cobertura de baunilha, polvilhada com mistura para refresco Tang e cravejada de marshmallows) atraem longas filas de clientes famintos em todas as filiais.

VOODOO DOUGHNUT: SW 3rd Avenue, 22, Portland, OR, 97204, Tel. 503 241 4704, www.voodoodoughnut.com (rosquinhas a partir de 0,95 dólar, dependendo do tamanho e das coberturas)

FILADÉLFIA, PENSILVÂNIA

Foi só na segunda temporada do *Fazendo escala*, em 2012, que Tony, depois de mais de uma década de viagens para a TV, se viu a caminho da Filadélfia com uma equipe de filmagem, uma falha que não passou despercebida.

"Então, Filadélfia, a 'Cidade do Amor Fraterno': vamos tentar evitar toda essa babaquice. Não haverá *cheesesteaks*. A Filadélfia já superou isso faz tempo. Nada contra o *cheesesteak*, veja bem, gosto muito, mas as coisas mudaram.

"Minha relação com a Filadélfia sempre foi… vamos dizer complexa. Por um tempo, estava chegando ao ponto em que, quando passava na cidade para promover um livro, as pessoas diziam: 'Ei, você deveria vir fazer um programa na Filadélfia.' Isso logo virou 'Como é que você nunca fez um programa na Filadélfia?', que por sua vez virou 'Foda-se. Não precisamos de você.' As coisas são assim por aqui. E, por incrível que pareça, acho essa atitude um tanto charmosa."[19]

CHEGADA E DESLOCAMENTO

O **Aeroporto Internacional da Filadélfia (PHL)** fica a cerca de 11 quilômetros ao sul do centro da cidade e é servido por todas as principais companhias aéreas. Para chegar à cidade, você pode pegar o trem municipal Septa (consulte www.septa.org), que leva cerca de 25 minutos e custa 8 dólares, ou um táxi, que leva de 20-30 minutos e custa cerca de 30 dólares mais gorjeta.

Uma vez na cidade, Tony aconselhava: **"É muito bom andar a pé na Filadélfia, por isso você não precisa de um carro. Na verdade, é difícil achar vaga para estacionar por aqui, então não alugue um carro se puder evitar. O transporte público é bem decente."**

Quanto às acomodações, a hospedagem pode ser bem cara, no mesmo nível de Nova York ou de Washington, embora existam algumas pechinchas em hotéis de rede no centro da cidade e arredores. Com poucos dias para ficar e o dólar corporativo no bolso, Tony, eterno fã de hotéis de luxo, sugeria:

"O Rittenhouse Hotel em Rittenhouse Square é um grande hotel tradicional — luxuoso com preços luxuosos." O hotel aceita animais de estimação e oferece piscina e spa, serviço de engraxate de cortesia, motoristas de plantão que o transportarão pela cidade num Jaguar, serviço de quarto e concierge 24 horas, quatro restaurantes, um salão de cabeleireiro e um florista.

RITTENHOUSE HOTEL, West Rittenhouse Square, 210, Filadélfia, PA, 19103, Tel. 215 732 3364, www.rittenhousehotel.com (diárias a partir de 400 dólares)

Observe que o Four Seasons em Logan Square, onde Tony ficou durante a gravação de *Fazendo escala* ("**Vou ficar no Four Seasons, porque é assim que sou, e o serviço daqui é impecável**") fechou as portas em 2015; no momento em que o livro é escrito, seu substituto, no Comcast Center, acaba de ser inaugurado, e, segundo todos os relatos, mantém o padrão habitual da marca, com preços correspondentes.

QUEIJO, SANDUÍCHES, MEGACÓLONS

"Os imigrantes italianos começaram a se estabelecer no sul da Filadélfia em 1884 e, ainda hoje, o bairro é considerado o coração da Filadélfia ítalo-americana. Este lugar, a loja de queijos **Di Bruno Brothers**, na 9th Street, é um estabelecimento familiar que existe desde 1939. O proprietário, Emilio Mignucci, cresceu nesta rua.

"Sei o que você está pensando: vou abrir a porta e ver muçarela, um tanto de *prosciutto*, um provolone pendurado e um balcão de delicatessen, certo? E eles fizeram tudo isso certinho. Mas, puta merda, eles têm muito mais — queijos incríveis, macios, fedorentos, molengas e maravilhosos de todo o mundo."

A Di Bruno Brothers tem cinco lojas hoje em dia, além de um e-commerce robusto e um bar de queijos e vinhos, mas a loja original da 9th Street, repleta de especialidades importadas e ladeada no distrito do mercado italiano por vendedores ao ar livre de verduras, açougueiros, peixeiros, padarias e mais, foi onde tudo começou. E ali se encontra uma equipe simpática que realmente entende do assunto.

LOJA DE QUEIJOS DI BRUNO BROTHERS: South 9th Street, 930, Filadélfia, PA, 19147, Tel. 215 922 2876, www.dibruno.com (preços variam)

Próxima parada: um sanduíche sério no **Paesano's**, preparado pelo proprietário Peter McAndrews. "Pois é, tudo bem, ele não é italiano, mas serve sanduíches de respeito aqui, a maioria tão doida quanto ele. O sanduíche Liveracce não parece bom — fígado de frango frito crocante, salame, gorgonzola, geleia de laranja, alface — sabe, eu gosto de todas essas coisas, mas juntas? Tinha minhas dúvidas. De alguma forma, funciona. E fica magnífico."

Chegue com um apetite saudável e com alguns amigos e experimente o Arista (porco assado, brócolis rabe, pimentão italiano e provolone), o Paesano (*brisket* de boi com provolone, *pepperoncini* e ovo frito) e o Gustaio (linguiça de cordeiro, mostarda de cereja, gorgonzola e tomate assado). A busca por antiácidos e por um lugar seguro para tirar uma soneca é por sua conta.

PAESANO'S, West Girard Avenue, 148, Filadélfia, PA, 19123, Tel. 267 886 9556 (sanduíches em média a 10 dólares)

"História: tem muita por aqui. Quer dizer, assinaram a Declaração de Independência aqui, a Constituição. A primeira Casa Branca ficava aqui — mas gosto de história quando há muita carnificina, matanças, doenças venéreas e perucas pubianas.

"A Filadélfia tem bons museus, sem dúvida; meu favorito é o Museu Mütter, em West Philly, um museu-escola que abriga uma coleção impressionante de curiosidades médicas, espécimes anatômicos e patológicos, modelos de cera e instrumentos médicos antigos. Bons tempos."

Tony comentou com um bem-disposto funcionário da instituição que o acompanhou na visita: "**Estou em busca de curiosidades relacionadas aos intestinos delgado e grosso...** Nossa, isso é uma fissura no traseiro? Ah, é simplesmente horrível. Necrose sifilítica. Então é isso que acontece com seu crânio, sabe, quando a sífilis é muito grave: ela chega a abrir buracos no osso. Onde estão as fístulas, papai? Onde estão as fístulas? Minha nossa. Chifre humano. Eca, isso deve doer. Oh, *Herpes zoster*. Veja só! Você nunca mais vai pisar numa praia de Jersey."

Finalmente, o Santo Graal: "**O magnífico megacólon.** 'Aos 16 anos, ele ficava até um mês sem evacuar. Seu cólon, na ocasião da morte, pesava aproximadamente 18 quilos.' Sabe, acho que a mensagem aqui é que a comida sempre vence no final."

MÜTTER MUSEUM: South Twenty-Second Street, 19, Filadélfia, PA, 19103, Tel. 215 560 8564, www.muttermuseum.org (entrada a 20 dólares para adultos; idosos, 18 dólares; crianças, 15 dólares; entrada franca para crianças de até 5 anos)

PITTSBURGH, PENSILVÂNIA

"Pittsburgh é uma cidade de bairros, cada um com seus próprios ritos e rituais; uma colcha de retalhos de culturas que se formou há mais de um século. Naquela época, a cidade era um farol de esperança e possibilidades para pessoas de todo o mundo, oferecendo uma promessa de trabalho, de prosperidade, de uma nova vida. Pittsburgh poderia ter sido outra cidade industrial em ruínas, mas algo aconteceu. A cidade começou a aparecer nas listas dos melhores lugares para se viver nos Estados Unidos. Tornou-se atraente para uma nova onda de pessoas de outros lugares que buscam se reinventar e criar um novo mundo."[20]

É claro que a transição econômica e as novas formas de gerar renda beneficiam alguns em detrimento de outros. O distrito de Hill, outrora um vibrante bairro afro-americano, foi praticamente arrasado em nome da "revitalização" e agora abriga um estádio de hóquei.

CHEGADA E DESLOCAMENTO

O **Aeroporto Internacional de Pittsburgh (PIT)** é atendido pelas principais companhias aéreas dos Estados Unidos e também por algumas regionais. Quase todos os voos são domésticos, mas há alguns voos sem escalas para a Inglaterra, áreas de veraneio no Caribe e cidades canadenses. Do aeroporto, são cerca de 27 quilômetros de carro até o centro da cidade, uma corrida que custará em torno de 40 dólares mais a gorjeta num táxi, o valor fica em 27 dólares com o ônibus do aeroporto (consulte www.supershuttle.com) ou 2,75 dólares de ônibus municipal (consulte www.portauthority.org).

Na cidade, os sistemas de ônibus e de trilhos de Pittsburgh vão ajudá-lo a se locomover, embora o centro da cidade, compacto, seja bom para caminhar. Os táxis ficam em pontos na frente dos principais hotéis e também espalhados pela cidade.

REFEIÇÕES DO VELHO/NOVO MUNDO

"Alexander Bodnar fugiu da Hungria depois que a União Soviética esmagou a revolução húngara de 1956." Agora ele está em Pittsburgh, organizando o que é essencialmente "uma festa em casa com comida": um clube de jantar somente com reservas chamado **Jozsa Corner**, no qual cada um traz a própria bebida. Há *paprikash* de frango, *langos* (pão de batata frito) e *kielbasa*, servidos em travessas. Entre cantorias, danças e muitas histórias, é provável que, até o fim da noite, você se torne amigo de desconhecidos.

JOZSA CORNER: Second Avenue, Pittsburgh, 4800, PA, 15207, Tel. 412 422 1886, www.jozsacorner.com (refeição com vários pratos em travessas sai em torno de 28 dólares por pessoa, pagamento somente em dinheiro)

Um mês depois de sua inauguração, em 2017, Tony se sentou no salão do **Superior Motors** em Braddock, Pensilvânia, um subúrbio ao leste de Pittsburgh, com o então prefeito John Fetterman, que, com seu 1,80 metro, corpo de jogador de futebol, cabeça raspada, cavanhaque, tatuagens e roupas informais, "não se parece com um prefeito típico; e não é mesmo. Ele veio para Braddock em 2001 com o objetivo de ajudar jovens em situação de vulnerabilidade a terminar o ensino médio e se candidatou à prefeitura da cidade, uma das mais empobrecidas do estado, quatro anos depois". Sua esposa, Gisele Fetterman, dirige uma organização sem fins lucrativos que doa alimentos e suprimentos essenciais para mais de mil famílias da cidade todos os meses.

O Superior Motors agora está instalado e a todo vapor, por assim dizer, com o chef e proprietário, Kevin Sousa, servindo pratos como picão-verde do lago Erie, e costelinhas com *milkweed* escaldada e chips de alcachofra-de-jerusalém, um prato que Tony definiu como "incrível pra cacete". O Superior Motors foi o primeiro restaurante a funcionar em Braddock desde o fechamento do café do hospital em 2010. O chef Kevin Sousa oferece grandes descontos para os moradores locais e tem planos de abrir uma escola de culinária para a comunidade.

SUPERIOR MOTORS: Braddock Avenue, 1211, Braddock, PA, 15104, Tel. 412 271 1022, www.superiormotors.com (pratos principais em media a 27 dólares)

E, finalmente, alguma boa diversão à moda antiga: o **New Alexandria Lions Clube Crash-a-Rama**. "Se você seguir para o leste, a 50 quilômetros de Pittsburgh, chegará aqui, em Nova Alexandria. É um mundo totalmente diferente, sem incubadoras de tecnologia nem temores de gentrificação, apenas a boa e velha diversão de interior numa noite de sexta-feira. Família, frituras e corrida de demolição."

Organizada pelo comitê local do Lions Club, esta corrida de demolição arrecada recursos para instituições de caridade locais. "O vencedor ganha 900 dólares. Em todo o oeste da Pensilvânia, das pequenas cidades como esta até as grandes como Pittsburgh, as pessoas enfrentam as mesmas lutas das áreas sitiadas e desindustrializadas país afora: como avançar para o futuro e manter o que se ama do passado? Provavelmente não existem respostas óbvias. As coisas vão mudar, estão mudando. Mas, por enquanto, vamos destruir alguns carros."

NEW ALEXANDRIA LIONS CLUB CRASH-A-RAMA: Lions Club Road, 1874, New Alexandria, PA, 15670, www.newalexandrialions.com/demolition--derbies.html

CHARLESTON, CAROLINA DO SUL

"O Sul não é um monolito. Existem bolsões de esquisitices, de maravilhas, e existe Charleston, onde, há algum tempo, acontecem coisas importantes relacionadas à comida, muitas delas relacionadas a esse sujeito."[21] Ele se referia ao chef Sean Brock, que talvez seja um dos maiores embaixadores de Charleston e até seu prefeito não oficial. Ele comanda uma série de restaurantes impressionantes e uma plataforma nacional que dá destaque a alimentos antes esquecidos e quase desaparecidos do Sul dos Estados Unidos.

"Levei algum tempo para descobrir o intelecto feroz, a natureza curiosa, o talento com um foco singular e cheio de propósito desse homem — sem dúvida, um dos chefs mais importantes do país. Um cara que está redefinindo não apenas o que a culinária sulista é, era e pode ser, mas a culinária norte-americana como um todo."

CHEGADA E DESLOCAMENTO

O **Aeroporto Internacional de Charleston (CHS)** é o mais movimentado do estado, oferecendo voos para as principais cidades a leste do Mississippi, algumas localidades no Texas e no Colorado e um voo sazonal para Londres. O aeroporto fica a cerca de 19 quilômetros do centro de Charleston; os táxis cobram com uma tarifa-base de 15 dólares e têm taxímetro, e a viagem leva em média 20 minutos e custará cerca de 30 dólares, com a gorjeta. O ônibus especial para Charleston Downtown é outra opção. Custa 15 dólares e pode ser providenciada no balcão de informações próximo à área de retirada de bagagem. Mais barato ainda é o ônibus da Carta (Charleston Area Regional Transportation Authority), que custa 2 dólares para o trajeto entre o aeroporto e várias paradas no centro, com opções expressa e convencional (www.ridecarta.com).

Depois de chegar na cidade, use o sistema de ônibus da Carta, com 13 linhas, para se locomover, serviços locais de táxi ou saia por aí a pé — é uma cidade bonita, amigável e boa para caminhar.

COMER NO LOW COUNTRY

"O que é 'comida caseira do Sul'? De onde veio? Quem foi o responsável por ela? Pois bem, onde quer que se esteja é sempre útil perguntar primeiro: 'Quem cozinhava naquela época, no início? De onde vieram?'

"O fato é que, no antigo Sul, os pratos, sabores e ingredientes da culinária sulista — ou seja, da culinária norte-americana, em comparação à europeia — são provavelmente os alimentos cultivados, colhidos, produzidos e preparados por escravos africanos."

Mosquito Beach, em James Island, já foi um lugar acolhedor de lazer ao ar livre para famílias afro-americanas no Sul segregado, e continua sendo um centro de cultura para o povo Gullah Geechee — descendentes de africanos escravizados que vivem na costa e em áreas insulares da Carolina do Sul e da Geórgia. Eles estão unidos por uma língua comum, o gullah, um dialeto africano local com raízes em línguas europeias e africanas.

"Os sabores, as texturas e os hábitos alimentares da África Ocidental estão em toda a culinária do Sul, e há poucos lugares melhores para perceber como a separação entre lá e cá é tênue do que com a cultura gullah." Em Mosquito Beach, os cozinheiros tendem a preparar refeições como "**caranguejos de casca mole e concha num guisado de amendoim decididamente com sotaque da África Ocidental, com arroz da Carolina, abóbora salteada e abobrinha**".

Mosquito Beach já foi o local de uma plantação. A área foi loteada e vendida às famílias de escravos libertos durante a Reconstrução.

"Quando você conhece alguém em Mosquito Beach, sabe que está diante de um descendente direto de um escravo que estava aqui depois da libertação dos escravos", disse Ashley Greene, cuja família materna possui terras em Mosquito Beach há gerações. A culinária gullah é caracterizada pelo uso de frutos do mar frescos, arroz, vegetais locais e frutas, e produtos importados da África como inhame, sementes de gergelim ou sésamo, quiabo, amendoim e sorgo. "Acho que o que acontece é que você pode mudar a localização das pessoas mas não pode mudar quem as pessoas são", disse Greene. "Não pode mudar a informação que veio com elas, suas tradições."

O chef B. J. Dennis, que, como Tony observou, "**encara como uma verdadeira missão pessoal celebrar e proteger as tradições culinárias transmitidas por seus ancestrais**" se juntou a Tony e Ashley. Ao planejar este livro, Tony queria encontrar alguns lugares em Charleston ou nas imediações onde o público em geral pudesse experimentar a culinária gullah, e Dennis recomendou dois restaurantes.

"Gosto do **Buckshot's** porque lá eles fazem tudo do jeito certo", disse Dennis. "Eles se mantêm fiéis aos sabores locais e usam frutos do mar frescos da região. Fazem arroz de caranguejo, arroz de quiabo e sopa de quiabo, que é um clássico do Low Country. Quando estão na época, você vai encontrar nabo, verduras, abobrinhas, abóbora, tudo de produção local — eles fazem um bom trabalho nesse sentido."

Dennis também gosta do **Hannibal's Kitchen**, no centro de Charleston, por seu café da manhã característico do Low Country, popular entre os trabalhadores portuários. "Aquele café da manhã farto, aquele café da manhã clássico de operário que vale para o dia inteiro, é sua refeição principal. *Grits* com tubarão frito — o tubarão pequeno que aparece na água salobra — camarão salteado e caranguejo com *grits*, isso é algo muito gullah."

BUCKSHOT'S RESTAURANT: North Highway 17, 9498, McClellanville, SC, 29458, Tel. 843 887 3358 (sanduíches em torno de 6 dólares)

HANNIBAL'S KITCHEN: Blake Street, 16, Charleston, SC, 29403, Tel. 843 722 2256, www.hannibalkitchen.com (sanduíches em torno de 6 dólares; pratos principais, 6-9 dólares)

"Bem no meio do mato, fora da estrada principal (e você ainda precisa de uma sorte do cacete para encontrar) está uma das churrascarias mais respeitadas dos Estados Unidos, administrada por um dos mais respeitados mestres da velha guarda. Pergunte a um chef. Pergunte a qualquer pessoa que conheça um bom *barbecue*, e eles vão dizer onde você deve ir: para cá, um restaurante de aparência caída, onde você deve pegar a comida, a cerca de duas horas de carro de Charleston, em Hemingway, Carolina do Sul."

É aqui que fica o **Scott's Whole Hog BBQ** original, uma extensão do armazém da família de Rodney Scott que está em operação desde os anos 1970.

"Rodney Scott é um homem requisitado no mundo inteiro pelo churrasco de porco inteiro, o melhor que existe. Rodney e sua família fazem isso do mesmo modo há 43 anos. Sobre a grelha metálica, carvão novo, assando lentamente a noite inteira, lentamente, lentamente. Não há como correr. Isso não é um ofício, é uma vocação."

Desde a visita de Tony, em 2015, o filho de Scott, Dominic, assumiu o controle das operações em Hemingway, e Rodney abriu duas novas filiais, uma em Charleston mesmo, e em Birmingham, Alabama, em parceria com o restaurateur Nick Pihakis. Em 2018, a Fundação James Beard nomeou Rodney Scott como o melhor chef do Sudeste.

SCOTT'S BAR-B-QUE: Hemingway Highway, 2734, Hemingway, 29554, Tel. 843 558 0134, www.rodneyscottsbbq.com (sanduíche de carne de porco e dois acompanhamentos em torno de 10,50 dólares)

WAFFLE HOUSE

"A **Waffle House** é universalmente reconhecida como algo espantoso? Ela é mesmo maravilhosa, uma zona livre de ironia onde tudo é belo e nada machuca; onde todos, independente de raça, credo, cor ou grau de embriaguez, são bem-vindos — suas luzes cálidas, amareladas, são um farol de esperança e salvação, convidando a entrar os famintos, os perdidos, os bastante bêbados em todo o Sul. Um lugar de segurança e nutrição. Nunca fecha, é sempre fiel, sempre de braços abertos para você."

Sean Brock guiou Tony pelo que ele chamou de "menu degustação da Waffle House", que consiste de um waffle de nozes-pecã, um hambúrguer, um bife de T-bone, batatas fritas, um sanduíche *patty melt*, ovos estrelados e uma salada verde com molho Thousand Island. Depois, Tony professou o desejo de "subir no balcão e a recitar Walt Whitman, o hino nacional dos Estados Unidos, *'Oh, say, can you see?'*. E, quer saber? Duvido que eu tenha sido o primeiro."

WAFFLE HOUSE: quase 2 mil lojas em todo o Sul, Meio-Oeste e Sudoeste dos Estados Unidos, www.wafflehouse.com (waffles a 3-4 dólares; bife e ovos, em torno de 10 dólares)

AUSTIN, TEXAS

Durante a temporada final do *Sem reservas*, filmada em 2012, Tony e sua equipe pousaram em Austin para o festival anual South by Southwest.

"Por um curto período, todo ano, essa cidade de médio porte do Texas, sua capital estranhamente não muito texana, se torna outra coisa: um apocalipse *hipster*. Não há nada a fazer a não ser se render. Durante seis dias, em março, multidões se aglomeram para ver mais de 2 mil bandas tocando em mais de noventa lugares em — sei lá, você faz as contas — um monte de apresentações."[22]

No decorrer de uma semana, Tony se encontrou, se alimentou e foi às apresentações de várias dessas bandas, tendo em mente a ideia de que músicos não costumam comer bem em turnês.

CHEGADA E DESLOCAMENTO

O **Aeroporto Internacional de Austin-Bergstrom (AUS)** é o terceiro maior do estado, depois dos de Houston e Dallas. A maioria dos voos é doméstica com diversos partindo para o Canadá, México e algumas cidades da Europa Ocidental. O AUS fica a cerca de 8 quilômetros do centro de Austin; os táxis têm uma tarifa mínima de 14 dólares saindo do aeroporto; a tarifa usual para a corrida até um hotel no centro custa cerca de 40 dólares, incluindo uma gorjeta de 15%.

A linha da Capital MetroRail vai do aeroporto ao centro de Austin e aos subúrbios ao norte; a tarifa é de 1,25 dólar, por um trecho, e as passagens podem ser adquiridas na plataforma. Na cidade, a Capitol Metro opera um extenso sistema de ônibus. (Consulte www.capmetro.org para informações sobre linhas e tarifas de trens e ônibus.)

O local preferido de Tony para se hospedar em Austin era o **Hotel Saint Cecilia**, uma hotel boutique composto por alguns studios, suítes e bangalôs, cujo restaurante é exclusivo para hóspedes, o que dá uma sensação de privacidade e de isolamento no coração da cidade. A propriedade principal é uma mansão vitoriana construída em 1888 que já foi o lar de um descendente direto de Davy Crockett. A decoração, única para cada quarto, fica em algum lugar entre um design sofisticado, uma loja de antiguidades com boa curadoria e um estilo hippie chique com um histórico curioso. Os hóspedes podem pegar emprestado violões e bicicletas; cada quarto é equipado com um toca-discos estéreo, e o hotel tem um acervo de LPs e livros que também podem ser emprestados.

HOTEL ST. CECILIA: Academy Drive, 112, Austin, TX, 78704, Tel. 512 852 2400, www.hotelsaintcecilia.com (os studios custam a partir de 350 dólares por noite na baixa temporada)

VOLTA AO MUNDO

"UMA EXPERIÊNCIA RELIGIOSA EM FORMA DE CHURRASCO"

"South by Southwest é um espetáculo por si só, mas há outro motivo para vir a Austin; um motivo suficientemente bom para cortar a garganta de seu melhor amigo, roubar um carro, dirigir pelo país e depois esperar por mais duas horas na fila do lado de fora de um galpão de aparência sombria: o **Franklin Barbecue**. Aaron Franklin é o obcecado e obsessivo mestre lendariamente perfeccionista de carnes defumadas devagar. O que está fazendo lá no começo desta fila vale muito a espera."

Franklin defuma suas carnes — *brisket*, costela de porco, porco desfiado, peru e salsichas caseiras cravejadas com coração de boi — por 18 horas num defumador a lenha de carvalho, temperando tudo apenas com sal e pimenta. Seu estilo de serviço é bastante democrático e recompensa a paciência: os clientes fazem fila pela manhã, bem antes da abertura do Franklin's, e são atendidos por ordem de chegada. Um funcionário está lá para gerenciar a multidão, informando às pessoas mais ou menos quanto tempo elas devem esperar, e se correm o risco de sair de mãos abanando, caso estejam muito atrás na fila, porque assim que toda a carne é vendida, o dia é dado como encerrado. Além das carnes, Franklin oferece uma pequena lista de acompanhamentos, tortas, cerveja e vinho.

ESTADOS UNIDOS

Baseado em parte nas experiências que tiveram juntos em Austin, Tony encomendou a Daniel Vaughn um livro de viagens, *The Prophets of Smoked Meats* [Os profetas das carnes defumadas], sobre os melhores restaurantes de churrasco do Texas; foi o primeiro título que publicou sob o selo que levava seu nome. Enquanto esperavam pela carne, Vaughn ensinou a Tony alguns termos importantes do *barbecue*:

SUGAR COOKIE [BISCOITO DE AÇÚCAR]: a borda escurecida da carne, onde gordura, sal e carne se combinam, criando uma área tenra e crocante com a textura de um biscoito de açúcar.

SMOKE RING [ANEL DE FUMAÇA]: um anel visivelmente róseo na polpa que resulta de uma reação química; a temperatura deve ser baixa o suficiente, e a umidade, alta o suficiente, para formar o anel que indica um churrasco tenro e bem cozido.

BARK [CASCA]: a extremidade crocante de uma costela que se assemelha à casca de uma árvore.

"O peru e a salsicha são ótimos", disse Tony, "mas eles perdem o charme em comparação com a indefinível grandiosidade da carne de boi. A extremidade gordurosa é incrivelmente suculenta e deliciosa. De longe, o melhor que eu já comi. É uma experiência religiosa em forma de churrasco."

FRANKLIN BARBECUE: East 11th Street, 900, Austin, TX, 78702, Tel. 512 653 1187, www.franklinbbq.com (sanduíches a cerca de 10 dólares cada; carnes a cerca de 44 dólares por quilo)

SEATTLE, WASHINGTON

"Seattle, uma cidade com identidade coletiva, em constante transformação, sempre mudando. Mas o que sempre foi, e continua a ser, é um ímã para os criadores experimentarem e torná-la sua. Seattle sempre foi um lugar onde é possível se reinventar. É um lugar que, superficialmente, parecia exigir compromisso.

"Bastante cinzenta, chuvosa, não muito amigável, e lá longe, no canto mais distante do país. Um lugar onde seria possível conseguir trabalho na indústria aeronáutica, fazer música ou, melhor ainda, se tornar um assassino em série. Seja equipando garimpeiros durante a corrida do ouro do Alasca ou procurando algum tipo de crédito na cena musical, é sempre um tudo ou nada. Agora é um novo tipo de "tudo": Microsoft, Expedia e Amazon são os maiorais da cidade. Uma enxurrada deles; trabalhadores da indústria de tecnologia, na maioria do sexo masculino, ridiculamente chamados de '*tech boys*' ou '*tech bros*' estão mudando rápido o DNA da cidade."[23]

CHEGADA E DESLOCAMENTO

O **Aeroporto Internacional de Seattle-Tacoma (SEA)**, também conhecido como SeaTac, recebe um grande número de voos domésticos e internacionais; é o principal *hub* da costa Oeste para os voos transpacíficos da Delta e para a Alaska Airlines.

O SeaTac está localizado na Grande Seattle, a cerca de 21 quilômetros do centro, e um táxi custará de 45-50 dólares, mais a gorjeta, numa viagem que leva de 20-60 minutos, dependendo do trânsito. Atualmente, o Seattle Yellow Cab tem exclusividade para traslados saídos do aeroporto, mas na cidade há um monte de empresas concorrentes.

Você também pode usar o metrô de superfície Link para ir do SEA a vários pontos em Seattle. Os trens chegam a cada 6-15 minutos, dependendo da hora do dia. É uma viagem de 40 minutos e sai a 3 dólares do aeroporto ao centro da cidade; consulte www.soundtransit.org para obter informações detalhadas sobre horários, tarifas e linhas.

Fãs do transporte ferroviário podem chegar a Seattle pelo trem Amtrak Cascades, que opera entre Vancouver, Colúmbia Britânica e Eugene, Oregon, ou pelo Empire Builder, uma rota noroeste que tem Chicago e Seattle nas extremidades. (Consulte www.amtrak.com para obter detalhes.) A King Street Station, perto da Pioneer Square, atende a Amtrak e também a várias linhas de trem. Uma estação bonita e funcional com uma torre do relógio impressionante, construída em 1906 e restaurada em 2013.

Para se locomover de transporte público em Seattle, a jogada mais inteligente é comprar um cartão Orca, que lhe dará acesso aos vários sistemas de ônibus, balsas, metrô leve e trens urbanos que conectam a região. Veja www.orcacard.com.

COMER NA CIDADE ESMERALDA

Tony explorou Seattle em ritmo frenético, para um episódio do *Fazendo escala*, em 2012, procurando encontrar, em 48 horas, os melhores café da manhã, almoço, jantar e drinques.

"Café da manhã primeiro, certo? O **Seatown** integra o império do chef Tom Douglas, formado por restaurantes muito bons. Este aqui é particularmente excelente, exatamente o que eu preciso no momento." Situado perto do famoso Pike Place Market, Seatown oferece um menu enxuto com frutos do mar crus e cozidos, *chowders*, sanduíches, pratos e bebidas. Tony optou pelo **"famoso sanduíche de caranguejo e ovo: um sanduíche de ovo frito com caranguejo Dungeness"**, junto com um Bloody Mary bem preparado, o drinque de café da manhã que reinicia o dia.

SEATOWN MARKET DINER: Western Avenue, 2010, Seattle, WA, 98121, Tel. 206 436 0390, www.seatownrestaurant.com (sanduíche de caranguejo e ovo, 20 dólares; pratos principais, 15-31 dólares; ostras, 40 dólares a dúzia)

Durante a visita a Seattle, em 2017, para o *Lugares desconhecidos*, Tony teve uma conversa incisiva durante um almoço notável no **Revel**. "A chef é Rachel Yang e a comida é coreana. Para comer: *noodles* com coentro, *yu choy* e bife de chapa em fatias finas. Panquecas *kimchi* com barriga de porco assada e broto de feijão. Tigela de arroz com costela marinada com *sambal* da casa, *daikon*, *kimchi* e ovo. E bolinhos de costela cobertos com cebola em conserva e salada de cebolinha."

REVEL: Westlake Avenue North, 513, Seattle, WA, 98109, Tel. 206 547 2040, www.revelseattle.com (pratos, 12-22 dólares; coquetéis, 10-12 dólares)

Na costa de Washington, com a interação entre o oceano Pacífico e a profunda e extensa enseada de Puget, **"temos uma tonelada de água fria que produz alguns dos melhores peixes de água doce. Um dos melhores lugares para explorar a impressionante variedade de frutos do mar do noroeste do Pacífico é o The Walrus and the Carpenter, um bar de ostras e restaurante informal comandado por Renee Erickson"**. Batizado com o título de um poema de Lewis Carroll escrito em 1872, o lugar serve, há mais de uma década, ostras da região e releituras surpreendentes e habilidosas de clássicos, como uma salada de couve com atum albacora e uma *tartine* de mexilhão com manteiga de nori e funcho em conserva.

"Seattle fazia as pessoas desejarem coisas que nem sabiam que precisavam mas que, evidentemente, todos precisávamos. Você talvez não saiba que precisa, mas precisa.

"Esta noite, vou comer amêijoas no vapor com bacon, alho e feijão cannellini. Essa é a felicidade perfeita para mim. É simplesmente delicioso."

THE WALRUS AND THE CARPENTER: Ballard Avenue, 4743, NW, Seattle, WA, 98107, Tel. 206 395 9227, www.thewalrusbar.com (pratos a 13-22 dólares; refeição usual em torno de 50 dólares por pessoa)

"O Taylor Shellfish Oyster Bar na Pioneer Square também é bastante tradicional. A família Taylor cultiva mais de 48 quilômetros quadrados de terras alagadiças no estreito de Puget, Willapa Bay e no Hood Canal há mais de cinco gerações, desde 1890." Em 2017, Tony fez uma visita para gravar o *Lugares desconhecidos* e descobriu, claro, que **"eles sabem o que estão fazendo"**. Ficou especialmente impressionado com o **"peixe-rei local, frito inteiro e servido com aioli de *sambal* e *pepperoncini*; caranguejo Dungeness local, cozido e resfriado com molho de gengibre em conserva, e ostras, muitas ostras"**.

TAYLOR SHELLFISH OYSTER BAR (unidade da Pioneer Square): Occidental Avenue South, 410, Seattle, WA, 98104, Tel. 206 501 4060, www.taylorshellfishfarms.com (ostras, 2,50-3,25 dólares por unidade; pratos crus e cozidos, sopas e sanduíches, 5,50-19 dólares)

ESTADOS UNIDOS

Tony passou algumas de suas horas durante o episódio do *Fazendo escala* no requintado restaurante "**Canlis, um exemplo belíssimo de glamour retrô sem qualquer ironia. Uma cozinha com 60 e poucos anos de tradição que sabe preparar um bom pedaço de carne sangrenta. É um dos poucos restaurantes em Seattle que exigem blazer, numa cidade em que, em geral, se veste de um modo bastante informal. Está bombando.**" O Canlis funciona no bairro de Queen Anne desde 1950, numa impressionante casa moderna construída com vista para a cidade, o lago e as montanhas. Os irmãos Brian e Mark Canlis são os representantes da terceira geração da família. A história da casa envolve o avô deles, que trabalhava para Teddy Roosevelt no Egito, passa por sua ajuda na sequência do ataque a Pearl Harbor e pelo contrabando de frutos do mar frescos entre o Havaí e o continente. (Acesse o site do restaurante para ler a história completa.)

O chef Brady Williams comanda a cozinha, que, durante a visita de Tony, preparou "**tortellini de alcachofra, *steak tartare* e bolo de caranguejo Dungeness para começar**", seguidos de "**pato Muscovy, dessecado por 14 dias, assado inteiro, temperado com chutney de laranja, erva-doce e cebola cipollini; um monstruoso *rib-eye* Gleason Ranch, ao ponto para malpassado; e uma bochecha de porco ibérico com morango e erva-doce**". Os itens atuais do cardápio incluem cavala curada em kombu, cenouras com verniz de huckleberry, chouriço e amêijoas e bacalhau preto com velouté de milho.

CANLIS: Aurora Avenue North, 2576, Seattle, WA, 98109, Tel. 206 283 3313, www.canlis.com (menu degustação de quatro pratos, 135 dólares por pessoa mais taxa de serviço de 20%)

ERVA DO OESTE

"Erva, fumo, ganja, baseado; chame do que quiser: é maconha. Ah, eu poderia continuar o dia inteiro. Para encurtar a história, o estado de Washington legalizou a maconha em 2012. E pretendo aproveitar isso ao máximo, ao mesmo tempo que cumpro escrupulosamente a lei, como sempre faço. As opções disponíveis em lugares como esse, a **Emerald Haze**, são coisa de doido." Tony visitou a Emerald Haze em 2017, para pegar com as próprias mãos um pouco de Blueberry Kush, Alaskan Thunderfuck e Dutch Treat da **Hollingsworth Cannabis Company**, uma empresa verdadeiramente familiar.

"Enquanto executivos estão correndo para ganhar dinheiro com a nova colheita, a Hollingsworth Cannabis Company faz isso de uma maneira mais lenta e bem mais pessoal: estufas movidas a energia solar, buds aparados e embalagens feitos à mão, garantindo apenas as melhores e mais frescas flores. Eles estão mantendo tudo em família: Raft cuida da fabricação e da plantação, Joy faz o processamento e as vendas, a titia deixou a aposentadoria de lado para ajudar com o preparo do óleo, o papai etiqueta as embalagens e a mamãe prepara os cigarros vendidos já enrolados e auxilia no controle de qualidade. Como fiz e farei de novo."

EMERALD HAZE CANNABIS EMPORIUM: NE Sunset Boulevard #5, 4033, Renton, WA, 98056, Tel. 425 793 4293, www.emeraldhazece.com (preços variam)

HOLLINGSWORTH CANNABIS COMPANY: Consulte www.hollingsworthcannabis.com para obter uma lista de varejistas do estado de Washington que vendem seus produtos (preços variam)

VIRGÍNIA OCIDENTAL

Um ano após a eleição de Donald Trump para o cargo de presidente, em 2017, Tony e a equipe do *Lugares desconhecidos* visitaram a Virgínia Ocidental, buscando entender melhor, sem preconceitos, como era a vida em um estado ferozmente republicano.

"É fácil pensar, tendo vivido em Nova York a vida toda, que essa é a cara dos Estados Unidos, que assim pensam os norte-americanos, que as coisas que são importantes para mim são importantes para todos. Que todo lugar é... 'o outro'. Impensável, talvez até impossível de conhecer."[24]

"A 900 quilômetros de Midtown Manhattan fica o condado de McDowell, Vigínia Ocidental: outra América." Situada ao longo da fronteira sul do estado, já foi uma área próspera, impulsionada pela mineração de carvão.

"A cidade de Welch era conhecida, em seus dias de glória, como 'pequena Nova York'. O restante do país extraiu um monte de dinheiro dessas colinas ao longo das décadas. Bilhões e bilhões de dólares. E quando ficou mais barato ou mais conveniente tirar de outro lugar o carvão de que precisávamos para alimentar as redes elétricas e produzir aço, foi isso que sobrou." Quarteirões de vitrines vazias, uma população cada vez menor, uma cidade rural sendo retomada pela natureza no seu entorno. Fica a uma hora de carro do Walmart mais próximo.

"Mas não tenha pena das pessoas daqui, que, apesar do que você possa pensar, não se iludem quanto a um retorno aos dias de glória do carvão e de tempos melhores.

"Na mente de muitos de meus conterrâneos nova-iorquinos, é o coração da terra de Deus, das armas e de Trump; o inimigo existencial. Para nossa vergonha duradoura, é impensável refletir sobre o assunto, muito menos ter empatia por alguém que vem de cinco gerações de mineiros de carvão, num lugar que se parece com este. Pois bem, fui para a Virgínia Ocidental, e quer saber de uma coisa? Aqui, no coração de todos os sistemas de crenças dos quais já zombei ou aos quais me opus, fui recebido de braços abertos. Encontrei um lugar comovente e bonito. Um lugar que simboliza — que *contém* — tudo o que há de errado, e de maravilhoso, e de promissor nos Estados Unidos."

CHEGADA E DESLOCAMENTO (E HOSPEDAGEM)

O condado de McDowell, na Virgínia Ocidental, não tem realmente um aeroporto local. O mais próximo que você chegará com um voo comercial será no **Aeroporto de Yeager (CRW)**, em Charleston, Virgínia Ocidental, a duas horas e meia de carro do condado de McDowell; o **Aeroporto Internacional Piedmont**

Triad (GSO) em Greensboro, Carolina do Norte, a três horas e meia de carro; o **Aeroporto Internacional Charlotte Douglas (CLT)** em Charlotte, Carolina do Norte, a quatro horas de viagem, ou o **Aeroporto Internacional de Pittsburgh (PIT)**, a cinco horas de viagem. A estação de trem da Amtrak mais próxima fica em Prince, Virgínia Ocidental, a noventa minutos de carro de Welch.

Há alguns serviços de táxi na região, mas nenhum em Welch e, embora as empresas de transporte de passageiros por aplicativo mostrem alguma ação na área, o sinal de celular não é lá muito confiável, na melhor das hipóteses. Em suma, você vai precisar ter o próprio veículo.

Durante a estadia em Welch, Tony se hospedou no simples, porém limpo e confortável **Count Gilu Motel**, raro por ser um negócio familiar e existir numa região onde o que há de opções são redes sem personalidade. Há um jardim atrás da propriedade, e cafeteira, micro-ondas e frigobar em cada quarto, e os sons de um riacho próximo para lembrar que "**não sobraram muitos lugares tão bonitos no mundo, e isso é algo bastante valioso**", como Tony disse sobre o sul da Virgínia Ocidental, numa entrevista ao *Welch News*.

COUNT GILU MOTEL: Vocational School Road, 201, Welch, WV, 24801, Tel. 304 436 3041 (sem site) (diárias a partir de 80 dólares)

CULINÁRIA DO PASSADO E DO FUTURO NOS APALACHES

"Os Apalaches têm uma cultura culinária rica e que é cada vez mais fetichizada, modificada e apropriada para os gostos refinados da elite disposta a pagar muito dinheiro pelo que costumava ser, e ainda é, em muitos casos, o alimento dos pobres."

Por meio de seu trabalho de restauração de uma fazenda familiar há muito adormecida, os proprietários Amy Dawson, formada em direito, e o chef Mike Costello, formado em jornalismo, "estão procurando manter viva e apreciada essa cultura, e contribuindo localmente, para a região na qual ela nasceu. Eles administram uma cozinha itinerante [Lost Creek Farm] que circula por todo o estado com ingredientes locais, receitas dos Apalaches e as histórias por trás delas".

Dawson e Costello esperam conscientizar e arrecadar dinheiro suficiente, em suas viagens regionais, para abrir uma cozinha permanente e um centro educacional na fazenda. Por enquanto, eles oferecem serviço de bufê, atendem eventos privados, dão oficinas e vendem em lojas temporárias.

Uma refeição ao ar livre em sua fazenda contará com ingredientes cultivados, crescidos e colhidos ali mesmo, como a fruta *pawpaw* misturada em sorvete, coelho, carne de veado e hortaliças históricas, cultivadas com sementes cuidadosamente guardadas por gerações.

"Essa é a aparência de uma relíquia de família quando não está numa '*holy foods*': milho Bloody Butcher, feijões Fat Horse, abóbora Candy Roaster e tomates graúdos amarelados Homer Fikes. Esses ingredientes definem uma época e um sabor quase perdidos."

LOST CREEK FARM: Sunrise Road, 104, Lost Creek, WV, 26385 (consulte www.lostcreekfarmwv.com para ver o calendário de eventos e lojas temporárias regionais)

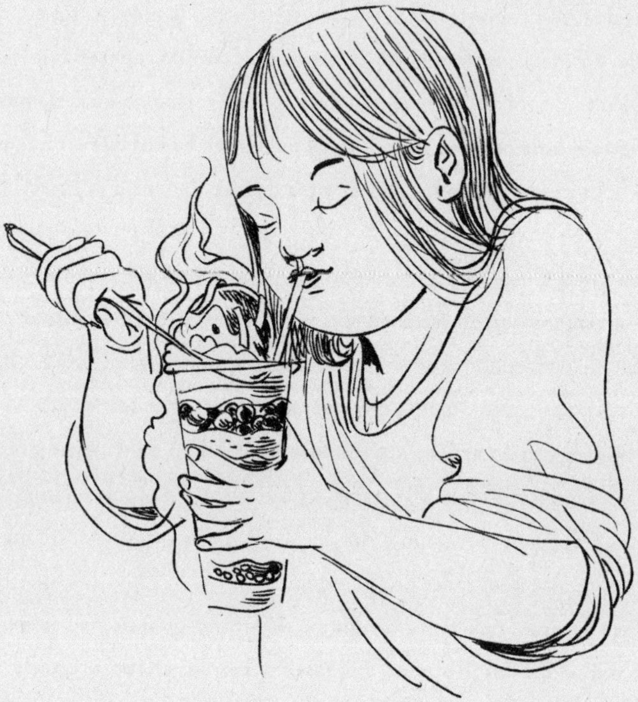

FILIPINAS

MANILA

Após súplicas cada vez mais insistentes dos fãs filipinos, que ficaram frustrados quando viram seu país ser ignorado, ano após ano, em favor de outros cantos do Sudeste Asiático, Tony visitou as Filipinas pela primeira vez em 2008, para a quinta temporada do *Sem reservas*, e voltou sete anos depois para o *Lugares desconhecidos*.

"A história das Filipinas é longa, complicada, extraordinariamente violenta. Difícil de quantificar ou descrever num pequeno parágrafo elegante. Vem dos povos nativos polinésios, das ondas de colonos e comerciantes malaios e chineses, e da colonização por espanhóis e norte-americanos. No que tange os Estados Unidos, há uma história grande e profundamente pessoal.

"As Filipinas pagaram um preço muito alto durante a Segunda Guerra Mundial. Entre os invasores japoneses e nossos bombardeiros, Manila foi praticamente arrasada. Eles tendem a gostar de nós nas Filipinas, daquele jeito que uma pessoa gosta de alguém que a libertou de um inimigo, mas que também arrasou seu país no processo. A aparência de Manila, hoje em dia, é um produto daquela época e daqueles valores do pós-guerra, e também de uma enorme presença militar norte-americana."[1]

CHEGADA E DESLOCAMENTO

Voe para o **Aeroporto Internacional Ninoy Aquino de Manila (MNL)**, assim chamado em homenagem ao ex-senador filipino Benigno "Ninoy" Aquino, foi assassinado em 1983, quando voltava do período de exílio nos Estados Unidos. Aquino foi um grande crítico do presidente Ferdinando Marcos, um autoritário que governou o país de 1965 a 1986, e que finalmente foi afastado do cargo pela Revolução do Poder Popular, que o substituiu por Corazon Aquino, viúva de Ninoy.

Do aeroporto, são cerca de 13 quilômetros até o centro de Manila; um táxi leva de 30-60 minutos (ou mais, no horário de pico do fim do dia) e custa cerca de 200 pesos filipinos/4 dólares, mais uma gorjeta usual de 10% por um bom serviço. Por 150 pesos/cerca de 3 dólares, também há ônibus que fazem várias paradas na cidade.

Pense duas vezes antes de alugar um carro. O trânsito na área metropolitana de Manila é impossível, e é melhor você não contribuir com seu lendário engarrafamento.

CARNE DE PORCO

"Pois bem, a primeira coisa mencionada por todos os filipinos que conheço nos Estados Unidos e todos que falaram comigo no aeroporto foi: 'Você vai comer *sisig*?' O amor feroz, as reminiscências sentimentais dos filipinos nos Estados Unidos, que se lembram da comida de seu país — *sisig* sempre vem em primeiro lugar e de um modo mais emocional, e entendo perfeitamente por quê.

"Para mim, o momento 'vem aqui pro colinho da mamãe' é a mais amada das comidas de rua das Filipinas, a mistura estranhamente viciante e escaldante de cabeça de porco cortada. Uma mistura crocante, consistente, picante, saborosa e totalmente maravilhosa de texturas. Tudo que gosto numa travessa fumegante. Ah, a doce sinfonia de cortes de porco, sim, senhor."

Para uma primeira experiência com a iguaria, procure a barraca de **Sisig de Aling Lucing** em Angeles, uma cidade na província de Pampanga, cerca de 80 quilômetros a noroeste de Manila. A proprietária, Lucia Cunanan, faleceu em 2008, mas sua filha Zenaida segue seus passos, embora tenha passado a se localizar do outro lado da rua. Claude Tayag, que foi um dos guias de Tony em 2008, informa que há várias filiais com o nome de Aling Lucing, mas sem relação com a família de Lucia. (Veja o ensaio de Claude Tayag, "Desmascarando o mito de *sisig*", na página 226.)

Ao voltar, em 2015, Tony pretendia explorar as imediações de Manila, mas a fúria do tufão Nona manteve ele e a equipe de gravação presos na cidade, onde ele desfrutou de outra rodada de *sisig*, dessa vez no **Super Six Bar & Grill**, e se entregou a um devaneio induzido pela carne de porco: "**Cabeça de porco escaldante com um ovo escorrendo por cima, e, seu sacana, é melhor você pedir para outra pessoa, porque nada vai se colocar entre mim e esta delícia picante, macia e gordurosa.**"

SISIG DE ALING LUCING: Glaciano Valdez Street, Angeles, Pampanga, Tel. +63 45 888 2317 (sem site) (prato de sisig a 200 pesos/cerca de 3,75 dólares)

SUPER SIX BAR & GRILL: Remedios Street, Malate, 533, Manila, Luzon 1004, Tel. +63 2 400 7956 (prato em média a 200 pesos/3,75 dólares)

"**É verdade que minto para minha filha e digo a ela que Ronald McDonald está envolvido no desaparecimento de criancinhas. Desprezo o fast-food — e não perco uma ocasião para insultá-lo. Mas também sou um hipócrita, porque, para mim, a rede filipina Jollibee é o lugar mais maluco e feliz do planeta. Existem mais de 900 restaurantes deles por todas as 7 mil ilhas das Filipinas, além de outros tantos pelo mundo, onde quer que haja filipinos com saudade de casa.**"

JOLLIBEE: muitos endereços, www.jollibee.com.ph/stores/metro-manila/ (refeição com dois pedaços de galinha em torno de 160 pesos/3 dólares)

Desmascarando o mito do sisig

POR CLAUDE TAYAG

De todos os pratos filipinos conhecidos pelos estrangeiros, parece que o *sisig* logo substituiu em popularidade o *adobo*, o *pancit* (*noodles*) e o *lumpia* (rolinho primavera). Mas o que exatamente é o *sisig*?

De acordo com o Center for Kapampangan Studies, da Holy Angel University em Angeles, Pampanga (Filipinas), a palavra *sisig* apareceu em 1732 num dicionário pampango-espanhol; e sua definição era "uma salada servida com vinagrete".

Naquela época, as mulheres grávidas costumavam comer frutas ou vegetais frescos (mamão verde, manga verde, goiaba, coração de bananeira) mergulhados em vinagre e sal, para satisfazer o desejo por algo azedo. Conforme a gravidez progredia, a futura mãe era alimentada com uma mistura de orelhas de porco cozidas embebidas novamente em vinagre — acreditava-se que a cartilagem ajudava a deixar os ossos do feto mais fortes. Esses dois elementos compõem o *sisig babi*, mas como ele se tornou o tira-gosto favorito dos homens durante uma bebedeira, ninguém sabe.

O *sisig* fervilhante dos dias de hoje é um bom exemplo de como uma pessoa pode guiar a paisagem culinária de determinada localidade, depois de uma província, de um arquipélago e do mundo. No início dos anos 1970, Lucia Cunanan, de Angeles, era mais uma entre uma dúzia de vendedores de churrasquinho nas imediações dos trilhos da cidade, vendendo frango grelhado e uma combinação de cabeça de porco cozida e fatiada aromatizada com *sukang sasá* (vinagre de palmeira nipa), cebola, sal, pimenta-do-reino e chili, que, quando misturados, eram chamados de *sisig*.

Segundo Zenaida, filha de Lucia, certa noite sua mãe queimou sem querer uma rodada de espetos de orelha de porco. Em vez de jogá-los fora, ela picou tudo e serviu como o *sisig* cozido, temperado com vinagre, chamando-o de sua "nova" versão para a antiga receita. Tornou-se um sucesso instantâneo entre os frequentadores locais. Esta versão grelhada passou a ser conhecida como o *sisig* de Aling Lucing.

Por volta de 1976, outro angeleño, Benedict Pamintuan, abriu uma cervejaria ao ar livre, a Sisig Benedict, servindo *sisig* grelhado numa frigideira quente, o que acrescentava ao prato um toque crocante. Naquela época, o *sisig* fervilhante era popular apenas entre nós, os habitantes da região, e um ou outro turista ocasional.

Em 1980, meus irmãos, Mario e Abong Tayag, junto com nosso primo Dan Tayag, abriram o Trellis Restaurant, em Quezon City. Entre outras especialidades de Pampanga, eles serviam a versão de Benedict para o *sisig*, com a adição de fígado de frango cozido e picado. O Trellis estava na vanguarda dos grelhados e ajudou a popularizar a moda do *sisig* na metrópole.

Em outubro de 2008, Tony me entrevistou para o episódio filipino do *Sem reservas*, e deu sua primeira mordida num *sisig*. Foi amor à primeira mordida: **"Tem tudo o que eu amo na comida — pedaços de porco fervilhantes, com tudo de bom, consistente, gorduroso, crocante. E vai maravilhosamente bem com cerveja"**, escreveu em seu blog, e o mundo descobriu essa iguaria pampanga.

Meu último encontro com Tony foi em Manila, em junho de 2017, quando ele foi convidado para dar uma palestra no World Street Food Congress [Congresso Mundial de Comida de Rua]. Numa entrevista para meu programa de TV, *Chasing Flavors* [Perseguindo sabores], ele disse: "*Sisig* é o prato revolucionário que catapultou a culinária filipina para os Estados Unidos."

Hoje em dia, parece que praticamente qualquer coisa picada e servida num prato escaldante é chamada de *sisig* — mas nada supera a iguaria genuína, em toda sua gloriosa gordura de porco. Só não se esqueça de adicionar a acidez do vinagre ou calamansi, um pouco de pimenta e uma garrafa de cerveja San Miguel estupidamente gelada. *Bon appétit!*

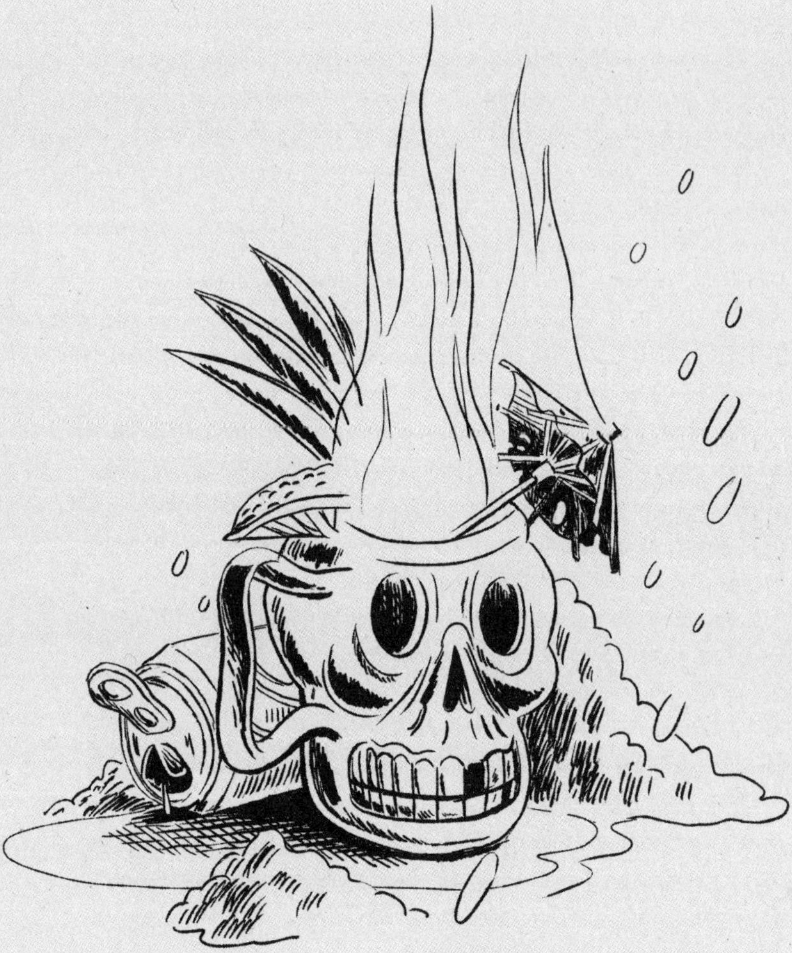

FINLÂNDIA

Com o incentivo de um fã finlandês que convenceu mais de 100 mil de seus compatriotas a implorar no Facebook para que Tony fosse gravar na Finlândia, a equipe do *Sem reservas* foi a Helsinque logo depois do Ano-novo de 2012, num período do inverno em que há apenas quatro horas diárias de luz, e, no restante do tempo, se vê um azul-escuro denso conhecido como *kaamos*, ou "noite eterna".

"Helsinque, Finlândia. O que eu sabia sobre o lugar não era, digamos, encorajador. Sabia que os finlandeses eram durões, suficientemente durões para lutar contra os nazistas e os russos. Suficientemente durões para lidar com o clima frio e severo, os invernos longos e deprimentes, os verões curtos quando se entorna bebida sem parar. Sabia que não era um lugar de sorrisos fáceis, onde havia até pouco contato visual, para falar a verdade."[1]

CHEGADA E DESLOCAMENTO

O **Aeroporto de Helsinque (HEL)** é o principal aeroporto internacional da cidade de Helsinque e arredores, com voos para o restante da Finlândia, países nórdicos e para as principais cidades asiáticas. É o *hub* da Finnair, sendo atendido também pela American Airlines e a British Airways, além de várias outras companhias aéreas europeias.

Para ir do aeroporto ao centro da cidade, existem várias linhas de ônibus e um trem; as tarifas só de ida custam 4,60 euros/5,15 dólares. Informações completas sobre o itinerário e os horários estão disponíveis em www.hsl.fn/en.

Uma viagem de táxi para a cidade a partir do aeroporto custa cerca de 50 euros/56 dólares e se leva cerca de trinta minutos para percorrer vinte quilômetros. Não há o costume de dar gorjetas aos motoristas na Finlândia, mas você pode arredondar a tarifa, por conveniência.

"BEBIDA, BEBIDA, SAUNA, BEBIDA"

"No melhor cenário possível que imagino em minha mente, quero estar em algum lugar quente, com palmeiras, drinques tropicais, o som do reggae ou de Don Ho ao longe. Em algum lugar com água morna e cristalina como gim, com cheiro de bronzeador e pele morena calorosa. Não aqui."

Quando se está "aqui", entretanto, uma visita à sauna é quase obrigatória. Invenção finlandesa e uma espécie de passatempo nacional, a sauna é **"a primeira coisa que as pessoas dizem para se fazer por aqui"**. Nos tempos da Guerra Fria, era uma forma de garantir que conversas confidenciais continuassem assim, uma vez que é impossível colocar uma escuta num político ou num agente secreto nus.

A segunda sauna mais antiga da cidade, uma "casa de dor" despojada chamada **Arla**, funciona no bairro de Kallio desde 1929, sem interrupções. Aqui você encontrará instalações separadas para homens e mulheres, e exposições temporárias de artistas locais. Os frequentadores podem trazer suas próprias bebidas. Tony foi munido de cerveja, gim e coquetéis de grapefruit, além de chouriço grelhado nas brasas da fogueira a lenha que, junto com o gás natural, fornece o calor para a sauna.

Serviços de massagem estão disponíveis, é claro, assim como uma combinação horrenda de ventosas e sangria, com a intenção de extrair quase meio litro de sangue tóxico. **"E, assim, nossa terapeuta, dona de uma animação desconcertante, veste luvas cirúrgicas, coloca as ventosas e começa a dar alfinetadas, afundando seu ferrãozinho afiado na minha carne repetidas vezes sem qualquer remorso."**

SAUNA ARLA: Kaarlenkatu, 15, Helsinque, 00530, Tel. +3589 7192, www.arlansauna.net (entrada a 14 euros/15,50 dólares; inclui toalha)

"Está na hora de novo. Na hora de qualquer especialidade local — carne em forma de tubo, esponja de birita, cachorro mutante — seja lá o que for que os locais precisam naquele momento em que se sentem, digamos, um tanto passados. Aqui, os bebedores tendem a precisar de algo com um pouquinho mais de premência, e, como resultado, talvez, apenas talvez, sejam um pouco mais tolerantes com o que é oferecido.

"O Jaskan Grilli é um favorito da madrugada, uma lenda entre os bebedores daqui. É um quiosque famoso atrás do prédio do Parlamento Finlandês, comandado por uma mulher idosa que despacha vários discos gordurosos e tubos de carne escaldantes para rebater o álcool consumido nas horas anteriores.

"Comece com uma rodela de carne misteriosa preparada no micro-ondas e siga com uma apertada generosa nos potes de condimento pendurados no teto. Sem miséria, meu amigo. Em seguida, empilhe as coberturas. Alho, abacaxi, maionese, condimentos e algo parecido com queijo. Isso devolve o desprezo por si mesmo ao ato de beber, e Deus sabe que todos nós precisamos disso."

JASKAN GRILLI: Dagmarinkatu, 2, 00100, Helsinque. Sem telefone, sem site (os itens custam cerca de 5 euros/5,50 dólares)

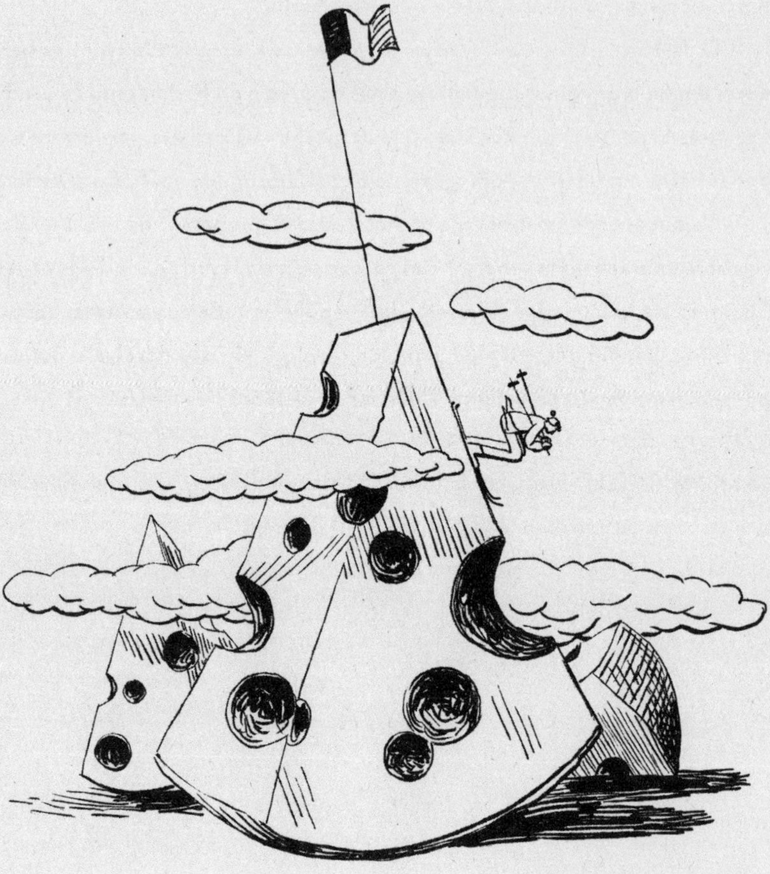

FRANÇA

CHAMONIX (ALPES FRANCESES)

"Os Alpes Franceses: belos italianos de um lado, suíços aterrorizantes logo ali. Perto, perto demais para mim, um homem com trauma de infância e medo neurótico de paisagens alpinas, cantos tiroleses e até de queijos furados."[1]

Para seu conforto, Tony foi para os Alpes na companhia do chef Eric Ripert, para filmar um episódio do *Lugares desconhecidos* em altitudes elevadas, em 2017.

"Meu amigo Eric cresceu em montanhas como esta. É um esquiador experiente. Isso aqui é como estar em casa para ele. Em minhas aventuras recentes com ele, fui cruel. Achei que seria justo que ele tivesse uma oportunidade para se vingar.

"Não sou um esquiador elegante. Sou entusiasmado. E é para isso que você vem para cá no inverno e no início da primavera — para encarar algumas das melhores encostas do planeta. É também pelo queijo: aparentemente, muito queijo."

CHEGADA E DESLOCAMENTO

O aeroporto mais próximo dos Alpes é o **Aeroporto Internacional de Genebra**, antes conhecido como Cointrin, nome que ainda é bastante usado. Este aeroporto atende voos de dezenas de cidades europeias e de destinos no Oriente Médio, na África, na Ásia e na América do Norte e do Sul. É, sem surpresa alguma, o *hub* da Swiss International Airlines.

O aeroporto está localizado na fronteira franco-suíça e, portanto, tem um "lado" suíço e um "lado" francês, diferenciados pelos códigos **GVA** e **GGV**, respectivamente. É possível entrar e sair de qualquer um dos lados sem problemas com o passaporte, mas os valores do aluguel de automóveis costumam variar entre os dois, e é essencial devolver o carro alugado no lado correto no final da estadia, para evitar uma multa pesada.

Chamonix fica a cerca de uma hora de viagem do aeroporto de Genebra, e se você não for alugar um carro, existem diversas opções de transporte particular e compartilhado, desde ônibus por cerca de 20 euros/23 dólares, ida e volta, a carros particulares por até 500 euros (550 dólares). É possível fazer a viagem para Chamonix saindo de Genebra de trem, por 30-40 euros/33-45 dólares cada trecho, mas a rota não é direta e leva aproximadamente três horas, com uma ou mais baldeações pelo caminho.

Descanse dos suores causados pelo queijo e das atividades exaustivas nas pistas de esqui em grande estilo no **Hôtel Mont-Blanc**, um resort alpino histórico, de luxo, em funcionamento desde 1849 aos pés do pico mais alto da Europa. Ele passou por uma reforma recente, com uma renovação completa do interior para se adaptar aos padrões do século XXI. Vista deslumbrante, decoração sofisticada, serviço requintado, uma piscina externa aquecida, própria para nadar no inverno — em suma, um lugar de baixíssimo impacto para se recolher e superar os desafios gastrointestinais de uma viagem repleta de queijo e carne.

HÔTEL MONT-BLANC: Allée du Majestic, 62, 74400, Chamonix-Mont--Blanc, Tel +33 450 530564, www.hotelmontblancchamonix.com (diárias a partir de 320 euros/357 dólares)

QUEIJO

"Onde eu aprendi a esquiar, com sorte você conseguia um frango empanado e uma Bud Light no chalé. Aqui temos *foie gras* selado." Tony se referia ao **La Ta-**

ble de Plan Joran, um restaurante requintado, com décadas de existência, numa pista de esqui. "Como prato principal, um lombo de vitela, ligeiramente selado e passado na frigideira, acompanhado por um molho de cogumelos selvagens e um bonito sortimento de verduras. E ataco o prato de queijos como um exército de um homem só: *tomme de chèvre, tomme de savoie au Piment, fromage de chèvre frais, et Cremeux des Reines*."

LA TABLE DE PLAN JORAN: Domaine des Grands-Montets, Argentière, 74400, Tel. +33 4 5054 0577, www.planjoran-restaurant.com (40-50 euros/45-55 por pessoa, somente almoço)

Depois de uma manhã esquiando, recomponha-se para almoçar no **La Crèmerie du Glacier**. É o restaurante de uma pousada alpina clássica, instalada num chalé de 1926, especializado na tradicional culinária da região da Saboia, à base de batatas, queijos e carnes curadas.

Primeiro prato: *croute aux morilles*, ou pão crocante com cogumelos morchella ao creme de nata, coberto com queijo Comté. Depois: *farçon*. "Acho que deve significar 'bala de canhão de gostosura' em francês, porque é um bolo grande e pesado, mas completamente delicioso, feito com batata, bacon, frutas secas e creme, cozido lentamente em banho-maria. Esta refeição é uma prévia do tipo de comida levinha, digna de um spa, que se tornará uma característica frequente de nossa estadia nos Alpes."

LA CRÈMERIE DU GLACIER: Chemin du Glacier, 766, Chamonix-Mont--Blanc, 74400, Tel. +33 04 5054 0752, www.lacremerieduglacier.com (fondue 15-20 euros/17-22 dólares por pessoa)

Finalmente, que tal mais queijo? "O Hôtel Du Buet existe há muitos anos; a atração aqui é o queijo, no caso a icônica raclette e a igualmente icônica fondue." A primeira consiste num queijo de leite de vaca semiduro, derretido numa chapa em frente a uma lareira e depois raspado e despejado por sobre batatas ou pão; a segunda é uma combinação dos queijos locais Emmental e Gruyère, vinho branco, *kirsch* e alho. Como o nome sugere, o Du Buet também recebe hóspedes que pernoitam num chalé de 24 quartos que pertence à família Chamet há mais de 130 anos.

Depois de liquidar meio quilo de queijo e de devorar um prato de sobremesa em que as raspas de fondue são cozidas com cubos de pão, um ovo, açúcar e conhaque, prepare-se para o indelicado tema da constipação induzida por queijo. "Você vai ficar com uma grande bala de canhão de coco alojada no rabo como se fosse a cabeça de um bebê. Sim, a coisa é do tamanho de uma maldita cabeça de bebê. Se você for homem, vai entender a dor do parto."

HÔTEL DU BUET: Le Buet, Vallorcine, 74660, Tel. +33 0450 546005, www.hotelbuet.com (fondue a cerca de 16 euros/18 dólares por pessoa; pratos principais a 15-28 euros/17-31 dólares)

LYON

"Esta é a história de um homem, um chef e uma cidade... É sobre uma árvore genealógica e seu tronco, de onde saíram muitos galhos. E é sobre comida, muita comida. Ótima comida, uma das melhores que há.

"Lyon está situada no sudeste da França, a meio caminho entre os Alpes, a leste, e o Mediterrâneo, ao sul. Ao longo do século passado, o sistema daqui produziu um número impressionante de chefs que estão entre os mais importantes do mundo: Fernand Point, Alain Chapel, os irmãos Jean e Pierre Troisgros, Paul Bocuse. E, igualmente importante, influenciou quase todos os demais.

"Em Lyon, uma cidade que acredita no poder dos alimentos de modo absoluto, um nome está por toda a parte. Um nome que trouxe honra, atenção e milhões de visitantes à cidade. Embora tenha havido muitos chefes heroicos nos anais da gastronomia, em Lyon e mesmo em toda a França, um nome paira acima dos outros. Painéis, pontes, mercados, brasseries casuais, o nome de Monsieur Paul está em toda a parte."[2]

CHEGADA E DESLOCAMENTO

O principal aeroporto de Lyon é o **Lyon-Saint Exupéry (LYS)**, com voos para todos os principais destinos da França e da Europa e alguns para África, Oriente Médio e América do Norte (embora não haja nenhum voo direto para os Estados Unidos).

O bonde Rhônexpress transporta passageiros entre o aeroporto e a estação ferroviária Lyon Part-Dieu, localizada no centro, com duas paradas intermediárias. É uma viagem que dura cerca de 30 minutos e custa cerca de 16 euros/18 dólares só de ida, 28 euros/31 dólares ida e volta, com gratuidade para crianças de até 12 anos de idade. Linhas, horários e bilhetes on-line estão disponíveis em www.rhonexpress.fr/en.

A estação de trem Gare TGV Lyon-Saint Exupéry fica a cinco minutos a pé do aeroporto e oferece conexões para o centro da cidade, bem como para dezenas de destinos na França.

Há também táxis, que levam cerca de 45 minutos para percorrer a distância de 30 quilômetros até o centro da cidade e cobram 50-100 euros/56-100 dólares, dependendo do trânsito e do horário. Os táxis podem ser chamados nas ruas de Lyon, e você os encontrará enfileirados nas portas das estações de trem e em algumas das vias principais. Lyon também tem sistemas robustos de metrô, ônibus e bonde, como convém à terceira maior cidade da França. Informações sobre linhas, tarifas e muito mais podem ser encontrados em www.tcl.fr.

COMER EM LYON

"Por que Lyon? Por que aqui? Veja os fundamentos — as coisas que os *lyonnais* consideram direitos de nascença. O direito, por exemplo, de comer uma deliciosa carne de porco curada em formas inimaginavelmente deliciosas: terrine, paté, salsichas, rillettes. É uma arte venerada e bastante apreciada por aqui. E poucos nomes despertam mais respeito dos aficionados por porco do que **Reynon**."

Faça uma visita a Reynon, um *charcutier* que está no ramo desde 1937 sob o comando da mesma família, para testemunhar a montagem dos embutidos rosette, Jesus, cervelas e sabodet. Você ficará devidamente assombrado e humilhado diante do volume, da eficiência e da perfeição com que trabalham os mestres *charcutiers*. E se tiver a oportunidade de tentar sua sorte neste ofício, assim como Tony fez, talvez tente disfarçar suas próprias tentativas desajeitadas e malsucedidas fazendo piadas com pênis e bebendo vinho.

REYNON: Rue des Archers, 13, Lyon, 69003, Tel. +04 7837 3908, www.reynonlyon.com (preços variam)

"Para um viciado em drogas, 'alimentar o macaco' significa encontrar e injetar heroína. Para um pobre rapaz, é isso: comida francesa. Em especial, a comida de Lyon. A história exemplar de Bill Buford. Escritor, editor, leão literário com um emprego perfeitamente bom como editor de ficção na prestigiosa revista *The New Yorker*. Na indigna idade de 53 anos, ele apostou alto, deu uma pausa em toda sua vida pregressa e debandou para a França para aprender a cozinhar." (Veja o ensaio de Bill sobre Lyon e Tony na página 240.)

Tony jantou com Buford no **Le Café Comptoir Abel**, que é um *bouchon*. O *bouchon* é "uma instituição de Lyon: um tipo de pub e bistrô informal e descontraído com menu limitado, em geral no estilo *old-school*, e sempre, sempre com uma pegada despretensiosa. As pessoas vêm para cá para descontrair, relaxar e comer à vontade".

O cardápio é abastecido com verdadeiros clássicos como o *saucisson chaud* com lentilhas, frango com cogumelos morchella e natas e *steak frites*, preparados sob a supervisão do chef Alain Vigneron. Experimente as *quenelles de brochet*, "um peixe de rio sem nada de fabuloso, o lúcio, envolto por uma massa leve, como *pâte à choux*, fofa e aerada, mas ainda rica, à deriva num molho Nantua cremoso, quase como uma bisque, feito com lagostim, *crème fraîche*, vinho branco e um toque de conhaque."

LE CAFÉ COMPTOIR ABEL: Rue Guynemer, 25, Lyon, 69002, Tel. +04 7837 4618, www.cafecomptoirabel.com (pratos em média a 20 euros/23 dólares)

"Ao lado e, segundo alguns, acima dos nomes dos outros gigantes da culinária de Lyon e arredores, está o sobrenome Troisgros. Iniciado pelos irmãos visionários Jean e Pierre, a Maison Troisgros recebeu três estrelas Michelin em 1968 e deu início a uma dinastia de excelência culinária que continua até hoje com o filho de Pierre, Michel, e seu filho Cesar.

Muitos consideram a Maison Troisgros o melhor restaurante do mundo. E na década de 1960, os irmãos Pierre e Jean foram importantes pioneiros e inovadores fundamentais daquilo que viria a ser conhecido como 'nouvelle cuisine." Vá atrás da marca registrada dos Troisgros: um filé de salmão com molho de manteiga, vinho branco, caldo de peixe reduzido, *crème fraîche* e folhas de azedinha.

"Contemple um de seus clássicos revolucionários: um dos pratos mais inovadores, atemporais e importantes da história. Pode parecer simples agora, mas virou o mundo de cabeça para baixo quando estreou no menu do Troisgros em 1962."

MAISON TROISGROS: Route de Villerest, 728, 42155, Ouches, Tel. +33 4 7771 6697, www.troisgros.com (pratos a 70-120 euros/190-225 dólares; menus-degustação 120-500 euros/134-560 dólares)

"Nos anos 1970, quando era um jovem aspirante a cozinheiro, consegui colocar as mãos num exemplar em francês do clássico livro de receitas de Paul Bocuse, *La Cuisine du Marché*, e fiquei boquiaberto, assombrado, com as fotos. Me esforcei para traduzir as descrições de pratos fantásticos que sabia que jamais poderia preparar, muito menos comer."

Chegou, por fim, a oportunidade de Tony de comer tais pratos, é claro — e na presença do próprio mestre Paul Bocuse, alguns anos antes de sua morte. Tony lembrou:

"Hoje, fui presenteado com os maiores sucessos de uma carreira gloriosa, fabulosa. Pela primeira vez e provavelmente a última, me sentei ao lado do grande homem em pessoa, e Daniel [Boulud] e eu fomos brindados com um menu que, daqui a cem anos, os chefs vão admirar e sorrir com

Sobre Lyon

POR BILL BUFORD

Lyon trouxe à tona a leveza de Tony.

Lyon gosta de se ver como "a capital gastronômica do mundo" e, tenho razão ou não, não há dúvida de que é uma cidade que leva a comida muito a sério. Foi o que mexeu com Tony, a atitude reverente em relação à mesa.

Um episódio especialmente comovente foi quando ela visitou a cantina da escola onde Daniel Boulud comia na infância. Essas cantinas são milagres da educação alimentar. (São diferentes das cantinas de Paris? Não faço ideia. Moramos em Lyon durante cinco anos. Visitamos Paris três vezes, uma delas para renovar o passaporte. Lyon e Paris mantêm uma relação de antipatia mútua que atravessa os séculos. Aos olhos dos *lyonnais*: os parisienses não entendem Lyon. Aos olhos dos parisienses: por que eles se dariam ao trabalho de fazer isso?)

Uma cantina ensinou a Boulud o que deveria ser uma verdadeira refeição francesa. Uma cantina ensinou também nossos filhos, meninos gêmeos que chegaram com 3 anos de idade e foram imediatamente matriculados na escola local.

As refeições eram verdadeiros espetáculos. Sempre com três pratos: uma entrada com verdura ou sopa, um prato principal orgânico (carne ou peixe e sempre uma opção vegetariana), sempre um molho, um laticínio no final, em geral um queijo. Ninguém é obrigado a comer. Mas se você não termina o primeiro prato, não é servido com o segundo. E se não o termina, não ganha a sobremesa.

Numa manhã de domingo, três meses depois de nossa chegada, estava fazendo omeletes. Um de meus filhos, Frederick, entrou na cozinha e disse: "*Dada*, não sabia que você conseguia fazer uma *omelette nature*." As coisas que descobri amontoadas nesta pequena frase: Frederick agora me chamava de *Dada*, um termo francês; pronunciava a palavra omelete à francesa, batendo forte no 't' de omelete; e que ele gostava de omelete sem nada dentro.

Omeletes francesas são diferentes das norte-americana. Não se usa *fouet*. Não se deixa que as claras cresçam ou endureçam. Elas vão para o fogão de forma que fiquem macias, um tanto molengas, mas com bossa. Naquela época, eu estava no Institut Paul Bocuse e aprendi a preparar omeletes numa aula. Os meninos aprenderam na cantina da escola.

La Cuisine Lyonnaise, um clássico publicado na década de 1920 e escrito por Mathieu Varille, oferece relatos históricos do que você encontrará num prato *lyonnai*s: *quenelle*s, um suflê de peixe; o *saucisson*; frango com muitas variações. Também inclui regras: refletir sobre o que se está comendo; não ler nem ouvir música (os telefones celulares não existiam na década de 1920); não comer de pé nem em qualquer lugar que não seja uma mesa; não beber água enquanto se come, beber vinho; comer a sobremesa, sempre. Apreciar a comida que alguém preparou para você.

Isso é o que se aprende a partir dos 3 anos de idade.

O episódio do *Lugares desconhecidos* de Tony em Lyon é uma homenagem a Paul Bocuse. Bocuse transformou Tony em seu cachorrinho, coisa que Tony não costuma ser naturalmente.

A expressão culinária mais elevada da cidade está em seus "grandes chefs". A ideia é estranha para um norte-americano. Um grande chef tem reconhecimento nacional, é um ser supremo, o cozinheiro enquanto artista, um indivíduo com dons que inspiram admiração e prazer. É o que todo jovem chef ambicioso deseja se tornar. Não houve chef maior que Paul Bocuse.

O respeito de Tony por Bocuse parecia revelar, pelo menos para mim, a seriedade com que Tony encarava sua primeira profissão. Tony tinha o hábito de depreciar suas credenciais, desmerecendo-as como as de um viciado em adrenalina num bistrô de baixo nível. Acredito agora que, secretamente, ele chegou a ter sonhos de grandeza. Ele entendeu o chamado.

Nossa última noite foi durante a *Fête des Lumières*, mas pouco do evento está no programa. Foi um erro estar perto dele.

É uma festa de três noites que ocorre em dezembro, remonta a 1852 e que homenageia a Virgem Maria. A santa, evidentemente, deu um fim milagroso a um episódio de praga na cidade depois que seus habitantes rezaram com fervor, pedindo sua intervenção. Os moradores expressaram sua gratidão com velas nas janelas.

apreço, sentimentalismo e respeito." O menu incluiu sopa de trufas pretas VGE (em homenagem a Valéry Giscard d'Estaing, presidente da França de 1974 a 1981), robalo cozido em crosta de massa com *sauce choron*, *pot-au-feu* e o ponto alto: "**Como se o chef tivesse ouvido meus anseios secretos mais profundos e sombrios: a lendária** *lièvre à la royale*, **uma receita dificílima de lebre selvagem, quase completamente desaparecida. Primeiro, o animal é cozido devagar, depois coberto por um molho feito com seu coração, seu fígado e seus pulmões, picados e engrossados com o próprio sangue do bicho. Depois de mais de seis horas de preparo, a lebre é servida inteira, como o**

A prática continua, uma visão bela e contemplativa, quando quase todas as casas estão iluminadas assim. Mas, inspirado pela "vela", o costume se expandiu para um estranho show de luzes, um rito pagão de inverno, um show de rock, comida por todos os lados e pouquíssima oração. Centenas de milhares de pessoas se aglomeram na cidade. Quase todos os planos que tínhamos de filmar durante a festa precisaram ser abandonados. Uma refeição foi providenciada, nosso último encontro, num endereço do outro lado de Lyon. Eu não conseguia chegar. Não havia táxis, porque nenhum veículo tinha licença para circular nas ruas. Havia uma espera de duas horas para entrar no metrô. A cidade tem um sistema de compartilhamento de bicicletas, mas não havia nenhuma livre. Andei quase dois quilômetros, enfim encontrei uma bicicleta, pedalei o mais rápido que pude e cheguei, atrasado, suando. Foi meu último momento em Lyon com Tony, e, de alguma forma, pareceu apropriado, numa cidade cujo espírito acreditávamos ser capazes de comunicar, descobrir que ela era mais complexa, mais mística, simplesmente maior em todos os sentidos do que qualquer um de nós poderia saber de antemão.

Nota: *O livro de Buford sobre viver e cozinhar em Lyon,* Dirt, *foi publicado em maio de 2020.*

---

chef prefere, com ossos, o molho espesso e glorioso finalizado com trufas e *chartreuse*, banhado repetidas vezes até se parecer com uma camada do mais rico chocolate. Sem a menor dúvida, é a Arca da Aliança da *cuisinne ancienne*.

"Nunca mais comerei assim na vida."

RESTAURANTE PAUL BOCUSE: Quai de la Plage, 40, 69660, Collonges au Mont d'Or, Tel +33 4 7242 9090, www.bocuse.fr (pratos a 70-125 euros/80-140 dólares)

MARSELHA

"Se você já esteve na França, é bem provável que não tenha passado por aqui", disse Tony sobre a cidade mediterrânea de Marselha — a segunda maior da França e a mais antiga do país. "Marselha já foi o centro, o principal porto para colônias francesas como Tunísia, Marrocos e Argélia. Como resultado, as paisagens e os cheiros da África permeiam a cidade.

"A comida é reconhecidamente boa, mas é vítima da má reputação, de uma história ruim. Acontece que é exatamente o tipo de lugar de que gosto.

"Tentaram me dissuadir... 'Ah, Marselha, não vá para lá.' Porém... é uma cidade linda. Cheira bem. Você sente o perfume de diferentes doces. Tem o *tajine*, a *bouillabaisse* e a *bourride*. E é uma cidade de aparência extraordinária, e as pessoas são bem interessantes."[3]

CHEGADA E DESLOCAMENTO

O movimentado **Aeroporto de Marseille Provence (MRS)**, com dois terminais, está localizado a cerca de 27 quilômetros do centro da cidade. Não há voos diretos dos Estados Unidos, mas muitas conexões para toda a Europa, Oriente Médio e África.

Há pontos de táxi nas saídas do desembarque; a viagem de carro leva cerca de 30 minutos do aeroporto até o centro da cidade e custa cerca de 55 euros/62 dólares. Gorjetas são apreciadas, mas não esperadas. Você também pode pegar um ônibus gratuito do aeroporto para a estação de trem de Vitrolles, e, de lá, um trem expresso regional para Saint-Charles, a principal estação da cidade. É possível alugar um carro no aeroporto, mas o trânsito e a dificuldade de estacionamento provavelmente tornarão essa experiência um tanto desagradável.

Na cidade, a RTM (Régie des Transports des Métropolitains) administra o transporte público, composto por metrô, bonde e linhas de ônibus. Compre as passagens, que custam cerca de 1,70 euro/2 dólares por viagem, nas paradas de bonde, em plataformas de metrô ou ao embarcar nos ônibus. Consulte www.rtm.fr para obter detalhes.

Táxis podem ser encontrados em pontos pela cidade ou chamados na rua.

BOUILLABAISSE DESCONSTRUÍDA

Numa cena com o conceito "do barco para a mesa", Tony e Eric foram com o palangreiro Eric Fromion, **"um dos poucos pescadores que trabalham no mar à moda antiga. Eric trabalha com exclusividade para Gérald Passédat, o chef e proprietário bastante exigente do Le Petit Nice, o único restaurante de Marselha com três estrelas Michelin".**

O avô de Passédat comprou a propriedade em 1917, e ela tem sido o negócio da família desde então. Além do restaurante, eles têm um luxuoso hotel de 16 quartos, dividido entre duas mansões com vista para o Mediterrâneo, compartilhando uma pequena piscina e um grande pátio.

Depois de uma tentativa não necessariamente frutífera de pescar os ingredientes para o almoço, Tony e Eric foram levados de barco para o Le Petit Nice, a fim de experimentar um remix de um clássico de Marselha.

"É reinventado, desconstruído e depois de tudo, em geral, se apresenta a coisa em si. A versão do Passédat para a bouillabaisse, sem dúvida o prato mais famoso de Marselha, é servida em quatro etapas. Primeiro: carpaccio de mexilhões crus e amêijoas. Lagosta-sapata, peixe-aranha, peixe-pescador e peixe cabra-vermelho, ligeiramente tostados, depois levados um pouquinho ao forno. Um caldo tão intenso que requer mais de dez quilos de caranguejo e de vários peixinhos saborosos e espinhosos para preparar apenas um litro do líquido mágico gloriosamente marrom. *Dorade* e *denti*, cozidos no vapor com algas. Batatas com açafrão. E aí, enfim, chega aquele caldo marrom mágico.

"E, justo quando meu cérebro ameaça entrar em curto-circuito de prazer, lá vem ele descendo como se viesse direto do céu: o queijo. Ah, Deus, o queijo. É uma abundância, pelo menos uma dúzia de queijos fedorentos, pegajosos, picantes, cremosos e doces para a refeição. É simplesmente incrível. *Merci*. É isso. A vida é boa. A vista é muito boa em Marselha."

LE PETIT NICE: Rue des Braves, 17, 13007, Marseille, Tel. +33 4 91 59 25 92, www.petitnice-passedat.com (menus a partir de 120 euros/134 dólares para o almoço e 220 euros/245 dólares para o jantar; diárias no hotel a partir de 280 euros/312 dólares)

PARIS

Tony amava Paris. Ele visitou a cidade pela primeira vez quando criança, como detalhou em *Cozinha confidencial*. Depois, fez o primeiro e o centésimo episódio do *Sem reservas* por lá, além de um episódio do *Fazendo escala*. E foi enfático em converter os céticos.

"É fácil se equivocar sobre Paris e os franceses... Você se sente obrigado a encampar o estereótipo e, claro, até certo ponto, os estereótipos são verdadeiros — indulgentes, artísticos, socialistas, com serviços de saúde gratuitos, longas férias e uma propensão não norte-americana para uma ótima qualidade de vida. Eles sofrem com o peso de uma tradição de fabulosos queijos pegajosos, molhos densos, vinhos históricos, o tipo de coisa que tende a estereotipar uma cultura, que faz você pensar que tudo nela é luxo e sodomia. Mas nem tudo são garçons esnobes e alta gastronomia... As pessoas, na verdade, são mais legais. A boa comida é mais barata e mais informal... Você ainda pode conseguir os bons e velhos clássicos, só um monte de bobagem é que parece ter tido o mesmo destino dos mamutes.

"Paris continua a ser uma das cidades mais incríveis, lindas e mágicas do mundo. E, como em muitas outras cidades incríveis, é perfeitamente possível ter uma estadia ruim. Por favor, não faça isso. Apenas evite o óbvio.

"A pior coisa a se fazer quando se vai a Paris é planejar demais. Torre Eiffel, Notre-Dame, Arco do Triunfo, ficar na fila durante horas para experimentar o que todo mundo diz que é imperdível. Eu? Gosto de ir com calma quando vou a Paris, sobretudo quando vou passar apenas alguns dias na cidade.

"A maioria de nós tem sorte se conseguir ver Paris uma vez na vida. Aproveite ao máximo, fazendo o mínimo possível. Ande um pouco, se perca um pouco, coma, sinta a vibração na hora do café da manhã, tire uma soneca, tente fazer sexo se puder, mas não com um mímico. Coma de novo. Relaxe enquanto bebe café. Se der, leia um livro. Beba um pouco de vinho, caminhe mais um pouco, coma, repita. Viu? É fácil."[4]

CHEGADA E DESLOCAMENTO

Se você pousar no **Charles De Gaulle (CDG)**, importante aeroporto internacional a quase 25 quilômetros a nordeste da cidade, pegue um táxi (50-60 euros/55-67 dólares, com 10% de gorjeta para um bom serviço) direto para seu hotel, ou o trem do Réseau Express Régional (RER) para uma das várias paradas no centro de Paris (cerca de 11 euros/12,25 dólares; todas as informações em www.easycdg.com). Há também uma linha de ônibus para o centro de Paris (cerca de 18 euros/20 dólares; consulte www.lebusdirect.com/en).

Se você chegar em **Orly (ORY)**, um *hub* internacional um pouco menor que fica a cerca de 13 quilômetros ao sul da cidade, pegue um táxi (35-40 euros/39-45 dólares, com 10% de gorjeta por bom serviço) até seu hotel, ou o trem OrlyVal para a estação Antony, e o trem RER B para o centro de Paris, ou pegue o ônibus mencionado anteriormente.

Se vier de trem de outro lugar na França ou de outras partes da Europa, chegará a uma das sete principais estações de Paris (as *gares* du Nord, de l'Est, d'Austerlitz, de Bercy, de Lyon, Montparnasse e Saint-Lazare), cada uma com um ponto de táxi e conexões com o vasto e eficiente sistema de metrô de Paris.

Paris é uma cidade extremamente amigável para os pedestres, e observá-la do nível da rua é um dos grandes prazeres gratuitos disponíveis. Para distâncias mais longas, pense primeiro no **Métro**, sobre o qual Tony disse, "**mesmo para um preguiçoso como eu, é difícil negar que essa não seja uma maneira conveniente pra caramba de se locomover**". Compre passagens e consulte os mapas nas estações; a Régie Autonome des Transports Parisiens (RATP), que opera o metrô, criou um fantástico aplicativo gratuito para smartphone que conta com mapas, horários, alertas de serviço e muito mais — e em inglês! — você realmente não tem nenhuma desculpa.

Os táxis são facilmente encontrados em Paris, enfileirados num dos 128 pontos de táxi da cidade, ou, cada vez mais, com motoristas dispostos a serem chamados se estiverem a cinquenta metros ou mais de um ponto.

Para os ciclistas urbanos, há também o Vélib', um sistema de compartilhamento de bicicletas self-service (www.velib-metrople.fr).

A CULTURA DOS CAFÉS

Quer você tenha ou não algum tempo sobrando antes do o *check-in* em seu hotel, encontre um café nas imediações, para se aclimatar.

"Ah, Paris, Cidade Luz, cidade do amor, cidade do... café da manhã? Sim, por favor. O mais importante a fazer assim que chegar a Paris é parar. Encontre um lugar convidativo e mergulhe confortavelmente no ritmo de vida parisiense.

"Não é por acaso que o café está tão associado aos franceses. E o que temos aqui? Uma xícara de café e um sanduíche de presunto, uma fileira de cadeiras apontando numa direção, uma mesinha virada para a rua... o mais simples dos prazeres da vida, mas, para muitos parisienses, isso pode ser entretenimento para uma tarde inteira. E acho que é isso que distingue os franceses. Assim que permitir que os seus sentidos o guiem, você pode passar a encontrar prazer em muitas coisas que normalmente ignoraria... Está pronto para começar a se esbaldar nos banquetes maravilhosos e sensuais que escapam a tantos de nós quando viajamos para cá."

HOTÉIS: FAÇA O *CHECK-IN* E APAGUE

"Pois bem, eis o segredo sobre os hotéis de Paris: você pode seguir os passos de Henry Miller e chafurdar romanticamente na miséria ou viver em grande estilo. Para uma opção luxuosa e sofisticada, há o Hôtel Particulier, elegante e discreto, localizado no coração do histórico bairro de Montmartre, aninhado num beco secreto conhecido como Passagem da Pedra da Bruxa.

"Sempre fico no L'Hotel, em Saint-Germain-des-Prés. Um lugar discreto, conhecido por ser, há muito, um ninho de amor para gente tragicamente descolada. E, mais importante, tem a distinção necessária de ter tido hóspedes famosos que morreram lá. Em 1900, o escritor Oscar Wilde bateu as botas no quarto 16... Este foi seu último QG durante uma esbórnia de três anos que terminou mal."

HÔTEL PARTICULIER MONTMARTRE: Avenue Junot, 23, Pavillon D, 75018 Paris, Tel. +33 (0) 1 53 41 81 40, www.hotel-particulier-montmartre.com (suítes a partir de 300 euros/335 dólares por noite)

L'HOTEL: Rue des Beaux Arts, 13, 75006 Paris, Tel. +33 (0) 1 44 41 99 00, www.l-hotel.com/en-us (diárias a partir de 425 euros/475 dólares)

VOLTA AO MUNDO

COMER E BEBER NA CIDADE LUZ

E agora a *verdadeira* razão para estar aqui: comer e beber bem.

"No mundo anglófono, sempre houve ambivalência em relação ao prazer à mesa. Existe a noção de que, se você sentir muito prazer com a comida, isso pode, de alguma forma, levar a uma corrupção de caráter. Pode ser a porta para coisas mais pesadas, como sexo, por exemplo. Acho que os franceses sempre entenderam que, sim, caramba, isso leva a sexo, e deveria mesmo. Essa sensação residual de que a comida é boa, de que a comida é importante, de que a comida vale a pena a espera e de que a comida deve ser consumida vagarosamente: comer é, e deve ser, uma ocasião feliz.

"Sobre o clássico bistrô francês, sou um tolo sentimental. Segundo minha forma de pensar, não há maior instituição culinária na França do que o clássico bistrô parisiense tradicional, no estilo jurássico, intocado pelo tempo. E este lugar, o **Bistrot Paul Bert** no *11eme arrondissement* [11º distrito], é um dos melhores. Não importa como as pessoas estarão cozinhando em cem anos, quem estiver cozinhando deve sempre, sempre, amar e respeitar isso."

BISTROT PAUL BERT: Rue Paul Bert, 18, 75011, Paris, Tel. +01 43 72 24 01 (menu *prix-fixe* de três pratos em torno de 40 euros/45 dólares)

"Rua escura, sem grandes letreiros, cortinas fechadas. Entre, você chegou em outro mundo. Quer dizer, é assim que se come. É a comida. Às vezes, você vê a porta pouco convidativa e sente necessidade de entrar. Os chefs costumam fazer este jogo em que se perguntam mutuamente: 'Qual seria sua última refeição no corredor da morte?' Quase sempre, a resposta é algo simples e saudável que a mãe deles costumava fazer. Bem, aqui [no **Chez Robert et Louise**], eles servem o que os garotinhos franceses queriam para o jantar: chouriço, terrina de carne, filé de costela com um pouco de *sel gris*."*

---

* Tipo de sal grosso muito popular na França, é um subproduto da extração da flor de sal. (N. do E.)

FRANÇA

CHEZ ROBERT ET LOUISE: Rue Vieille du Temple, 64, 75003, Paris, Tel. +01 42 78 55 89, www.robertetlouise.com (pratos principais em torno de 18 euros/20 dólares)

Para "uma das grandes refeições na sua memória", procure o **Le Chateaubriand**. "Parece um bar barulhento e com decoração mínima. Sem treinamento formal, pessoalmente no comando da cozinha minúscula, acompanhado apenas por outros dois cozinheiros, o chef Iñaki Aizpitarte oferece um único menu de preço fixo por dia. Para ser um verdadeiro revolucionário, é preciso estar disposto a destruir completamente o que é antigo. E não acho que nenhum desses caras esteja interessado em fazer isso. Acho que está claro que eles amam o que é antigo."

LE CHATEAUBRIAND: Avenue Parmentier, 129, 75011, Paris, Tel. +01 43 57 55 95, www.lechateaubriand.net (menu degustação com cinco pratos a 75 euros/84 dólares)

"Dizem por aí que a reserva mais difícil de conseguir em Paris não é em um templo caríssimo da gastronomia. É neste lugar, o **Le Comptoir**, o qual Eric [Ripert] chamou de bistrô perfeito. Ele também é muito amigo do indescritível chef proprietário, Yves Camborde, [que] comandava uma cozinha mais sofisticada, mas após 12 anos decidiu que bastava, que ele queria abrir um

Paris pelos olhos de uma criança (1966)

POR CHRISTOPHER BOURDAIN

Em 1966, quando eu tinha sete anos e Tony, 10, nossa avó francesa morreu (na cidade de Nova York, onde passou a maior parte de sua vida) e deixou nosso pai com as economias que ela poupara durante mais de quatro décadas trabalhando como costureira de alto padrão. Papai tivera alguns empregos que não eram particularmente lucrativos no ramo dos discos clássicos e com o varejo de equipamentos de som Hi-Fi. Mamãe era o que costumávamos chamar de dona de casa. De repente, com uma súbita infusão de dinheiro nas mãos, eles nos levaram para nossa primeira grande viagem, para a França, e em *grande estilo*: Tony e eu, duas crianças de Nova Jersey, cruzamos o Atlântico com nossa mãe num dos maiores transatlânticos, o *Queen Mary*, da Cunard.

Tony e eu amamos aquele navio. Nossa cabine tinha beliches; uma portinhola redonda que se abria para o som, cheiro e respingos do mar; e um banheiro do tamanho de uma cabine telefônica. Para duas crianças, como não amar tudo aquilo? Vagávamos por conta própria durante horas, entrando furtivamente, vez por outra, na primeira classe. Havia uma academia equipada com sacos de areia e aparelhos de remo. Um cinema. Uma grande piscina de água salgada em algum lugar nos níveis mais inferiores, onde o balanço do navio transformava aleatoriamente a parte rasa na parte profunda. O serviço era incrível; em todos os lugares éramos magicamente atendidos por funcionários britânicos em uniformes elegantes, os chamados "comissários". Uma daquelas profissões que se perderam no tempo, como os *pullman porters*, os assistentes de vagão-leito que trabalhavam nos trens dos Estados Unidos até a década de 1960.

Nosso itinerário incluiria uma estadia em Paris, e visitas a parentes por lá; uma viagem pelo centro da França; e uma estadia com a tia e o tio de nosso pai, que, depois de aposentados, voltaram para a pequena casa da família Bourdain, perto de Arcachon, no sudoeste da França. (Você pode ver essa casa e as áreas próximas na temporada 1, episódio 9, de *A Cook's Tour*.)

Desembarcamos em Cherbourg, no litoral, e pegamos o trem para Paris, onde nosso pai foi nos encontrar. A experiência luxuosa prosseguiu com uma estadia no Hôtel Le Royal Monceau, perto do Arco do Triunfo, que era — e continua a ser — um dos hotéis mais elegantes de Paris. Tony e eu amamos o café da manhã com cestas infinitas de croissants, brioches, *pains au chocolat* e *pains aux raisins*. Além da manteiga, a incrível manteiga francesa.

Outras coisas que Tony e eu amamos em Paris: em primeiro lugar, a possibilidade de andar um pouco sozinhos, perto do hotel. Adorávamos as estações do metrô, sempre luxuosas se comparadas ao padrão nova-iorquino, e o som dos pneus de borracha na linha Champs-Elysées do metrô. Adorávamos a livraria WHSmith English na Champs-Élysées, onde nos abastecíamos com livros legais que nunca tínhamos visto nos Estados Unidos. Aos sete anos, eu adorava os livros bem britânicos do ursinho Paddington. Como Tony escreveu em *Cozinha confidencial*, ficamos perdidamente apaixonados pelos livros de Tintin e pelas incríveis aventuras pelo mundo afora que eles continham (quase uma prévia de *Lugares desconhecidos*). Ainda tenho todos os exemplares e ainda amo cada um deles. Compramos o *Insult Dictionary* [Dicionário de Insultos] em cinco idiomas, que nos proporcionou semanas de risadas e muitas interações interculturais com crianças francesas.

Mas acima de tudo, amamos a comida. Eu era, com certeza, menos aventureiro do que Tony e nossos pais em 1966. Mesmo assim, havia muita coisa maravilhosa para comer. O que era, olhando agora em retrospectiva, um restaurante/café de dois andares razoavelmente genérico e turístico perto do nosso hotel chamado Quick Elysée (não confundir com uma rede de aspirantes a Burger King chamada Quick, encontrada agora em toda a França e Bélgica) foi, para mim, uma experiência incrível. Tony e eu adorávamos os *steaks frites* – eu achava as marcas da grelha quadriculada particularmente agradáveis – e a manteiga *maître d'hotel* temperada com salsa, derretendo sobre o bife. Perfeição, assim como as batatas fritas: as melhores que já havíamos provado.

Outra revelação foi o *jambon beurre* cotidiano: algumas fatias finas de presunto fresco, quase doce, mais aquela maravilhosa manteiga francesa, numa baguete crocante e fresca. Era maravilha pura em sua simplicidade e ficava melhor ainda quando acompanhado por um *citron-pressé* (suco de

> limão recém-espremido, com água e açúcar a gosto), ou talvez a popular soda limonada Pschitt, cujo nome onomatopeico, vindo do som de abrir garrafas, sempre nos punha a rir, a nós, garotos americanos, quando o ouvíamos, porque soava praticamente como a palavra "*shit*", proibida em inglês. E havia o aroma onipresente e, é claro, o sabor dos waffles vendidos em carrocinhas de rua ou em lojinhas que pareciam estar por toda parte. Convencíamos nossos pais a nos dar alguns francos para os waffles, e mandávamos pra dentro todo aquele açúcar de confeiteiro, que por si só já era um novo prazer. Por que não tínhamos essas coisas simples e maravilhosas nos Estados Unidos?

lugar mais informal. Bem ao lado, fica o **L'Avant Comptoir**, um minúsculo bar de vinho e pequenas porções, onde se come de pé. Eu me amontoo ali com um bando de pessoas que estão se divertindo antes de sentar para o jantar, ou que estão esperando uma mesa, ou que estão simplesmente mastigando alguma porcaria muito, muito saborosa em pratinhos. Repare no pão e na manteiga comunitários. Basta se espremer, pegar e se lambuzar".

LE COMPTOIR: Carrefour de l'Odéon, 9, 75006, Paris, Tel. +01 44 27 07 97, www.hotel-paris-relais-saint-germain.com (menu degustação com cinco pratos em torno de 62 euros/69 dólares)

L'AVANT COMPTOIR: Carrefour de l'Odéon, 3, 75007, Paris, sem telefone; www.camdebord.com/restaurants (porções de tapas 5-15 euros/5,50-17 dólares; taça de vinho de 4 a 17 euros/4,50-19 dólares)

"Se houvesse apenas duas coisas para fazer em Paris, esta seria uma delas", disse Tony, ao falar do **Le Dôme**, para onde se dirigiu depois de um encontro desagradável com um mímico no Jardin du Luxembourg. "**É uma antiga e clássica brasserie, clássica com C maiúsculo, no bairro de Montparnasse.** Depois do incidente com o mímico, acho que meu produtor provavelmente não vai reclamar

FRANÇA

> Nosso pai tinha estado na França quando ainda era bem pequeno, na década de 1930, e depois quando estava na Alemanha, de licença do serviço militar no Exército dos Estados Unidos, no início dos anos 1950; mas para Tony, eu e nossa mãe, essas primeiras viagens para a França em 1966 e novamente em 1967 (menos luxuosa, mas ainda fantástica, depois da morte de nosso tio-avô) abriram nossos olhos e mudaram nossas vidas para sempre. Todos nós nos enamoramos, ou nos apaixonamos, ou ficamos até mesmo um pouco obcecados pela França, em vários graus. Contraímos o bichinho da comida, o bichinho das viagens e ali entendemos que é possível conviver com pessoas de outros países, aprender coisas novas e sentir prazer em entendê-las melhor. Foi onde tudo começou.

se eu escolher uma garrafa de vinho cara pra caramba e a versão luxo da melhor torre de frutos do mar de Paris: ostras, mariscos, camarões, caranguejos enormes, e também o clássico lagostim, caracol marinho e búzios. Aliás, você vai sujar as mãos, ok? Não tem como evitar. Eles fornecem todas as ferramentas, mas, no final, você tem que cavar, quebrar, espetar e sugar para aproveitar tudo isso."

LE DÔME: Boulevard du Montparnasse, 108, 75014, Paris, Tel. +01 43 35 25 81, www.restaurant-ledome.com (pratos em torno de 50 euros/56 dólares; torre de moluscos a 159 euros /177 dólares)

"Havia alguns lugares em Paris que estavam bem à frente dos outros — os primeiros a adotar vinhos jovens, biodinâmicos e o cardápio do tipo 'é-do-meu--jeito-ou-cai-fora', bastantes populares agora. Embora já esteja no mercado há trinta anos, os proprietários do **Le Baratin** servem vinhos jovens, biodinâmicos desde sempre. E a culinária da chef Raquel Carena é amplamente considerada uma das melhores de Paris."

LE BARATIN: Rue Jouye-Rouve, 3, 75020, Paris, Tel. +01 43 49 39 70, www.lefooding.com/fr/restaurants/restaurant-le-baratin-paris (refeição de dois pratos em média a 40 euros/45 dólares)

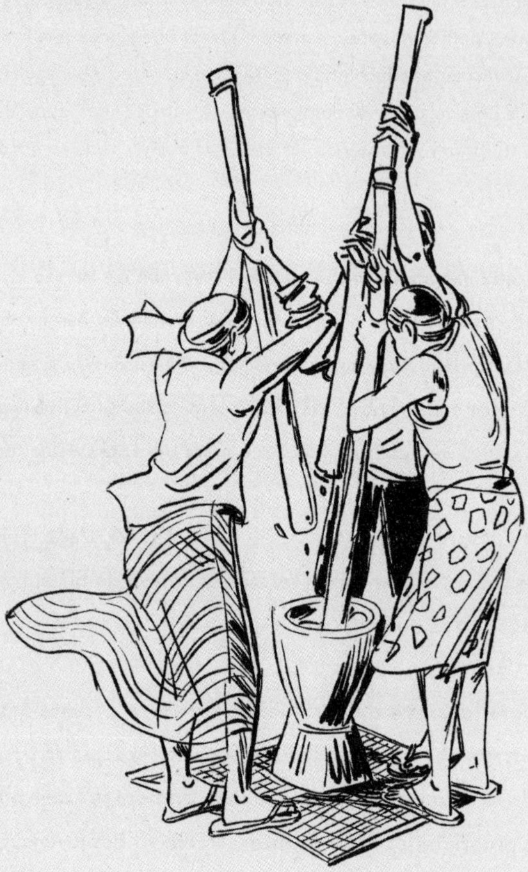

GANA

ACRA

"Da primeira vez que fui à África Subsaariana, senti um misto de empolgação e nervosismo. Uma sensação geral de que aquilo estava bem além de minha capacidade. Uma consciência mais aguda da total falta de conhecimento que eu tinha sobre aquele destino. Eu não sabia o que esperar. Disse a mim mesmo que seria uma verdadeira jornada.

"A África foi conhecida durante séculos no Ocidente como 'Continente Negro', porque pouquíssimo se sabia sobre ela. E, para alguns de nós, como eu, a África continua a ser uma grande massa de terra misteriosa. Embora alguns aspectos possam ser esclarecidos com a ajuda de um livro ou com uma pesquisa no Google, estou contando com meus sentidos. Para ouvir os sons, cheirar a comida: ver, tocar e, claro, experimentar.

"Gana tem algo de especial. Primeira colônia subsaariana a conquistar a independência, em 1957, se tornou um símbolo vivo da ideia de África para os africanos. A nação que já foi conhecida como Costa do Ouro é rica em ouro e cacau, mas, como tantas nesse continente, carrega o fardo de um passado terrivelmente trágico. Foi a partir daqui que muitos foram levados para o Novo Mundo, amontoados em navios como escravos. E dezenas de fortes de escravos ainda assombram a costa. A maioria funciona como atração turística hoje em dia — mas este programa não é sobre o passado.

"A Gana moderna é um lugar empolgante, de onde se pode ver que rumo grande parte da África está tomando, se tudo der certo. As pessoas daqui se sentem orgulhosas do fato de que esta agora é uma terra de eleições democráticas e do estado de direito. A economia ainda passa por dificuldades, mas é relativamente estável e está em crescimento. Mas é a comida, a música e as belezas naturais de Gana que tornam essa primeira mordida tão fascinante."[1]

CHEGADA E DESLOCAMENTO

O **Aeroporto Internacional Kotoka (ACC)** fica em Acra, capital de Gana, localizada no litoral. Kotoka é o maior aeroporto do país, recebendo voos domésticos e internacionais, vindos de outras nações do oeste e do norte da África; Dubai, Istambul, Londres, Bruxelas, Paris, Amsterdã, Washington e Nova York. A Africa World Airlines é uma empresa ganense que usa Kotoka como *hub*.

Para ir do aeroporto ao centro de Acra, uma viagem de aproximadamente 8 quilômetros que leva de 15 a 45 minutos, dependendo do engarrafamento (que pode ser formidável ou pior ainda), pegue um táxi, administrado pelo Labor Enterprise Trust, no estacionamento 5. A corrida deve custar mais ou menos 50 cedis ganenses, ou cerca de 10 dólares, com uma estimativa de 5-10% de gorjeta sobre a tarifa. Outros táxis não têm taxímetro, então é preciso negociar antecipadamente com o motorista. Gana é, em geral, um lugar onde a norma é pechinchar. Esteja preparado e familiarizado com o valor das coisas antes de ir.

O *CHOP BAR*: "UMA INSTITUIÇÃO EXCLUSIVA DE GANA"

"**Gosto de costeletas e gosto de bares, mas o que é um *chop bar*?**", perguntou Tony a seu anfitrião local enquanto se dirigia ao **Asanka Local**, um típico *chop bar* [literalmente bar de costeletas] ou restaurante casual onde se pode obter uma refeição substanciosa com pratos Ganêses, junto com especialidades dos vizinhos Costa do Marfim, Nigéria e Togo. O cardápio é repleto de banana-da-terra, feijão, amendoim, mandioca, arroz, tilápia, caranguejo, cabrito, cordeiro, carne de boi, inhame e espinafre, com muitos pratos picantes marinados em pimentas regionais, tomate e cebola.

"**Sua refeição básica em Gana**", disse Tony, depois de ter sido instruído por seus anfitriões, "**consiste de sopa com amendoim ou óleo de noz de palma pi-**

cante e carne ou peixe, com uma bola de amido, neste caso *omo tuo*, feito com arroz socado, usado para pegar a carne e se molhar na sopa." Sobre sua refeição de sopa de amendoim, carne de cabra, língua de vaca, feijão e bolinhos de arroz, Tony comentou: "Cara, isso é tão saboroso, tão bom! É picante, mas não é incômodo, sabe? Sabores perfeitos, fortes e poderosos."

O Asanka Local é mais do que apenas um restaurante, é uma ocasião social e é especialmente popular aos domingos. "Em Gana, você também tem a chance de suar depois de comer. Ter uma banda animada e uma pista de dança é um componente importante para qualquer *chop bar* premiado como o Asanka Local."

ASANKA LOCAL: Mowule Street, Acra, Tel. +233 50147 8303, www.asankalocalgh.com (refeição completa típica não passa de 55 cedis ganenses/10 dólares)

COMER EM ACRA DEPOIS DO ANOITECER

"Fomos de carro até a região de Osu para provar algumas das especialidades do famoso **Mercado Noturno de Osu**. O mercado existe para servir os frequentadores de boates, trabalhadores noturnos e qualquer pessoa necessitada da autêntica comida ganêsa depois que o sol se põe. Acho que já comi em tantos mercados de rua que posso me qualificar como um tipo de especialista e, em minha opinião de especialista, este lugar merece notas altas. Bons sabores, sabores fortes, sabe? Combinações de especiarias picantes e bem interessantes. A comida tem um cheiro bom, é gostosa e é incrivelmente fresca."

Fica num galpão aberto, com iluminação fluorescente e repleto de frutos do mar fritos e grelhados, *kenkey* (bolas de massa de milho fermentada), *banku* (bolas de massa de milho fermentada e mandioca socada) e um molho de pimenta bastante picante chamado *shitor*.

Para dar as melhores mordidas no mercado, procure costelinha, pernil, orelha e barriga de porco; o ensopado de espinafre; e o feijão com arroz assado lentamente.

MERCADO NOTURNO DE OSU: Basel Street, Acra (preços variam)

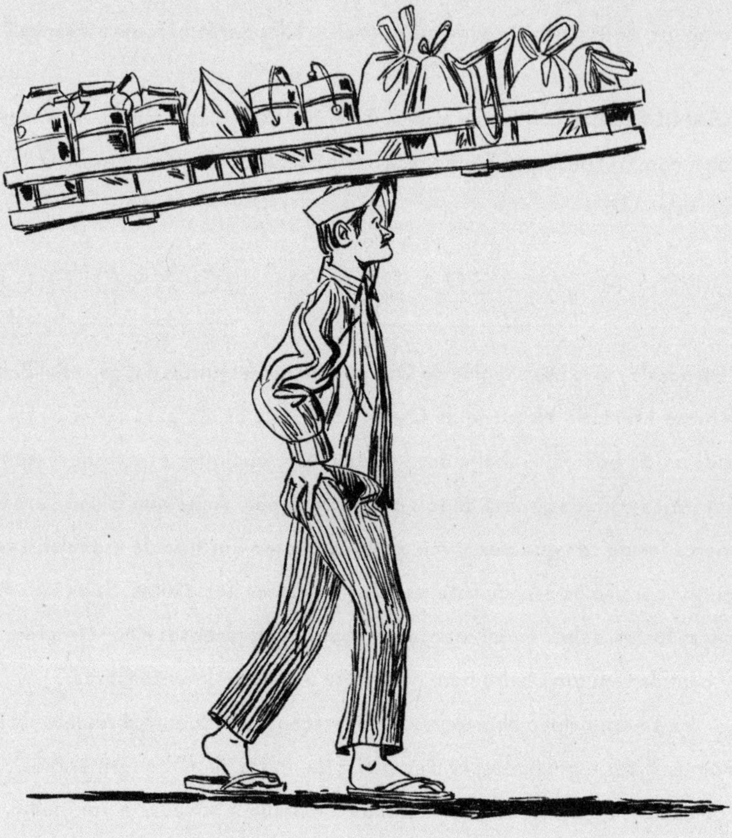

ÍNDIA

MUMBAI: COMENDO NA RUA

"Estou pronto para encarar a maior cidade da Índia. Bem-vindo a Mumbai, a antiga Bombaim. É um lugar onde os super-ricos vivem em estreita proximidade com os mais pobres — mas a vida aqui é mais complexa do que isso. Todos sabem que Bollywood, o centro da indústria cinematográfica indiana, fica aqui, mas os setores de navegação, financeiro e de tecnologia da informação contribuem bem mais para criar e sustentar essa economia. Fiquei esperando por ruas repletas de administradores de rede e contadores que começariam a cantar e dançar, mas isso nunca aconteceu."[1]

CHEGADA E DESLOCAMENTO

Mumbai, conhecida como Bombaim até 1995, é servida pelo **Aeroporto Internacional Chhatrapati Shivaji (BOM)**. O Terminal 1, antes conhecido como Santa Cruz, opera voos domésticos, e o Terminal 2, antes conhecido como Sahar, opera voos internacionais e alguns voos domésticos. Os terminais são separados por cinco quilômetros, o que torna essencial saber qual deles é importante para seus planos ao organizar o transporte. Cada terminal possui um guichê do transporte interno no saguão de chegadas, onde é possível providenciar um sedã ou veículo utilitário esportivo para levar você e sua bagagem para o outro terminal, caso seja necessário, por 215-275 rúpias/3-4 dólares para um sedã ou 715-755 rúpias/10-11 dólares para um utilitário.

Um táxi do aeroporto até o centro da cidade leva de trinta minutos a duas horas, dependendo do trânsito. Pegue um "Cool Cab" se quiser pagar antecipadamente a tarifa combinada (normalmente 500-600 rúpias, ou cerca de 8 dólares) e aproveite o ar-condicionado. Ou arrisque-se num táxi preto e amarelo com taxímetro, cujos motoristas têm a reputação de trapacear e cobrar demais dos turistas, embora a tarifa deva ser aproximadamente a mesma do carro pré-pago. Para qualquer motorista, é padrão dar uma gorjeta de 10% por bons serviços.

Existem várias estações ferroviárias suburbanas a menos de 16 quilômetros dos dois terminais, acessíveis de táxi, mas nenhuma fica no aeroporto propriamente dito.

Os trens são um meio de transporte essencial em Mumbai e arredores, com um imenso número de estações e rotas. Entre as estações mais importantes está a impressionante Chhatrapati Shivaji Terminal, em estilo gótico vitoriano, conhecida anteriormente como Victoria Terminus. Considerada Patrimônio Mundial da Unesco, ela foi projetada pelo arquiteto britânico F. W. Stevens. Também é importante a Mumbai Central, antes chamada de Bombay Central.

BHENDI BAZAAR: "A RUA DA COMILANÇA"

"Mumbai é uma cidade rica em cultura e história, e sei que muitas pessoas dedicariam sua primeira viagem a visitar museus, ver a arquitetura e sugar a cor do lugar como um aspirador de pó infernal. Tenho outras prioridades. Esta noite, partimos para a área muçulmana, chamada Bhendi Bazaar. Especificamente, Khau Galli, que se traduz como 'Rua da Comilança' ou 'Rua da Comida'."

Enquanto vagava por Khau Galli em busca de miolo de cordeiro, Tony foi desviado por infinitas tentações, incluindo kebabs de rim e pulmão temperados e grelhados, frango tandoori, espetos de cordeiro picados, *curry* cremoso de miolo de bode com tomates, pães variados, recém-saídos do forno e "**beida** *roti* — mais ou menos como um Egg McMuffin, só que bom: carne moída e ovos fritos num chapati.

"Para algumas pessoas, pode parecer que passo tempo demais comendo tripas, miolos e pulmões, coisas que muita gente chamaria de 'nojentas'. Não vou negar que tenho um prazer selvagem em romper paradigmas sobre comida. Mas essas partes negligenciadas dos animais que comemos são mais do que apenas nutritivas. São gostosas. Se você tiver a sorte de viajar para lugares como a Índia, ou mesmo para a França, saia do hotel e experimente algumas especialidades locais. Descobrir e gostar de um novo alimento é uma das melhores coisas em viagens.

"Não sei se é por causa da proibição do álcool ou o quê, mas os cozinheiros muçulmanos têm algumas sobremesas sérias e drinques doces para oferecer. No **Taj Mahal Cold Drink House**, eles chamam isso de *falooda*. Os ingredientes são sementes de coentro frescas, água de rosas, *noodles* — neste caso, de araruta, para adicionar uma textura parecida com a do cabelinho-de-anjo — sorvete caseiro numa versão e leite em todas as versões... Eu poderia facilmente ficar viciado nisso."

Nota: Bhendi Bazaar, um distrito comercial estabelecido pelo governo colonial em 1893 como um centro para trabalhadores migrantes do sexo masculino, abriga atualmente mais de 1.200 lojas e cerca de 2.500 residências cada vez mais dilapidadas. O Bhendi Bazaar está à beira de um grande plano de reurbanização, destinado em parte a remediar problemas de segurança, financiado por um fundo da comunidade. Um resultado provável é que alguns dos vendedores ambulantes de comida visitados por Tony podem ter sido realocados ou talvez tenham parado de trabalhar. É melhor checar nos meios de comunicação locais e com aqueles que sabem onde encontrar a comida de rua que você procura em Mumbai.

BHENDI BAZAAR: Ajmer, Bhuleshwar, Mumbai (preços variam)

PUNJAB

"Amritsar: maior cidade do Punjab. Cerca de um milhão de habitantes. É uma parte da Índia que nunca visitei, um lugar que sempre despertou minha curiosidade. Os punjabis são famosos pelo espírito aventureiro, como bravos guerreiros que se espalharam pelo mundo levando uma ótima comida na bagagem. De fato, muitas das coisas boas que chamamos simplesmente de 'comida indiana' vêm daqui.

"Eis uma das primeiras coisas que você nota de diferente em relação ao restante da Índia: os turbantes, símbolo de respeito próprio, de bravura e de espiritualidade para os homens sikh. Amritsar é o lar, o centro espiritual da fé sikh. A quinta maior religião do mundo, e talvez a mais incompreendida. No coração de Amritsar fica o majestoso Templo Dourado, o equivalente ao Vaticano para os sikhs. Eles são fundamentalmente contra qualquer sistema de castas e acreditam na tolerância religiosa. Mas são belicosos na defesa de seus princípios e daquilo que acreditam ser seu território.

"No início do século XX, Punjab viu algumas das resistências mais violentas ao domínio britânico. E quando os britânicos enfim se retiraram, em 1947, eles cortaram um extenso território onde agora é o Paquistão. Esse continua a ser um estopim em potencial para conflitos.

"A Índia e o Paquistão já foram um único país, dilacerado por uma das partições mais precipitadas e mal pensadas que se poderia imaginar... Esgotada pela colossal tarefa de travar duas guerras mundiais, em 1947 a Grã-Bretanha decidiu encerrar seu domínio de quase duzentos anos sobre a Índia. Numa tentativa de evitar o que os colonizadores viam como uma guerra civil inevitável entre hindus, muçulmanos e sikhs, os britânicos encarregaram Sir Cyril Radcliffe, um advogado do País de Gales, de traçar uma nova fronteira. Numa das maiores trocas de populações da história, milhões de pessoas fugiram de suas casas. Quase na mesma hora, a violência religiosa irrompeu em grande escala. Era exatamente o que a partição pretendia evitar. É uma luta contínua, uma causa persistente de paranoia, visível em toda a região".[2]

CHEGADA E DESLOCAMENTO

O **Aeroporto Internacional Sri Guru Ram Dass Jee (ATQ)** é servido pela British Airways, Singapore Airlines, Air India, Qatar Airways e algumas companhias aéreas regionais indianas, com voos entre as principais cidades do subcontinente indiano, o Sudeste Asiático, e alguns destinos do Oriente Médio. Ele está localizado a cerca de 11 quilômetros do centro da cidade; a viagem de táxi leva de 20-30 minutos e custa entre 300-1.000 rúpias/4-15 dólares, e um tuk-tuk, ou autorriquixá, como é conhecido em Amritsar, leva de 30-40 minutos e custa cerca de 200 rúpias/2 dólares. Táxis e autorriquixás também estão disponíveis para os deslocamentos pela cidade e para todos os destinos turísticos.

VOLTA AO MUNDO

COMER NOS *DHABAS* DE PUNJAB

"Punjab é o lar de uma culinária lendária. Em Amritsar, existe um ditado: 'A melhor comida não é preparada na casa das pessoas. É a que se encontra nas ruas', muitas vezes num *dhaba*, ou seja, 'barraca de comida à beira da estrada'. E há incontáveis *dhabas* para escolher na cidade, mas este aqui é uma lenda."

O **Kesar da Dhaba** é de fato bem conhecido, e está há quatro gerações na mesma família, desde 1916. Seu prato mais famoso é o *dal makhni*, uma combinação de lentilhas pretas e castanhas num molho com muita ghee, temperado com cebola, gengibre e especiarias quentes.

Antes destinados principalmente a servir a população de motoristas profissionais em Punjab, mas cada vez mais atraentes para o público em geral, os *dhabas* costumam se situar ao lado de postos de gasolina e funcionar 24 horas por dia. Alguns servem comida "não vegetariana"; isto é, carne e frutos do mar.

"Você come nesta parte do mundo — no Punjab em particular — e se acostuma a consumir muitos pratos vegetarianos. E a Índia é um dos poucos lugares no planeta onde, mesmo para mim, isso não é um problema. Em Punjab, com ou sem carne, você tem a garantia de um vale-tudo de cores, sabores e temperos intensos.

"Ao contrário de alguns restaurantes vegetarianos sem graça que fazem parte de minha triste experiência, as verduras aqui são picantes, todas têm sabores diferentes, texturas diferentes e são servidas com um pão extraordinariamente bom. São várias camadas — crocante por fora, macio por dentro. Se isso fosse o vegetarianismo na maioria dos lugares que o praticam no Ocidente, eu seria bem menos babaca ao falar do assunto."

KESAR DA DHABA: Anant Seth Wala Church, Passian Shastri Market, Katra Ahluwalia, Amritsar, Punjab, 143006, Tel. +91 183 255 2103, www.kesardadhaba.com (refeição típica com vários pratos por 60 rúpias/menos de 1 dólar)

O *tandoor*, um forno de barro circular a carvão ou lenha, é a ferramenta que define a culinária de Punjab; as distribuições geográficas e os centros culturais das aldeias rurais em geral se concentram em torno de um *tandoor* comunitário, para dar conta de alimentar grandes grupos de pessoas. Carnes no espeto (tipicamente frango e carneiro) cozinham no fogo vivo do *tandoor*, com seu suco pingando nas brasas ou na madeira, criando uma fumaça pungente, enquanto pães de farinha de trigo, como *kulcha*, são assados junto do calor das paredes internas.

"Quer algo bom? Algo muito, muito bom em Amritsar? Algo local, regional, um ícone maravilhoso? Você não pode dizer que experimentou Amritsar até que tenha um pouco de *kulcha* em sua vida. Este é o prato icônico de Punjab. Uma pequena e perfeita explosão de sabores feita com massa de farinha de trigo, pressionada contra a lateral de um forno de barro muito, muito quente, untada com manteiga e servida com um *chole* picante — um *curry* de grão-de-bico. Já falei da manteiga?"

KULCHA MAGBOOL ROAD: Old Octroy, Teja Singh Market, loja 1, Amritsar, Punjab, 143001, Tel. +91 981 567 2729 (*kulcha* típica a cerca de 50 rúpias/0,75 dólares)

Evidentemente, chega um momento em que até o mais flexível dos carnívoros precisa retomar seus velhos hábitos.

"Ao examinar minha lista de coisas para fazer em Punjab, preciso de um pouco de proteína animal. Está na hora. Estou bancando o Morrissey há uns dois dias e, francamente, já deu. Preciso de frango. Quando o assunto são pratos imperdíveis [de Punjab], é do frango *tandoori* que estou falando."

Enquanto devora sua ave no **Beera Chicken**, um dhaba conhecido pelo preparo de pratos não vegetarianos, experimente também o *keema naan*. "*Keema naan*: bola de carneiro, massa. Acredite em mim quando digo a você que essa parada é boa. Tão boa que as pessoas a agarram assim que sai do forno *tandoori*."

BEERA CHICKEN: Majitha Road, Sehaj Avenue, Amritsar, Punjab, 143001, Tel. +91 85669 14747 (pratos a 400 rúpias/5 dólares)

RAJASTÃO

"O Rajastão [é] uma das regiões mais áridas e desoladas da Índia, localizada na ponta noroeste do subcontinente. Por séculos, [foi] o lar de vários reinos feudais independentes e de uma classe de guerreiros ferozes que resistiu à influência e ao domínio de invasores e vizinhos. É uma das áreas mais magníficas da Índia, uma terra de contos de fadas com castelos e fortes no alto de montanhas. [Existem] desertos ermos, monocromáticos, coroados com toques de cores vivas, onde até mesmo casas modestas podem ter mais de mil anos. Não há nenhum outro lugar igual na Terra. Não importa para onde a estrada leva você por aqui. Não importa onde você se encontra ao acordar. De todos os lugares do mundo, é talvez o que tem o coração mais generoso e mais coisas bonitas para ver. Quer acorde num palácio de um *maharanah*, num hotel chique, num albergue barato ou numa duna de areia no deserto, você se sente grato por estar vivo e na Índia."[3]

ÍNDIA

CHEGADA E DESLOCAMENTO

O **Aeroporto Internacional Indira Gandhi (DEL)**, em Nova Delhi, em homenagem à ex-primeira-ministra, é o mais próximo do Rajastão. De lá, você pode pegar um voo doméstico curto para Jaipur ou Jodhpur, ou fazer uma viagem de trem de aproximadamente 6 horas, a partir de uma das três estações de Delhi até Jaipur Junction, e, de lá, pegar um táxi ou alugar um carro. Também há trens entre Delhi e Jodphur, num percurso de cerca de 12 horas. Consulte www.erail.in para obter informações sobre horários, tarifas e rota.

ONDE FICAR

"Dilwara é um vilarejo adorável com casas e lojas antigas, ruas sinuosas e pessoas amigáveis. Um dos vilarejos mais encantados e encantadores que já encontrei.

"O **Devigarh** é um palácio fortificado do século XVIII instalado nas colinas Aravalli. Todo mundo sabe que sou completamente louco por um bom hotel. E o Devigarh, caramba! É isso, é o topo da montanha. Melhor impossível."

O forte, construído com mármore extraído na região, foi concluído originalmente em 1760 e inaugurado como hotel de luxo em 1999, depois de um processo de restauração que durou 15 anos. Cada quarto é uma suíte que varia entre o luxuoso e o ultrajante; o serviço é excelente, assim como a comida, os coquetéis e a vista.

RAAS DEVIGARH: NH8, próximo ao Eklingji Temple Delwara, Udaipur, Rajastão, 313202, Tel. +91 291 2636455, www.raasdevigarh.com (as suítes custam a partir de 17.800 rúpias/250 dólares por noite)

UDAIPUR

"A cidade de Udaipur remonta ao final do século XVI, criada após a turbulenta luta pelo controle da região. Hoje, cerca de 400 mil rajastanis a chamam de lar. Como era de se esperar, a maioria dos negócios da cidade acontece ao ar livre. Vendedores de todos os tipos fazem fila nas ruas, com verduras, temperos, pão, frutas e tudo o que você precisa para passar o dia.

"O **Natraj** é uma instituição sem carne que serve o tradicional *thali*, refeição em que se come à vontade. Posso até odiar os hippies e, embora goste de verduras, em geral prefiro que sejam servidas ao lado de um belo pedaço de porco. Mas uma refeição *thali* é uma maravilha, uma espécie de rodízio típico da vida cotidiana daqui, que consegue transformar pratos feitos apenas com verduras em algo vibrante, saboroso e divertido. Não são receitas complicadas: há lentilhas, quiabo, batata, picles, coalhada, feijão e outros alimentos típicos do Rajastão. O Natraj é um lugar frequentado basicamente pelos locais. Famílias, crianças, trabalhadores e garçons correndo com baldes cheios de mais alimentos. Olhe para o outro lado e seu prato é reabastecido com uma montanha de comida. Eles simplesmente não param."

NATRAJ DINING HALL AND RESTAURANT: City Station Road, 22-24, Udaipur, Rajasthan, Tel. +91 94147 57893 (prato em média a 160 rúpias/cerca de 2,25 dólares)

AVENTURA NO ANTIGO JAISALMER

"A principal razão para ir a Jaisalmer é visitar o enorme forte localizado no centro, uma cidade dentro da cidade. Construído em meados dos anos 1100, o Forte de Jaisalmer, com suas enormes muralhas de arenito, é o único ainda habitado no mundo. Depois de passar por vários portões altos, o visitante encontra um labirinto de pequenas ruas cheias de vendedores e antigas casas.

Milhares de pessoas ainda vivem no interior de suas muralhas. E também há um bom número de vacas, o que não chega a surpreender."

Observe que, embora este Patrimônio Mundial da Unesco conte com hotéis em funcionamento dentro de suas muralhas, o uso de encanamentos modernos e o desgaste associado aos turistas residentes aceleraram a decadência desta relíquia majestosa. Considere se hospedar nas redondezas. O site abaixo contém links para acomodações locais.

FORTE DE JAISALMER: Fort Road, Near Gopa Chowk, Amar Sagar Pol, Jaisalmer, Rajastão, 345001, www.tourism.rajasthan.gov.in/jaisalmer.html

"É tudo cor, som, movimento... e aqueles caras montados em camelos tocando instrumentos de sopro? Essa é uma daquelas cenas que deixam você de queixo caído, com a sensação de ser turista — no bom sentido. Bem-vindo ao Festival do Deserto de Jaisalmer, onde centenas de rajastanis se reúnem todo ano para celebrar sua cultura, vindos de centenas de quilômetros de distância, vestidos em trajes tradicionais."

Dezenas de festivais e feiras ocorrem por ano no Rajastão; esses eventos são organizados pela agência regional de turismo. Datas exatas, locais, informações de hospedagem e muito mais podem ser encontrados em seu site, bem atualizado: www.tourism.rajasthan.gov.in, ou por meio de uma agência de viagens local confiável, como tantas que existem no Rajastão.

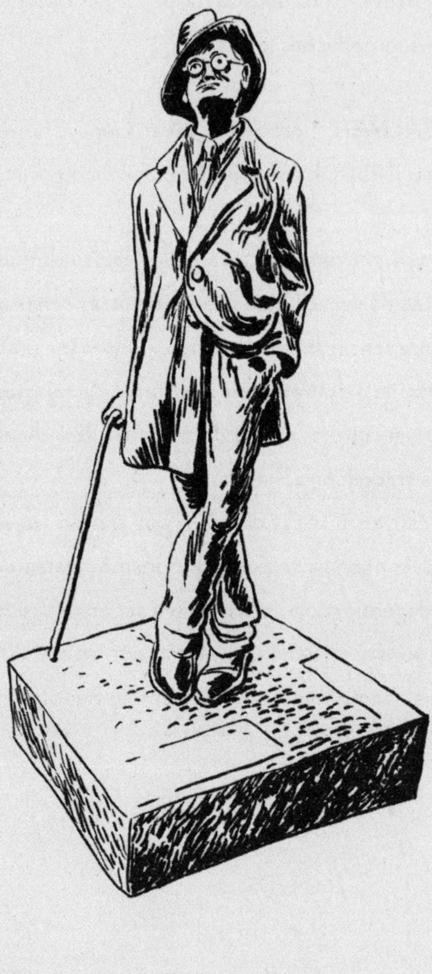

IRLANDA

DUBLIN

"Irlanda: não conheço outro lugar no mundo onde a palavra, tanto falada quanto escrita, seja tão celebrada. Onde contar histórias, por meio da poesia, da prosa ou da música, seja tão integral, tão influente, tão parte da literatura de língua inglesa, que nós, todos nós, consideramos um direito adquirido.

"Muitas daquelas histórias eram tristes ou revoltadas — celebrando a força diante da adversidade e da opressão, lamentando o mal, comemorando o que foi perdido. A história, contada por meio de palavras ou de canções, parece ter acontecido ontem, sempre ontem."[1]

CHEGADA E DESLOCAMENTO

Você vai pousar no **Aeroporto de Dublin (DUB)**, servido por dezenas de companhias aéreas internacionais e domésticas que usam dois terminais. Existem várias opções de ônibus diretos e locais para chegar à cidade a partir do aeroporto, com tarifas que variam de 7-25 euros/8-28 dólares. Todas as informações estão disponíveis no site oficial do aeroporto, www.dublinairport.com. Um táxi do aeroporto até o centro da cidade custa cerca de 25 euros/28 dólares. As gorjetas não são necessariamente esperadas, mas a prática de acrescentar 10% à tarifa é cada vez mais comum e será apreciada.

Num episódio do *Fazendo escala*, Tony explicou sua preferência pelo táxi em vez do ônibus. **"Custa um pouco mais, só que não muito. E você ganha** a conversa, que é algo a ser saboreado na Irlanda. Se você tem um pouco de coração, de alma, de apreço pelo próximo, ou qualquer tipo de apreço pela palavra escrita, ou se apenas sente amor por uma bebida perfeitamente servida, então não há como não amar essa cidade."

PAPARICADO NA CIDADE DOS PUBS

"O que os irlandeses fazem melhor do que qualquer outro país na Terra? Resposta: Guinness. Esta bebida deliciosa, mágica para alguns, provavelmente nutritiva, incomparável. Tão saborosa, cremosa, quase achocolatada em suas qualidades densas, satisfatórias e animadoras, que a diferença entre o produto daqui e aquela beberagem derramada de qualquer jeito com a qual você talvez esteja acostumado é como entre a noite e o dia. Uma é cerveja; a outra faz os anjos soarem os trombones celestiais."

Um dos lugares favoritos de Tony para uma Guinness era um bar na área de Glasnevin chamado **John Kavanagh**. "Conhecido localmente como Gravediggers [Coveiros], pela proximidade com o cemitério vizinho, o lugar foi gloriosamente intocado pelo tempo." Não há música, dança, televisão, Wi-Fi, e eles não fazem reservas para grupos — é estritamente um lugar para beber com os outros, muitas vezes com enlutados a caminho ou saindo de um enterro, e assim tem sido desde 1833.

Depois de algumas *pints*, se quiser alguma comida nutritiva de bar, vai ficar satisfeito com uma tigela de "*coddle*, um ensopado farto com linguiças, bacon, cebola e batatas, cozido em fogo baixo... Só de ouvir falar, você já sente vontade. E tem mais: pés de porco cozidos lentamente na cidra. Podem achar que não, meus amigos, mas acreditem em mim, vocês querem."

JOHN KAVANAGH: Prospect Square, 1, Glasnevin, Dublin, D09 CF72, Tel. +353 1830 7978 (preços das bebidas e pratos variam de 3 a 11 euros/3,25-12,25 dólares)

O **The Chop House** "é o que alguns costumavam chamar de gastropub, um termo idiota cunhado por aqueles que pensavam que, de alguma forma, uma *pint* bem servida não poderia, ou não deveria, coexistir com comida de boa qualidade. Para falar a verdade, já fui um desses idiotas." Depois de deixar a ideia de lado, Tony declarou que aquela era **"uma refeição do cacete, a melhor que já fiz em Dublin"**.

O chef Kevin Arundel e Jillian Mulcahy, sua esposa e sócia, passaram mais de uma década inventando uma culinária criativa com influências francesas num pub improvisado, servindo camarões refogados com limão, pimenta, alho e manteiga de páprica defumada; steaks porterhouse em porções para dois e um *parfait* de foie gras e fígado de frango com geleia de laranja sanguínea.

THE CHOP HOUSE: Shelbourne Road, Ballsbridge, 2, Dublin 4, Tel. +353 16602390, www.thechophouse.ie (entradas em torno de 10 euros/11 dólares; pratos principais em torno de 30 euros/33,50 dólares)

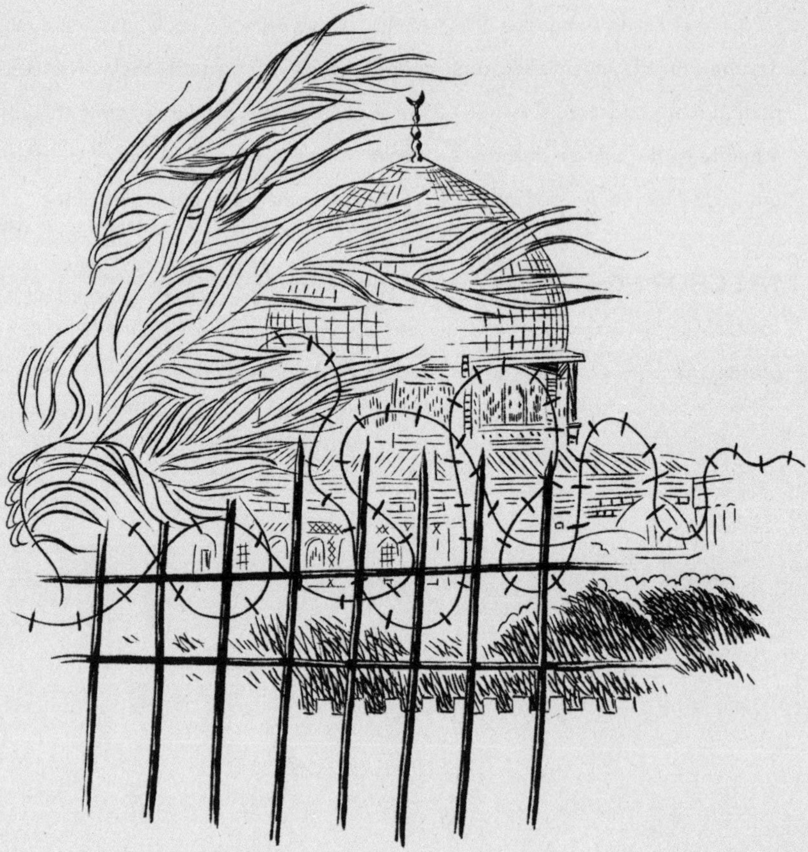

ISRAEL

JERUSALÉM

"Primeiro olhe ao redor. É como todo mundo a descreve. Bonita. Incrível. Urbana, sofisticada, descolada, como o sul da Califórnia, só que melhor. Depois você nota os jovens recrutas nas ruas e começa a captar a ideia. Esta é Jerusalém.

"Israel faz fronteira com o Egito, a Jordânia, a Síria e o Líbano. Em 1967, após a Guerra dos Seis Dias, Israel assumiu o controle da Faixa de Gaza, da Península do Sinai, da Cisjordânia e das Colinas de Golã, e anexou Jerusalém Oriental. Em 2003, iniciou a construção de um muro ao longo da Linha Verde, representando a fronteira Israel-Palestina.

"É de longe a construção mais polêmica do mundo. E não há esperança — nenhuma — de falar sobre isso sem irritar alguém ou até mesmo todo mundo. Talvez tenha sido por isso que demorei tanto para vir para cá. Um lugar onde até os nomes de coisas comuns são disputados com ferocidade. De onde vem o falafel? Quem faz o melhor hummus? É uma cerca ou um muro?

"Só porque fui criado fora da fé, sem qualquer apego ou lealdade particular a Israel, isso não significa que muitas pessoas neste planeta não me odeiem por princípio. Sei disso. Quanto ao estado de Israel: nunca soube de verdade o que pensar sobre ele.

"Serei visto por muitos como um simpatizante do terrorismo, uma ferramenta sionista, um judeu que odeia a si mesmo, um apologista do imperialismo norte-americano, um orientalista, socialista, fascista, agente da CIA e coisa pior. Não falta nada."[1]

CHEGADA E DESLOCAMENTO

O **Aeroporto Ben Gurion (TLV)** é a maior porta de entrada internacional de Israel, a 18 quilômetros de Tel Aviv e a cerca de 40 quilômetros de Jerusalém. Opera voos domésticos e para toda a Ásia, Europa e algumas cidades da África, da América do Sul e da América do Norte.

Há muitas opções para aluguel de carros, e, por cerca de 88 shekels novos israelenses (25 dólares) por dia, é bastante acessível. Um táxi do aeroporto até o centro da cidade de Jerusalém leva cerca de uma hora e deve custar algo em torno de 265 shekels/75 dólares. Os motoristas de táxi em Israel não esperam receber gorjetas.

Há um ônibus de hora em hora entre o terminal 3 do TLV e a rodoviária central de Jerusalém. Cada trecho custa 15 shekels/4,50 dólares. Compre as passagens em dinheiro, no embarque. Consulte www.bus.co.il para obter informações atualizadas sobre itinerários e tarifas.

Os visitantes podem entrar em Israel por terra, vindos do Egito ou da Jordânia, mas esteja ciente de que essas travessias de fronteira às vezes são árduas e lentas, com horários e regras que mudam com frequência. Informe-se com as autoridades e fontes confiáveis e certifique-se de ter moeda dos dois países em mãos.

Em Jerusalém, é fácil chamar ou pedir um táxi; uma viagem típica de 8 quilômetros deve custar cerca de 40 shekels/13 dólares. Há também um amplo sistema de ônibus e uma linha de veículos leves sobre trilhos que usa cartões inteligentes Rav-Kav pré-pagos; obtenha todas as informações em www.egged.co.il.

AMERICAN COLONY HOTEL E RESTAURANTE MAJDA: OÁSIS DE CALMA

Enquanto estava em Jerusalém, a base principal de Tony foi o **American Colony Hotel**, um resort de luxo favorito entre os jornalistas, representantes da ONU, diplomatas e celebridades. No passado, foi uma colônia cristã utópica fundada por um casal rico de Chicago, Horatio e Anna Spafford, em busca de consolo após perderem os quatro filhos num naufrágio. Como não eram chegados a proselitismos, os Spafford e seus seguidores foram acolhidos pela comunidade local. A colônia prosperou durante cerca de 60 anos, sobrevivendo literalmente a uma praga de gafanhotos e a duas guerras mundiais, mas se desmantelou nos anos 1950, devido a conflitos internos. Os novos donos transformaram a construção no hotel dos dias de hoje.

A ala antiga do lugar era originalmente a casa de um paxá e de suas quatro esposas; são quatro edifícios ao todo, cada um com o próprio jardim exuberante. O American Colony é um ambiente discreto e silencioso, embora Tony tenha ficado fascinado com o chamado para a oração matinal.

AMERICAN COLONY HOTEL: Louis Vincent Street, 1, Jerusalém, 97200, Tel. +972 2 627 9777, www.americancolony.com (quartos a partir de 700 shekels/200 dólares por noite)

"Quase dá para acreditar, por um ou dois minutos, que algum tipo de paz, algum tipo de reconciliação, de encontro de mentes, de sanidade, seja possível, depois de visitar o **Majda**. É um restaurante no que parece ser uma aldeia idílica nas colinas da Judeia. Parece um universo alternativo por várias razões.

"Michal Balanes é judia. Jakob Bahrun é muçulmano, de um vilarejo próximo. São sócios, coproprietários do Majda e também são casados. Juntos, eles cultivam e criam muito do que é usado na cozinha de lá. A comida deles reflete suas diferentes origens e suas semelhanças."

Uma refeição no Majda pode incluir ovos com pimentão e tomate ou quiabo tostado com cebola e hortelã. "Acabei de fazer esta refeição deliciosa, alheio ao fato de que é inteiramente vegetariana. Se algum dos restaurantes vegetarianos em Nova York servisse comida com gosto parecido, eu... até iria lá? Eu pensaria no assunto."

MAJDA: Ein Rafa, Tel. +972 2 579 7108, www.majda.co.il (refeição típica a 175 shekels/50 dólares por pessoa)

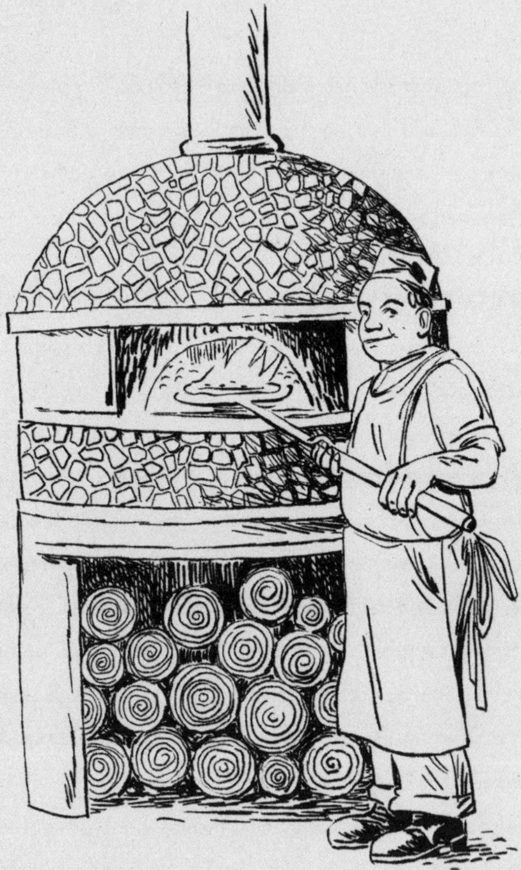

ITÁLIA

NÁPOLES

Tony embarcou numa jornada para se reconciliar com sua profunda atração pela cultura ítalo-americana, apesar de não tê-la em seu DNA, mergulhando na comida clássica de Nápoles para o *Sem reservas*.

"Nápoles, a Nápoles de nosso imaginário coletivo. A terra antiga, onde sempre fomos levados a crer que tudo começou. Com uma colher de nostalgia e ainda mais molho, nos disseram que a comida italiana que consumíamos nos Estados Unidos vinha daqui. Mas até que ponto o que conhecemos da comida napolitana era italiana, ou mesmo napolitana?

"Quase nada em Nápoles faz sentido no início: a maneira como eles dirigem ou se orientam pelas ruas do centro histórico da cidade.

"Você ouve outros italianos dizendo que Nápoles nem faz parte da Itália.

"Mas, para começar, essa é uma atitude muito italiana, um país de cidades-estado para quem a próxima aldeia será sempre o pior lugar do mundo. A piada é que a cidade é cheia de ladrões e que as pessoas tendem a perder coisas que não são vigiadas com cuidado, incluindo, digamos, o controle da coleta de lixo, talvez porque a Camorra, a poderosa irmã napolitana da máfia siciliana, controla com mão de ferro tudo o que acontece por aqui.

"Ao longo da história, a área não deu muita sorte. Vivendo à sombra do Vesúvio, com invasões, a Segunda Guerra Mundial — todo mundo parece querer varrer Nápoles do mapa."[1]

CHEGADA E DESLOCAMENTO

O **Aeroporto Internacional de Nápoles (NAP)**, também conhecido como **Capodochino**, faz conexões sobretudo com outras cidades europeias, mas há também alguns voos diretos para Nova York e lugares do Oriente Médio. Está localizado a cerca de 8 quilômetros do centro da cidade. Um táxi leva de 15-30 minutos, dependendo do trânsito, e custa cerca de 20 euros/22 dólares. Gorjetas não são obrigatórias, mas estão se tornando cada vez mais comuns entre os turistas. Acrescente de 10%-15% ao valor da corrida.

Há também ônibus especiais e de linhas convencionais que fazem o percurso até a cidade. Veja em www.unicocampania.it os horários, itinerários e tarifas.

A **Napoli Centrale** é a principal estação ferroviária, com uma localização central na piazza Garibaldi e ligações com o restante da Itália e além. É também possível chegar ou partir de Nápoles de barco, em navios de cruzeiro ou balsas na Stazione Marittima, que também tem localização central.

Nápoles é ocasionalmente íngreme, mas é uma festa para os olhos explorá-la a pé. Se preferir, existem pontos de táxi na maioria das piazzas da cidade. Há conexões com o sistema de metrô na Napoli Centrale e outros pontos. Existem também sistemas municipais de ônibus, bondes e funiculares. Verifique as informações em www.anm.it.

DEVORANDO A HISTÓRIA DA COZINHA ÍTALO-AMERICANA

"Nápoles é bonita à beça. E antiga. Por ser antiga, pode assumir a responsabilidade por uma série de invenções icônicas da cultura italiana, como a pizza, um quadrado ou círculo de massa, coberto com molho de tomate, queijo e talvez mais algumas coisas. Coisas simples, certo?

"Muito do que cresci comendo era pizza napolitana. O que querem dizer com isso? Em 2004, o Ministério da Agricultura da Itália estabeleceu uma regulamentação ditando como uma pizza napolitana deve ser feita — dimensões, espessura da borda, ingredientes e até temperatura de cozimento. E este lugar, a **Pizzeria Pellone**, segundo consenso geral napolitano, é um excelente exemplo de padrão, e até mesmo um dos melhores no preparo disso, da pizza margherita, minimalista clássica." A Pellone também oferece uma pizza frita — na verdade, um calzone frito — recheada com ricota e pedaços de porco fritos e crocantes.

PIZZERIA PELLONE: Via Nazionale, 93, 80143, Nápoles, Tel. +39 081 553 8614, www.pellonepizzeria.it (pizza em média a 7 euros/8 dólares)

"Vocês aí que fazem o tipo 'Tudo menos anchova': preparem-se para mudar de ideia — e, possivelmente, enlouquecer —no **Al Convento**, restaurante localizado num antigo convento da pequena cidade de Cetara, onde *alici* é a especialidade local e estrela o cardápio do chef Pasquale Torrente.

"Estamos falando de coisas que de forma alguma se parecem com a gosma oleosa, salgada e fedorenta que você conhece em dias de desespero na faculdade. Anchovas marinadas, brancas, quase doces; anchova com tomate assado lentamente e frita com cebola", bem como almôndegas de anchova recheadas com muçarela defumada, uma variação da berinjela parmegiana recheada de anchovas e *linguine puttanesca*, com anchovas frescas, claro.

AL CONVENTO: Piazza San Francesco, 16, 80410, Cetara, Tel. +39 089 261039 (pratos principais em torno de 35 euros/39 dólares)

Depois de mergulhar em busca de ouriços-do-mar sob um céu ameaçador (e comê-los ao ar livre logo depois), o chef Rocco Iannone levou Tony de volta ao seu restaurante, o **Pappacarbone,** para um almoço improvisado, baseado no que estava fresco e à mão: polvo frito, queijo *caciocavallo* grelhado com favas, alcachofra, cebolinha e pancetta e *spaghetti di frutti de mare* com dois tipos de amêijoas locais. Iannone emocionou Tony com sua técnica de cozimento de massas, retirando a massa da água fervente e finalizando na panela com frutos do mar, vinho, caldo e ervas aromáticas. **"Faz toda a diferença do mundo quando você finaliza a massa na panela com o molho e ela absorve tudo. É mágico."**

PAPPACARBONE: Via Rosario Senatore, 30, 84103, Cava de 'Tirrena, Tel. +39 347 797 0604, www.ristrorantepappacarbone.com (menu degustação 70 euros/78 dólares por pessoa)

ROMA

"Como tantos descobriram ao longo da história, é fácil se apaixonar por Roma. Ela é sedutoramente bonita. Suportou e sobreviveu a muita coisa. O que sobrou de suas antigas glórias, de seus dias imperiais, está em ruínas, mas essas ruínas continuam a nos encantar. Aqui se entra em transe. Você pensa que, não importa o que aconteça, este lindo sonho vai durar para sempre — e então, de repente, a parada se torna real.

"Antes da Primeira Guerra Mundial, Benito Mussolini era considerado um bufão e um maluco. Um orador mal-humorado e sempre pontificando, vindo da pequena cidade de Predappio. O tempo passou, porém, e o país estava dividido e em crise. Viu-se sitiado por inimigos internos e externos. Precisava de alguém que dissesse que ele poderia fazer com que a Itália fosse grandiosa de novo. Ele era um homem montado num cavalo dizendo: 'Sigam-me.' E foi seguido. Quando os fascistas marcharam sobre Roma, o primeiro-ministro renunciou, e Benito Mussolini foi nomeado líder pelo rei. Isso pode acontecer em qualquer lugar. Aconteceu aqui. Quase um século depois, é isso o que ele deixou para trás: a Roma em que muitos romanos vivem ainda hoje."[2]

"Não importa que Roma é essa — se é a sua, a minha ou a de Federico Fellini —, ela é linda, tão linda quanto todo mundo diz. Para mim, não tem a ver com as grandes coisas de que falam — as esculturas, as praças e edifícios imponentes, os monumentos —, embora eles sejam incríveis. São as pequenas coisas, os pequenos detalhes, a incrível grandiosidade de cada maldita coisinha."

CHEGADA E DESLOCAMENTO

O Aeroporto Leonardo Da Vinci-Fiumicino (FCO) de Roma fica "**a cerca de 32 quilômetros do centro da capital italiana, mas bem que podia estar em outro planeta**", disse Tony, no início de um episódio do *Fazendo escala*, depois de chegar de Nova York na madrugada. O Fiumicino é o maior aeroporto da Itália, um grande *hub* europeu ligado a todas as partes do planeta.

"O Aeroporto Fiumicino oferece as opções habituais de transporte. A mais fácil, porém mais cara, seria pegar um táxi direto para seu hotel na cidade. Para isso há uma tarifa fechada (de 48 euros/53,50 dólares). Existem ônibus especiais por cerca de 15 dólares (13,50 euros), o que deve levar cerca de 40 minutos, mas o trânsito é imprevisível. Eu opto pelo trem expresso (Leonardo) desta vez. Vinte dólares (18 euros) e apenas 30 minutos. É para ser rápido, eficiente, fácil mas, sinceramente, enquanto olho para outra passarela sem fim, começo a me arrepender da decisão que tomei. Não faça isso, cara. Pegue um táxi, ainda mais se você tiver bagagem." Os motoristas italianos não esperam ganhar gorjeta, mas você pode arredondar para facilitar o troco.

Roma tem um segundo aeroporto, bem menor, o terminal **Ciampino Giovan Battista Pastine (CIA)**, que atende principalmente companhias aéreas de baixo custo e seus voos dentro do continente europeu. Fica a cerca de 10 quilômetros do centro da cidade, com táxis disponíveis por uma tarifa fixa de 30 euros (34 dólares) e conexões diretas de ônibus para a estação Termini, localizada no centro de Roma, por 6-10 euros/5,50-11 dólares por viagem, com passagens disponíveis no saguão de desembarque.

Tony não era um grande fã de **Roma Termini**, a maior estação ferroviária da Itália. "**O enorme centro de transportes de Roma é um pé no saco, em minha opinião. Tem todo o charme da Pennsylvania Station de Nova York, ou seja, nenhum.**" Desde que ele deu essa declaração ríspida em 2012, no entanto, as autoridades romanas fizeram algumas melhorias no local, que agora tem uma praça de alimentação acima da média, o Mercado Central, estacionamento e saídas menos caóticas para as ruas.

As opções de transporte público de Roma incluem um sistema de metrô de três linhas, ônibus e bondes. Uma viagem em qualquer um deles custa 1,50 euro/1,67 dólar, com cartões de tarifas integradas disponíveis em estações de metrô e em muitas lojas de conveniência e bancas de jornal.

Há pontos de táxi localizados em muitas das mais conhecidas piazze da cidade; certifique-se de pegar apenas aqueles com licenças oficiais, que são carros brancos com placas no teto e números de telefone na lateral do automóvel, e taxímetros em funcionamento. Os golpes de táxi mais famosos acontecem na porta da Termini. Se estiver longe de um ponto de táxi, precisa chamar um carro (ou pedir a um italiano que faça isso para você); neste caso, esteja ciente de que o taxímetro começa a correr quando o motorista aceita a viagem, não quando você entra no veículo. Uma viagem típica custará entre 6-20 euros/7-22 dólares, e uma gorjeta de 5-10% por um bom serviço é apreciada. E, claro, na maior parte do tempo, Roma é uma cidade onde caminhar é uma experiência gloriosa, com muito para ver e comer no caminho até seu destino.

DORMIR EM ROMA

"Eu sugiro o **Centro Storico** da cidade, para que você fique a uma curta distância de todas as coisas bonita em que deseja pelo menos pôr os olhos. Os hotéis são caros, então, reserve com antecedência se estiver procurando hospedarias (*pensioni*) com preços mais baixos, pois tendem a encher depressa."

Bem próximo ao Centro Storico, no bairro Monti, que já foi um distrito de prostituição, há uma série de *pensioni* limpas, sossegadas e com preços razoáveis, entre elas o **Hotel Raffaello**, com 41 quartos, localizado numa construção do século XIX cujo interior foi reformado com um pequeno elevador que para entre os andares. Os banheiros privativos são relativamente grandes, os lençóis são impecáveis, os interiores clássicos e charmosos (embora um pouco antiquados) e a equipe é simpática e atenciosa. É uma curta caminhada até a parada Cavour na linha B do metrô. O Coliseu e o Fórum Romano também estão nas proximidades, assim como a já mencionada estação Termini.

"Por outro lado, se você quiser chutar o balde e viver em grande estilo — e pagar muito pelo privilégio —, o **Hotel de Russie** é chiquérrimo, discreto e fica bem pertinho da escadaria da piazza di Spagna, mas confortavelmente isolado. Porém, repito, é caro." Construído no ano 2000, o hotel de 120 quartos é aconchegante e estiloso, com um jardim nos terraços e pátio, spa, *hammam*, salão de cabeleireiro e uma excelente proposta de alimentação e bebidas. É familiar, e a equipe de concierge está entre as melhores de Roma.

HOTEL RAFFAELLO: Via Urbana, 3, Roma, 00814, Tel. +39 06 488 4342, www.hotelraffaello.it (diárias a partir de 75 euros/83 dólares)

HOTEL DE RUSSIE: Via del Babuino, 9, Roma, 00187, Tel. +39 06 328 881, www.roccofortehotels.com (diárias a partir de 450 euros/500 dólares)

COMER EM ROMA

Você pode acreditar que está em Roma pelas antiguidades, pela arte e a cultura modernas, para aprender a língua, mas, na verdade, é pela comida e pelo modo como ela é preparada, compartilhada, consumida e celebrada por sua perfeição elementar. Não desperdice tempo nem espaço com um grande café da manhã. Os italianos preferem um *cornetto* (parecido com um croissant, mais doce, mais macio e menos amanteigado) e um espresso ou cappuccino, antes do almoço e do jantar.

"Qual é a especialidade romana que você poderia escolher, digamos, para um almoço leve ou um lanche? Pois bem (...) arranje um pouco de porchetta. Este é o I Porchettoni, e eles não estão para brincadeira. Orgulho de Roma, a porchetta é um porco inteiro desossado recheado com ervas, assado no espeto e geralmente servido com cerveja italiana bem gelada." O I Porchettoni é uma *fraschetta* — um restaurante simples, uma espécie de taverna, com mesas compartilhadas cobertas de papel, copos resistentes e pratos de plástico — do tipo encontrado na cidade vizinha de Ariccia, nas montanhas. Além da excelente porchetta, há massas clássicas (espaguete *cacio e pepe*, *penne arrabiata* e nhoque, servido apenas às quintas-feiras), pratos principais (tripa à romana, linguiças grelhadas, filés, porco assado no leite), vinhos e cervejas da casa.

I PORCHETTONI: Via dei Marrucini, 18, 00185, Roma, Tel. +39 06 4958598 (sem site) (refeição de dois pratos com vinho cerca de 25 euros/28 dólares por pessoa)

"Bem-vindo ao **Roscioli**, um império familiar de coisas boas e antigas. Em inglês, só poderíamos chamar de 'deli', mas não é de fato uma delicatessen, é um tesouro de *salumi*, queijo, atum. Palavras não dão conta. É também uma padaria e muito mais. Eles têm pães artesanais e pizza branca. O pão, a gente fica com tesão só de ouvir falar do pão. E, claro, *prosciutto, prosciutto, prosciutto*. Meu Deus, isso é bom."

O Roscioli tem um punhado de lojas a uma curta distância umas das outras, atendendo a várias funções: uma delicatessen sofisticada com serviço de restaurante para almoço e jantar, uma padaria com pães e pizza extraordinários vendidos a peso (*al taglio*) e um café. Os preços são um pouco altos e o espaço pode ser um tanto apertado, mas a qualidade da comida, das bebidas e do serviço mais do que compensa a experiência.

ROSCIOLI SALUMERIA CON CUCINA (DELI E RESTAURANTE): Via dei Giubbonari, 21, 00186, Roma, Tel. +39 06 6875287, www.salumeriaroscioli.com (preços variam; refeição típica em torno de 40-50 euros/44-55 dólares por pessoa)

ANTICO FORNO ROSCIOLI (PADARIA COM SANDUÍCHES E PIZZAS): Via dei Chiavari, 34, 00186, Roma, Tel. +39 06 686 4045, www.anticofornoroscioli.it (preços variam; pizzas em torno de 8 euros/9 dólares por quilo)

ROSCIOLI CAFFÈ (ESPRESSO BAR COM PASTELARIAS, SANDUÍCHES, VINHO E DRINQUES): Piazza Benedetto Cairoli, 16, 00186, Roma, Tel. +39 06 8916 5330, www.cafferoscioli.com (preços variam; um café e um doce em torno de 4 euros/4,50 dólares)

Fora do Centro Storico, Roma é repleta do tipo de trattoria discreta mas de alta qualidade que Tony amava pela comida clássica e pelo ambiente descontraído. Um exemplo:

"**O Betto e Mary é despretensioso, tipicamente romano e um local nada turístico. O dono se senta como um velho amigo e conta o que eles têm na cozinha, pergunta o que estamos com vontade de comer e logo aparecem antepastos de brócolis e cogumelos fritos, berinjela com azeitonas e pimentão, pimentão vermelho assado com pignoli e *nervetti*"** — uma tradicional receita milanesa de tendão, cartilagem e carne de canela de boi ou pé de bezerro picados e cozidos lentamente — **"que fica macia, macia, macia como vitela. Em seguida, um prato bem à moda antiga: carne de cavalo em fatias finíssimas com rúcula e *parmiggiano*. Ah, para com isso. Podemos não comer carne de cavalo nos Estados Unidos, mas nós os matamos aos montes e vendemos a carne para o Canadá. Hipócritas. Em seguida, rigatoni com ragu de rabada. Basta mencionar rabada e ragu que já estou pronto para cortar a garganta de alguém em troca de uma provinha. Ah, e fettuccini com alcachofra e miúdos. Bom, muito, muito bom."**

BETTO E MARY: Via dei Savorgnan, 99, 00176, Roma, Tel. +39 06 6477 1096 (sem site) (jantar em torno de 20 euros/23 dólares por pessoa)

Embora Tony não tenha visitado pessoalmente as três trattorias a seguir, elas oferecem uma experiência semelhante, com comida romana clássica considerada tão boa ou até melhor do que a encontrada no Betto e Mary. É altamente recomendável fazer reservas para cada uma delas.

O **Dar Moschino** é um restaurante acolhedor e animado, de administração familiar, que funciona há 40 anos numa área tranquila do bairro Garbatella, ao sul do centro da cidade. A sala revestida em madeira é repleta de imagens de cavalos de corrida, e a decoração e o serviço mudaram bem pouco ao longo dos anos, para deleite e conforto dos frequentadores assíduos de suas mesas estreitas. As especialidades da casa incluem *gricia* (rigatoni com guanciale, queijo pecorino ralado e pimenta preta rachada), tripa cozida à romana, tenras almôndegas de vitela e coelho *alla cacciatora*, que deve ser pedido com uma guarnição de batatas perfeitamente cozidas.

O **Piatto Romano** é o ponto de encontro dos moradores de Testaccio; o serviço é caloroso e eficiente. Aqui é imperdível o *rigatoni con la pajata*, receita que leva intestinos de vitela recheados com leite de vaca e cozidos num molho picante de tomate. Os proprietários costumam complementar o menu habitual com verduras exóticas que eles próprios cultivam nas proximidades, incluindo malva e rabanete preto.

Em Trastevere, a **Tavernaccia da Bruno** é o lugar certo para uma comida excelente e um serviço amigável num ambiente aconchegante e bem iluminado. Pertence à mesma família há 50 anos, servindo clássicos romanos acompanhados por alguns pratos comuns na Umbria e na Sardenha, incluindo um excelente leitão assado no forno a lenha. Aos domingos, não perca a lasanha à bolonhesa.

DAR MOSCHINO: Piazza Benedetto Brin, 5, 00154, Roma, Tel. +39 06 513 9473 (sem site) (refeição típica em torno de 25 euros/28 dólares por pessoa)

PIATTO ROMANO: Via Giovanni Battista Bodoni, 62, 00153, Roma, Tel. +39 06 6401 4447, www.piattoromano.com (refeição típica em torno de 30 euros/33 dólares por pessoa)

TAVERNACCIA DA BRUNO: Via Giovanna da Castel Bolognese, 63, 00153, Roma, Tel. +39 06 581 2792, www.latavernacciaroma.com (refeição típica em torno de 30 euros/33 dólares por pessoa)

Roma é uma cidade louca por pizza, conhecida tanto por suas fatias vendidas a peso (*pizza al taglio*) quanto pelas redondas de massa fina, vistas principalmente em restaurantes chamados de *pizza tonda*. E há o "**Pizzarium, casa de [Gabriele] Bonci, uma divergência dos clássicos.**" Bonci é "**um pizzaiolo rebelde que tem uma pizzaria minúscula e inovadora perto do Vaticano, onde, nos últimos anos, afirma ter inventado 1.500 versões diferentes de pizza. Com** toda certeza, ele ainda não acabou de inventar. Aqui, como acontece com todas as boas pizzas, tudo começa com a massa — uma massa verdadeira e nobre. A melhor pizza é o resultado final de uma cultura de bactérias bem cuidada, um fermento. Bonci usa um fermento que tem duzentos anos."

Uma das combinações notáveis de Bonci é foie gras com cereja. "É delicioso. Fantástico. A gordura do foie, a doçura das cerejas. É incrível." Mesmo os mais ardorosos detratores da pizza havaiana vão se encantar com a versão do Pizzarium, na qual o recheio convencional de abacaxi e presunto é salvo pelo acréscimo de cebola caramelizada. "**Não deveria ser boa. Mas estava boa, muito boa.**"

Não surpreende que o Pizzarium seja loucamente popular. Por isso, esteja preparado para esperar com uma multidão de turistas no horário de maior movimento, mas tenha certeza de que vale a pena.

PIZZARIUM GABRIELE BONCI: Via della Meloria, 43, 00136, Roma, Tel. +39 06 3974 5416, www.bonci.it (pizza vendida a peso; em média 10 euros/11 dólares por quilograma)

"Estou no **Freni e Frizioni**, ou 'freios e embreagens', uma oficina mecânica convertida em bar. Há um bufê livre para os estudantes universitários se abastecerem, entre bebidas e gestações indesejadas.

"Estou sentado, relaxando e tomando um negroni. Na verdade, vou tomar um monte de negronis.

"A propósito, ao fazer negronis em casa, um terço de gim de primeira, um terço de Campari e um terço de vermute doce. Não gosto muito de gim. Não gosto muito de Campari e não gosto de vermute doce, mas juntos: amigos.

"Dizem que o conde Negroni inventou este coquetel excelente em Florença. Insatisfeito com o nível de álcool de seu coquetel Americano de Campari e vermute doce, ele sugeriu que o garçom caprichasse na dose de perigo adicionando gim. Assim nasceu um clássico, e muitos incidentes vagamente lembrados, se é que alguém consegue lembrar."

ITÁLIA

Para encontrar um bom negroni em outro lugar de Roma, Sara Pampaloni, amiga e produtora local de Tony, sugere qualquer bar histórico no centro da cidade, como o **Canova**, na piazza del Popolo, ou "qualquer local onde a garrafa de Campari não dure mais do que uma hora."

FRENI E FRIZIONI: Via del Politeama, 4, 00153, Roma, Tel. +39 06 4549 7499, www.freniefrizioni.com (bebidas em torno de 8 euros/9 dólares cada, com bufê incluído)

CANOVA: Piazza del Popolo, 16, 00187, Roma, Tel. +39 06361 2231, www.canovapiazzadelpopolo.it (coquetéis em torno de 10 euros/11 dólares cada um)

SARDENHA

"O que fazer depois que os sonhos se tornam realidade? Já tive três ou quatro vidas plenas e me surpreendi por ter sobrevivido à maioria delas. Esta é parecida com uma rodada extra, provavelmente não merecida, mas, como uma máquina de pinball insana, a vida continua me dando pontos extras, sem levar em conta o modo como jogo. (Eu me imagino, é claro, tombando entre os tomateiros do quintal em algum lugar perseguindo um neto com uma fatia de laranja na minha boca.)

"Para um cara que raramente fica em casa, com uma visão tão distorcida do que é ou poderia ser um lar, ando assustadoramente feliz esses dias."[3]

Desse modo sentimental, muito atípico, Tony encerrou um episódio bastante pessoal do *Sem reservas*, no qual ele e sua família viajaram para a Sardenha. Sua esposa, Ottavia, passava os verões com toda a família na ilha mediterrânea um tanto isolada, e Tony já havia se apaixonado pela cultura antiga e imutável, pela importância da faca naquela cultura e, claro, pela comida.

"Este é um lugar duro — rocha e aço — onde a vida sempre foi dura, mas ainda mais dura para invasores. É preciso ter uma faca por aqui, e todo mundo tem uma. As coisas ainda são feitas à mão. Os velhos costumes, a própria essência do isolamento, ainda são respeitados. Você mantém a família por perto. Venho de uma família pequena. Mesmo nas refeições festivas, era só eu, meu pai, minha mãe, meu irmão mais novo e talvez um primo de vez em quando. Talvez seja por isso que sempre tenha me ressentido de não ser ítalo-americano, a razão de sempre ter desejado aquilo, aquelas cenas nos filmes em que a família inteira está sentada numa mesa comprida, com crianças correndo por toda a parte. Mesmo quando discutiam, isso me parecia bom.

"A Sardenha é o tipo de lugar onde é melhor ter algum conhecido. Os adesivos nos para-choques por aqui proclamam com orgulho que Sardenha não é Itália, e eles não estão brincando. São seis a sete horas de barco a partir do oeste da região central do país, com seu próprio idioma, sua própria cultura, uma tradição de isolamento, de clãs, um lugar onde as pessoas ainda vão lhe dizer, de um jeito meio brincalhão, que há bandidos no vilarejo vizinho.

"A legislação europeia, a língua italiana, os séculos XX e XXI — chegaram aqui meio atrasados, o que me cai muito bem, porque a comida, a comida é inacreditável. É tudo o que se ama na Itália, mas de alguma forma mais (...) intensa. E parece outro mundo.

"Algumas características que você deve notar de imediato, porque vão aparecer com frequência: as refeições quase sempre começam com uma forma ou outra de carnes curadas e caseiras — uma seleção de presuntos, linguiças, talvez um pouco de pecorino, pois é uma terra de ovelhas. Muito desse negócio, esse pão achatado onipresente da Sardenha, *pane carasau*.

"A massa, ou muitas vezes *as massas*, em geral específicas da região e sempre caseiras. Em seguida, [uma] lareira ou fogo aberto, normalmente com grandes pedaços de carne em espetos crepitando por perto."

CHEGADA E DESLOCAMENTO

O maior dos três aeroportos da Sardenha fica na capital, **Cagliari (CAG)**, na parte sul da ilha, servido por várias companhias aéreas regionais europeias. De carro, é uma viagem de 15-20 minutos do aeroporto até o centro da cidade, que custará cerca de 20 euros/22 dólares. As gorjetas são bem-vindas, mas não esperadas. Também há serviços de ônibus para a cidade e uma meia dúzia de locadoras de veículos, se você preferir dirigir. Há uma balsa de Nápoles para Cagliari.

Mais perto dos lugares que Tony visitou para o *Sem reservas*, no entanto, está o **Aeroporto Olbia Costa Smeralda (OLB)**, no lado nordeste da ilha, que é mais movimentado durante as férias de verão, recebendo visitantes da Europa continental em voos de algumas companhias aéreas regionais. Os ônibus conduzem os passageiros para a cidade de Olbia ou para uma estação de trem das imediações para viagens ao sul, e táxis e aluguel de carros estão disponíveis. Se tiver tempo e vontade, também pode pegar uma balsa de Roma para Olbia.

ONDE FICAR

"**Estou virando um frequentador assíduo aqui do Su Gologone**", observou Tony a respeito do hotel onde ficou hospedado com a família durante sua visita à Sardenha. Discreto mas luxuoso, é um resort com spa em estilo mediterrâneo, localizado a 24 quilômetros da costa leste, nas montanhas de Barbagia, com muito espaço para passear e vadiar e uma piscina com água que vem de uma nascente. "**O restaurante é tradicional, um lugar onde a comida é muito admirada pelos moradores da região. Isso num país onde comer em restaurantes é visto como uma falha de caráter.**"

SU GOLOGONE: Località Su Gologone, 0825, Olinea, Sardenha, Tel. +39 0784 287512, www.sugologone.it (quartos a partir de 180 euros/200 dólares por noite)

VOLTA AO MUNDO

AGRITURISMO NA SARDENHA

"Gosto de pensar que os *agriturismos* familiares são o futuro do setor de turismo na Sardenha. Caramba, do setor de turismo do mundo inteiro. Sa Rocca é um *agriturismo* construído, em forma de caverna, dentro das rochas. O que é um *agriturismo*? Acho que é a melhor instituição de todos os tempos. Basicamente, um lugarzinho descolado tanto numa casa quanto numa fazenda (...). Eles aparecem por toda a Itália e a Sardenha, com um menu pequeno, em geral fixo, e explicitamente local. É fantástico. Você pode ir comendo de cidade em cidade, por todo o país, devorando especialidades locais."

Para Tony, Ottavia e os parentes que visitaram o restaurante (também aberto para quem não está hospedado num dos quartos modestos porém confortáveis do local) o menu inclui presunto da Sardenha, semelhante ao *prosciutto* italiano, mas cortado mais grosso; fios de massa enrolados à mão chamados *maccheroni stabusa* em molho de tomate; queijo de ovelha assado com mel local e uma especialidade particularmente extravagante, "*capretto arrosto stidiale*, que pelo que entendi significa 'cabrito assado no espeto no fogo aberto' mas que aqui é regado com gotas de *lardo* fumegante, pedaços de gordura de porco levemente curada, temperada e com ervas, que dão à cabra uma cor dourada escura, uma pele crocante e um sabor intenso como nunca se viu".

AGRITURISMO SA ROCCA: Strada Nebida-Buggerru S.P. 83, km 13, 09016, Nebida, Sardenha, Tel. +39 0781 183 6196, www.agriturismosarocca.it (quartos em média a 67 euros/75 dólares; pratos em média a 18 euros/20 dólares).

ITÁLIA

"Para um típico restaurante para a classe trabalhadora, há o **Zia Forica**. Numa cultura que não é conhecida pelo fast-food, é assim que se faz a refeição mais rápida possível, um lugar onde você pode aparecer, pegar alguns pratos pequenos, talvez um rápido bife de burro e seguir em frente. Vim em busca dos caracóis, da alcachofra e da *cordula*", uma especialidade hiperlocal composta por intestinos de cordeiro ou cabra trançados em torno de uma variedade de carnes de outros órgãos do mesmo animal, tudo assado no espeto ou lentamente com ervilhas.

ZIA FORICA: Corso Margherita di Savoia, 39, 07100, Sassari, Sardenha, Tel. +39 079 233556 (sem site) (pratos em média a 7-9 euros/8-10 dólares)

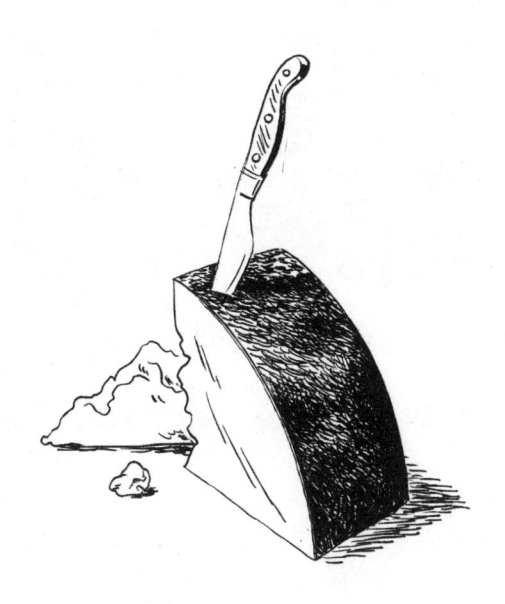

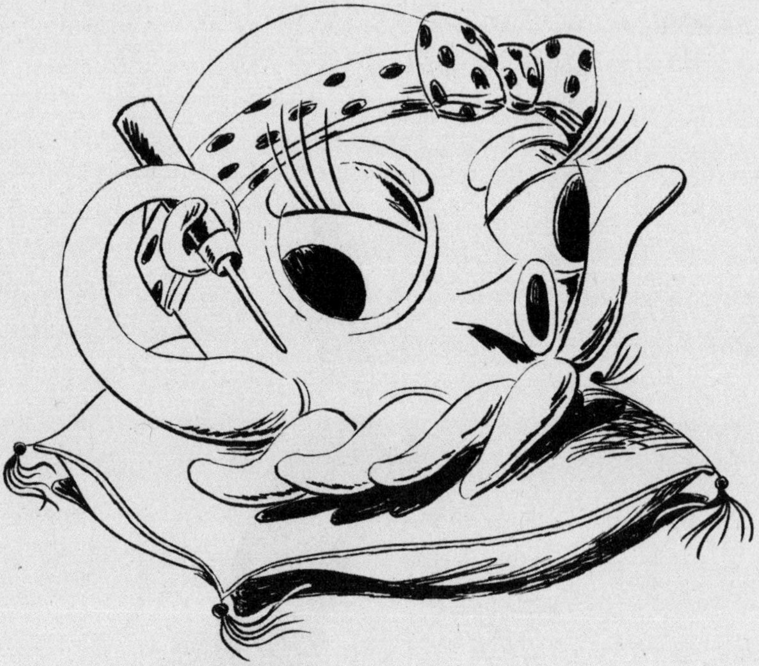

JAPÃO

OSAKA: CIDADE DOS EXCESSOS

"Bem-vindo a Osaka, a capital da região de Kansai, no Japão, que trabalha duro e gosta de se divertir. É com Tóquio que Osaka costuma ser comparada. Enquanto Tóquio é vista como sofisticada e um pouco reservada, Osaka é considerada pé no chão e direta. Mais importante para mim, porém, é que a história e a geografia conspiraram para transformar Osaka no coração da culinária japonesa. Desde os tempos antigos, sua localização no mar interior do Japão e a proximidade com as melhores terras agrícolas tornaram Osaka conhecida como a cozinha da nação.

"Com o tempo, Osaka desenvolveu uma grande classe de comerciantes. Os comerciantes sempre foram desprezados pela sociedade japonesa, mas as leis promulgadas no final do século XVI oficializaram isso, dando-lhes o status social mais baixo e proibindo exibições ostensivas de riqueza nas roupas que vestiam, nas casas que construíam e em praticamente tudo, exceto na comida e no entretenimento. E, assim, uma cidade cheia de mercadores foi obrigada a gastar todo o seu dinheiro comendo, bebendo e se divertindo. Dessa forma nasceu a ideia de *kuidare*. Traduzido ao pé da letra, significa ir à falência de tanto comer. Mas, no uso comum, refere-se a qualquer período prolongado de comilança e bebedeira em excesso, de preferência concluído com um tombo."[1]

CHEGADA E DESLOCAMENTO

Osaka tem dois aeroportos. O **Kansai International (KIX)**, na baía de Osaka, a cerca de 30 quilômetros ao sul do centro da cidade, recebe voos internacionais e várias conexões diárias para o interior do Japão. O trem expresso Nankai (1.075 ienes /10 dólares) e o Rapi:t (1.500 ienes/cerca de 14 dólares), ambos operados pela empresa privada Nankai Electric Railway, podem ser acessados a partir do segundo andar do terminal de passageiros com destino à estação Nankai Namba (na verdade, um enorme complexo de estações), com conexões para o metrô, para a Japan Rail (JR) e o terminal rodoviário. Também há ônibus especiais com paradas em hotéis e pontos de referência da cidade (1.700 ienes/cerca de 16 dólares), bem como táxis (cerca de 10.800 ienes/100 dólares). Dar gorjeta a motoristas de táxi não faz parte da cultura japonesa; seu troco exato será devolvido ou você pode arredondar para a centena de ienes mais próxima como meio de evitar pequenos trocos desnecessários, se estiver usando dinheiro.

O **Aeroporto de Itami (ITM)**, também chamado de **Osaka International** (apesar de operar apenas voos domésticos), fica a cerca de 9 quilômetros ao norte do centro da cidade, ao qual é possível chegar de ônibus (500-900 ienes/4-8 dólares), ônibus especial (2.100 ienes/20 dólares), monotrilho (325 ienes/cerca de 3 dólares) ou táxi (5.500 ienes/50 dólares).

Ao chegar, sua melhor aposta para ver esta cidade enorme, a terceira em tamanho do país, perdendo apenas para Tóquio e Yokohama, é o extenso metrô, fácil de utilizar, ou o trem JR Loop Line. As placas e os anúncios são em inglês, tornando o sistema muito mais simples de usar do que o ônibus.

OSAKA, CIDADE DO BEISEBOL

"Os norte-americanos pensam que são os donos do beisebol. Quer dizer, a chamada *World Series* mal reconhece a existência do Canadá. Mas o Japão joga beisebol desde 1873. E é sem dúvida o esporte de espectador mais popular do país.

"Os jogadores norte-americanos do jogo japonês reclamam de certas diferenças técnicas — uma bola menor e uma zona de rebatida maior — mas são os valores culturais que realmente os afetam.

"Os heróis do beisebol norte-americano buscam se diferenciar de seus companheiros de equipe buscando médias estatísticas altas, o grande *home run* que ganha o jogo. Os heróis japoneses do beisebol se sacrificam para ocupar as bases. O sacrifício pessoal sério, pelo bem da equipe, recebe as maiores torcidas por aqui. E os fã-clubes japoneses, *oendan*, definem grandes torcidas pelo uso de trajes escandalosos, cânticos disciplinados e simples volume acústico.

"O **Gosakudon** é um dos vários restaurantes temáticos de beisebol da cidade dedicados aos Hanshin Tigers, o time de Osaka. Nada reforça tanto a condição do segundo lugar de Osaka quanto sua rivalidade no beisebol com o Tokyo Giants. A relação não é diferente da rivalidade entre o New York Yankees e o Boston Red Sox, com os Tigers assumindo o papel do Red Sox, com fãs fanáticos e entusiasmados, e enfrentando infindáveis desgostos contra os Giants, mais poderosos e com patrocínios melhores."

O Gosakudon é especializado em sushi, espetos de frutos do mar grelhados e cerveja, e o ambiente é animado e acolhedor, quer seja dia de jogo ou não.

GOSAKUDON: Horikoshicho, 13-14, Tennoji-ku, Osaka, Prefeitura de Osaka 543-0056, Tel. +81 50 3466 5529, www.gosakudon-tennoujikouenmae.gorp.jp (refeição em média a 3.000-3.500 ienes/28-32 dólares)

VOLTA AO MUNDO

POLVO POR TODA A PARTE

Entre as especialidades mais famosas de Osaka estão os *takoyaki* (bolinhos esféricos de polvo frito), *okonomiyaki* (uma panqueca salgada grelhada recheada com variações de carne, peixe e vegetais) e *horumonyaki* (órgãos variados, grelhados em espetos).

"Um bom *takoyaki* pode ser saboreado em qualquer lugar de Osaka, durante o dia ou à noite. Selecionamos a **Pizza Ball House** por sua vitrine perturbadoramente surrealista [na qual um polvo modelo cozinha *takoyaki* com polvo dentro]. Por sorte, o canibalismo entre os polvos é o tipo de coisa que me deixa moralmente indignado sem de fato arruinar meu apetite." Os clientes têm a opção de preparar seu próprio *takoyaki* à mesa, personalizando os adicionais já picados, como cebolinha ou queijo, ou pode deixar que a equipe especializada faça o trabalho.

TAKANOTETSU PIZZA BALL HOUSE: Kakudacho, 1-10, Kita, Osaka, Prefeitura de Osaka, Tel. +81 06 6345 0301, www.takonotetsu.co.jp (takoyaki e outros pratos 640-1.030 ienes/6-10 dólares)

"O orgulho da região de Kansai é o *okonomiyaki*. Chamar isso, como as pessoas fazem, de pizza, panqueca ou omelete no estilo japonês não faz jus à comida. *Okonomi* significa "o que você quiser" e *yaki* significa "grelhado". Então, depois de colocar a massa de base, feita de farinha, inhame ralado, água e ovo, você pode adicionar praticamente qualquer coisa. Existem muitas variações regionais para este prato, mas como você já deve esperar, os moradores de Osaka preferem uma abordagem livre, um vale-tudo. Quer um pouco de bacon também? Já falei que o prato em geral vem coberto com um molho doce e maionese japonesa?" Como o *takoyaki*, o *okonomiyaki* é onipresente em Osaka; Tony experimentou o seu no **Fukutaro**.

FUKUTARO: 2-Chome-3 17 Sennichimae, Chuo-ku, Osaka, 542-0074, Tel. +81 6 6634 2951, www.2951.jp/en/ (*okonomiyaki* a 900-1.800 ienes/10-20 dólares)

"*Horumonyaki*: a antiga arte do churrasco com órgãos de vaca e porco. É uma refeição da classe operária no Japão, e o **Horomunyaki Dojo** é um restaurante para trabalhadores. Tripas, um pouco de fígado, língua, rosto, bochechas...) ah, isso é rim (...) e o favorito da cidade, o mais popular: gordura. Eu odiava tudo isso quando era criança, odiava. Agora adoro. Qualquer grande cultura culinária usa todas essas partes. Eu amo esse lugar."

HOROMUNYAKI DOJO: Ebisuhigashi, 3-2-23, Naniwa-ku, Osaka, Tel. +81 6 6631 3466 (pratos a 300-800 ienes/2,75-7,50 dólares)

TÓQUIO

Tony voltou a Tóquio muitas vezes, entusiasmado por saber que, por mais tempo que passasse por lá, só conseguiria arranhar a superfície de tudo o que a cidade oferece.

"O que você precisa saber sobre Tóquio? Águas profundas, profundas. A primeira vez que vim para cá foi uma experiência transformadora. Foi uma experiência poderosa e violenta. Foi como tomar ácido pela primeira vez. Tipo: o que eu faço agora? Vejo o mundo inteiro de um modo diferente.

"Costumo comparar a experiência de ir ao Japão pela primeira vez, de ir a Tóquio pela primeira vez, ao que Eric Clapton e Pete Townshend — os deuses reinantes da guitarra na Inglaterra — devem ter passado na semana em que Jimi Hendrix apareceu por lá. Você ouve falar do assunto, vai ver — uma janela se abre para algo totalmente novo. E você pensa: 'O que isso significa? O que posso dizer depois disso? O que eu faço agora?'" [2]

CHEGADA E DESLOCAMENTO

Tóquio é servida por dois aeroportos internacionais, **Narita (NRT)** e **Haneda (HND)**. Narita é o maior, com um número bem grande de voos internacionais pousando a cada dia, e as passagens para Narita tendem a ser mais baratas do que para oHaneda, embora seja uma viagem mais longa para a cidade (cerca de 55 quilômetros do Narita até a estação central de Tóquio, contra cerca de 21 quilômetros do Haneda), de trem Japan Rail, ônibus especial ou carro particular providenciado pelo seu hotel.

Dois sistemas, o **Tokyo Metro** e o **Toei Subway**, constituem a vasta rede de transportes subterrâneos da cidade, que é impecavelmente pontual, rápida, segura e limpa, com placas e anúncios em inglês e japonês. O site do metrô de Tóquio (www.tokyometro.jp/en/) tem um guia do usuário para download e também há um aplicativo gratuito bem completo que contém mapas, horários, informações sobre tarifas e muito mais; o site do **Toei** (www.kotsu.metro.tokyo.jp/eng), embora menos completo, também é repleto de informações úteis. A maneira mais simples de usar ambos de forma indiscriminada é adquirindo um cartão Pasmo recarregável, que pode ser comprado na bilheteria de qualquer estação ou em máquinas automáticas.

Os táxis de Tóquio, embora não sejam baratos (as tarifas são semelhantes às de Manhattan, Paris e de outras cidades ocidentais caras), são impecavelmente limpos, fáceis de chamar e aceitam dinheiro e cartões de crédito; gorjetas não são esperadas, embora você possa arredondar para a centena de ienes mais próxima como forma de evitar pequenos trocos desnecessários, se for pagar em dinheiro.

ONDE FICAR

Tony ficou enormemente satisfeito durante uma estadia no tranquilo e luxuoso **Park Hyatt Tokyo**, compreendendo os 14 últimos andares de um arranha-céu de 52 andares em Shinjuku, que estrelou o longa-metragem *Encontros e desencontros*, de 2003, o que garantiu seu lugar no coração dos visitantes abastados da cidade. Um drink no New York Bar pode ter se tornado um clichê turístico há muito tempo, mas continua sendo uma maneira adorável de desfrutar de uma bebida bem-feita e contemplar a vasta paisagem noturna. De manhã, você pode tomar um café da manhã japonês completo e, talvez, num dia claro, ver o monte Fuji da piscina do 47º andar. O concierge é indispensável para garantir reservas em restaurantes, traslado de volta para o aeroporto e, se desejar, passagens de trem para outras partes do Japão.

PARK HYATT TOKYO: Nishishinjuku, 3-7-1-2, Tóquio, 163-1055, Tel. +03 81 3 5322 1234, www.hyatt.com/en-US/hotel/japan/park-hyatt-tokyo/tyoph (os quartos custam a partir de 65.000 ienes/600 dólares por noite)

COMER E BEBER

"Talvez a coisa mais importante a saber sobre Tóquio, de meu ponto de vista, é o seguinte: se você perguntasse a basicamente qualquer chefe que conheço em qual país eles iam querer passar o resto da vida, comer a comida de um país pelo resto da vida, todos eles responderiam a mesma coisa: Japão. Tóquio. Ponto final.

"Para mim, a discussão está encerrada. É uma experiência de humildade. Você chega aqui e vê quanta precisão, quanta perfeição é possível, com tão poucos ingredientes. E sai diferente e um pouco assustado.

"Há um exemplo excepcional na área de Shinagawa, o restaurante chamado **Toriki**, de propriedade do sr. e da sra. Aihara, para satisfazer uma de minhas obsessões pessoais: *yakitori* muito, muito bom, que é essencialmente, na maioria dos casos, pedacinhos de frango, em geral em espetos. O Toriki é incomum porque eles preferem usar uma grelha elétrica em vez do carvão tradicional, acreditando que o calor consistente de 480°C a 515°C cria um produto melhor." O sr. Aihara corta os pedaços de aves (que ele mesmo abate) conforme chegam os pedidos.

TORIKI: Hatanodai, 3-11-13, Shinagawa-ku, Tóquio, Tel. +81 3 3785 8472, www.toriki.jpn.org (jantar em torno de 4.000-10.000 ienes/38-93 dólares)

"Depois de descer um lance de escadas próximo à entrada do metrô, no porão de um prédio de escritórios de aparência comum, olhando ninguém faz ideia, mas o **Sukiyabashi Jiro** tem 3 estrelas Michelin. Muitos consideram que ele serve o melhor sushi do mundo.

"Jiro Ono continua a buscar a perfeição no sushi. Qual é a diferença entre sushi comum e a perfeição? Ingrediente, técnica, tempo. Cada item é servido exatamente na hora certa, na temperatura certa e etapa certa do preparo, o que exige certo respeito por parte do cliente, como a perfeição merece. Simplificando, significa fazer do jeito certo. Comi uma refeição 3 estrelas de 15 pratos — o melhor sushi da minha vida — em 20 minutos. Há coisas que *não* se deve fazer: não se usa nada além dos dedos. Definitivamente, não se usa molho de soja nem se coloca mais wasabi. Vem da maneira que ele diz que deveria ser. É assim que você come."

SUKIYABASHI JIRO: Chuo-ku, 4-2-15, Tokyo Tsukamoto Sogyo prédio B, 1º andar, Tóquio, Tel. +81 3 3535 3600, www.sushi-jiro.jp (preço fixo 33.000 ienes/cerca de 300 dólares)

"E há o **Ginza Sushi-Ko** em Tóquio. O original. Cento e trinta anos, e durante todo esse tempo, de uma forma ou de outra era assim que o dia começava: descamar e estripar o peixe, preparar a cozinha. O jovem Masa [Takayama, do Masa de Nova York] foi contratado pela primeira vez aqui como aprendiz por Shokunin Toshiaku Sugiyama. É seu filho, Mamoru Sugyiyama, que dirige o Sushi-Ko hoje em dia. É a quarta geração a manter os padrões e a tradição familiar."

Em sua visita para o *Lugares desconhecidos*, Tony saboreou "carapau selado com cebola verde e gengibre, regado com soja caseira; maguro, [ou] atum *bluefin* preparado no clássico estilo *zuke*; *tamago-yaki* com muitas ovas de camarão."

GINZA SUSHI-KO: 7-7 Ginza 7-Chome, Chuo-Ku, Tóquio, Tel. +81 3 3571 4558, www.ginza-sushikou.sakura.ne.jp (15.000 ienes/em torno de 140 dólares no almoço; 25.000 ienes/em torno de 233 dólares no jantar)

VOLTA AO MUNDO

ENTRETENIMENTO À MODA DE TÓQUIO

Na região de Shinjuku, densamente povoada, você encontrará o lado mais sórdido da cidade — sua vida noturna, comidas baratas e hordas de notívagos.

"Dizem que a Yakuza — a organização fraternal proeminente no setor do entretenimento e das finanças, como se costuma dizer — *supervisiona* as coisas aqui em Shinjuku: sobretudo fliperamas, jogos de azar, *pachinko*, entretenimentos adultos, lojas de pornografia e clubes de sexo, junto com outros serviços correlatos."

Uma dessas oportunidades de entretenimento: o espetáculo multimídia de dança, música, marionetes e estranheza geral que quase provoca convulsões, executado todas as noites, duas vezes, no **Robot Restaurant**, pelo qual Tony se apaixonou sinceramente, apesar de ser bastante kitsch e turístico.

O Robot Restaurant é talvez a atração mais bem iluminada e barulhenta do distrito espalhafatoso de Kabukicho, uma subdivisão de Shinjuku. "**É aqui que a vida subterrânea, a identidade reprimida do homem japonês, e de algumas mulheres também, sai para brincar. Prepare-se para o maior show da história do entretenimento. Eu já vi Jimi Hendrix. Já vi Janis Joplin. Já vi David Bowie — Diamond Dogs. Vi Colleen Dewhurst e Jason Robards em** Moon for the Misbegotten**, dirigido por José Quintero, na Broadway. Este aqui — este foi o maior show que vi na vida. Tinha de tudo. Foi o maior espetáculo da história do entretenimento."**

ROBOT RESTAURANT: 1-Chome-7-7 Kabukicho, Shinjuku-ku, Tóquio, Tel. +81 3 3200 5500, www.shinjuku-robot.com (entrada a 8.000 ienes/em torno de 72 dólares; comida a 1.000-1.500 ienes/em torno de 10-15 dólares)

A poucos quarteirões do Robot Restaurant, você encontrará o comparativamente escuro e silencioso labirinto de ruas cheias de bares conhecido como Golden Gai. "**Há muito tempo é meu lugar favorito para beber em Tóquio — há centenas de bares microscópicos, cada um diferente do outro, com a própria freguesia microscópica. Adoro este aqui — o Bar Albatross — alguns assentos,**

bebidas fortes, a definição de uma espelunca." A equipe é simpática, especialmente com bebedores solitários e anglófonos. Prepare-se para taxidermia felina, globos espelhados de discoteca, lustres de cristal e outras esquisitices na decoração.

BAR ALBATROSS GOLDEN GAI: 1 Chome-1-7 Kabukicho, Shinjuku-ku, Tóquio 160-0021, Tel. +81 3 3203 3699, www.alba-s.com (bebidas a 5.000--12.000 ienes/4,50-11 dólares)

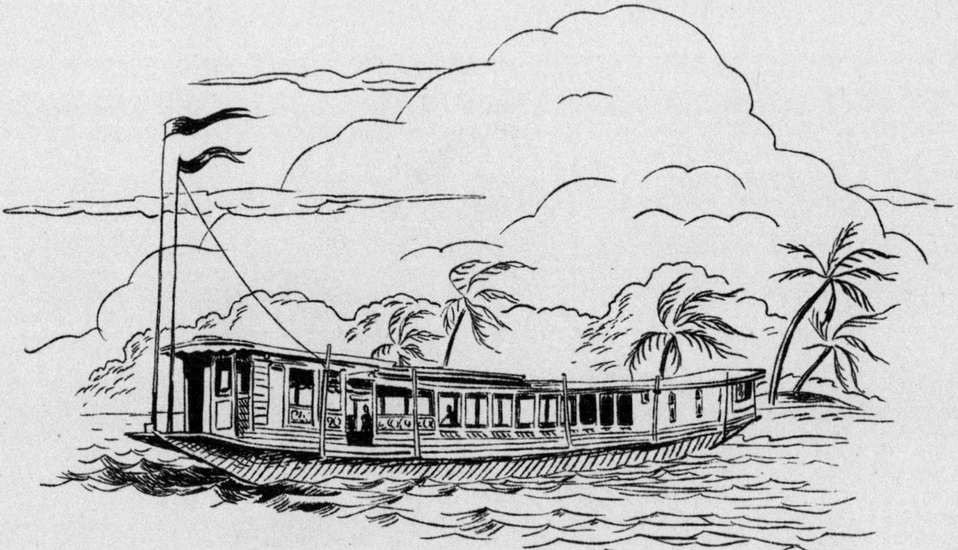

LAOS

Como estudante da história norte-americana do século XX, especialmente das intrigas e das atividades secretas do governo dos Estados Unidos, Tony se encantou com o Laos (oficialmente, República Democrática Popular do Laos), país que visitou pela primeira vez para o *Sem reservas*, em 2008, e para onde retornou em 2016, para o *Lugares desconhecidos*.

"O Laos já foi um reino de contos de fadas com montanhas enevoadas e ópio; foi um antigo protetorado da França; uma nação misteriosa e sem litoral, que faz fronteira com a China, a Tailândia, o Camboja e, por tramoias do destino, com o Vietnã.

"No início da década de 1960, três integrantes da CIA jovens e idealistas, chegaram ao Laos, um país pacato com pouco mais de 2 milhões de habitantes cuja maioria era de produtores de arroz. Sua missão? Interromper a propagação do comunismo. Recrutar e treinar guerreiros das colinas para travar uma guerra velada contra o Vietnã do Norte e os Pathet Lao (comunistas). A guerra no Laos era secreta. Os russos sabiam. Os chineses sabiam. Os vietnamitas e os laosianos com certeza sabiam. As únicas pessoas que não sabiam eram o povo e o Congresso dos Estados Unidos.

"Os Estados Unidos realizaram mais de meio milhão de missões aéreas sobre esta minúscula nação do Sudeste Asiático, lançando mais bombas por aqui do que na Alemanha e no Japão durante toda a Segunda Guerra Mundial. O que aconteceu aqui, em teoria em nome da liberdade dos valores democráticos ocidentais, ainda ressoa. Estima-se que 30% das bombas lançadas no Laos não explodiram. Estes e outros artefatos não detonados permanecem no solo e continuam a ceifar vidas e membros. Desde o fim da guerra do Vietnã, depois que deixamos para trás nossa guerra secreta, 20 mil pessoas morreram ou sofreram mutilações — e muitas delas nasceram apenas depois dos conflitos."[1]

CHEGADA E DESLOCAMENTO

Dos Estados Unidos, é possível pousar após uma ou duas escalas no **Wattay International (VTE)**, em Vientiane, a capital, que divide a fronteira com a Tailândia. O Wattay passou por uma imensa reforma em 2018 e é servido pela Lao Airlines, Air Asia, China Eastern Airlines, China Southern Airlines, Thai Airways e Vietnam Airlines. Para chegar ao centro da cidade, providencie transporte com seu hotel, com antecedência, ou procure o balcão de táxi do aeroporto, no saguão de desembarque. Você vai precisar adquirir um cupom para o transporte. Custa 57.000 kips/cerca de 7 dólares para um sedã ou 66.000 kips/cerca de 7,50 dólares para uma van. O percurso é de cerca de cinco quilômetros e deve levar uns 15 minutos. Por 15.000 kips/cerca de 1,50 dólar, há também a opção de um ônibus entre o aeroporto e a rodoviária de Vientiane, viagem que leva de 30-40 minutos. Ver www.vientianebus.org.la para obter todos os detalhes.

Você também pode chegar no **Aeroporto Internacional Luang Prabang (LPQ)**, de menor porte, cujos voos domésticos e internacionais compartilham um terminal, servido pela Bangkok Airways, Lao Airlines e Vietnam Airlines. O aeroporto fica a cerca de 3,5 quilômetros do centro da cidade de Luang Prabang; um táxi custa aproximadamente 62.000 kips/cerca de 7 dólares.

Para quem tem tempo de sobra no Sudeste Asiático e um itinerário por vários países, há maneiras de viajar para Vientiane de trem, saindo de Bangkok, Hanói e Phnom Penh, embora os itinerários sejam complicados e oscilem demais para nossos propósitos aqui. É melhor consultar Rome2Rio.com, seu guia de viagem de confiança ou algum nerd de viagens na internet para obter mais detalhes.

ONDE FICAR

Em Luang Prabang, Tony se apaixonou por sua suíte no imaculado e silencioso hotel **Amantaka**, situado numa centenária construção colonial francesa restaurada, cercado por mangueiras, com cozinha sofisticada, serviço impecável, piscina tranquila e spa.

AMANTAKA: Kingkitsarath Road, 55/3, Ban Thongchaleun, Luang Prabang, Tel. +856 71 860 333, www.aman.com/resorts/amantaka (quartos a partir de 8 milhões de kips/900 dólares por noite)

Ao visitar a Planície dos Jarros, Tony se hospedou no **Auberge de la Plaine des Jarres**, uma coleção de 14 cabanas de estilo alpino dispostas na encosta de uma colina e rodeadas por coníferas. Embora bastante rústico, é considerado a opção local mais agradável, com um restaurante franco-laosiano, vistas excelentes e lareiras em todos os quartos.

AUBERGE DE LA PLAINE DES JARRES: Domaine de Phouphadeng, Phonsavan, Tel. +020 235 3333 (quartos por cerca de 450.000 kips/50 dólares por noite)

CONHECENDO LUANG PRABANG

"Luang Prabang, a antiga capital do Laos, é uma cidade pacata com palácios e templos ornamentados. Esta cidade assiste com entusiasmo a Wan Awk Phansa, uma grande festa que marca o fim da Quaresma budista. A coisa toda culmina na última lua cheia de outubro, com um festival de lanternas de fogo. Para afastar simbolicamente os seus pecados."

Em 2016, Tony foi acompanhado em Luang Prabang por James Syhabout, um chef de raízes laosianas nascido no norte da Tailândia e coautor, com John Birdsall, do livro de culinária *Hawker Fare*, publicado por Tony em seu selo editorial.

Syhabout disse que, ao visitar Luang Prabang, encontrar um lugar para comer é uma questão de prestar atenção. "Na verdade, não existem restaurantes. Os lugares que gosto de ir são mais temporários, nas casas das pessoas: uma loja na parte inferior da casa, com a família morando no andar de cima. Há muitos lugares assim pela cidade. No corredor principal, siga as multidões. Se encontrar quatro policiais ou trabalhadores da construção civil agachados em banquinhos de plástico numa barraca de *noodles*, esse é o lugar para ir."

PLANÍCIE DOS JARROS

A Planície dos Jarros é uma coleção de milhares de enormes vasos de calcário cujas origens permanecem desconhecidas, espalhados por uma vasta área da província de Xiangkhoang, no Laos. Não surpreende que a planície — que lembra o Stonehenge ou a Ilha de Páscoa, mas é bem menos visitada — tenha despertado o interesse de Tony.

"Desde a primeira vez que li sobre o Laos, a Planície dos Jarros parecia tão misteriosa e atraente. Você se pergunta, de cara: 'Como é isso? Onde é? O que é?' O próprio nome ressoou em minha imaginação superaquecida quando jovem, ao ler sobre espiões ao estilo do coronel Kurtz, liderando tribos da montanha, produtoras de ópio, numa batalha, num conflito secreto."

Por conta da preponderância de artefatos explosivos na área, apenas algumas áreas da Planície dos Jarros foram meticulosamente limpas e declaradas seguras para os visitantes. Para chegar lá, pegue um curto voo diário para Phonsavan, saindo de Vientiane ou de Luang Prabang, ou uma longa viagem de ônibus ou micro-ônibus — 11 horas de Vientiane, 8 horas de Luang Prabang.

Assim que chegar na cidade, alugue um *sorngtaaou* (uma caminhonete equipada com bancos na caçamba), alugue uma motocicleta ou organize um passeio, geralmente numa minivan, com uma agência de viagens local ou com uma pousada. Há algumas delas, simples porém limpas, com opções aceitáveis.

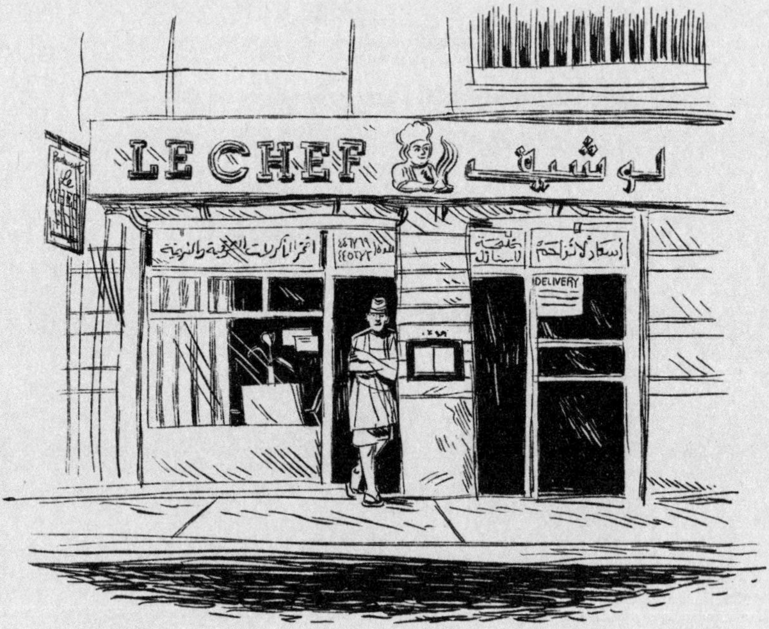
LE CHEF
DELIVERY

LÍBANO

BEIRUTE

Na história das façanhas televisivas de Tony, o Líbano tem um papel descomunal. Em 2006, ele visitou Beirute e conseguiu filmar por dois dias antes de a guerra entre o Líbano e seu vizinho Israel estourar. A equipe continuou a documentar, da melhor maneira possível, a experiência de se hospedar num hotel de luxo numa parte da cidade enquanto uma guerra se desenrolava a alguns quilômetros de distância e vários governos ocidentais lutavam para evacuar seus cidadãos. Uns dez dias depois, a equipe embarcou num navio do Corpo de Fuzileiros Navais dos Estados Unidos com destino ao Chipre e, de lá, voou de volta para casa. Como Tony gostava de contar, foi naquele primeiro dia de volta aos Estados Unidos que sua filha foi concebida. O Líbano, portanto, era um lugar com grande significado pessoal, para onde ele voltou mais duas vezes.

Tony era eternamente surpreendido e apaixonado por Beirute:

"Era bem mais sofisticada, tolerante e bonita do que imaginei que seria; mas muito mais importante (...) as pessoas têm orgulho de sua comida, sua cultura e seu país. Quer dizer, todo mundo já passou por aqui: os gregos, os romanos, os fenícios, os franceses, por isso sempre soube que esse seria um bom lugar para comer."[1]

"Nos anos 1960, era conhecida como a Paris do Mediterrâneo, com muitos grupos diferentes, línguas, interesses, religiões, sexo, organizações, facções políticas, vários problemas. Mas, de alguma forma, por um tempo, tudo parecia estar funcionando. É uma cidade grande e bela com muitas coisas acontecendo, dois mundos, elegante, chamativa, moderna e consumista, cultua o corpo, é bem vestida, chique, reluzente — e, a dez minutos de distância, pobre, ainda danificada pelas bombas.

Hezbollah por toda parte, campos de refugiados. Cristãos, judeus, muçulmanos xiitas, sunitas, drusos, maronitas. Dinheiro do golfo entrando, agentes sírios, turistas, modelos, promotores e DJs, empreendedores ocidentais.

"Ouve-se ainda árabe, inglês e francês alternadamente. Por algum motivo, mesmo com os problemas e as coisas terríveis que aconteceram aqui ao longo dos anos, eu desço do avião em Beirute e me sinto estranhamente, inexplicavelmente confortável, feliz, em casa."

No momento em que este livro foi escrito, Beirute estava sofrendo com os efeitos combinados de profunda agitação política, a pandemia de covid-19 e uma explosão altamente destrutiva no porto de Beirute em agosto de 2020, que matou quase duzentas pessoas, feriu milhares e deixou centenas de outros milhares desabrigados. Em suma, as condições atuais estão longe de serem ideais para o turismo no Líbano, mas continuamos esperançosos de que este país resiliente vai superar recentes desafios.

CHEGADA E DESLOCAMENTO

O **Aeroporto Internacional Beirute-Rafic Hariri (BEY)** é o único aeroporto comercial em operação do país, batizado em homenagem ao primeiro-ministro que foi fundamental para o encerramento da guerra civil de 15 anos e para ajudar a reconstruir a combalida capital. Depois de dois mandatos no posto, ele foi assassinado em 2005. A Middle East Airlines, companhia nacional libanesa, tem sua base em BEY, e algumas dezenas de outras companhias fazem voos entre os principais destinos da Europa, da África e do Oriente Médio.

A libra libanesa está em queda livre desde o início de 2020, politicamente turbulento; no momento em que escrevemos, um táxi oficial do aeroporto, que é identificado com o logotipo de um avião e faz fila na área externa do saguão de desembarque, custa mais ou menos 15.000 libras (cerca de 20 dólares) e você deve planejar uma gorjeta de cerca de 10% em todas as viagens de táxi. Esteja ciente de que o trânsito de Beirute é terrível, o transporte público é quase inexistente, e que muitas vezes pode fazer mais sentido caminhar se você estiver a menos de 800 metros de seu destino.

COMER EM BEIRUTE

(Note que todas as casas a seguir foram bastante danificadas na explosão de agosto de 2020, embora o trabalho de reconstrução esteja em andamento.)

"O **Le Chef** é um local lendário em Beirute, famoso por seus clássicos simples, diretos e caseiros. Todo mundo vem aqui.

"Sabe, é exatamente o tipo de lugar que gostamos de incluir no programa. Era aquela bela mistura de bairros com elementos antigos e novos. **Comida muito boa, muito tradicional.**"

Destacam-se o hummus com pinhões e cordeiro moído; o *maghmour*, às vezes chamado de *moussaka* libanesa, que Tony descreveu como "**um prato aveludado de berinjela com tomate, grão-de-bico e cebola**", e o quibe em rodelas ou fatias, assado com azeite de oliva e servido com *fattoush*, uma salada de pão achatado frito, legumes, ervas e molho de sumagre.

LE CHEF: Rua Gouraud, Beirute, Líbano Tel. + 961 1445 373 (sem site) (jantar e bebidas em torno de 20.000 libras/13 dólares por pessoa)

"Kamal Mouzawak criou e administra o **Souk El Tayeb** num estacionamento no centro de Beirute. A ideia: reunir agricultores e produtores artesanais de todo o Líbano num só lugar.

"Mais adiante está o **Tawlet**, o restaurante de Kamal, com um conceito comunitário, uma espécie de vitrine utópica para os artesãos do mercado, [com] um rodízio de cozinheiros e especialistas que toma conta do lugar a cada dia, fornecendo produtos frescos, especificamente alimentos regionais." Entre as ofertas diárias em estilo bufê, pode-se encontrar *labneh*, quibe, *lahmadjoun*, saladas de favas ou pardais inteiros cozidos na manteiga com especiarias e melaço.

SOUK EL TAYEB: Beirut Souks, Tel. +9611 442 664, www.soukeltayeb.com (preços variam)

TAWLET: Beirut Setor 79, rua Naher, 12, Tel. +9611 448 129, www.tawlet.com (Bufê de almoço em torno de 49.000 libras/33 dólares por pessoa)

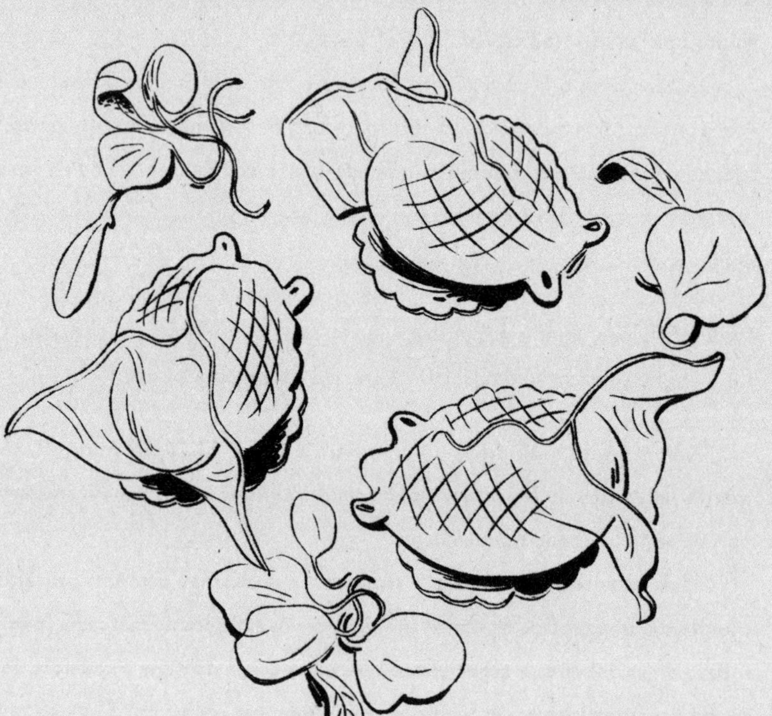

MACAU

"Macau: se nunca esteve lá, é provável que não faça a mínima ideia de como é. Para mim, sempre foi o lugar de onde vinham os fogos de artifício, e não muito mais do que isso. Tinha uma vaga noção de que era um lugar mais ou menos chinês, e depois soube que também era de alguma forma português.

"Na verdade, foi colonizada pelos portugueses no século XVI, quando Portugal praticamente dominava os mares. A primeira e última colônia europeia na China, um porto comercial, com especiarias e sabores de todas as outras colônias portuguesas na África, Índia e no estreito de Malaca, misturados com europeus e chineses, e, bem, o que saiu do outro lado era único. Ser macauense não é ser chinês nem português, mas algo singular e complexo.

"Na costa sul da China, a 61 quilômetros a oeste de Hong Kong, Macau não é mais comandada pelo comércio, pelos fogos de artifício, ou pelos portugueses, na verdade, nem pelos chineses, que recuperaram o território em 1999. É o grande deus da jogatina que governa esta pequena ilha. (Tecnicamente, Macau é uma região administrativa especial da República Popular da China, com um governo separado e uma economia capitalista, alimentada pelo jogo de azar legalizado e o turismo decorrente dele.)

"Milhões de jogadores vêm para cá todos os anos; a maioria é chinesa e vem do continente. Tudo em Macau gira em torno do jogo e, mais especificamente, da sorte. Todo o lugar é voltado para o feng shui das altas pontuações."[1]

VOLTA AO MUNDO

CHEGADA E DESLOCAMENTO

O **Aeroporto Internacional de Macau (MFM)** é servido por cerca de 20 companhias regionais, com voos entre Macau e a China continental, Taiwan, Seul, Manila, Bangkok, Cingapura e outros destinos. Existem linhas de ônibus públicos Transmac que saem do aeroporto (ver www.transmac.com.mo), e serviço de ônibus especial Express Link para os terminais de balsas de Nova Macau e Taipa (ver www.macau-airport.com).

Um táxi do aeroporto para os principais hotéis leva cerca de 10 minutos e custa umas 73 patacas (cerca de 9 dólares). Dar gorjetas para os motoristas não é uma prática comum nos táxis de Macau, mas será bom se você arredondar para o valor alto mais próximo.

O QUE É A COZINHA MACAUENSE?

Para chegar ao cerne da gastronomia macauense, visite a Apomac, um clube de aposentados (a sigla para Associação dos apoiadores, reformados e pensionistas de Macau) com uma cantina aberta ao público. "**Este é um favorito da velha guarda, especializado em comida macauense. Quando os portugueses chegaram aqui e quando continuaram a vir, eles já tinham estado por todo o mundo. Estiveram no Brasil. Estiveram no Novo Mundo. Estiveram por toda a África e a Índia.**"

A cozinha macauense resultante, servida na Apomac, é um amálgama de pratos cozidos em azeite e temperados com molho de soja, com muitos mariscos grelhados, ensopados e *curries*. Experimente o *minchi*, com carne de porco ou de boi picada, temperada com molho inglês, soja, açúcar mascavo, pimenta, canela e *curry* em pó, e servido com batatas na wok ou fritas na imersão, em cubinhos, com arroz branco e um ovo frito. O ambiente parece uma cápsula do tempo vinda direto dos anos 1950, com painéis de madeira escura, serviço caloroso e amigável.

Apomac Macau: Avenida Sidonio Pais, 49-B, andar térreo, China Plaza, Tel. +853 2852 4325, www.apomac.net (refeições com preço fixo em torno de 55 patacas/7 dólares)

E AGORA, FORTES EMOÇÕES

Se você está pronto para explorar seu gosto por aventuras impulsivas, não há nada melhor do que praticar *bungee jump* na Torre de Macau, a 338 metros de altura.

"Não sei por que quis fazer isso ou o que me possuiu para decidir que eu também devia pular do *bungee jump* mais alto do mundo, depois de ver pessoas despencando lá do alto. Deixe-me contar a parte difícil: a parte difícil não é pular no nada, do alto da cidade. A parte difícil é aquela passarela de metal instável pela qual você precisa se arrastar, com os pés amarrados, na garoa fria, as pernas trêmulas e cada terminação nervosa enviando mensagens para seu cérebro, dizendo: 'Volte. Volte.'

"Você quer pular daquele ponto e acabar logo com aquilo. Em seguida, eles soltam os cabos e você sente um puxão. Ouve a contagem regressiva. E aí cai, de frente, rasgando o espaço. E por seis longos segundos, que estranhamente não parecem longos o bastante, você está nadando no ar, e a vida não dói mais."

CENTRO DE CONVENÇÕES E ENTRETENIMENTO DA TORRE DE MACAU: Largo da Torre de Macau, Tel. +853 2893 3339, www.macautower.com.mo. (o *bungee jump* custa cerca de 3.600 patacas/450 dólares)

VIVA PARA CONTAR, COMA PORCO

"E então é hora da carne de porco. A roda, a internet, o copo de cerveja, a guitarra: essas foram invenções importantes que tornaram o mundo um lugar melhor para se viver, mas devemos acrescentar outra inovação — o pão com costeleta de porco. Produto de gênio e uma criação distintamente macauense que vai ficar na história.

"Costeleta de porco frita, molhadinha, num pão delicioso? Aqui no **Tai Lei Loi Kei**, na vila de Taipa, eles fazem um dos melhores, alguns até dizem que se trata da versão original, como evidenciado pela casa lotada, desfrutando ansiosamente de delícias suculentas e saborosas." A costeleta com osso é marinada em temperos quentes e saborosos, frita por imersão e servida em rodelas de pão português. (Observação para os cozinheiros: há uma receita em homenagem a essa maravilha em *Appetites*, nosso livro de receitas publicado em 2016.)

TAI LEI LOI KEI: Rua Correia da Silva, 35, Taipa, Tel. +853 2882 7150, www.taileiloi.com.mo (costeleta de porco no pão em torno de 44 patacas/5,50 dólares)

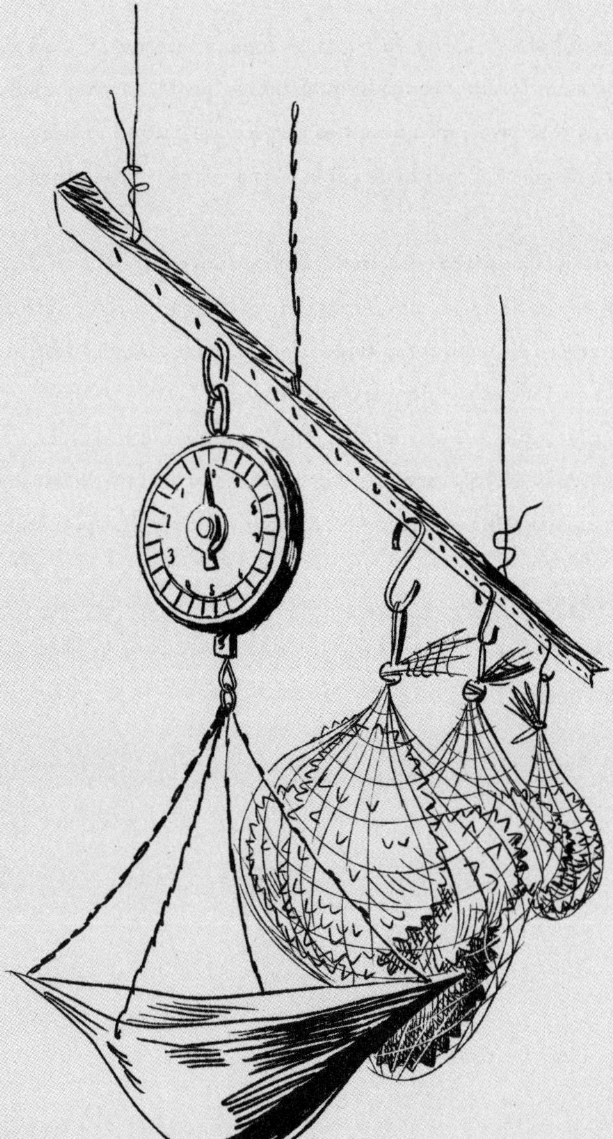

MALÁSIA

KUALA LUMPUR E AVENTURAS EM BORNÉU

"Kuala Lumpur surge de uma selva abafada, equatorial, do Sudeste Asiático. [É] a capital da Malásia, uma metrópole caótica, multiétnica, multicultural e moderna de malaios, chineses e indianos."

Tony visitou a Malásia pela primeira vez em 2005 e voltou em 2015, fazendo o mesmo roteiro — Kuala Lumpur, Kuching e subindo o rio Skrang de barco até uma casa comunal em Iban — para **"cumprir uma promessa feita uma década atrás, a meus amigos ex-caçadores de cabeças, de voltar para o Gawai, o festival anual da colheita de arroz de Iban"**.

Ele também tinha outro motivo, mais pessoal, para repetir a jornada. **"Eu andava com a cabeça meio estranha quando vim para cá pela primeira vez. Do ponto de vista pessoal, profissional — tudo em minha vida estava mudando. Eu estava num lugar que era uma terra de ninguém entre [minha] vida anterior e tudo o que veio depois. Estou refazendo meus passos de várias maneiras, para ver se ainda dói."**[1]

CHEGADA E DESLOCAMENTO

O **Aeroporto Internacional de Kuala Lumpur (KUL)** é a porta de entrada mais provável para a Malásia. Atualmente não há voos diretos vindos dos Estados Unidos, mas há muitos voos diretos a partir das principais cidades europeias e asiáticas com a Cathay Pacific, Emirates, All Nippon Airways (ANA), Delta, British Airways e outras grandes companhias aéreas.

O aeroporto fica a cerca de 38 quilômetros do centro de Kuala Lumpur. Um táxi ou uma limusine do aeroporto custa cerca de 85 ringgits malaios/20 dólares para uma viagem de aproximadamente 50 minutos. Os motoristas não esperam gorjetas, mas você pode arredondar o valor. Os trens KLIA Transit e KLIA Express transportam passageiros entre o aeroporto e a estação KL Sentral por cerca de 42 ringgits/10 dólares por pessoa, mas você precisará fazer baldeação para a linha de metrô que leva ao centro da cidade, o que pode ser um tanto difícil com bagagem.

É fácil chamar um táxi em Kuala Lumpur, mas certifique-se de que seu motorista ligou o taxímetro — alguns motoristas tentam negociar um preço fechado para turistas, que quase com certeza será mais alto do que a tarifa no taxímetro. Para contratar um motorista por um dia inteiro, que leva você a vários destinos, uma gorjeta de 25 a 50 ringgits é apropriada. Kuala Lumpur tem um robusto sistema de transporte ferroviário leve que consiste de três linhas. Informações detalhadas e links para mapas dos itinerários e muitas outras dicas úteis sobre viagens na Malásia, podem ser encontrados em www.wonderfulmalaysia.com.

TINTA EM KUALA LUMPUR

Foi na Malásia que Tony fez a primeira de suas tatuagens diante das câmeras. "Meu amigo Eddie David é um tatuador lendário aqui em Kuala Lumpur. Ele também é um membro puro-sangue dos Iban, uma das tribos mais antigas daqui. Em seu estúdio, o **Borneo Ink**, Eddie tatuou em mim um ouroboros estilo Iban, um símbolo de uma cobra comendo a própria cauda: vida, morte, o eterno fluxo e refluxo."[2]

BORNEO INK: 8-3, 3º andar, Jalan 27/70a, Desa Sri Hartamas, 50480, Kuala Lumpur, Wilayah Persekutuan Kuala Lumpur, Tel. +60 3 2300 1151, www.borneoink.com (preços variam)

DO CINEMA PARA A COZINHA

Antiga atriz do cinema malaio, **Aunty Aini** há muito comanda um restaurante homônimo e popular, no estilo *kampung*. "Charmosa e, na falta de palavra melhor, fabulosa. Aini foi uma atriz da cena cinematográfica da Malásia, e agora dirige um restaurante de estilo *kampung* de muito sucesso, especializado em adorados clássicos do país, todos preparados com elegância e precisão atordoantes. É uma comida simplesmente incrível."[91] Espere uma variedade de *laksas*, guisados ao *curry*, sopas e pratos de *noodles*, e não desanime diante do menu ocidental (nem perca tempo pedindo algo dele), uma concessão aos turistas tímidos e, talvez, aos filhos deles.

AUNTY AINI'S GARDEN CAFÉ: Batu, 16, Jalan Sepang Kampung Chelet, Nilai, 71800, Tel. +60 6 799 1276 (pratos a 8-9 ringgits/2-10 dólares)

LAKSA EM KUCHING

"Depois de um voo de duas horas, saindo de Kuala Lumpur, desembarco em Bornéu, a terceira maior ilha do mundo, dividida entre Malásia, Brunei e Indonésia.

"Kuching, capital do estado malaio Sarawak, é uma cidade pacata com uma história pitoresca de aventuras para meninos do século XIX: piratas, caçadores de cabeça, oportunistas; [é] o antigo domínio de Sir James Brooke, um inglês que veio a ser conhecido como 'o Rajá Branco'. Por um século, gerações da família Brooke governaram Sarawak como se fosse um reino independente. Eles criaram seu próprio exército, os Sarawak Rangers, que também agia como guarda pessoal do rajá.

"Amanhã, sigo a estrada até o fim do asfalto e o restante do caminho vai ser feito por meio de barcos. Mas primeiro, café da manhã, e por sorte sei exatamente para onde ir. Kuching é famosa por uma das delícias matinais mais gostosas e apimentadas, o plutônio dos desjejuns.

"Eis o *laksa*!

"Começa de forma inocente, com uma porção generosa de *noodle bee hoon*, ovo frito, camarão, mas o que vem a seguir leva esse prato a um patamar inteiramente novo: um caldo infernal picante, fabuloso e espesso feito com leite de coco, *curry*, pimentas ardidas de Sarawak. Juntos formam um líquido cujos sabores se combinam para criar um verdadeiro assalto aos sentidos, escaldante, mas delicioso. É uma obra-prima da dor e do prazer."

Observe que o **Choon Hui Café**, também conhecido como Choon Hui Kopitiam, é voltado estritamente para o café da manhã, funcionando das 6h30 às 12h e fechando às segundas-feiras.

CHOON HUI KOPITIAM: Jalan Ban Hock, 34, 93100 Kuching, Sarawak, Tel +60 82 243 857 (pratos a 5-11 ringgits/1-3 dólares)

VIAGEM PARA A CASA COMUNAL

Quatro horas de carro saindo de Kuching e mais três a quatro horas de barco aberto pelo rio Skrang, as viagens de Tony até a casa comunal (*longhouse*) dos Iban foram, em certo sentido, seu próprio *ba jelai*, uma viagem de descoberta que é um rito de passagem para os homens Iban.

Ele observou, em 2005: "Adoro essa parte de fazer de televisão. Adoro a ideia do *ba jelai* dos Iban. E talvez minha própria jornada — dar um jeito de seguir numa carreira na TV para ir a lugares legais — não esteja tão longe assim dos costumes deles. Gosto de pensar assim, de qualquer maneira. Enquanto subo o rio, penso em todos os lugares em que já estive e para onde ainda irei. Esta não é a Garden State Parkway, amigos. À medida que continuamos rio acima, nos afastamos cada vez mais do mundo que conheço e seguimos em direção ao mundo de outra pessoa. É emocionante não saber para onde você está indo."

Se deseja passar uma ou duas noites numa casa comunal dos Iban, há algumas comunidades que recebem hóspedes para pernoitar, mediante o pagamento de uma taxa, com detalhes organizados por agências de viagens locais ou pelo Sarawak Tourism Board (www.sarawaktourism.com), incluindo um guia e tradutor para facilitar a comunicação. Faça sua pesquisa para encontrar uma agência de confiança e esteja preparado para a falta de instalações modernas e privacidade, e para a abundância de insetos. Pergunte com antecedência quais presentes do mundo exterior seriam mais apreciados e a quem eles devem ser entregues na chegada.

PENANG

"Eu me apaixonei perdidamente pelo Oriente quando observei dedos delicados abrindo um *nasi lemak*. Feito um origami, um pacotinho sexy de arroz e *sambal*, pasta de camarão e pimenta, tudo lindamente embrulhado numa folha de bananeira. Acabou para mim. Daquele momento em diante, não havia como voltar atrás. Ao ver aquilo pela primeira vez, senti que precisava de mais."[3]

"Aquilo" era a comida malaia. Tony e a equipe do *Sem reservas* visitaram Penang em 2012, atraídos pela promessa de uma cena vibrante de comidas de rua nascidas das culturas chinesa, malaia e indiana, com ingredientes e técnicas misturados nessa ilha localizada na costa noroeste da península onde fica a Malásia.

"Essa parte do mundo mexeu com minha cabeça. São esses condimentos aqui, as pimentas, o *chili padi* [pimentas tailandesas]. Depois que se prova, não há como voltar atrás. Eles abrem as profundezas de seu paladar, regiões que você nem sabia que existiam."

CHEGADA E DESLOCAMENTO

O **Aeroporto Internacional de Penang (PEN)** está localizado no extremo sudeste da ilha. Há voos diários de conexão com a Malásia peninsular, Cingapura, Tailândia, Filipinas, China, Japão e Indonésia. Um sistema de ônibus, o Rapid Penang, leva os passageiros do aeroporto para vários pontos na ilha, por alguns ringgits malaios (menos de 1 dólar), mas os táxis vão levá-lo de forma mais direta, por 20-50 ringgits/5-12 dólares.

CHEGUE E VÁ COMER

Enquanto grupos de turistas entopem o complexo do templo Kek Lok Si, vá direto fazer uma boquinha no **Penang Air Itam Laksa**, uma barraca em operação desde 1955. Com mais peixe, mais ervas e mais toques azedos de tamarindo do que o *laksa* de Kuching, o *assam laksa* local pode inspirar devaneios.

"Toda vez que venho para a Malásia, tem uma coisa que preciso comer: *laksa*. É tudo o que amo dentro de uma tigela. Caldo de peixe robusto, quase como o que se faz no sul da França, de cavala, acho. Se você gosta de *noodles* e de coisas picantes numa tigela, vai realmente gostar disso. Imagine um mundo sem as tradicionais lojas de fast-food entupindo nossos shoppings. Imagine se tivéssemos lugares com seus próprios donos, com operação própria, servindo coisas assim por todos os Estados Unidos. Consegue imaginar como seria delicioso?"

PENANG AIR ITAM LAKSA: Jalan Pasar, Paya Terubong, 111500, George Town, Palau Pinang, Tel. +60 12 500 7063 (tigela de laksa a 5 ringgits/ 1,25 dólar)

"**Rua de dia, paraíso culinário à noite**": bem-vindo às **barracas de comida de New Lane**. Aqui você encontra *char koay teow*, que a guia de Tony, a escritora gastronômica local Helen Ong, descreveu como "banha, camarão, *noodles*, broto de feijão, alho picado, pimenta moída — e o ingrediente realmente especial: o molho. Não um simples molho de soja. Cada barraca tem sua receita secreta. Mas o segredo de um bom *char koay teow* é o calor da frigideira".

BARRACAS DE COMIDA DE NEW LANE: Lorong Baru, George Town, 10450, Pula Pinang, Tel. +60 16 443 7463 (os preços variam)

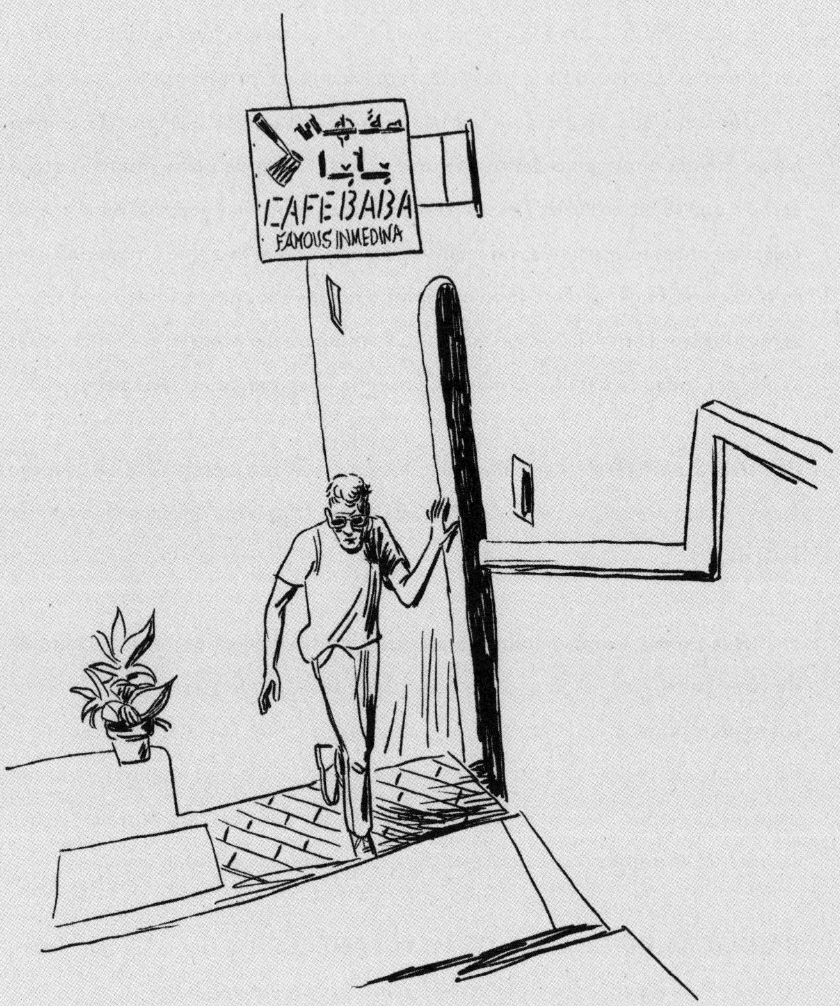
CAFE BABA
FAMOUS IN MEDINA

MARROCOS

TÂNGER

"Quando eu era um jovem raivoso e desiludido com o mundo, desencantado com minha geração, desapontado com a 'contracultura' e em busca de modelos a seguir, a paranoia e o profundo desgosto de William S. Burroughs, seus apetites antissociais, sua sagacidade cáustica e violentamente surreal, e seu gosto por substâncias de uso controlado pareciam espelhar perfeitamente minhas próprias aspirações.

"Eu queria escrever. Queria estar longe de tudo com que cresci. Em suma, queria estar em outro lugar. E Tânger — a 'Interzona' descrita por Burroughs — onde ele se viu exilado, esgotado, escrevendo as páginas do que viria a ser *Almoço nu*, parecia, para minha jovem mente ingênua, um paraíso exótico."[1]

Governada por várias nações europeias de 1923 a 1956, naquela época Tânger era um lugar onde se permitiam comportamentos, inclinações e apetites que poderiam ter sido reprovados em outros lugares, dando origem a uma cidade hedonista e acessível, cheia de expatriados, um tanto à parte das culturas árabe e berbere que continuam a definir o restante do Marrocos.

"No extremo norte da África, a um curto trajeto de balsa da Espanha, Tânger era um ímã para escritores, expatriados, espiões e artistas. Matisse, Genet, William Burroughs — muitos vieram para cá, passaram um tempo ou ficaram por aqui. Mas ninguém permaneceu mais tempo nem se tornou tão associado a Tânger quanto o romancista e compositor Paul Bowles. Em obras como *O céu que nos abriga*, criou uma visão romântica da cidade que persiste até hoje, um sonho que se tornou, para muitos, quase inseparável da realidade."

Como Haight-Ashbury em São Francisco ou a Times Square em Nova York em seus tempos mais tenebrosos e sórdidos, há muito o tempo de Tânger como um playground sem amarras para transviados artísticos chegou ao fim. O atual rei, Mohammed VI, despejou cerca de 1,1 bilhão de dólares em obras no porto, que agora é o maior do Mediterrâneo.

No entanto, uma verdade permanece: **"Não há lugar igual no mundo. A aparência, os aromas, os sons e os sabores são diferentes de qualquer outra cidade.** É fácil demais se perder no ideal romântico — mais difícil é avaliar o local como ele é: uma metrópole portuária cada vez mais moderna situada a uma curta viagem de barco da Europa. É provavelmente uma boa ideia fazer as duas coisas: viver um pouquinho do sonho, mas manter os olhos abertos. E ter cuidado. Como você vai ver, muitos visitantes vieram passar férias curtas em Tânger e ficaram pelo resto da vida. É esse tipo de lugar."

CHEGADA E DESLOCAMENTO

O aeroporto de **Tânger Ibn Battouta (TNG)** faz conexões com outras cidades do Marrocos, algumas cidades europeias e Istambul; as maiores companhias aéreas que operam em Tânger são a Air Arabia Maroc, a Royal Air Maroc e a *low-fare* Ryanair. Para ir do aeroporto ao centro da cidade, você pode providenciar transporte particular com antecedência, alugar um carro ou pegar o que é conhecido como "grand taxi", um veículo de seis lugares cujo motorista pode optar por encher o carro com passageiros antes de sair do aeroporto. São aproximadamente 30 minutos de carro até o centro ou até a área turística, onde a maioria dos hotéis se localiza. A tarifa é regulamentada pelo governo em 250 dirhams marroquinos/cerca de 26 dólares; uma gorjeta de 5-10 dirhams é apropriada para um bom serviço.

Existem, é claro, várias opções de balsa entre a Espanha e Tânger; a rota mais direta e com maior frequência de saídas é entre Tarifa e Tânger. A viagem só de ida custa cerca de 415 dirhams/43 dólares, a viagem de ida e volta custa cerca de 740 dirhams/75 dólares e leva uma hora em cada sentido.

O serviço de trem marroquino é considerado o melhor da África. Por isso você pode querer chegar a Tânger pela ferrovia nacional, administrada pelo Office National des Chemins de Fer (ONCF). Compre passagens em www.oncf.ma, ou numa estação, onde há guichês com atendentes e um número cada vez maior de máquinas de autoatendimento para venda de bilhetes. Certifique-se de comprar passagens para a estação Tanger Ville, não para Tanger Morora, que fica a alguns quilômetros da cidade.

Tânger é uma cidade que pode ser desfrutada a pé, embora haja algumas partes mais íngremes. Há táxis, mas não em abundância. Por isso é bom fazer planos com antecedência ou trabalhar em conjunto com a equipe do hotel se um carro for necessário.

A CULTURA DOS CAFÉS, PRESERVADA EM ÂMBAR (E DEFUMADA)

Embora os dias de glória literária tenham terminado há décadas, e o porto em crescimento tenha trazido novas riquezas e propósito para a pacata Tânger, algumas coisas não mudaram — a saber, a cultura dos cafés, centrada no café ou no chá doce de hortelã e, em alguns lugares, no haxixe.

"O Grand Socco é a porta de entrada para a Medina, onde você pode encontrar a Kasbah, que significa 'fortaleza', a propósito. O porto de Tânger fica a leste. E bem no meio de tudo isso, o Petit Socco. O que o tio Bill Burroughs chamou de 'a última parada', o ponto de encontro, a mesa telefônica de Tânger. As razões para se instalar em Tânger divergem. No entanto, todos, mais cedo ou mais tarde, desde que se tem notícia, visitam o **Café Tingis**." Praticamente inalterado desde a época de Burroughs, o café é decorado de uma forma que beira a decrepitude. Você está lá para olhar o movimento das pessoas nas calçadas, para tomar chá ou café fortíssimo e desfrutar da atmosfera. Vá a outro lugar para fazer uma refeição.

CAFÉ TINGIS: Rue Almohades, Tânger (sem telefone, sem site) (café e chá a cerca de 10 dirhams/1,10 dólar)

E no **Café Baba**, no Kasbah, também praticamente inalterado desde sua inauguração, em 1943 (embora haja agora uma TV de tela plana exibindo jogos de futebol e similares), você passa para o chá e talvez para absorver as antigas lembranças das visitas dos Rolling Stones, dos Beatles e do Clash. Ou, claro, você pode ir lá para fumar haxixe, abertamente permitido, que cria **"uma névoa densa e lenta de fumaça que cheira como meu quarto no alojamento da faculdade em 1972"**, como disse Tony. Os fãs de Jim Jarmusch podem reconhecer o Café Baba de uma cena em seu filme de vampiros de 2014, *Amantes eternos*.

CAFÉ BABA: Rue Zaitouni, Tangier, Tel. +212 699 309943 (café e chá a cerca de 10 dirhams/1,10 dólar)

"Tânger está situada no ponto de estrangulamento entre o oceano Atlântico e o mar Mediterrâneo. A costa marroquina é uma área de pesca rica, e muitas pessoas vivem do mar." O método local de pesca com rede de cerco, em que uma rede pesada é arrastada pelo fundo do oceano, recolhendo tudo no caminho, produz uma variedade de frutos do mar, alguns dos quais são vendidos a Mohammad Boulage, o chef e proprietário do **Le Saveur de Poisson**.

"Boulage vem das montanhas Rif, nas imediações. E ele obtém muitas de suas coisas, de sua matéria-prima e verduras, por lá. A sala dos fundos do lugar é dedicada a separar e secar várias ervas, que ele combina em uma mistura secreta que afirma ter todos os tipos de benefícios para a saúde e para a virilidade. Olha, se todos os pratos que me fariam ficar 'forte' tivessem funcionado ao longo dos anos, eu teria uma barraca armada lá embaixo em caráter permanente. Por isso, não levo nada disso muito a sério."

O jantar no Le Saveur de Poisson é um evento com diversos pratos, começando com uma entrada de azeitonas, nozes torradas, pão fresco e **"um purê polpudo de figos, passas, morangos, cheio das potentes ervas e especiarias de Mohammad, é claro"**.

O evento principal é um tagine de frutos do mar que varia diariamente, dependendo do que é pescado, mas que costuma incluir tubarão, lula e tamboril **"cozidos lentamente no carvão dentro da clássica panela de barro que dá nome ao prato. A tampa do tagine, com a forma de um domo, supostamente força a condensação de volta para a comida, mantendo-a úmida e macia"**.

Depois, costuma haver um peixe inteiro ou *kabobs* de peixe e uma sobremesa de frutas e nozes, adoçada com mel. **"Esta é a versão de Tânger de *farm to table* (...) Espetacular. É uma boa relação custo-benefício; excêntrico e delicioso."** O Le Saveur é bastante conhecido, por isso é altamente recomendável fazer reservas.

LE SAVEUR DE POISSON: Escalier Waller, 2, Tânger, Tel. +212 5393 36326 (sem site) (refeição com diversos pratos em torno de 195 dirhams/22 dólares)

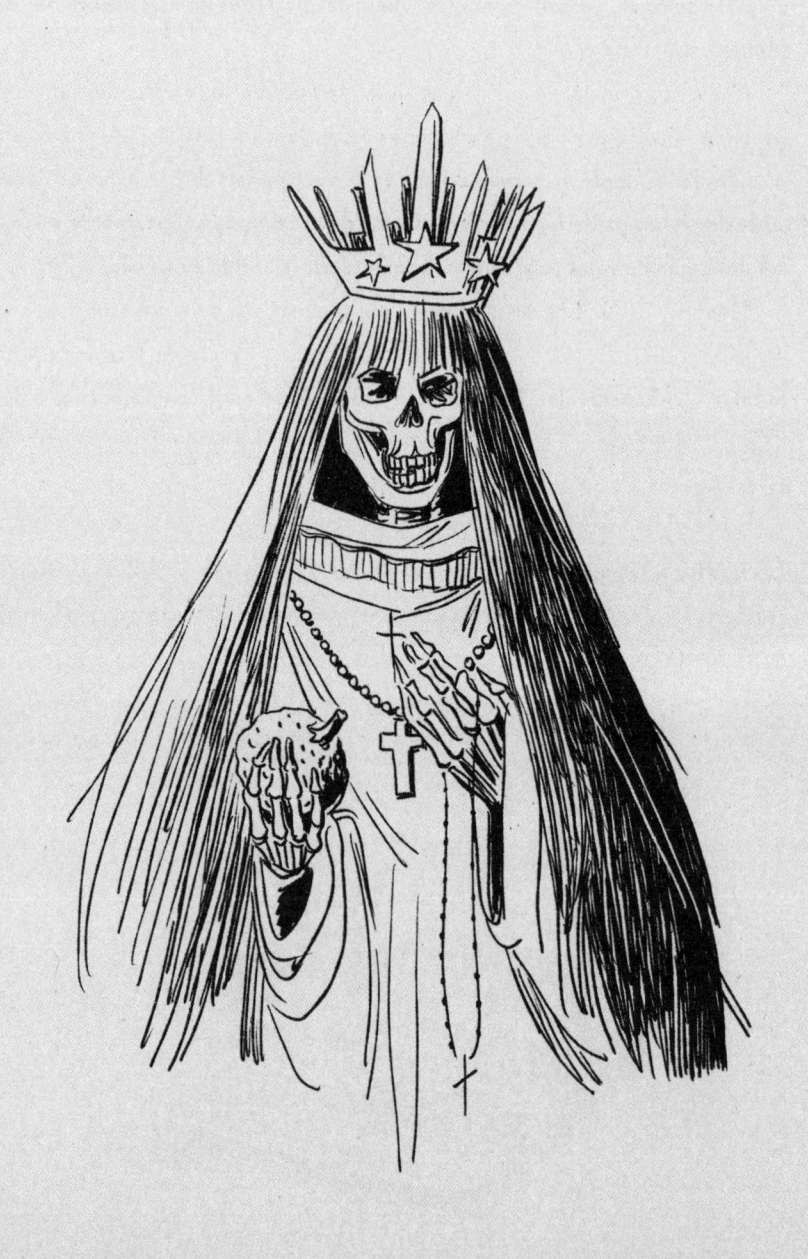

MÉXICO

Tony fez algumas visitas ao México com o passar dos anos, procurando lançar luz sobre uma cultura complexa que costuma ser comprimida numa única dimensão distorcida do lado norte-americano da fronteira. Ele buscou desembaraçar os mitos da realidade e ajudou a contar algumas histórias da vida cotidiana de mexicanos comuns, que vivem sob um governo abertamente corrupto, numa sociedade muito afetada pela violência do narcotráfico e pela injustiça econômica.

"Os norte-americanos amam comida mexicana. Consumimos em enormes quantidades nachos, tacos, burritos, tortas, enchiladas, tamales e qualquer coisa que *pareça* ser 'mexicana'. Amamos bebidas mexicanas, bebemos, felizes, imensas quantidades de tequila, mezcal e cerveja mexicana todos os anos. Amamos os mexicanos — assim como empregamos vários deles. Apesar de nossa atitude ridiculamente hipócrita em relação à imigração, exigimos que os mexicanos cozinhem uma grande parcela da comida que consumimos, que plantem os ingredientes necessários para nossa comida, que limpem nossas casas, cortem nossa grama, lavem nossa louça, cuidem de nossos filhos. Como qualquer chef lhe diria, toda nossa economia de serviços — o negócio dos restaurantes como o conhecemos — na maioria das cidades norte-americanas, entraria em colapso da noite para o dia sem os trabalhadores mexicanos.

"Amamos as drogas mexicanas. Talvez não seja seu caso pessoal, mas 'nós', enquanto nação, com certeza consumimos quantidades titânicas delas — e fazemos de tudo para adquiri-las, gastando um bom dinheiro. Amamos a música mexicana, as praias mexicanas, a arquitetura mexicana, a decoração de interiores, os filmes mexicanos.

"Então por que não amamos o México?"

"Olhem para isso. É lindo. Tem algumas das praias mais encantadoras do mundo. Montanhas, deserto, selva. Bela arquitetura colonial, uma história trágica, elegante, violenta, ridícula, heroica, lamentável, de partir o coração. A região vinícola mexicana compete com a Toscana em beleza. Seus sítios arqueológicos — os restos de grandes impérios — são incomparáveis."[1]

CIDADE DO MÉXICO

"A Cidade do México, conhecida por aqui como Distrito Federal ou DF: lar de 19 milhões de pessoas e a segunda maior cidade do mundo. Sozinha, ela tenta manter empregada grande parte do país, respondendo por um quinto da economia nacional e por quase um quinto de sua população total. Como um empreendimento em andamento, ela não deveria funcionar, mas, de alguma forma, quase funciona."

CHEGADA E DESLOCAMENTO

O Aeroporto Internacional da Cidade do México também é conhecido como **Aeroporto Internacional Benito Juárez (MEX)**, em homenagem ao presidente do México de 1861 a 1872. Juárez, considerado um herói nacional, resistiu à ocupação estrangeira no México e buscou fortalecer o apoio constitucional para uma república democrática federal. O MEX é o aeroporto mais movimentado da América Latina; é o *hub* das operações da Aeroméxico, assim como das companhias aéreas Interjet, Volaris e Aeromar.

O MEX fica a cerca de 11 quilômetros do centro da Cidade do México. Os táxis autorizados nas paradas nas portas do terminal cobram uma taxa fixa de 250 pesos/cerca de 13 dólares para o trajeto até a cidade. Compre um voucher no balcão do Transporte Terrestre antes de entrar na fila dos táxis. Dentro da cidade, você pode pegar táxis nas ruas, por cerca de 15 pesos/0,75 dólar por milha; os táxis chamados por telefone ou aplicativos tendem a ter uma reputação de mais segurança, por cerca de 30 pesos/1,50 dólar por milha.

Você pode pegar um ônibus no aeroporto; as passagens custam 30 pesos/cerca de 1,50 dólar, e a viagem dura cerca de 30 minutos. Veja www.metrobus.cdmx.gob.mx para itinerários e horários do aeroporto e para uso do extenso sistema de ônibus e metrô dentro do DF.

Há também uma estação de metrô a uma curta caminhada do Terminal 1; as passagens custam 5 pesos/cerca de 0,25 de dólar e a viagem leva de 40-50 minutos, dependendo do destino.

COMER NA CIDADE DO MÉXICO: ALÉM DO QUEIJO DERRETIDO

"A comida mexicana é uma questão de levar o tempo certo para fazer as coisas direito, de horas de cozimento lento. É uma questão de mãos, de pessoas fazendo, tudo à mão, naquele dia. É uma questão de pessoas que conversam com você enquanto comem, contando algo sobre si mesmas, sobre seu país, sua região, sua cidade, sua família. E é uma das melhores e mais rápidas comidas de rua do mundo. E, sim, vai ter tacos também."

As mãos do chef Eduardo Garcia, que já foi um jovem cozinheiro do Le Bernardin em Nova York e agora é empresário em sua cidade natal, tiveram um impacto especial na paisagem culinária da Cidade do México.

"Eduardo Garcia batalhou para se tornar chef-proprietário do restaurante mais badalado da cidade. Garcia dirige o **Maximo Bistrot** com a esposa, Gabriella. E vou explicar com que tipo de parada você tem que lidar se dirige o restaurante mais badalado da Cidade do México: em 2013, a filha mimada do chefe da agência de proteção ao consumidor do México entra e exige uma mesa quando não há nenhuma disponível, o que não chega a ser uma surpresa. Quando Garcia diz: 'Desculpe, não posso fazer nada', ela lança 'Você sabe com quem está falando?' E, em seguida, chama o papai e faz a vigilância sanitária fechar o lugar."

Para a sorte de Garcia, a história se espalhou pelas redes sociais, criando constrangimento para o governo e obrigando uma reabertura rápida. Quanto à comida:

"**Agora, uma geração provocante de chefs mexicanos jovens e criativos como Eduardo está praticando uma das mais empolgantes novas culinárias do mundo — uma mistura do que é antiquíssimo e tradicional com o novíssimo**", incluindo, no caso do Maximo Bistrot, confit de leitão coberto com *salsa* e servido em tortilla quente, e abalone com pimentas, limão e manteiga queimada: simples, equilibrado, elegante e moderno.

MAXIMO BISTROT: Tonalá, 133, 06700, Cidade do México, Tel. +52 55 5264 4291, www.maximobistrot.com.mx (entradas a 120-300 pesos/7-16 dólares, pratos principais a 310-530 pesos/16-28 dólares)

"**Numa *cantina*, os petiscos são gratuitos. Quanto mais você bebe, mais petiscos ganha, o que dá um poderoso incentivo para a socialização.**" A princípio, Tony se surpreendeu com a civilidade oferecida, junto com a costumeira comida gratuita, na **Cantina La Mascota**. Alguns podem argumentar que o preço da comida está embutido nos preços das bebidas, que são ligeiramente mais altos do que a média, mas você provavelmente há de concordar que a soma da experiência é maior do que suas partes.

"Quando ouço a palavra *cantina*, na hora penso num salão imundo entupido de bêbados mentirosos, prostitutas desdentadas e cachorros vira-latas. Evitei deliberadamente me barbear por dois dias para me integrar à paisagem. Mas não: este lugar é com certeza mais agradável do que os filmes de Peckinpah me fizeram acreditar, embora o café da manhã ainda comece com tequila."

Um petisco típico de La Mascota pode incluir "**carnitas: carne de porco tenra, suculenta, guisada e desfiada, carregada numa tortilha quente e comida de imediato, o molho quente escorrendo pelo queixo, enquanto a *salsa* de sabor intenso atinge o fundo da garganta. *Mas tequila y mas comida* — sopa de fava e cacto. É delicioso e de graça**".

CANTINA LA MASCOTA: Mesones, 20, Centro Histórico, 06010 Cidade do México, Tel. +52 55 5709 3414 (sem site) (cerveja a cerca de 95 pesos/5 dólares; uísque e tequila a cerca de 155 pesos/8 dólares. **OBSERVAÇÃO**: A comida é gratuita, mas espera-se que você dê gorjeta aos garçons que entregam os pratos na sua mesa, separada da gorjeta para os que trazem as bebidas.

Existem algumas cidades (Paris, Roma) em que Tony recomenda que ninguém se preocupe com o café da manhã, a fim de preservar o precioso espaço para o almoço e o jantar. Na Cidade do México, o café da manhã, ou pelo menos um café da manhã, é altamente recomendado.

"São 5h30 na Cidade do México, ainda está escuro lá fora, mas temos que acordar cedo se não quisermos ficar na fila para visitar este lugar. O **Fonda Margarita** é um restaurante familiar famoso por seu café da manhã. [Este] lugar serve comida realmente boa há muito tempo."

Confira os "caldeirões gigantes de barro com carne e feijão borbulhando lentamente, cozinhando sobre camadas de carvão". O Fonda Margarita tem "todos os indicadores de grandeza — longas mesas de piquenique comunitárias, decoração minimalista, cardápios na parede e o aroma inebriante do que é inconfundivelmente comida caseira. *Huevos y frijoles*, ovos e feijão servidos na hora ou em tortilhas fritas para os *huevos rancheros*. É algo simples, você pode pensar, mas o feijão, o feijão... Em casa, um guisado pode ser a última coisa em que você pensaria a esta hora da manhã. Mas aqui, dada a raríssima oportunidade de passear livremente por todos esses pratos maravilhosos e tradicionais — lombo de porco em *salsa verde*, carne com molho de pimenta escura, pés de porco, cordeiro cozido e *chicharrón* frito, peles de porco no mesmo molho vibrante de tomatillo verde, tortitas, bolinhos de carne de porco com molho de tomate picante com jalapeño — não há como não querer tudo".

O Fonda Margarita serve apenas café da manhã, até as 11h30, para mais ou menos o mesmo número de moradores locais e turistas.

FONDA MARGARITA: Adolfo Prieto, 1364B, Tlacoquemecatl de Valle, Cidade do México, Tel. +52 55 5559 6358 (sem site) (pratos principais a 45-65 pesos/2,25-3,50 dólares)

"Na Cidade do México, como em qualquer cultura esclarecida, a comida de rua reina. Desde um carrinho numa esquina, puxadinhos rústicos de restaurantes e negócios já existentes, até uma simples churrasqueira sob uma lona: vá para as ruas se estiver procurando coisas boas."

Como já se passou mais de uma década desde que Tony foi às ruas do DF com uma equipe de filmagem, seria aconselhável consultar uma fonte confiável para descobrir quem está fazendo as melhores coisas e onde. No entanto, até o momento em que este livro foi escrito, os seguintes fornecedores de comida de rua ainda estavam na ativa e mandando bem:

"**Se você está na Cidade do México, não deve, não pode perder o taco al pastor, o prato típico mais famoso. No El Huequito, eles produzem milhares desses pedaços de mau caminho todos os dias.**" Cortam-se pedaços de carne de porco temperado com adobo direto de um espeto rotativo. A carne é colocada numa tortilha quente e coberta com *salsa verde*. Em funcionamento desde 1959, o El Huequito agora tem uma série de filiais pela Cidade do México, com lugares para sentar, mas o que se diz é que a pequena barraca original é a melhor de todas.

EL HUEQUITO: Ayuntamiento, 21, Cidade do México, Tel +52 55 5518 3313, www.elhuequito.com.mx (tacos a cerca de 20 pesos/1 dólar)

Junto com o guia local David Lida, Tony degustou *quesadillas azules*, preparadas por **Doña Anastasia**, uma lenda viva da comida de rua.

"**As mãos de Doña Anastasia ficam mais azuis com o passar do dia, dando forma e cozinhando suas incríveis tortilhas de milho azul, recheando-as e cozinhando-as em seu *comal*, como ela tem feito todos os dias nos últimos 8 anos.**" Ela cuida de cada pedido: "**Tem linguiça, miolo e carne, mas David e eu optamos pelos espinafres salteados e pelas flores de abobrinha. O sabor desse negócio [é] sublime. Cada tortilha de massa de milho azul, fresquinha, feita bem aqui. Coisa de outro mundo. A melhor tortilha de todas. E nem tem carne de porco."

DOÑA ANASTASIA: Esquina de Bajío e Chilpancingo, de segunda a sexta, no bairro Roma Sur (quesadilla cerca de 20 pesos/1 dólar)

OAXACA

"Em Oaxaca, antigas tradições e ingredientes nativos definem não só o mescal, mas também a comida. Nunca estive em outro lugar do México onde a culinária fosse melhor do que aqui. Por mais que pensemos que a conhecemos e amamos, mal arranhamos a superfície do que a comida mexicana de fato é. Não é queijo derretido sobre chips de tortilha. Não é simples, nem fácil. Não é apenas 'comida de compadres' no intervalo de um jogo. Ela é, de fato, bem antiga; mais antiga ainda do que as grandes cozinhas da Europa e muitas vezes profundamente complexa, refinada, sutil e sofisticada."

CHEGADA E DESLOCAMENTO

O **Aeroporto Internacional Xoxocotlàn (OAX)** tem um único terminal que recebe voos domésticos e opera também voos para Los Angeles, Houston e Dallas. Ele se localiza a cerca de 9 quilômetros ao sul do centro histórico de Oaxaca; uma corrida de táxi leva de 20-30 minutos e custa 150 pesos/cerca de 7,50 dólares; uma van compartilhada no aeroporto custa 48 pesos/2,50 dólares. Para qualquer uma das opções, compre uma passagem no terminal e dê uma gorjeta de 10 pesos pelo bom atendimento.

Oaxaca é uma cidade agradável para caminhar, com muito para ver (e comer) pelo caminho. Para distâncias maiores, chame um táxi comum ou peça ao seu hotel para chamar um para você. Nem todos os motoristas usam o taxímetro, então peça para seu motorista ligá-lo ou combine um valor pela corrida. Oaxaca tem algumas linhas de ônibus, mas os ônibus são de empresas privadas e pode ser difícil obter informações sobre horários, itinerários e tarifas.

"OAXACA ESTÁ PARA O MÉXICO ASSIM COMO LYON ESTÁ PARA A FRANÇA"

"Quando falamos de Oaxaca, estamos falando de uma cozinha complexa, realmente sofisticada. O que as pessoas não percebem é como os molhos daqui podem ser muito complexos e sofisticados. Oaxaca está para o México assim como Lyon está para a França.

"**Alejandro Ruiz Olmedo é um dos melhores chefs mexicanos.** A culinária de Olmedo — seu foco, sua paixão — tem raízes antigas e profundas. Ele começou a cozinhar bem jovem. Quando tinha 12 anos, sua mãe morreu, e ele passou a ser encarregado de cuidar e alimentar seus cinco irmãos. Hoje em dia, ele encontra boa parte de sua inspiração na **Central de Abastos**, o mercado central de Oaxaca."

Em 2013, para o *Lugares desconhecidos,* Tony caminhou pelo mercado, que se esparrama por vários quarteirões numa série de becos com tendas e espaços semiabertos onde os vendedores oferecem frutas, verduras, ervas, carne, ovos, temperos, grilos torrados e queijos, junto com uma imensa seleção de carnes guisadas, assadas e grelhadas, tacos, quesadillas, ensopados, sopas, sanduíches, sucos de frutas feitos na hora, itens de padaria e muito mais. Seria fácil passar um dia inteiro no mercado. Como Tony e Alejandro, procure *tlayudas* com flores de abobrinha e queijo de corda cozidas num *comal* de barro, tacos *barbacoa* e consommé, acompanhado por refrigerante Jarritos com sabor de frutas ou por uma cerveja gelada.

CENTRAL DE ABASTOS: Juárez Maza, 68090, Oaxaca, Tel. +52 951 278 7315 (sem site) (preços variam)

Vale a pena contratar um motorista para levar você até o restaurante **Tlamanalli**, nos arredores, "na cidadezinha tranquila de Teotitlán del Valle, a uns 23 quilômetros de Oaxaca. É um lugar onde as artes, o artesanato e as tradições do México pré-colombiano são celebrados e embrulhados para o consumo. Abigail Mendoza e sua irmã Refina pertencem ao povo zapoteca: os habitantes originais do México, antes da chegada dos espanhóis. Antes dos astecas. Este é seu restaurante, onde Abigail mói o milho manualmente, para fazer a *masa* e *moles* como esse aqui, do jeito ridiculamente fiel, demorado, difícil e tradicional como ela aprendeu a fazer essas coisas, e do jeito como ela faz desde quando tinha 6 anos.

Entre as maravilhas do cardápio estão "*seguesa*, um prato de frango com *mole*. Este *mole*, como muitos *moles* autênticos, e tradicionais, feitos por mestres como Abigail, usa 35 tipos diferentes de pimenta e leva mais de duas semanas para ser preparado. E outro clássico zapoteca, o *chile de agua*; um prato mais simples de miolos de vaca e de porco, cozido com pimenta, tomate e *yerba santa*. Mais tradicional que isso, impossível".

TLAMANALLI: Teotitlán del Valle, Oaxaca, 70420, Tel. +52 951 524 4006 (sem site) (a refeição típica sai por cerca de 350 pesos/18 dólares por pessoa)

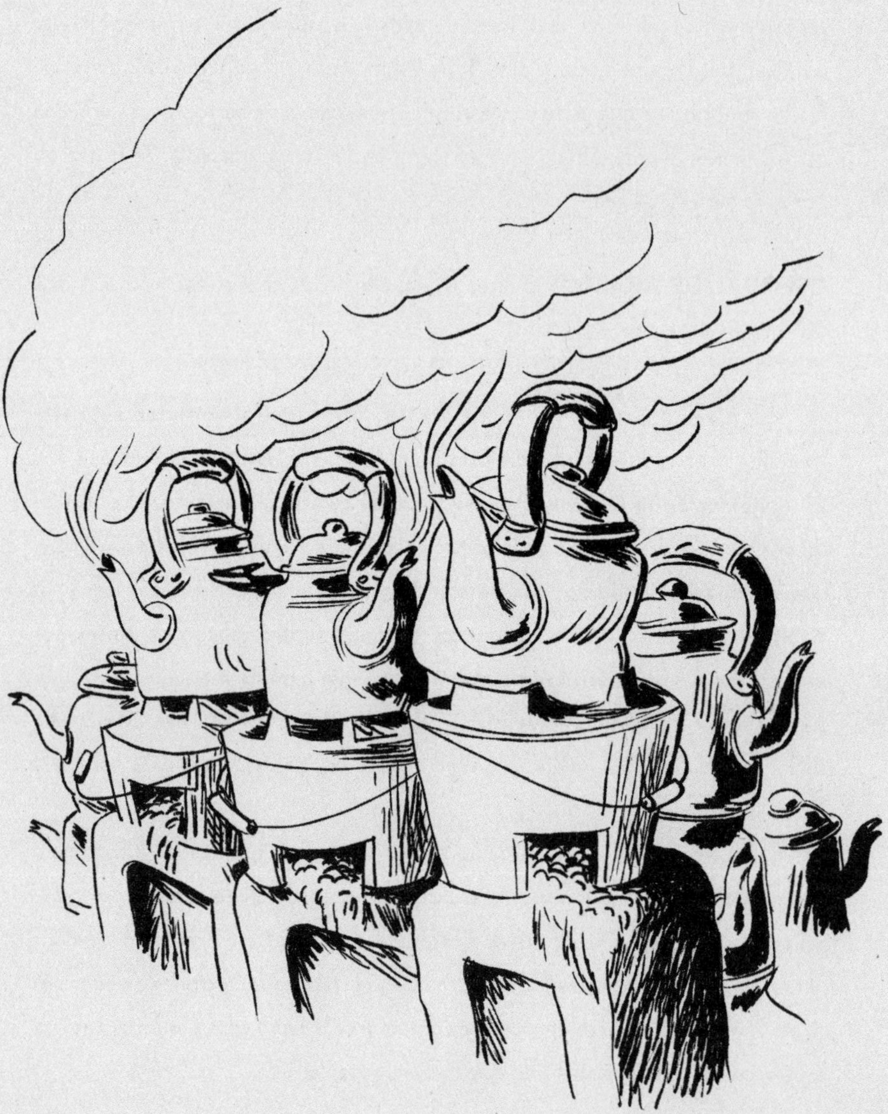

MIANMAR

O primeiríssimo episódio de *Lugares desconhecidos* foi filmado no final de 2012 em Mianmar, país que ficara fechado por décadas para os forasteiros e que vivia o início de uma nova era, mais aberta. Tony e sua equipe de produção chegaram poucos dias depois da partida do presidente Barack Obama, o primeiro líder norte-americano a visitar o país em sua gestão.

"Por quase cem anos sob o domínio britânico, esta era [a capital], Rangun. Em 1948, depois de ajudar os britânicos na luta contra os japoneses, e com um novo gosto pela autodeterminação, o país conquistou a independência. Após uma década de instabilidade, no entanto, os militares se consolidaram no poder e nunca mais o deixaram.

"Eleições? Iam e vinham. Os resultados eram ignorados, a oposição punida ou totalmente silenciada. A Birmânia, agora Mianmar, onde Orwell havia servido como policial colonial, lugar onde o autor começou a manifestar desprezo pelo aparato de um estado de segurança, se tornou mais orwelliana do que o próprio escritor poderia ter imaginado; [era] uma nação onde até mesmo ter uma opinião podia ser perigoso.

"No momento em que a porta começa se abrir, minha equipe e eu estamos entre os primeiros a registrar o que não foi visto por décadas pela maior parte do mundo. Enquanto isso, este país do Sudeste Asiático de 80 milhões de habitantes está prendendo a respiração coletivamente, esperando para ver o que vem a seguir."[1]

CHEGADA E DESLOCAMENTO

O **Aeroporto Internacional de Yangon (RGN)** não tem voos diretos dos Estados Unidos, mas há muitas conexões a partir de Doha, Cingapura, Seul, Hong Kong, Bangkok e outras cidades asiáticas. O aeroporto fica a cerca de 16 quilômetros do centro da cidade. Providencie o transporte terrestre com seu hotel em Yangon ou pegue um táxi. A viagem leva de 30-50 minutos, dependendo do trânsito. Um táxi do aeroporto para o hotel deve custar cerca de 10.000 kyats de Mianmar/cerca de 7 dólares. Gorjetas não são costumeiras, mas você pode arredondar o valor.

Observe que visitantes estrangeiros e capital estrangeiro fluíram para o país desde a liberação de Aung San Suu Kyi e o fim do regime militar, em 2011, mas, desde 2016, o turismo foi desacelerado por notícias de violência étnica e o deslocamento dos muçulmanos rohingya no estado de Rakhine, nas mãos da polícia e dos militares. Os hotéis recém-construídos estão em grande parte vazios e, fora de zonas estritamente designadas, as visitas continuam sendo perigosas e, em alguns casos, expressamente proibidas. Consulte as recomendações do Departamento de Estado dos Estados Unidos ou as orientações da embaixada ou missão de seu país antes de planejar uma viagem.

TRÊS CLÁSSICOS EM YANGON

O lugar preferido de Tony para se hospedar era o **The Strand**, uma relíquia do domínio colonial britânico, construído em 1901. Assim como outros hotéis com o mesmo nome em Cingapura, Phnom Penh, Saigon e Bangkok, o The Strand encarou décadas de grandeza e de extrema negligência. Depois de uma reforma em 2016, voltou a recuperar seu brilho.

THE STRAND: Strand Road, 92, Yangon, Tel. +95 243 377, www.hotelthestrand.com (quartos começam em torno de 500.000 kyats/300 dólares por noite)

"A manhã em Yangon, é claro, gira em torno do chá. É chá preto ao estilo indiano, em geral com uma dose espessa de leite condensado adoçado." O local preferido de Tony para tomar chá e desfrutar de um café da manhã farto em Yangon era a casa de chá Seit Taing Kya. "Ao fundo, um caldeirão de peixinhos salgados borbulha sobre brasas da lenha. Dedos trabalham montanhas de feijão doce, um dos recheios para uma variedade de massas recheadas, moldadas e assadas num velho forno de pedra. Em outro canto, a batida encorajadora do pão fresco pressionado contra a parede de barro de um *tandoor*. E, claro, os ovos sacodem e sibilam no caldo mágico de peixes, especiarias e ervas. Mohinga? Sim, preciso disso." Arroz ou macarrão de arroz são adicionados ao caldo, junto com uma combinação de feijão crocante, coentro e outras ervas, fatias de limão e pedaços de miúdos fritos.

CASA DE CHÁ SEIT TAING KYA: Ma Po Street, 44, Myenigone, Sanchaung Township, Yangon, Tel. +95 1535564 (chá a cerca de 700 kyats/0,50 dólar; pratos em torno de 1.500-2.000 kyats/0,75-1,50 dólar)

A casa de chá **Morning Star** de Yangon é o lugar para encontrar "o tradicionalíssimo e imperdível *lahpet thoke*, uma salada de folhas de chá fermentadas. Eu sei — isso não parece bom —, mas você está enganado. Pegue as folhas de chá fermentadas, acrescente repolho, tomate e muitos, muitos pedacinhos crocantes, como amendoim torrado. Tempere com limão e molho de peixe".

CASA DE CHÁ MORNING STAR: Saya San Road, Yangon (sem telefone, sem site) (*laphet thoke* por cerca de 1.500 kyats/1 dólar)

O TREM PARA BAGAN E OS TEMPLOS

"O expresso noturno para Bagan: seiscentos quilômetros para chacoalhar os rins durante a viagem de trem. Mas Bagan, a antiga capital de Mianmar, é imperdível, pelo que me contaram. Pela janela, o mundo moderno parece esmaecer e desaparecer por completo, como se o último século nunca tivesse acontecido, ou mesmo o século anterior. Estamos atravessando a maior nação continental do Sudeste Asiático."

Se você decidir pegar o trem, a viagem pode ser bem parecida com a de Tony, num ritmo ridiculamente lento, com várias paradas, ganhando aos poucos uma velocidade alarmante para uma ferrovia com antecedentes de segurança menos do que estelares. Uma viagem que deveria durar 10 horas chega a levar o dobro; qualquer desconforto pode ser aliviado por um fluxo constante de cerveja, lanches e o tipo de piadas sombrias feitas quando se está possivelmente à beira da morte. As passagens para essa e outras viagens podem ser compradas com antecedência no escritório de reservas da Myanmar Railways, em Yangon, das 7h às 15h, ou por intermédio de uma agência de viagens de confiança, em geral mediante o pagamento de uma taxa adicional.

Quanto aos templos, pagodes e mosteiros de Bagan, construídos há mais de mil anos, num período de dois séculos e meio como glorificação do budismo Theravada, Tony e Philippe Lajaunie, seu companheiro e ex-chefe no Les Halles de Nova York, os encontraram agradavelmente desprovidos de hordas de turistas em 2012. "Seria de se esperar que uma cidade antiga de tamanho e beleza quase sem paralelos fosse invadida por turistas, lojas de souvenires, comércios, lanchonetes, visitas guiadas por áudio. Mas não... Na maior parte do caminho é bem mais provável esbarrar num bode do que num estrangeiro. Mais de três mil pagodes, templos e mosteiros sobreviveram até hoje. Dentro de quase todos há uma escultura de Buda, sempre diferentes entre si."

A beleza, a escala, as manifestações físicas da fé — tudo isso constitui uma experiência poderosa, e que foi possível, em parte, como Tony apontou corretamente, pelo "trabalho escravo. Fico pensando: 'Construíram tantos templos, milhares deles, num período de tempo relativamente curto? Sabe, há uma grandes probabilidade de que alguém estivesse trabalhando por menos do que um salário mínimo, vamos colocar dessa forma.'"

Após a visita aos templos, vá para o **Sarabha** para um tipo diferente de paraíso. "É o melhor restaurante do país até agora. Aninhado entre as ruínas do templo, é bem provável que você sinta um perfume bem sedutor. *Curry* cozido em fogo brando, acompanhado por sopa azeda feita de folhas de vinagreira. Junto vêm pimentões fritos e moídos, brotos de feijão em conserva. Já deu para captar a ideia."

SARABHA: Taunghi Villae do município de Nyaung Oo, Tel. +95 9968 172009 (entradas 5.500-8.500 kyats/3,50-5,50 dólares)

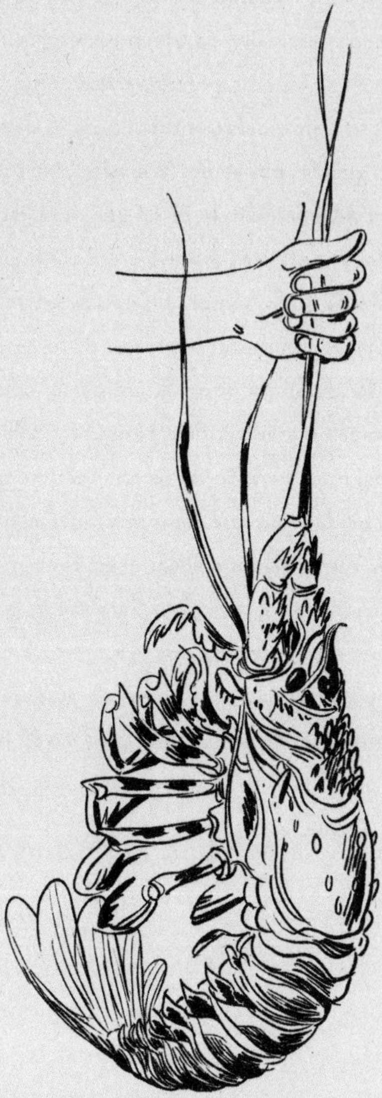

MOÇAMBIQUE

Em Moçambique, Tony descobriu um país belo e acolhedor onde com frequência faltava comida, dinheiro e trabalho, sobretudo à medida que ele ia mais para o interior.

"Em 1975, com sua independência recém-conquistada, Moçambique ansiava por um futuro mais luminoso. Mas não foi o que aconteceu. No entanto, em vez de desistir após suportar uma guerra civil de 16 anos — uma das mais brutais e sem sentido da África —, o país se levantou e começou a enorme e assustadora tarefa de reconstruir tudo do zero.

"Sobraram pouquíssimos lugares neste mundo como Moçambique. O clima é bom. As pessoas são legais, e a comida é extraordinária.

"Ainda hoje, Moçambique é apenas uma rápida parada nos roteiros turísticos. Foi com tudo isso em mente que cheguei em minha primeira visita a este país da África Oriental, com 23 milhões de habitantes.

"Moçambique, é preciso frisar, é um queridinho do Banco Mundial. É visto como uma caso de sucesso africano, e o fato é que as coisas estão boas, muito boas por aqui, em comparação com como andaram no passado. Quinhentos anos de colonialismo verdadeiramente chocante, 18 anos de comunismo entusiástico mas inepto, e uma guerra civil brutal e insensata que durou 16 anos e terminou há menos de 20 anos, deixaram Moçambique com um tecido social esgarçado, uma economia em frangalhos e apenas a vaga lembrança de uma infraestrutura.

"Pode parecer chocante, mas as pessoas daqui, de todo o país, depois de serem tão ferradas pela história de modo tão incansável, são também incansavelmente legais."[1]

E sobre a Ilha de Moçambique, Tony comentou: "Existem pouquíssimos cantos bonitos do mundo que não sejam marcados pelos pés bem calçados dos turistas. A Ilha de Moçambique parece ser um desses lugares. Localizada nas águas turquesa do oceano Índico, esta faixa de areia e rocha foi o primeiro assentamento europeu na África Oriental. Vasco da Gama desembarcou aqui em 1498 enquanto navegava impulsionado pelos ventos alísios em busca da rota das especiarias para as Índias. Mas antes dele houve gregos, persas, chineses, árabes e indianos que vieram do golfo ou atravessaram o oceano Índico (...) Passe tempo suficiente na ilha e o restante da África pode parecer um continente diferente. A Ilha de Moçambique [é] de fato uma ruína, uma sombra de sua antiga glória, um monumento decrépito a uma colônia construída nas costas de povos invadidos e escravizados. Outrora mansões de contos de fadas, esplanadas, tudo luxuoso, lindo, mas triste."

A ilha é habitada por cerca de 18 mil pessoas, a maioria delas bastante pobre. Caso os empreendedores internacionais da hotelaria se voltem para lá, alguns moradores conseguirão empregos, mas muitos deles serão apenas considerados uma espécie de estorvo:

"Se os turistas vierem, para onde irão todas as pessoas que moram na ilha — a maioria em condições terríveis e decididamente não turísticas? Para onde todos irão? Terão que ser realocados, é claro, considerados como algo inconveniente para o bem maior."

CHEGADA E DESLOCAMENTO

Moçambique tem três aeroportos internacionais; o maior deles é o **Aeroporto Internacional de Maputo (MPM)**. Maputo é a capital do país, na região costeira sul do país. O MPM lida principalmente com voos de conexão com outras partes de Moçambique e outros países africanos, mas há também conexões para

Doha, Istambul e Lisboa. O aeroporto fica a pouco mais de três quilômetros do centro da cidade. Um táxi custa cerca de 600 meticais/10 dólares e deve levar 20 minutos no percurso. Muitos carros não utilizam taxímetro. É melhor combinar a tarifa antes de partir. No caso da tarifa com taxímetro, acrescente uma gorjeta de 10%. Alguns hotéis enviam transporte para o aeroporto, se for combinado com antecedência.

O **Aeroporto Internacional de Nampula (APL),** no nordeste do país, é o mais próximo da Ilha de Moçambique, a minúscula ilha ainda pouco urbanizada ligada ao continente por uma ponte. Nampula opera voos domésticos e de Nairóbi e Johanesburgo; na chegada, providencie um táxi para fazer o trajeto de duas horas e meia até a ilha, o que deve sair a 3.000 meticais/cerca de 50 dólares para apenas um sentido. As acomodações na própria ilha se limitam a alguns albergues. Portanto, é melhor ficar no continente e visitá-la durante o dia.

COMER EM MOÇAMBIQUE: INFLUÊNCIAS GLOBAIS, ABUNDÂNCIA E *PIRI-PIRI*

Depois de viajar por muitos outros pontos do continente, Tony declarou que a comida de Moçambique era "**a melhor que já comi na África**".

Inúmeras influências culturais podem ser vistas, sentidas e degustadas nas mesas moçambicanas: "**Especiarias brasileiras,** *curries* **indianos, o melhor da África e da Ásia, comerciantes árabes, uma mistura vertiginosa afro-portuguesa, latino-americana, panárabe e asiática. E ao longo de grande parte da costa de Moçambique, em tempos bons e ruins, o que eles sempre tiveram foi uma abundância de frutos do mar incríveis. Além do uso generoso de leite de coco, é a querida pimenta local, o** *piri-piri,* **que confere à comida um caráter inconfundivelmente moçambicano.**"

Beira, uma cidade portuária com localização central, é "um lugar que mostra sua história — as cicatrizes estão por toda a parte". Num restaurante informal chamado **Copacabana**, experimente a receita mais famosa de Moçambique. "O frango *piri-piri* é, sem sombra de dúvida, o prato nacional. Você encontra em toda a parte — em restaurantes, esquinas e barracas de praia como esta aqui", cercada por "areia, maresia, o som das ondas ao longe, os cheiros de aves grelhadas e temperos de carvão" e, o melhor de tudo, "a galinha. Eles não param de regar com *piri-piri* aquele frango grelhado. Elementos cítricos picantes e ligeiramente azedos — eles passam esse treco como se fosse cocaína pura. Quer dizer, é sempre só um pouquinho. O que é essa substância preciosa? Óleo de amendoim, suco de limão, alho picado, tomate — mas é a pimenta *piri-piri* que dá a ardência que é a marca registrada desse troço."

Os ciclones Idai e Kenneth atingiram a costa de Moçambique com mais ou menos um mês de intervalo, em março e abril de 2019. O estrago em Beira foi particularmente devastador. O Copacabana, uma estrutura vulnerável de telhado de palha, sem paredes, sofreu grandes danos, mas felizmente foi reformado e reaberto no mesmo local.

COPACABANA: Avenida de Bagamoyo, Beira, Moçambique, 2678, Tel. +258 82 6480673 (sem site) (cerca de 1.700 meticais/15 dólares por pessoa para comida e bebida)

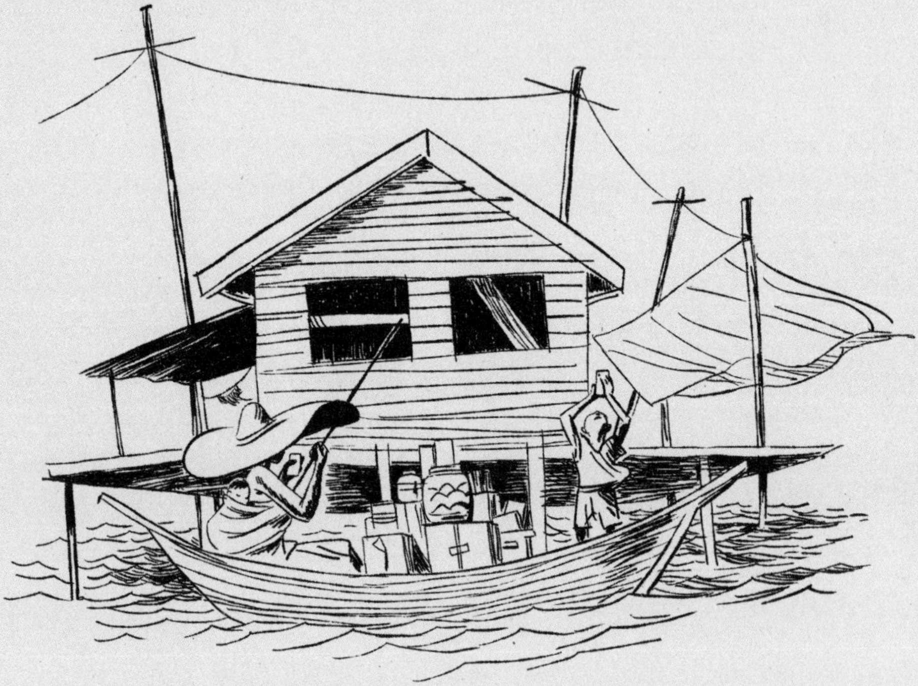

NIGÉRIA

LAGOS

"Lagos: a megalópole da Nigéria. Uma das expressões mais dinâmicas, desenfreadas e enérgicas do capitalismo de livre mercado e do empreendedorismo amador em todo o planeta. Compre, venda, negocie, apregoe, agarre. Abra seu caminho sozinho, do jeito que conseguir. Dizem que todo mundo precisa ter três negócios de uma vez.

"Com uma infraestrutura ridiculamente sobrecarregada, [e] um histórico de lideranças de notória desonestidade, os nigerianos aprenderam há muito tempo que ninguém vai ajudar ninguém neste mundo. Pegue uma vassoura, um martelo. Compre um táxi, um caminhão. Construa um banco, uma empresa de bilhões de dólares e vá trabalhar."[1]

Essa estratégia, como observou Tony, funciona de forma desigual para os nigerianos, como exemplifica a sofisticação agressiva de **"Victoria Island, o jardim dos sonhos, onde os vencedores trabalham e se divertem"**. Aqueles que mais se beneficiaram com os setores lucrativos da economia nigeriana — petróleo, agricultura e serviços financeiros — vivem lá.

E, na outra extremidade inevitável do espectro de renda está Makoko, uma cidade esparramada dentro de outra cidade, à beira do golfo, sobre a qual Tony disse: **"Aqui era uma pequena vila de pescadores. As pessoas começaram a aparecer, sem planos, para construir as próprias casas."**

A maioria dos 100 mil residentes de Makoko navegam por suas vias aquáticas em canoas. Para quem está de fora, é uma favela e uma monstruosidade, mas também é um testemunho vivo da engenhosidade nigeriana e de sua iniciativa, com água limpa, eletricidade, escolas, hotéis, hospitais, barbearias e mercearias. Não chega a surpreender que o governo tente derrubar a comunidade não planejada, sem regulamentações e sem pagamento de impostos, para abrir caminho para hotéis e outros grandes empreendimentos. Sob ameaça semelhante vive Computer Village, um centro caótico de venda e conserto de produtos eletrônicos que, segundo dizem, fatura 2 bilhões de dólares por ano. Em 2017, as autoridades nigerianas anunciaram planos de mudar o mercado para a periferia da cidade, mencionando os engarrafamentos e a poluição como justificativa.

"O dinheiro público é gerado em Lagos, nem tanto pelo petróleo, mas pelo mercado livre — um vale-tudo de empreendimentos privados que lembra um faroeste. Quem comanda de verdade as ruas, a linha de frente da lei e da ordem, na prática, são os garotos da área. A turma de um garoto da área cobra impostos de rua sobre tudo. Eles se reportam ao chefe regional, um rei dos garotos. Táxis, ônibus, qualquer vislumbre de oportunidade precisa ser pago. Polícia, políticos, empresários. Todo mundo fica com sua fatia do bolo. É um fato da vida cotidiana em Lagos."

Femi Kuti, filho de Fela Kuti, músico lendário já falecido, explicou: "Se você quiser ser eleito, precisa ir falar com todos os garotos da área. Tem que dar muito dinheiro para que todos os membros da gangue votem em você. E se fizer um bom trabalho para administrar isso, provavelmente vencerá."

"Odeio falar mal da Nigéria porque ouvimos essas coisas o tempo todo", disse Kadaria Ahmed, jornalista e editora. "Sim, existe corrupção, tudo está relacionado à corrupção; tudo se relaciona ao fato de que os recursos que deveriam ser usados para as pessoas não estão sendo usados com esse fim. Depois de anos de governo militar, as pessoas foram brutalizadas. Houve uma luta contra o pensamento. Viu-se um declínio na educação. Isso continuou por 30 anos.

"O maior obstáculo neste país é a classe política", disse Ahmed, "porque o que temos na Nigéria é, se você perder as eleições, pula para outro partido. E ganha as eleições. E se perder, volta para o outro partido. São as mesmas pessoas. Vão lutar com unhas e dentes para continuar no cargo. E para manter o sistema como está."

CHEGADA E DESLOCAMENTO

O **Aeroporto Internacional Murtala Mohammed (LOS)** é o maior aeroporto internacional do país, com voos para outras partes da Nigéria, muitas nações africanas e algumas cidades do Oriente Médio, Europa e Estados Unidos, incluindo Nova York e Atlanta. É o *hub* da Arik Air, uma companhia aérea nigeriana; várias das principais companhias aéreas mundiais também operam voos ali, incluindo British Airways, Emirates, KLM e Virgin Atlantic.

O LOS está localizado a cerca de 16 quilômetros do centro da cidade de Lagos, uma viagem que vai durar no mínimo 1 hora, mas pode chegar a 3, dependendo do trânsito, que pode ser intenso. A maioria das fontes aconselha providenciar transporte para seu hotel com antecedência, para evitar a confusão de motoristas, cambistas e outros que vão abordá-lo ao sair do terminal, especialmente se você parecer hesitar. Organize um traslado com o hotel, se possível. Caso contrário, serviços de transporte compartilhado, como o Uber, operam em Lagos, e há táxis disponíveis, mas sem taxímetro. Você precisará negociar a tarifa com antecedência e pagar antecipadamente pela viagem, que deve custar cerca de 11.000 nairas nigerianas/30 dólares. As gorjetas não são necessariamente esperadas, mas uma gratificação de 10% por bons serviços será apreciada.

SABOR DE LAGOS NUMA *BUKA* OU "MAMA PUT"

O termo *buka* costuma se referir a um restaurante aberto, informal, encontrado por toda a Nigéria. Comandados em geral por mulheres, servem receitas consistentes e costumam se especializar num tipo de prato, embora os menus sejam extensos. *Bukas* também são conhecidas coloquialmente como restaurantes "Mama Put" [Mamãe Bota], pois a comida é tão boa que um freguês assíduo pode chegar a pedir para a proprietária, ou melhor, para a "Mama" botar mais comida no prato.

"**A boa cozinha leva tempo. À medida que mais homens e mulheres de Lagos passam a integrar a força de trabalho, um número cada vez menor de pessoas cozinha à moda antiga: preparos longos, lentos, demorados que podiam levar horas.**" As *bukas* preenchem essa necessidade de conforto e tradição no prato.

A **Stella's Kitchen**, em Computer Village, é conhecida pela limpeza e por ser ligeiramente mais cara do que uma *buka* típica. A cozinha é especializada em inhame batido, que combina muito bem com a sopa *egusi*, grossa, com cabrito, sementes de melão e pimenta malagueta numa base de caldo de peixe.

Lembre-se de planejar também uma refeição no **Yakoyo**, cujo nome em iorubá se traduz como "pare e fique satisfeito". As especialidades da casa incluem arroz jollof e *amala*, feito a partir de fatias de inhame cru batidas e transformadas em farinha e depois cozidas no vapor. Mergulhe bolinhas disso numa sopa de lagostim, pimenta, alfarroba e folhas de juta, e não perca o cabrito assado.

STELLA'S KITCHEN: Francis Oremeji Street, 16, Ikeja, Lagos (sem telefone, sem site) (refeição completa a cerca de 2.000 nairas/5,50 dólares)

YAKOYO: Olabode House, Ikorodu Road, 217, Ilupeju, Lagos, Tel. +234 807 538 5987 (sem site) (refeição completa a cerca de 2.000 nairas/5,50 dólares)

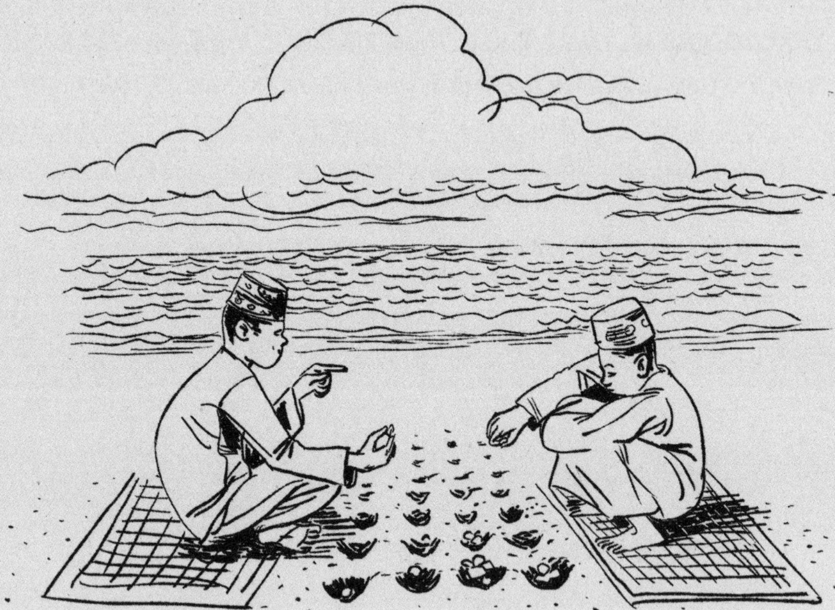

OMÃ

Tony e a equipe de filmagem do *Lugares desconhecidos* foram para Omã no fim de 2016 e, àquela altura, Tony já estava viajando pelo mundo há 15 anos. Por mais que fosse um viajante experiente, ficou maravilhado com Omã. Ao planejar este capítulo, ele disse: "Vamos fazer o máximo que pudermos. Eu realmente amo aquele lugar. Quero encorajar as pessoas a irem para lá."

"Você provavelmente não seria capaz de encontrar seu país no mapa. Tem praias incríveis. Montanhas. Deserto intocado. Pratica uma forma tolerante e não sectária do Islã. Um dos lugares mais bonitos, amigáveis, generosos e hospitaleiros que já visitei. Estou falando de Omã.

"Omã desafia as expectativas. Não deveria existir, de acordo com a lógica cruel do mundo. Mas existe e é incrível. O sultanato de Omã é uma monarquia absoluta. [É] um estado predominantemente islâmico e um ponto estratégico vital no abastecimento mundial de petróleo. É cercado por alguns dos poderes mais astuciosos e beligerantes da região. No entanto, aqui está ele, relativamente pequeno, tolerante, acolhedor com os forasteiros, pacífico e de uma beleza atordoante. Mas Omã vem enfrentando tempos de incerteza, com questões relativas à sucessão e reservas de petróleo cada vez menores. O que vem a seguir é uma grande pergunta, embora não costume ser feita em voz alta.

"Omã, como deve ser compreendido, fica no topo da orla do oceano Índico. O império já se estendeu do Paquistão à África Oriental, com importantes rotas comerciais que iam do sul da África até o estreito da China, Indonésia e as profundezas do Extremo Oriente. O Omã atual é uma fração daquela área, mas seu DNA, sua cultura, sua gastronomia e, até certo ponto, sua atitude em relação ao mundo exterior são reflexos dessa história.

"Na década de 1930, Winston Churchill alterou a fonte de energia da Marinha Real [Britânica] do carvão para o petróleo. E, de repente, tudo mudou. Precisavam de petróleo, o que tornava Omã vital não por seus recursos limitados de minério, mas por sua posição: o estreito de Ormuz, a artéria femoral do golfo Persa. Por lá, flui 20% do petróleo do mundo, o que faz dele talvez a hidrovia estrategicamente mais importante do planeta.

"O sultão Qabus bin Said al Said* é o monarca muito admirado e enigmático, o governante absoluto. Ele comanda tudo relativo a Omã [desde 1970]. Naquela época, ele literalmente ergueu a nação, de um remanso primitivo empoeirado a uma sociedade moderna, funcional e amplamente secular (...) em geral, espetáculos-solo não são muito bons. Quer dizer, do ponto de vista histórico, é raro que isso funcione. Mas olhando ao redor e vendo como o país está agora — é bastante impressionante.

"Omã não é seu sistema, e não é meu sistema, e está bem longe de ser perfeito ou de se parecer com uma democracia de estilo ocidental, mas há um orgulho palpável aqui na identidade coletiva de ser omani. Também de forma notável, o sultão deu ênfase ao papel das mulheres, decretando, pelo menos como uma questão política, igual acesso à educação, ao trabalho, a cargos políticos."

---

* O sultão Qabus bin Said Al Said foi o monarca árabe que mais tempo esteve no poder, de 1970 até sua morte em janeiro de 2020. Foi substituído por seu primo, Haitham bin Tariq Al Said. (N. do E.)

CHEGADA E DESLOCAMENTO

Viajantes aéreos vindos do exterior chegarão quase invariavelmente ao **Aeroporto Internacional de Mascate (MCT)**, a cerca de 30 quilômetros da capital do país, Mascate. É a base da Oman Air, com voos domésticos e para o Oriente Médio, e muitos destinos no subcontinente indiano, África, Ásia e Europa.

Há táxis vermelhos e brancos, disponíveis no balcão do aeroporto no saguão de desembarque. Também há táxis enfileirados do lado de fora, mas observe que eles não são obrigados a usar taxímetros, então é melhor combinar uma tarifa antes da viagem. Em média, a corrida do aeroporto para um hotel em Mascate custa cerca de 12 riais omanis, ou cerca de 30 dólares. Gorjetas não são esperadas, mas são apreciadas. Vários serviços de transporte particular e hotéis operam linhas de ônibus entre o aeroporto e os hotéis, e você também pode alugar um carro no MCT.

Uma vez em Mascate, é possível se locomover de táxi ou de ônibus locais, chamados *baizas*, que são em laranja e branco. Os passageiros geralmente compartilham táxis para manter os custos baixos. O sistema ferroviário de Omã, até o momento da escrita, ainda está sendo desenvolvido.

UM PALÁCIO, UM REFÚGIO NA MONTANHA, UM OÁSIS NO DESERTO

Enquanto usava Mascate como base, Tony ficou hospedado no **Al-Bustan Palace**, um resort do grupo Ritz-Carlton entre as montanhas al-Hajar e o mar de Omã, construído originalmente como um palácio para o sultão Qaboos bin Said al Said. Há um spa incrível no local, várias piscinas externas, serviço de praia, caiaques e mergulho livre, um restaurante chinês de alto padrão, um grande bufê de café da manhã e aquele serviço refinado e decoração extravagante que seriam esperados de um palácio como este.

AL-BUSTAN PALACE: Praia Quron/PO Box 1998, Mascate, 114, Tel. +968 24 799666, www.ritzcarlton.com/en/hotels/oman/al-bustan (quartos a partir de 150 riais/ 400 dólares por noite)

"À medida que rumamos para o interior, tudo muda. Aqui se encontra o núcleo mais conservador do país, seu centro espiritual. De forma singular, Omã não é nem sunita, nem xiita, mas ibadi: uma forma não sectária muito antiga do islamismo, particularmente tolerante. É uma distinção que nós, no Ocidente, deveríamos notar. O Islã não é um monolito; ele vem sob muitas formas.

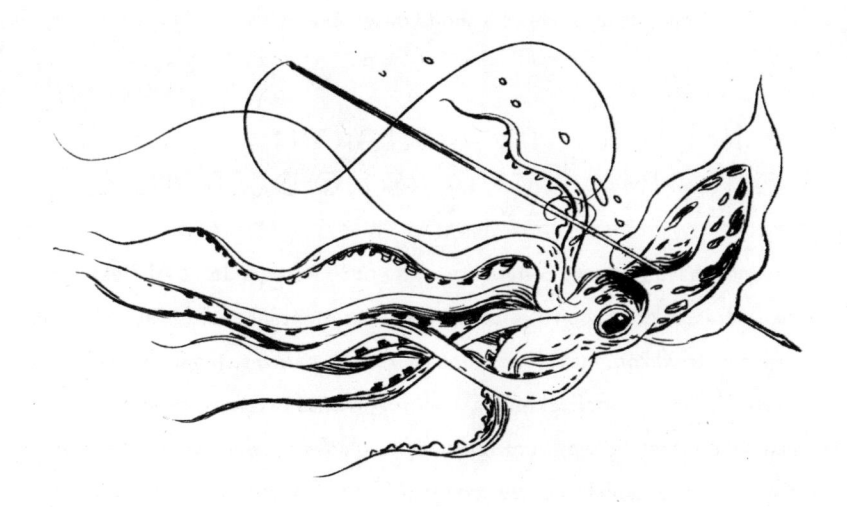

"A teologia ibadi, sem dúvida, forma a espinha dorsal de muitos dos códigos de conduta de Omã. Ela prega valores como polidez, aceitação, unidade e compreensão. Talvez como consequência disso, o sultanato adota a graça e o tato como uma questão de política externa. Internamente também, pois Omã evitou o radicalismo e a violência sectária. É considerado vergonhoso, pelos ensinamentos ibadi, provocar derramamento de sangue em conflitos religiosos, a menos que a pessoa tenha sido atacada primeiro.

"O terror e a carnificina que ocorrem no vizinho Iêmen parecem muito distantes aqui em Jabal al-Akhdar, a Montanha Verde."

Ao visitar al-Jabal al-Akhdar, a duas horas de carro de Mascate, no interior, o **Anantara al-Jabal al-Akhdar Resort** oferece acomodações superluxuosas, construídas a quase 2 mil metros acima do nível do mar, no planalto Saiq da montanha que dá nome ao local. A propriedade está situada à beira de um desfiladeiro, com vistas soberbas de quase todos os pontos, sobretudo de uma piscina com borda infinita construída na beira do penhasco e de um mirante com o nome de uma hóspede do passado, a falecida princesa Diana. Caminhadas guiadas e passeios culturais, numerosos serviços de spa, aulas de culinária e ginástica, inúmeras opções gastronômicas e o tipo de isolamento calmo e luxuoso que sua localização proporciona são alguns dos muitos motivos que levaram Tony a adorar este lugar. Observe que a estrada da montanha é suficientemente íngreme para que apenas veículos 4x4 consigam fazer a subida; o resort oferece um passeio com motorista subindo a montanha a partir da base, uma viagem de 35 minutos, mediante o pagamento de uma taxa.

ANANTARA AL-JABAL AL-AKHDAR RESORT: PO Box 110. Código postal 621, al-Jabal al-Akhdar, Nizwa, Tel. +968 25 21 8000, www.anantara.com/en/jabal-akhdar (quartos a partir de 200 riais/500 dólares por noite)

"A cerca de 210 quilômetros de Mascate, o asfalto termina e você chega aqui: Areias de Wahiba, na orla do Rub' al Khali, o maior deserto de areia do mundo. Quando você sobe na areia fofa, tudo muda, você muda. Este é o domínio tradicional dos beduínos, que, por milhares de anos, se deslocaram por essa paisagem árida, seca e aparentemente sem fim, fazendo dela seu lar."

Enquanto estiver passando um tempo nas Areias de Wahiba, faça do **1000 Nights Camp** o seu lar. É um dos pouquíssimos assentamentos permanentes da região, o que permite que os visitantes tenham, com algum conforto, uma imersão na vida entre as dunas de areia, em alojamentos que vão desde tendas tradicionais de estilo árabe (dispostas em torno de um banheiro compartilhado), tendas mais espaçosas e luxuosas, até a opção de casa independente.

1000 NIGHTS CAMP: PO Box 9, Código Postal 115, Mandinate al-Sultan Qaboos, Tel. +968 9944 8158, www.thousandnightsoman.com (quartos/tendas custam a partir de 100 riais/250 dólares por noite)

COMER EM OMÃ: REFLEXOS DO IMPÉRIO

"A comida de Omã é uma mistura de sabores, ingredientes e paladares da Arábia e de todo o antigo império de Omã." Os elementos comuns da dieta local incluem pratos de arroz, tâmaras, um café leve misturado com cardamomo e água de rosas chamado *kahwa*, carnes grelhadas ou assadas e frutos do mar, pães achatados e vegetais cozidos com cravo e coco. A culinária é nitidamente influenciada pelos ingredientes e pelas técnicas encontrados em Zanzibar, que já fez parte do Sultanato de Omã.

"O Bait al-Luban é uma antiga pensão que virou restaurante, lugar onde você pode experimentar pratos como *pakora* e *kashori*, que vieram da Índia; *chapati* da África Oriental; e *shuwa*, o prato clássico dos eventos especiais de Omã. Fazem uma versão ou outra disso em todo o mundo, mas o *shuwa* é especial. Eles lambuzam uma cabra com uma pasta picante composta de cominho, coentro, pimenta-vermelha, canela, cardamomo e noz-moscada, em seguida, envolvem a carne em folhas de palmeira ou de bananeira, cavam um buraco, jogam a carne nele, cobrem e deixam debaixo da terra por um ou dois dias sobre brasas ardentes."

BAIT AL-LUBAN: Rua Al-Mina, Muttrah Corniche, Mascate, Tel. +968 24 711842, www.baitalluban.com (cada prato principal custa cerca de 6,5 riais/ 17 dólares)

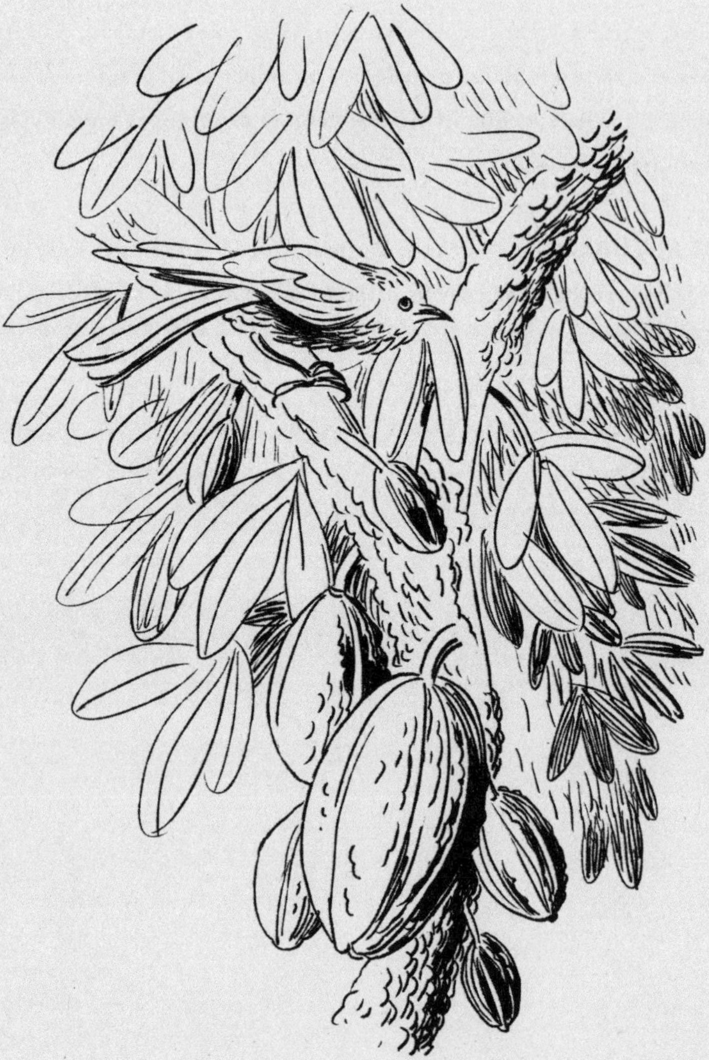

PERU

LIMA

Para o *Lugares desconhecidos*, Tony combinou uma ida à cosmopolita Lima, a capital gastronômica da América do Sul, com uma visita a uma remota plantação de cacau. Tony havia entrado no negócio de chocolates sofisticados com Eric Ripert e queria conhecer as pessoas no início da cadeia de suprimentos, no cânion do rio Marañón.

"O Peru é um país que historicamente levou os homens à loucura: loucura por ouro, por coca, por sua história mágica e ancestral. Mas agora, há outra coisa que atrai forasteiros aos vales escondidos nas montanhas. Nós amamos esse negócio. Somos obcecados, nos empanturramos e o transformamos em fetiche. Estou falando de chocolate. Antes um deleite comum, agora está se tornando tão cheio de nuances quanto um bom vinho, tornando a busca pela matéria-prima de qualidade ainda mais difícil.[1]

"Um profeta disse certa vez: 'Não me diga o que um homem diz, não me diga o que um homem sabe. Diga-me por onde ele andou.' Ficamos mais inteligentes, mais iluminados conforme viajamos? Viajar traz sabedoria? Acho que provavelmente não há lugar melhor para descobrir isso do que no Peru. Desde que Pizarro veio em busca de ouro, as pessoas foram atraídas para cá. Nascido de uma mistura inquieta de influências espanholas e indígenas, hoje o Peru é uma terra de contrastes extremos: presente *versus* passado; selva verdejante, montanhas cobertas de neve, cidades vibrantes; aquilo que foi assimilado e o que não foi. Muitas vezes são esses contrastes que atraem os visitantes para cá."

CHEGADA E DESLOCAMENTO

O **Aeroporto Internacional Jorge Chávez (LIM)**, em homenagem a um conhecido aviador do início do século XX, é o principal aeroporto internacional do país. Opera voos domésticos e da América do Sul, América Central e de algumas cidades norte-americanas e europeias.

O **Airport Express Lima** é um serviço de ônibus com ar-condicionado (com Wi-Fi e banheiro!) que o levará em segurança do aeroporto até uma das 7 paradas em hotéis em Miraflores, bairro onde é praticamente inevitável que você se hospede. Compre uma passagem no aeroporto; custa cerca de 25 sois peruanos/8 dólares por um trecho ou 50 sois/15 dólares ida e volta. Você também pode pegar um táxi (mas não use o Uber, que foi proibido no aeroporto e não é considerado seguro) para seu hotel. O aeroporto fica a 18 quilômetros de Miraflores; um táxi leva cerca de 30 minutos e custa de 50-60 sois/15-18 dólares. Os taxistas não esperam receber gorjetas.

Na cidade, você pode se arriscar com um táxi, embora, com exceção de algumas empresas estabelecidas, os carros de praça não sejam regulamentados nem possuam taxímetro. Prepare-se para negociar o preço e, em alguns casos, para dar instruções ao motorista, visto que muitas pessoas vêm de regiões rurais em busca de trabalho, e não há obstáculo para chegarem e atuarem como taxistas. Lima tem um sistema oficial de ônibus, El Metropolitano, e uma rede de minivans, chamadas de *colectivos*, muito baratas, porém lentas, não regulamentadas e não são realmente para o visitante casual, assustadiço ou que não fala espanhol.

CEVICHE E EROTISMO ANTIGO

"Lima é o centro cultural e a capital da culinária de um país que explodiu na última década, com dezenas de chefs, cozinheiros e restaurantes de primeira. Há muito tempo é considerado uma das melhores cenas gastronômicas da América do Sul. Existem tantos produtos no Peru desconhecidos para as pessoas nos Estados Unidos. Quando você come essa comida, não dá para dizer que ela 'parece' com alguma coisa. É mesmo algo único. Um grande número de imigrantes chineses e japoneses chegou ao Peru nos séculos XIX e XX como trabalhadores contratados e agricultores. E sua influência é sentida aqui, principalmente na comida, num grau maior do que em qualquer outro lugar do continente. É essa influência e os ingredientes da Amazônia e dos Andes que realmente distinguem a comida desse lugar como algo especial. São sabores que você não encontra em nenhum outro país na Terra."

Para um almoço intimista em Lima, é difícil encontrar opção melhor do que uma visita ao **Chez Wong** — literalmente a casa do chef Javier Wong, que serve ceviche no minúsculo restaurante de seis mesas instalado em sua própria casa há 35 anos. Ele trabalha com uma dúzia de pescadores e oferece apenas almoço, e é ele mesmo quem corta e tempera todos os peixes.

"Todas as mesas são servidas com o menu que ele resolve preparar naquele dia — o mesmo para todos. E hoje ele conseguiu um linguado particularmente bom no mercado. Então é isso que vamos comer." Wong costuma fazer ceviche de polvo e linguado: um *tiradito* de linguado com nozes-pecã, limão, *ají limón* e óleo de gergelim. (Eric Ripert comentou que planejava adaptar o ceviche para seu menu no Le Bernardin, em Nova York.) E não perca as ofertas mais excêntricas, como *queso fresco* com abacaxi. "**Isso não deveria ser bom, mas é.**"

CHEZ WONG: Rua Enrique León García, 114, 15043, Lima, Tel. +51 1 4706217 (sem site) (pratos principais a cerca de 85 sois/25 dólares cada)

Depois de uma volta obrigatória em torno do ouro e de outros artefatos pré-colombianos alojados no impressionante **Museo Larco**, você pode querer dar uma olhada na Galeria Erótica, onde são exibidos outros bons exemplos de cerâmica pré e pós-colombiana e várias obras, apresentando todos os tipos de humanos e de animais envolvidos em diversos atos sexuais. "**Parece tão divertido quanto uma feira medieval nudista, mas, na verdade, é** muito legal. Acontece que as coisas podiam ficar bem interessantes naquela época. Ah, sim, esses caras sabiam fazer loucuras e aparentemente eram uns pervertidos e tanto. Não há nada que esses tarados pré-colombianos não tenham pensado primeiro."

MUSEO LARCO: Avenida Simón Bolívar, 1515, 15084, Pueblo Libre, Lima, Tel. +51 1 4611312, www.museolarco.org (entrada geral para adultos 30 sois/ 9 dólares)

CUSCO E MACHU PICCHU

Para visitar Machu Picchu, você deve primeiro viajar de Lima até as alturas, na cidade andina de Cusco.

"Nas ruas, os turistas esbarram com o povo andino tradicional, enquanto admiram os prédios coloniais espanhóis construídos sobre as ruínas incas, em pedra. É um ótimo lugar para ser apresentado tanto à beleza quanto aos complicados contrastes da história peruana — e à complicada respiração nas grandes altitudes."

Embora a distância em linha reta entre Lima e Cusco seja de aproximadamente 475 quilômetros, o percurso de carro é quase o dobro disso, dado o traçado das estradas que evitam passar em certos terrenos montanhosos traiçoeiros. Existem linhas de ônibus de turismo que fazem uma jornada de três dias, viajando pelo sul e parando durante a noite ao longo do caminho, o que dá tempo para se aclimatar à mudança de altitude (Lima fica a cerca de 150 metros acima do nível do mar, enquanto Cusco está a 3.352 metros). Também há ônibus "rápidos", que fazem uma jornada mais direta, em 22 horas, mas têm uma reputação duvidosa de direção perigosa e até de sequestros armados.

O voo de Lima para o **Aeroporto Alejandro Velasco Astete (CUS)** de Cusco leva pouco mais de uma hora. Há algumas companhias aéreas peruanas que fazem esse percurso. Prepare-se para o choque da altitude na chegada. Providencie um traslado para seu hotel dentro do próprio aeroporto por cerca de 50 sois/15 dólares, ou arrisque-se com os motoristas do lado de fora do aeroporto, que cobrarão entre 15-35 sois/4-10 dólares, dependendo da sua capacidade de negociação e de se comunicar no idioma.

Como Lima, Cusco pode ser percorrida a pé, de táxi, de ônibus ou de *kombi*, como são chamadas as vans.

Para completar sua jornada até a cidadela de Machu Picchu, você pode pegar um trem (informações em perurail.com) ou reservar uma caminhada guiada com uma empresa de turismo confiável.

ESPAÇO PARA RESPIRAR NUM HOTEL DE CUSCO

Enquanto estiver em Cusco, você encontrará conforto e facilidade para respirar no **Belmond Hotel Monasterio**, "um seminário jesuíta de 400 anos convertido em hotel 5 estrelas. Sua decoração de época é um poderoso lembrete da presença espanhola. Iluminação espiritual — era isso o que os conquistadores se convenceram de que estavam trazendo para os incas. Eles alegavam estar travando uma guerra pelas almas. Mas aqui no ar rarefeito, a guerra que estou travando é para respirar de forma decente. O hotel não poupa esforços e tenta ajudar bombeando oxigênio puro para os quartos." O hotel não tem piscina nem academia, mas conta com quatro pátios, dois restaurantes sofisticados, uma capela consagrada e deslumbrantes obras de arte do século XVII.

BELMOND HOTEL MONASTERIO: Calle Plazaleta Nazarenas, 337, Cusco, Tel. +51 84 604 000, www.belmond.com/hotels/south-america/peru/cusco/belmond-hotel-monasterio (quartos a partir de 1.000 sois/300 dólares por noite)

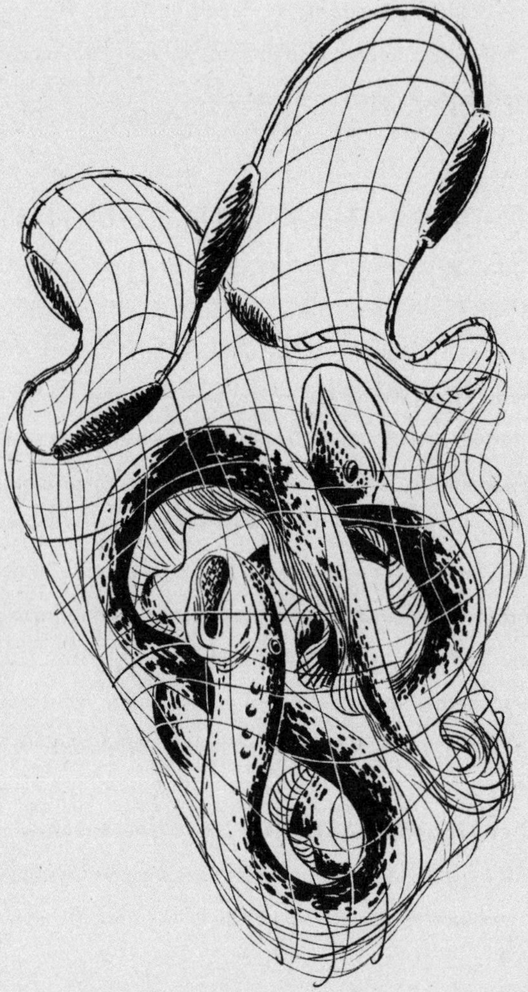

PORTUGAL

Tony entrou em contato com Portugal e sua comida quando era um jovem lavador de pratos e aprendiz de cozinheiro em Provincetown, Massachusetts, onde grande parte da população de trabalhadores de restaurantes, pescadores e suas famílias eram descendentes de portugueses.

"Portugal — espremido entre a Espanha e o Atlântico, com um território minúsculo, comparado com outros países — teve um impacto descomunal no mundo. Durante a 'Era dos Descobrimentos', os portugueses foram para o mar em grandes números, ganharam fama como navegadores, construtores de navios, exploradores. Eles conquistaram grande parte do planeta, com um império que se estendia do Brasil à África e às Índias Orientais.

"Tudo que é velho volta a se renovar. [Ou] talvez não. Às vezes, chego perto de acreditar que nada muda de verdade. Lá no começo, recém-saído da cozinha, quando viajei pelo mundo pela primeira vez para descobrir como fazer televisão, fui para o norte de Portugal. Não tinha ideia do que ia encontrar."

Ele aprendeu que as sopas e guisados de couve, batata e chouriço, que associava a Portugal continental, eram, na verdade, endêmicas dos Açores, um arquipélago do Atlântico Norte, uma região autônoma do país com a própria gastronomia e tradições culturais distintas. A maioria dos conhecidos de Tony em Massachusetts, cuja comida ele adorava, vinha dos Açores. E foi para lá que Tony partiu a fim de procurar as diferenças entre Portugal continental e insular num episódio do *Sem reservas*. Esse episódio particular talvez tenha ganhado notoriedade porque a câmera captou a reação de perplexidade de Tony diante do cheiro forte de uma fonte sulfurosa de água quente (**"parecida com um peido molhado"**) onde um chef de cozinha da região preparou-lhe um ovo cozido.

LISBOA

CHEGADA E DESLOCAMENTO

Lisboa, a capital de Portugal, é considerada a porta de entrada do país. Seu aeroporto, **Humberto Delgado** ou **Lisboa Portela**, é conhecido simplesmente como **Aeroporto de Lisboa (LIS)**; é servido por todas as principais companhias aéreas dos Estados Unidos, pela TAP Air Portugal, a companhia aérea nacional, e por todas as principais companhias aéreas europeias. Há um ônibus do aeroporto (Aerobus, que custa 4 euros/4,50 dólares e leva cerca de 45 minutos), o metrô da cidade (1,45 euro/1,60 dólares para um trajeto de 35 minutos, que inclui uma baldeação necessária) e táxis, que custarão cerca de 20 euros/22 dólares para a viagem de aproximadamente nove quilômetros e vinte minutos até o centro da cidade.

Lisboa tem várias estações ferroviárias, sendo a maior delas a Gare do Oriente, uma beleza modernista desenhada por Santiago Calatrava, o conceituado arquiteto espanhol. A cidade tem um sistema de metrô de quatro linhas, o Metropolitano de Lisboa.

COMER EM LISBOA: FRESCURA MÍNIMA, PRAZER MÁXIMO

"Lisboa é uma cidade antiga, o coração da era dos Descobrimentos, outrora o império mais rico do mundo. Há história aqui, muita história. É uma bela cidade. Os lisboetas, como são conhecidos, gostam de comida. Eles falam muito sobre o assunto e têm opiniões fortes sobre o que os visitantes devem comer e onde. O **Ramiro** é um daqueles lugares que os locais amam, sempre amaram e sempre amarão. É um refúgio para chefs de cozinha, com o tipo de refeição simples que eles desejam, exaustos de molhos e guarnições. Um bombardeio de frutos do mar minimalistas com qualidade máxima. Eles não complicam muito os pescados por aqui. Comece com frutos do mar, termine com um sanduíche de filé."[1] O Ramiro é um movimentado estabelecimento de três andares, despojado, embora o serviço seja amável e refinado, e a comida, simples e impecável.

Você pode fazer uma refeição épica com percebes, camarões, lagostins, mariscos e, de sobremesa, um belo bife com alho, temperado com mostarda, dentro do pão, regado a bastante cerveja.

RAMIRO: Avenida Almirante Reis, 1, 1150-007, Lisboa, Tel. +351 21 885 1024, www.geral24128.wixsite.com/cervejariaramiro/copia-casa (refeição para dois a 75-100 euros/83-111 dólares)

"Sempre que possível, gosto de comer onde também posso resolver todas as minhas necessidades de suprimentos de pesca: o **Sol e Pesca**, na parte mais pobre da cidade — uma faixa povoada por prostitutas peso-pesado com dentes ruins. Junto com meu amor por equipamentos de pesca, recentemente adquiri um amor verdadeiro e profundo por coisas boas de verdade — enguias, sardinha — que vêm em latas."

Também há muitas variedades de atum e ovas de atum, carapau, polvo, lula e muito mais, servidos com pão e vinho. Tony comeu e bebeu entre as varas de pesca, redes e bobinas com Pedro Gonçalves e Tó Trips, do Dead Combo, "uma das melhores e mais interessantes bandas de Lisboa", cuja música serviu de trilha sonora para todo o episódio.

SOL E PESCA: Rua Nova do Carvalho, 14, 1200-019, Lisboa, Tel. +351 21 346 7203 (refeição média a 20-30 euros/22-33 dólares por pessoa)

PORTO

CHEGADA E DESLOCAMENTO

O aeroporto do Porto, formalmente conhecido como **Francisco Sá Carneiro**, é também um *hub* da TAP Air Portugal e é servido por algumas companhias europeias. O sistema de metrô da cidade, Metrô do Porto, leva os passageiros entre o aeroporto e o centro da cidade por cerca de 3 euros/3,35 dólares. Há também alguns ônibus especiais com tarifas variadas, bem como táxis com taxímetro que fazem o percurso até o centro por cerca de 25 euros/28 dólares.

Porto Campanhã é a estação ferroviária que opera as principais rotas que atravessam a cidade. A estação **São Bento**, bem mais bonita, decorada com azulejaria rebuscada, é o centro de uma série de linhas de trem suburbanas.

COMIDA PARA BEBER

"O que fazer quando você não tem nada além de tripas, cascos e miúdos? Você descobre como transformá-los em coisas deliciosas, é claro."[2] Nisto, os portugueses se destacam.

"Uma refeição aqui, geralmente, não é leve. Os portugueses gostam de porco; e muito." Comece pelas patinhas, ou pequenas sardinhas inteiras, e depois siga com as tripas à moda do Porto: um prato clássico de tripas de boi, feijão e várias partes de porco (**"linguiça, toucinho, orelha, curados e defumados"**) no caseiro, mas refinado **A Cozinha do Martinho**.

A COZINHA DO MARTINHO: Rua da Costa Cabral, 2598, Porto, Tel. +351 91 959 5316 (sem site) (refeição típica em torno de 30 euros/33 dólares por pessoa)

O Porto não carece do tipo de comida gordurosa e carnuda de fim de noite com apelo para aqueles que podem ter consumido algumas doses à noite. "**Quem me conhece um pouquinho está familiarizado com minha atração profana pelo cachorro-quente mutante**", disse Tony, ao apresentar o cachorro-quente, um sanduíche quente de linguiça fresca, queijo e molho apimentado num pãozinho fino e crocante, torrado e cortado em porções do tamanho de petiscos, para uma alimentação eficiente e relativamente descomplicada, que fica melhor com uma cerveja Super Bock gelada, na **Cervejaria Gazela**. É um local movimentado e popular, mas vale a pena esperar por um assunto no bar, no balcão ou numa das poucas mesinhas altas. Também oferecem um sanduíche simples de filé, para aqueles que têm aversão a porco ou a molhos apimentados, além de batatas fritas crocantes e douradas.

CERVEJARIA GAZELA: Travessa Cimo de Vila, 4, 4000-171, Porto, Tel. +351 222 054 869, www.cervejariagazela.pt (este é o original; a filial, mais recente e mais espaçosa, fica na rua de Entreparedes, 8-10, 4000-434, Porto, Tel. +351 221 124 981) (mesmo site da localização original) (cachorro-quente, 3 euros/3,30 dólares)

"**Carne, queijo, gordura e pão: uma combinação imortal.**" Poucos pratos demonstram isso melhor do que outro sanduíche que é marca registrada do Porto, a francesinha, uma espécie de *croque monsieur* turbinado, mergulhado num molho denso de cerveja e tomate carnudo (cujos componentes exatos são um segredo zelosamente guardado por cada sanduicheria). É melhor comê-lo com garfo e faca.

"[O nome] se traduz como 'garotinha francesa', mas entendo que ela não é tão pequena assim. Pesa tipo uma tonelada: pão, presunto, bife, embutidos e um pouco de linguiça. Que construção."

CAFÉ O AFONSO: Rua da Torrinha, 219, 4050-610, Porto, Tel. +351 22 200 0395 (sem site) (sanduíches a 10 euros/11,10 dólares)

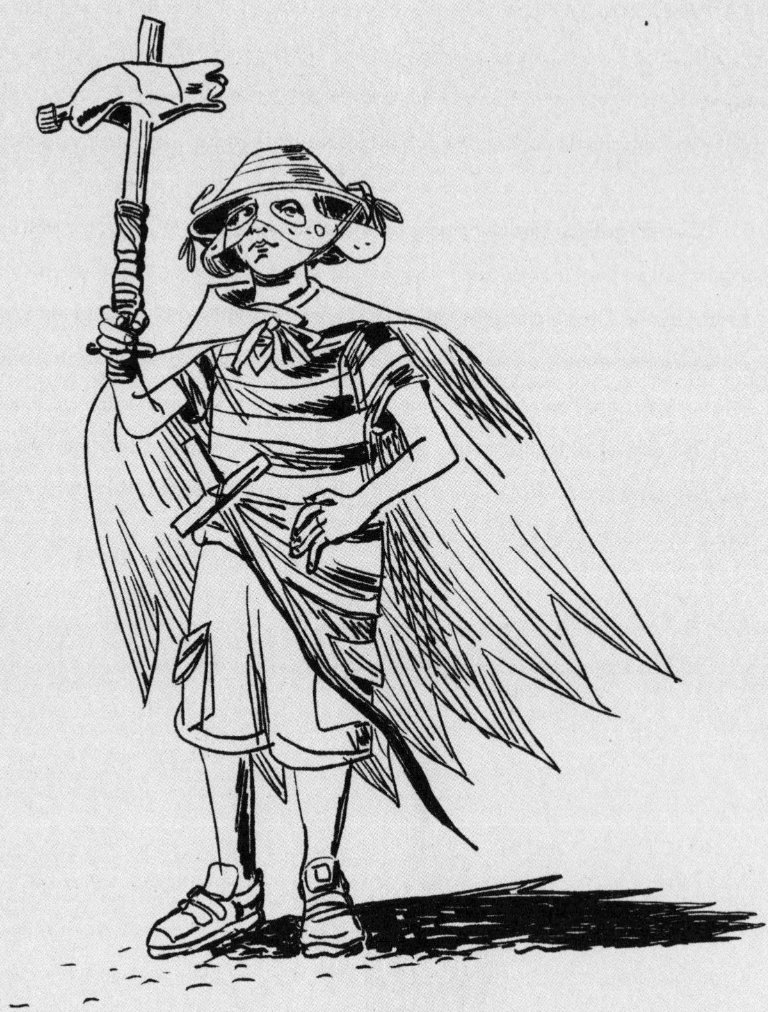

QUÊNIA

"O Quênia é tão distinto e tão diferente de outras nações da África quanto o Texas é de Marte, com seus próprios problemas e seus próprios tipos de assombro. É dinâmico, está em transformação e é incrível.

"A cagada é antiga por aqui. Quer dizer, os melhores cientistas podem explicar. Tudo começou para nós nesta região: tribos de caçadores-coletores, os povos bantu e nilóticos, comerciantes árabes e persas, os mercadores portugueses, os omanis, todos deixaram sua marca. Mas o domínio do Império Britânico, de 1895 a 1964, talvez tenha sido sentido de modo mais profundo.

"O sistema britânico de educação, governança, justiça e, até certo ponto, seus valores, foram impostos a um povo nativo e definiram, para o bem e para o mal, muitos dos alicerces do Quênia moderno. Aboliram a escravidão, por exemplo. Construíram uma infraestrutura moderna. Também foi um sistema completa e fundamentalmente explorador, com frequência violento e, claro, racista, favorecendo de todas as maneiras possíveis colonos brancos, proprietários de terras e empresários estrangeiros. O Quênia existia para enriquecer os brancos que vinham de longe.

"Mas, em 1963, o país conquistou sua independência e elegeu seu primeiro presidente, Jomo Kenyatta. Desde então, a nação tem travado uma dura batalha para se desvencilhar dos últimos vestígios do domínio colonial enquanto se apega ao que funcionou. As coisas estão indo bem, segundo a maioria dos relatos. O Quênia de hoje tem uma beleza fenomenal. Há uma classe média em crescimento, um sistema educacional bastante conceituado e profissionais entusiasmados e poliglotas."[1]

CHEGADA E DESLOCAMENTO

Ao chegar a Nairóbi, você pousará no **Aeroporto Internacional Jomo Kenyatta (NBO)**, chamado originalmente de Embakasi, nome do subúrbio onde está localizado, mas renomeado em 1978 em homenagem ao primeiro presidente e primeiro-ministro do Quênia. É o *hub* da Kenya Airways e conecta muitos destinos na África e alguns na China, Oriente Médio, Europa, além de um único voo para Aeroporto JFK, em Nova York.

Agende um carro com antecedência com seu hotel ou solicite um táxi oficial na fila demarcada do lado de fora do desembarque, no aeroporto. O aluguel de carros está disponível no local, e também há uma rede de ônibus baratos. O aeroporto fica a cerca de 16 quilômetros do centro da cidade e um táxi custará cerca de 2.000 xelins quenianos/ cerca de 20 dólares, dependendo de seu destino. Os motoristas de táxi não esperam receber gorjetas, mas não ficarão ofendidos se você arredondar a tarifa para a centena de xelins mais próxima.

Em Nairóbi, as pessoas se deslocam via *matatus*, um sistema informal de micro-ônibus que opera numa ampla área geográfica da cidade e dos subúrbios. Esteja avisado: sua reputação de segurança e conforto não é das melhores. Existem várias linhas de ônibus, de propriedade privada, com terminais localizados no centro da cidade. As tarifas de *matatus* e ônibus tendem a variar de 50-200 xelins/0,50-2 dólares. Os táxis são uma opção mais confiável, embora um pouco mais cara, com tarifas comuns que custam 300-1.000 xelins/3-10 dólares.

PRIMEIRA REFEIÇÃO EM NAIRÓBI

"Nairóbi significa 'água fria' na língua massai. É a capital do Quênia, com 6,5 milhões de pessoas vivendo na área metropolitana. Ela cresceu em torno de um depósito ferroviário britânico durante a era colonial, a meio caminho entre outros interesses ingleses em Uganda e o porto costeiro de Mombaça."

QUÊNIA

O maior bairro da cidade é Kibera. **"Kibera é colossal — cerca de 172 mil pessoas vivem por aqui. Um vasto labirinto de casas, locais de culto religioso e pequenos negócios competindo. Abriga grande parte da força de trabalho de Nairóbi. Ou seja: sem Kibera, a cidade entra em colapso."**

Pare no **Mama Oliech's**, uma pequena rede local que se distingue pelo uso de peixes selvagens, do lago Naivasha, e não a tilápia cultivada na China que é onipresente em Nairóbi. A Mama Oliech morreu recentemente, mas o negócio continua vivo. O que pedir? **"Tilápia do lago Naivasha, frita e depois cozida com tomates e especiarias, servida direto: com as espinhas, junto com uma cerveja Tusker estupidamente gelada."**

MAMA OLIECH'S: Marcus Garvey Road, Nairóbi, Tel. +254 701 707070 (pratos a 350-680 xelins/3,50-7 dólares)

NO SAFÁRI

"A poucas horas de carro de Nairóbi, já é outro mundo. A África dos sonhos, dos filmes, do mundo natural — mas um mundo sob constante ameaça. A **Lewa Wildlife Conservancy** procura encontrar uma solução para manter tudo isso vivo e seguro sem excluir nem marginalizar o povo que viveu aqui por séculos. É um equilíbrio delicado: homem e natureza, como cuidar de forma responsável de um sem impactar negativamente o outro, num mundo de recursos cada vez mais escassos. O fato é que esses animais magníficos provavelmente teriam desaparecido sem a intervenção do homem. As pessoas pagam muito dinheiro para vê-los. Sem esse dinheiro, a probabilidade de que eles tivessem sido exterminados há muito tempo seria enorme."

Lewa está situada numa parte de uma antiga fazenda de gado. A reserva foi criada em 1983, a pedido do governo queniano, como um refúgio para a população de rinocerontes, que então corria grave perigo. No início, eram apenas 15 animais, e hoje já são 169. A Lewa também fornece habitat protegido para zebras, elefantes, leões, chitas, hienas, leopardos e cachorros selvagens.

Acomodações luxuosas e safáris guiados por especialistas fornecem os recursos necessários para manter os programas em funcionamento; um programa de educação para a conservação que recebe mais de 3 mil estudantes por ano, de graça, é uma forma de educar a próxima geração sobre a importância da proteção da vida selvagem.

"A caça ilegal é, obviamente, um perigo sempre presente, tanto para os animais na reserva Lewa como para as pessoas que cuidam deles. Com 251 quilômetros quadrados para cobrir, o programa de combate à caça ilegal de Lewa é necessariamente agressivo, inclusivo e de ponta, contando com rastreadores locais, tecnologias de rastreamento avançadas e, talvez o mais importante, um bom alcance dentro da comunidade e de inteligência. Se a população local não estiver do seu lado, você está em séria desvantagem."

LEWA WILDLIFE CONSERVANCY: Tel. +254 64 31405 www.lewa.org — Contate os administradores pelo site, por telefone ou recorra a guias turísticos especializados para agendar uma visita.

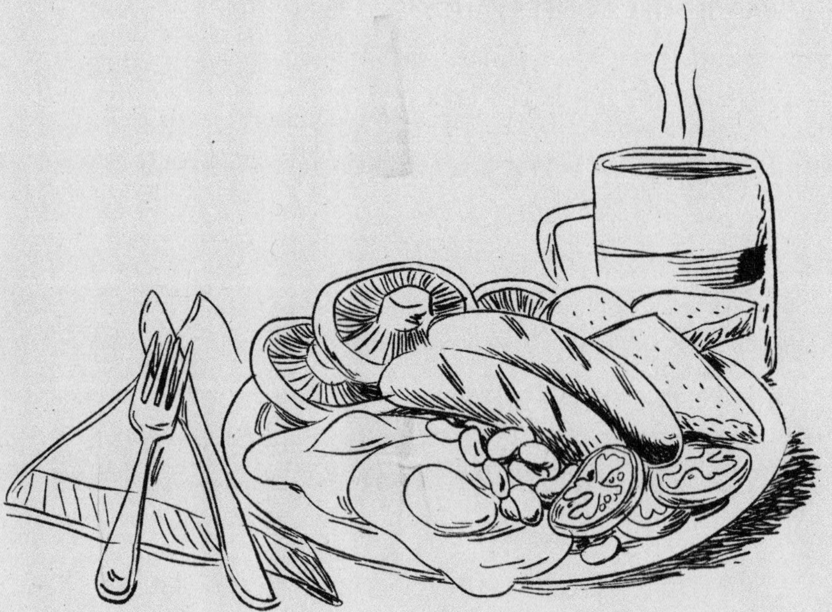

REINO UNIDO

LONDRES, INGLATERRA

Tony fez de Londres uma parada habitual em todas as suas séries de TV e considerava a capital inglesa um ótimo lugar para promover e vender seus livros. Ele passou um mês morando lá enquanto gravava a versão britânica da série de competição de culinária *The Taste*, com seus colegas e amigos Nigella Lawson e Ludo Lefebvre. Sua última visita televisiva, em 2016, acabou coincidindo com a votação do referendo do Brexit, que deixou os londrinos atordoados, ansiosos e prontos para afogar seus medos e suas tristezas nos lendários pubs e restaurantes da cidade.

"Londres, Inglaterra, a capital que atrai mais visitantes internacionais do que qualquer outra cidade do mundo. Bastião das boas maneiras? Não é bem verdade, não a Londres que eu conheço. Na verdade, quão inglesa é Londres, afinal de contas? O prato nacional, de longe mais popular do que o fish and chips, é o frango tikka masala, e qualquer noção que você possa ter de que a comida inglesa é ruim é uma maneira de pensar incuravelmente ultrapassada. Na verdade, Londres há muito tempo é uma capital da gastronomia. Os pubs você já conhece, e eles são tão bons e maravilhosos quanto dizem. As pessoas daqui gostam de beber, com frequência em excesso, e, às vezes, nem tão bem assim.

"Você poderia entender, talvez, por que Londres é uma de minhas cidades favoritas, muitas vezes um lar longe de casa. Uma parada aqui é a chance de rever velhos amigos, chefs que admiro e, claro, de comer o tipo de comida singular e esquecida que é difícil de encontrar em Nova York — com os melhores ingredientes, a melhor execução possível para honrar esses ingredientes, e um amor pelo que significa, significou e deve significar cozinhar e jantar como um inglês."[1]

CHEGADA E DESLOCAMENTO

Londres tem dois aeroportos importantes: o **Heathrow (LHR)**, um *hub* internacional enorme e muito movimentado com cinco terminais, e o **Gatwick (LGW)**, que também é um importante aeroporto internacional, embora um pouco menor e menos lotado do que Heathrow. Os dois têm ligações ferroviárias com o centro de Londres bem mais baratas e velozes do que um táxi, que custa 45-70 libras/55-90 dólares, mais os habituais 10%-15% de gorjeta.

A cidade tem uma série de estações ferroviárias importantes com linhas de trem que se estendem para os subúrbios e para o restante da Grã-Bretanha, incluindo Waterloo, Paddington, King's Cross e Saint Pancras, que é a estação de chegada e partida do trem Eurostar, entre Londres e Paris ou Bruxelas.

Para se locomover na cidade, use o sistema de metrô londrino, conhecido como Underground ou Tube. "Um cartão de viagem dura 24 horas e você pode ir a qualquer lugar, mas, por favor, vá depressa. Não leve sua mochila no trem na hora do rush. Ceda sempre o lugar para grávidas, mesmo que não tenha sido você que colocou o pãozinho no forno. E assim o metrô talvez venha a ser seu amigo."

Mas, se andar de táxi é mais sua praia: "Algo que você deve saber — nunca pegue um *minicab*, apenas táxis pretos. Os táxis pretos têm taxímetros. Você sabe quanto está pagando. Além disso, eles não sabem apenas para onde estão indo, mas também conhecem maneiras alternativas de chegar lá. *Minicabs* cobram o que querem, e a probabilidade de saberem para onde estão indo é bem remota." Os táxis pretos podem ser chamados na rua ou em pontos na porta dos hotéis e das principais atrações.

REINO UNIDO

HAZLITT'S, "UM NAVIO QUE ADERNA"

"Existem certas cidades onde tenho uma base; Londres é uma delas. E no coração do distrito de teatros do Soho, em três lindos edifícios georgianos que datam de 1718, encontra-se um oásis pessoal chamado Hazlitt's, um hotel boutique que recebe vários escritores.

"Uma das coisas que você precisa saber sobre este hotel é que tudo é meio inclinado. Sempre sinto como se estivesse num navio que aderna. As portas não estão realmente rentes ao chão e os móveis são tortos. Essa é uma das coisas que eu gosto de verdade neste hotel."

O Hazlitt's, com 23 quartos e suítes cheios de móveis antigos e arte. Também é famoso por sua biblioteca, pois autores visitantes, como o próprio Tony, muitas vezes deixam exemplares de suas obras publicadas nas prateleiras. Não há restaurante no local, mas o serviço de quarto disponível 24 horas e um bar self-service (sem atendimento, mas equipado com uma caixa de pagamento e uma lista de preços) mantêm os hóspedes bem alimentados e devidamente hidratados.

HAZLITT'S: Frith Street, 6, W1D 3JA, Londres, Tel. +44 20 7434 1771, www.hazlittshotel.com (diárias a partir de 320 libras/400 dólares)

SAPATOS SOB MEDIDA

"Fiquei meio fascinado com a relação entre sapateiros ingleses e seus clientes desde que vi a peça de Alan Bennett *An Englishman Abroad*, um relato real da vida do espião e comerciante britânico Guy Burgess em Moscou, depois da deserção. Ele foi para a Rússia, mas continuou a fazer seus sapatos com o mesmo homem em Londres. Achei esse detalhe intrigante. O que poderia haver de tão especial naqueles sapatos?"

Para descobrir, Tony se dirigiu ao ateliê do sapateiro **George Cleverley**.

"Sapatos feitos à mão: é um luxo imenso, mas, pensando bem, quanto custa um sapato decente hoje em dia? Eles são ridiculamente caros, estupidamente caros. Esses sapatos vão durar para sempre." Os sapateiros fazem uma impressão do pé, tiram medidas meticulosas antes e durante o processo de fabricação do calçado e dedicam seu tempo para criar e entregar um sapato masculino clássico perfeitamente personalizado. O sr. Cleverley morreu em 1991, e a empresa agora é administrada por George Glasgow Sr., que passou 20 anos trabalhando com Cleverley, assim como seu filho, George Glasgow Jr., e uma pequena equipe de artesãos altamente treinados.

GEORGE CLEVERLEY & CO: The Royal Arcade, 13, Old Bond Street, 28, Londres W1S 4SL, Tel. +44 20 7493 0443, www.georgecleverley.com (preços variam)

COMER COMO UM INGLÊS...

"No Sweetings, me disseram que você se sente como se estivesse de volta ao internato, mas sem a palmatória e a sodomia. Seu garçom é seu pelo resto da vida. Você espera até que ele e somente ele tenha uma mesa. É um relacionamento que dura mais do que alguns casamentos."

Desfrute de um almoço com purê de ervilhas, *scampi*, batatas fritas e hadoque defumado com ovos pochê no Sweetings, uma instituição de frutos do mar que serve pratos ingleses confortáveis e previsíveis (*Welsh rarebit*, coquetel de camarão, torta de peixe, ovas de bacalhau com torradas) para o mundo dos negócios desde 1889. Por muitos anos, o Sweetings servia apenas o almoço, embora os melhores almoços costumassem se estender, com muita bebedeira até a hora do jantar. No final de 2018, o centenário restaurante no distrito financeiro de Londres enfim começou a experimentar horários ocasionais para o jantar.

SWEETINGS: Queen Victoria Street, 39, Londres, EC 4N 4SF, Tel. +44 020 7248 3062, www.sweetingsrestaurant.co.uk/menu (refeição em média a 50-75 libras/65-95 dólares por pessoa)

"É uma ironia notável, embora dolorosa, que, ao mesmo tempo que entre a classe trabalhadora a demanda por vísceras tenha despencado, na outra extremidade do espectro, os *gourmands* e frequentadores de restaurantes finos tenham passado a gastar muito dinheiro em ingredientes que os mais pobres comiam no passado. Ninguém exerceu maior influência nessa mudança do que o próprio Buda ambulante, o líder espiritual de todos os fãs do porco, do rabinho ao focinho, Fergus Henderson.

"Quando Fergus Henderson abriu o restaurante St. John e logo depois publicou seu livro de receitas de todas as partes do porco, deu permissão para que todos nós que cozinhamos em algum lugar do mundo ocidental pudéssemos redescobrir os mistérios verdadeiramente saborosos das partes desprezadas. Ele redirecionou a atenção para uma tradição culinária bastante difamada e grosseiramente subestimada."

Tony voltou ao St. John várias vezes, encontrando muito sobre o que evangelizar. "Tutano torrado com pão torrado, salada de alcaparra com salsa e um pouco de sal marinho — meu prato favorito no mundo. Ou era o que eu pensava. O próximo prato leva as coisas a um novo patamar: o *blood cake* inglês, tratado, enfim, com o respeito e a técnica francesa que sempre mereceu. Ah, bolo de sangue. É uma beleza. Isso é o que o chouriço deveria ser: um bolo de sangue escuro, intenso, úmido, profundo, com dois ovos fritos, por favor. Perfeito."

O St. John, com um salão simples, porém elegante no bairro de Clerkenwell, também se destaca pela torta de carne e rim, grande o suficiente para pelo menos dois clientes famintos; saladas sazonais simples; e sobremesas simples e excelentes, como arroz doce quente com compota de fruta ou pão de gengibre com molho de caramelo.

ST. JOHN: St. John Street, 26, Clerkenwell, Londres, EC1M 4AY, Tel +44 020 7251 0848, www.stjohnrestaurant.com (50-75 libras/65-95 dólares por pessoa)

... E BEBER COMO UM INGLÊS

Em qualquer lugar que Tony estivesse no mundo, ele sempre costumava procurar o lado um pouco mais decadente de uma cidade, expresso por suas espeluncas. No bairro do Soho, em Londres, era um lugar "**conhecido como Trisha's, também como Hide Out ou New Evaristo Club. Esses nomes o conduzem por uma porta sem identificação, de aparência inócua, que se abre para uma das verdadeiras glórias londrinas**".

É uma espécie de clube privado, mas o acesso pode ser obtido por quase qualquer um, por algumas libras e uma dedicatória num livro. Originalmente uma casa italiana de bebidas e jogos de azar, o espaço, que funciona como um clube há mais de 75 anos, permaneceu praticamente intocado pelo tempo, com novas fotos de frequentadores assíduos e de celebridades queridas, vivas e mortas, acrescentadas ao mural envelhecido na parede. As bebidas não são notáveis, o horário de fechamento (1h) é mais tarde do que a maioria dos bares ingleses, e a frequência representa uma mistura saudável de clientes habituais, jornalistas, atores, turistas e esquisitos inclassificáveis. Ao insistir em que o incluíssemos neste guia, Tony o descreveu simplesmente como "**legal pra caramba**".

TRISHA'S/NEW EVARISTO CLUB/THE HIDEOUT: Greek Street, 57, Londres, W1D 3DX, Tel +44 020 7437 9536 (sem site) (drinques em torno de 6 libras/7,50 dólares)

EDIMBURGO, ESCÓCIA

Fiéis a seu dom de estar no lugar certo num momento importante, Tony e a equipe de filmagem de *Lugares desconhecidos* estiveram na Escócia logo após o referendo de 2014, em que povo escocês decidia se sairia ou não do Reino Unido.

"Edimburgo é um lugar onde me sinto em casa. É um lugar com um passado criminoso, pelo menos no que diz respeito a uma parte de sua alimentação. Mas é um lugar onde as coisas não param de melhorar. Com toda certeza, é uma das mais belas cidades do mundo, orgulhosa de sua história e de sua identidade nacional."[2]

CHEGADA E DESLOCAMENTO

O **Aeroporto de Edimburgo (EDI)** é o mais movimentado da Escócia, operando voos que ligam a maioria das principais cidades europeias e alguns destinos na América do Norte, Oriente Médio e Ásia. Os visitantes podem chegar ao centro da cidade de ônibus, trem, bonde ou táxi. São cerca de 13 quilômetros de carro do aeroporto ao centro, com um táxi levando cerca de 20 minutos e custando algo como 20 libras/25 dólares. Gorjetas não são esperadas, mas é bom arredondar e dar uma pequena gorjeta se o motorista carregar sua bagagem. Na cidade, existem linhas de ônibus e táxis.

Tony ficou fascinado com a importância da palavra escrita no Reino Unido e tendia a procurar outros escritores em todas as suas visitas às Ilhas Britânicas. Em Edimburgo, ele acompanhou o romancista policial Ian Rankin em seu pub favorito, o Oxford Bar, que Rankin usou como cenário para seu protagonista recorrente, o inspetor Rebus. Simples, bem iluminado, sem música pulsante, sem comida, apenas um lugar para as pessoas se reunirem, beberem e conversarem, o Oxford Bar era também o bar escocês favorito de Tony.

"Achei que seria o tipo de bar onde meu cara [Rebus] beberia", disse Rankin. "Despretensioso, básico, despojado. Quase como um clube privado. Todo mundo conhece todo mundo… A Edimburgo sobre a qual eu estava escrevendo era essa Edimburgo secreta que os turistas não viam, as coisas que aconteciam logo abaixo da superfície, e achei [que o Oxford Bar] era uma bela representação disso." No final de 2018, um barman de longa data do Oxford, Harry Cullen, entregou o lugar a uma parente, Kirsty Grant, que jurou, no jornal escocês *Scotsman*, que não faria qualquer mudança naquela instituição de Edimburgo, dizendo que desejava que continuasse a ser "um bom lugar para encher a cara".

THE OXFORD BAR: Young St, 8, Edimburgo, EH2 4JB, Tel. +44 131 539 7119 (bebida em torno de 4 libras/4,50 dólares)

GLASGOW, ESCÓCIA

"Uma das minhas cidades favoritas no mundo. Eu ia dizer uma das minhas cidades favoritas da Europa, mas será que Glasgow é na Europa? Acho que não. Parece ser algo mais antigo do que isso. Para muitos forasteiros, Glasgow é vista como um lugar difícil e até mesmo temível. Um lugar abandonado pela história.

"No fim das contas, 55% dos escoceses votaram por permanecer no Reino Unido. Isso deixou quase metade da população ainda com fome de independência. E com 73,5% dos adolescentes votando pelo sim, a Inglaterra ficou bastante preocupada com a possibilidade de uma separação da Escócia. É uma ideia extremamente popular nesta cidade, acima de todas as outras. Glasgow mantém há muito a reputação de ser a área mais violenta do Reino Unido, entre outras coisas. É um ciclo já conhecido: tempos difíceis, desativação da base industrial, desemprego, uma sensação geral de apatia, de que o governo não pode ou não quer consertar o que está errado. Que nos corredores do poder em Londres e Edimburgo estão todos cagando para Glasgow."[3]

CHEGADA E DESLOCAMENTO

O **Aeroporto Internacional de Glasgow (GLA)** opera voos para a Europa continental, América do Norte e Oriente Médio. Use um ônibus expresso do aeroporto ou linhas de ônibus locais da cidade para ir até Glasgow, vindo do aeroporto, ou use os táxis nos pontos, que podem ser providenciados com antecedência. Até o centro da cidade, é um percurso de 16 quilômetros e um táxi sai por cerca de 17 libras/22 dólares. Glasgow tem um sistema de metrô com 15 estações, rodando num percurso circular em torno do rio Clyde, servindo às áreas oeste e central da cidade.

FRITURAS NA MADRUGADA

"Todos nós temos idiossincrasias nacionais. Na Escócia é 'frite quase tudo'. Não quero ir mais fundo do que o fundo de um caldeirão borbulhante de gordura quente. Ele me chama: um lugar feliz de meu passado, por onde eu brincava, jovem e despreocupado no campo das artes das frituras."

Esse lugar feliz é o **University Café**, uma lanchonete centenária conhecida por seus alimentos fritos.

"Sim, eles fazem Mars Bar fritos aqui. E pizza frita. Já passei por isso. Mas o Carlo aqui, e seu irmão gêmeo, têm mantido viva a tradição da família Verrecchia, que remonta a 1918, e não tem relação com nenhuma barra de chocolate. Peço o fish and chips e alguns haggis.

"Hadoque, empanado e flutuando à deriva em um mar de óleo misterioso e vital, os sabores acumulados de muitas coisas mágicas enquanto ele balança como a arca de Noé, trazendo vida em toda a sua variedade infinita.

"Haggis frito por imersão, meu favorito: partes sinistras de ovelha, em forma de tubo neste caso, e se você não gosta de fígado e pulmões picados e todas essas coisas boas, acredite, o molho *curry* vai dar um jeito (...) Não há comida mais injustamente desdenhada na planeta do que haggis. Seus ingredientes são, na verdade, não mais raros, estranhos ou repugnantes do que qualquer cachorro-quente que você já comeu. Quantas glândulas anais tem num nugget de frango? Eu não sei, e não estou sugerindo que há glândulas anais num nugget de frango, mas você ficaria surpreso se tivesse?"

THE UNIVERSITY CAFÉ: Byres Rd, 87, Glasgow, G11 5HN, Tel. +44 141 339 5217 (sem site) (vários itens de 2 a 7 libras/2,25-7,75 dólares)

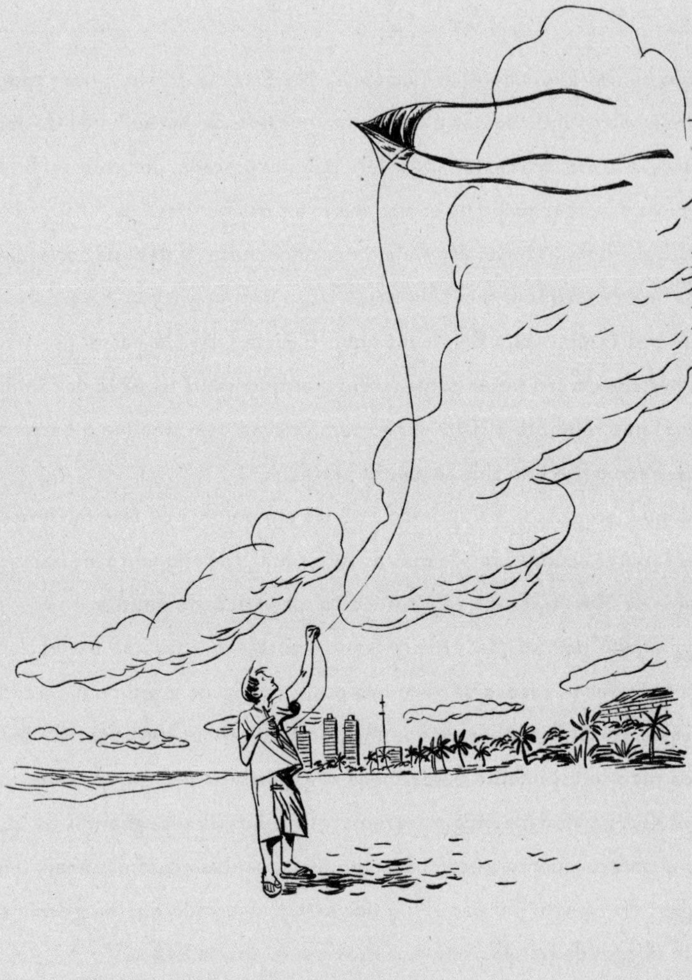

SRI LANKA

"Calor. Um calor *implacável*. Calor para três chuveiradas por dia e três trocas de roupa. Me sinto inchado, enjoado e exausto, totalmente abatido pelo calor. E a louca realidade diária de uma cidade do sul da Ásia, as ruas lotadas, as aglomerações do comércio, o impiedoso sol equatorial, a umidade e o trânsito apenas aumentam a sensação de irrealidade."[1] Este foi o lamento de Tony depois das primeiras 24 horas no Sri Lanka.

A equipe do *Sem reservas* filmou um episódio em Colombo, a capital sufocante, fortemente armada e trancafiada em 2008, um ano antes do fim de uma longa guerra civil. Tony observou: "Há uma citação em algum lugar, que descreve os velhos tempos de exploração e do império, quando 'toda a Europa se apaixonou pelo Ceilão'. Os portugueses pensaram ter descoberto o Jardim do Éden, a joia da coroa do comércio de especiarias — cardamomo, canela, noz-moscada, cravo, pimenta, macis, gengibre —, o objeto de desejo de muitos impérios. Os chineses chamavam o Ceilão, agora Sri Lanka, de 'a terra sem tristeza', embora eu duvide que alguém diria isso hoje em dia."

Em 2017, Tony voltou, desta vez com *Lugares desconhecidos*, para ver o que havia mudado, o que tinha sido aberto e quais foram as consequências duradouras de 25 anos de luta. Ele observou: "Para onde quer que você olhe: construção, expansão, novos hotéis, dinheiro estrangeiro — algo que se parece muito com esperança. Centenas de milhares de mortos e desaparecidos depois, o país está em paz e podemos ir para onde quisermos."

UMA LONGA GUERRA CIVIL

"De 1983 a 2009, a sangrenta guerra civil do Sri Lanka dividiu a ilha em duas, partindo o país com divisas religiosas: a maioria budista cingalesa no Sul contra a minoria hindu tâmil no Norte. Anos de maus-tratos e de repressão levaram à formação dos Tigres de Libertação da Pátria Tâmil, e sua campanha para buscar um estado independente. O conflito terminou em 2009, mas um grande número de pessoas deslocadas internamente permanece em campos de refugiados."

CHEGADA E DESLOCAMENTO

O Sri Lanka é uma nação insular logo a sudeste do subcontinente indiano; olhe no mapa e é fácil ver onde a ilha e a massa continental provavelmente se conectaram no oceano Índico. Colombo é a capital, e o **Aeroporto Bandaranaike (CMB)**, a cerca de 28 quilômetros ao norte da cidade, é seu principal portão internacional. É servido por algumas dezenas de companhias aéreas, incluindo Cathay Pacific, Air India, Emirates, KLM, Korean Air e Etihad Airways. O **Mattala Rajapaksa (HRI)**, na ponta sudeste da ilha, é o aeroporto internacional secundário, servido pela SriLankan Airlines, Flydubai e Sriwijaya Air.

Embora seja possível alugar um carro e dirigir pelo Sri Lanka, é bem mais relaxante e surpreendentemente acessível alugar um carro com motorista. Consulte seu hotel ou agência de viagem. Nas cidades, táxis e tuk-tuks estão amplamente disponíveis.

As viagens ferroviárias entre as cidades são relativamente baratas com as Sri Lanka Railways, administradas pelo governo, muitas vezes bastante pitorescas e uma ótima maneira de vivenciar a vida no país.

Em 2017, Tony e a equipe viajaram de trem de Colombo para Jaffna, um percurso de dez horas. "**Começo da manhã, estação de Colombo. As plataformas se alvoroçam com uma multidão de passageiros de regiões suburbanas, viajantes de longa distância e turistas ocasionais. Depois de se libertar da atração gravitacional de Colombo, a paisagem se abre. Os compartimentos de segunda e terceira classes hospedam uma mistura de pessoas, cheiros e fatias da vida. Os passageiros entram numa estação e saem na outra. Outros, como eu, estão viajando longas distâncias. O simples fato de o trem Jaffna Queen estar em funcionamento é um movimento simbólico rumo à reunificação. À medida que a luta por um estado tâmil independente no norte do Sri Lanka se intensificava, os Tigres de Tâmil destruíram esses trilhos. Nas últimas duas décadas da guerra, Jaffna ficou praticamente isolada do restante do mundo." (Veja o ensaio de Vidya Balachander na página 410 para mais informações sobre a comida em Jaffna e Colombo.)

"Perto do fim da linha, passageiros cansados acordam e se descobrem num mundo diferente. Pela janela, o ar está denso e cheira a sal e mar."

UM BOM E VELHO HOTEL COLONIAL

"O oceano Índico se choca contra o quebra-mar bem perto das janelas do **Galle Face Hotel**. Ouve-se o estrondo de um trovão e um raio ilumina o horizonte. À distância, as silhuetas escuras dos petroleiros da Indonésia e de pontos a leste avançam devagar em direção ao golfo Pérsico e além. É aqui que acordo todas as manhãs; para cá que volto todas as noites. Este hotel é um pouco assustador, mas de um jeito legal, 'um grande hotel colonial em tempo de guerra pós-colonial', ao estilo Graham Greene. E, sim, há caras de aparência sinistra com armas na praia. E, sim, existem corvos em todos os lugares, centenas deles. Sacanas gigantes e barulhentos, uma tropa deles gritando e mergulhando bem na frente de sua janela. E cabe a esse cara, armado aparentemente por apenas um estilingue, a tarefa de mantê-los longe dos hóspedes e de seu café da manhã." Toda noite, no pôr do sol, um instrumentista com uma gaita de foles toca enquanto a bandeira nacional de Sri Lanka é baixada, cerimonialmente, no mastro entre a varanda e o mar. É uma tradição que vale ser testemunhada com um gim-tônica do excelente bar.

GALLE FACE HOTEL: Galle Road, 2, Colombo 3, Tel. +94 112 541 010, www.gallefacehotel.com (quartos a partir de 23.300 rúpias/130 dólares por noite)

COMIDAS CINGALESAS: SABORES VIBRANTES E REFEIÇÕES CURTAS

Especiarias inteiras torradas e temperadas no óleo de mostarda; molhos picantes cravejados com folhas de *curry* e engrossados com leite de coco; panquecas de arroz elásticas chamadas *hoppers* e *idli*; peixes inteiros, caranguejos de rio e pedaços de cabrito ou frango cobertos com pastas de especiarias ardentes e acompanhados por condimentos doces, azedos, salgados e picantes, ou *sambols*; comida de rua quente, crocante e portátil, conhecida como "refeições curtas"; cremes ricos e doces e shakes aromatizados com frutas secas e castanha de caju; chá preparado com cuidado no local onde é cultivado: a comida e a bebida do Sri Lanka são, numa só palavra, intensas.

Se você vier a Colombo em busca de comida de rua, provavelmente ficará desapontado: os vendedores ambulantes são poucos e esparsos, a maioria aparecendo durante a madrugada na porta de bares conhecidos, agrupados na Galle Road.

Mas não se preocupe: estendido entre a praia e a rua, o **Galle Face Green**, um parque histórico, abriga uma longa fila de barracas itinerantes de comida. Oferecendo samosas de peixe, *isso wade* (bolos de farinha de lentilha com camarão), frutos do mar grelhados, caranguejo picante, *kottu roti* (roti na grelha com verdura, ovo, carne opcional e molho *curry*), frutas temperadas com sal e pimenta em pó, e lanches para viagem, essas barracas seguem os padrões halal, portanto, nada de carne de porco ou álcool (embora muitos dos garçons estejam dispostos a providenciar discretamente uma cerveja ou duas, quando solicitados). Procure as barracas com a maior multidão de moradores locais e abra caminho. A maior parte da ação acontece de noite, quando o sol começa a se por.

GALLE FACE GREEN NIGHT MARKET: Colombo-Galle Main Road, 56, Colombo (sem telefone, sem site) (preços variam, refeição para dois com bebidas em torno de 3.000 rúpias/15 dólares)

Um pouco mais sobre a comida em Colombo e Jaffna

POR VIDYA BALACHANDER

Vidya Balachander, jornalista, serviu como fonte de pesquisa local para o episódio de Lugares desconhecidos *filmado no Sri Lanka em 2017. Nascida e criada em Mumbai, Balachander passou cinco anos morando em Colombo. Atualmente, vive em Dubai.*

Escrevo sobre comida. Sou jornalista da área de gastronomia. E, especificamente, nos últimos anos, tentei me especializar em usar a comida como uma lente para falar sobre vários outros assuntos, inclusive, neste país, sobre a história e a cultura.

Eu morava em Mumbai. Quando me mudei para Colombo, queria encontrar uma espécie de âncora por lá, e a comida funcionou como essa âncora para mim, porque me era familiar. Comecei a desbravar o Sri Lanka usando a comida como guia. Você não vai achar muita literatura gastronômica sobre o Sri Lanka por aí.

Acho que a única coisa que as pessoas sabiam sobre o Sri Lanka tinha a ver com a guerra, certo? Isso era tudo o que se sabia. E foi apenas depois de 2009, quando a guerra terminou, que o país voltou a se reconhecer de algum modo; de certa forma, as pessoas ainda estão descobrindo coisas das quais se orgulhar. E acho que isso está presente especialmente em Jaffna, que ficou tão isolada por três décadas, onde há uma sensação de confusão sobre essa identidade — sobre o que torna a comida de Jaffna tão especial. Busquei a resposta. Não foi muito fácil encontrar comida de Jaffna em Jaffna. A guerra teve alguma influência nisso; comer fora simplesmente não era prioridade para ninguém. Durante um estado de sítio, estamos sempre nos escondendo. Portanto, o próprio conceito de prazer é novo.

As coisas definitivamente mudaram nos últimos anos, embora aos poucos. Agora existem mais restaurantes que servem a "autêntica" cozinha de Jaffna, e alguns restaurantes em Colombo chegam a servir especialidades do norte como *odiyal kool* — um cozido ardente de frutos do mar com caranguejo, camarão, peixe, arroz e vegetais como folhas de moringa, engrossado com *odiyal maa* ou farinha seca de palmeira. O Norte também passou a ter uma rede de restaurantes geridos pelo governo, chamados Ammachi, administrados por mulheres afetadas pela guerra, servindo petiscos do sul da Índia e do Sri Lanka a preços bem razoáveis.

Ainda estou intrigada com a razões para não haver uma cultura de comida de rua mais forte em Colombo. Quer dizer, não há razão para que não haja. É bem fraca, especialmente em comparação com Mumbai, que tem uma espantosa tradição nisso. Em comparação com Bangkok, Cingapura, Hong Kong ou Ho Chi Minh. Ao contrário de minhas experiências em todos esses lugares, acho que a comida é uma experiência solitária em Colombo.

Mas as refeições curtas são boas. E os carros de pão. Meu sogro mora em Colombo 7 [Cinnamon Gardens], que é a parte mais nobre da cidade; todo mundo fica meio escondido atrás daquelas paredes, e é apenas quando o carro de pão chega — uma van que toca uma música familiar — que as pessoas vão abrindo a porta e perguntando o que ele tem.

Alguns pães são exclusivos do Sri Lanka. Há um que parece um croissant polvilhado com açúcar, mas muito mais denso, chamado de *kimbula banis*. *Kimbula* significa "crocodilo". Esta é, portanto, uma forma de criar um espírito de comunidade. Acho que, em determinados momentos, essa comunidade permanece separada de propósito. São apenas essas intervenções alimentares que tiram as pessoas de suas casas e que fazem com que se reconheçam mutuamente. Gostaria que houvesse mais desse sentimento de urgência para apreciar a comida. Em Colombo, sinto falta de saber que aquele cara do sanduíche é muito bom e que todo mundo vai ficar horas na fila para comer, como acontece em Mumbai.

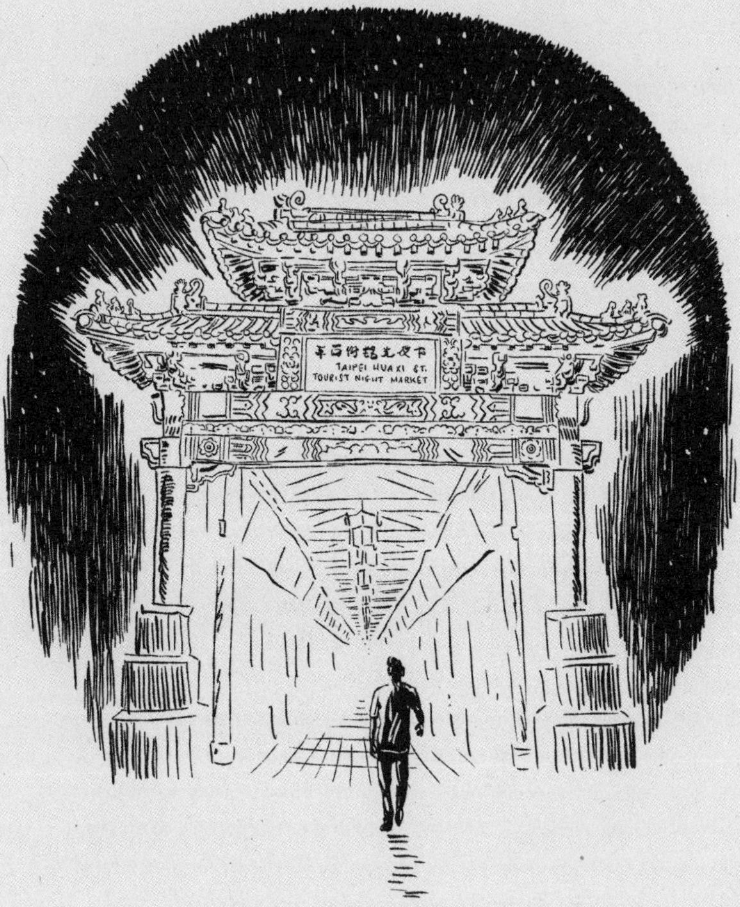
TAIPEI HUAXI ST.
TOURIST NIGHT MARKET

TAIWAN

Depois de muito ouvir falar sobre a excelente comida de rua e os extensos mercados noturnos, Tony fez de Taiwan uma parada obrigatória na segunda temporada de *Fazendo escala*.

"Taiwan é uma versão de realidade alternativa da China — a China que poderia ter sido, que nunca deu as costas às tradições: sibarítica, voltada para o comércio, para a comida. A área foi colonizada pelos espanhóis, depois pelos holandeses. Durante a dinastia Qing, Taipei se tornou a capital regional da ilha. Os japoneses dominaram por quase cinquenta anos, a partir de 1895, e permaneceram até 1945, trazendo com eles muitas construções pavorosas e uma história péssima.

"Mas o Japão deixou para trás a Japantown em Taipei, uma influência duradoura, uma afeição por sushi, *izakayas* e muitos bares. Em 1949, Chiang Kai-shek e os nacionalistas chineses (acho que poderiam ser chamados caridosamente de anticomunistas) saíram do continente rumo a Taiwan, deixando o país com Mao Tsé-Tung. Dois milhões de chineses acorreram a Taiwan, muitos com antecedentes militares ou administrativos. O memorial de Chiang Kai-shek em Zhongzheng homenageia esse general imprevisível, indiscutivelmente a figura mais importante da história de Taiwan."[1]

CHEGADA E DESLOCAMENTO

O **Aeroporto Internacional Taoyuan de Taiwan (TPE)** é a porta de entrada mais provável, a uma hora e meia a oeste de Taipei, um dos maiores e mais movimentados aeroportos da Ásia, servido por dezenas de companhias internacionais, nacionais e regionais. Existem dois terminais de vários andares e um terceiro em construção, com previsão de conclusão em 2023. Os trens expressos e suburbanos, parte do sistema Taoyuan Mass Rapid Transit (MRT), circulam entre os dois terminais e o centro de Taipei, com paradas intermitentes. Consulte www.tymetro.com.tw para itinerários, horários e tarifas.

Cada terminal de aeroporto contém um terminal rodoviário com conexões para Taipei e outras cidades da ilha, e há táxis com taxímetro na área externa de cada saguão de desembarque. A cidade de Taipei fica a pouco menos de uma hora de carro, com engarrafamento, e a viagem sai a 1.200-1.400 novos dólares taiwaneses/40-45 dólares. As gorjetas não são habituais.

Outra opção de chegada é o **Aeroporto Taipei Songshan**, oficialmente **Aeroporto Internacional de Taipei (TSA)**, localizado dentro do perímetro da cidade de Taipei; o aeroporto recebe voos domésticos e alguns voos para cidades na China continental, Seul e Tóquio. Os visitantes podem chegar ao centro de Taipei por meio do trem MRT, ônibus e táxis, que fazem o trajeto em cerca de 20 minutos e custam cerca de 600 novos dólares taiwaneses/20 dólares.

Uma vez na cidade, os táxis são uma forma de locomoção relativamente barata, e as linhas de MRT e ônibus são ainda mais baratas e fáceis de navegar.

COMER EM TAIWAN

"Taiwan tem uma das gastronomias mais empolgantes da Ásia, principalmente quando se trata de comida de rua. Há muitos mercados noturnos em Taipei — eles são famosos —, mas este aqui é o que estou ansioso para conhecer. Keelung, porto marítimo que abriga o melhor dos mercados noturnos, fica a meia hora de viagem de trem rumo à costa do Pacífico."

Chegue com fome ao **Mercado Noturno de Keelung** (quem fala mandarim pronuncia *Jeelung*) **Maiokou**, a uma curta caminhada da estação de trem e próximo ao porto da cidade. Aqui, você pode experimentar a sopa com bolinhos de arroz — basicamente arroz liquefeito cozido no vapor com cogumelos, brotos de bambu, lírios secos, camarão seco e ostras, além de carne de porco desfiada; *gua bao*, **"um pão cozido no vapor recheado com barriga de porco que derrete na boca, refogada em molho de soja, vinho, chalotas e cinco especiarias em pó, servido com folhas de mostarda em conserva, coentro e amendoim moído"**; uma rica e cremosa variedade da iguaria *uni*, servida em sua concha; mini caranguejos condimentados com casca dura, para serem comidos inteiros; caranguejo-real cozido no vapor e refogado com chalotas e alho; e *ba-wan*, ou almôndega taiwanesa, embrulhada em casca de arroz cozido no vapor, junto com bambu, porco e cogumelos, e temperada com alho e soja.

"Vou lhe dizer, já estive em muitos mercados de rua. Este aqui é realmente um País das Maravilhas. A variedade é o mais impressionante. É enlouquecedor. Na verdade, por mim, podemos nos hospedar no hotel ali do lado e passar o restante do programa comendo tudo que há por aqui."

MERCADO NOTURNO DE KEELUNG MIAOKOU: Aisi Road, 20, Ren'ai District, Keelung City, Taiwan 200 (sem telefone), www.taiwan.net.tw (preços variam)

Outro mercado imperdível em Taipei é o **Mercado Noturno Raohe**. "Você pode fazer compras: as camisetas de sempre, vestidos baratos, sapatos e muitas capinhas de celular, se precisar. É possível comprar até um animal de estimação. Se você não é fã de tofu fedorento, que está em toda a parte por aqui, há um delicioso bolo de sangue cozido no vapor com molho agridoce. Estou procurando *hu jiao bing*, uma massa de farinha de trigo recheada com carne de porco apimentada e cebolinha, assada em um forno cilíndrico de barro que lembra muito um *tandoor* indiano." É possível encontrar o prato na barraca Fuzhou Black Pepper Bun. Outros destaques incluem omeletes de ostra, mochi e costela de porco cozida com ervas medicinais.

MERCADO NOTURNO RAOHE: Raohe Street, em frente à Estação Songshan, Songshan District, Taipei, Tel. +886 2 2763 5733, www.travel.taipei/zh-tw/attraction/details/1538 (preços variam)

"No **Din Tai Fung**, eles são mestres, e quero dizer *mestres*, da sopa com bolinhos de massa. São uma rede. Já existem muitos por aí. Teoricamente, isso não deveria ser bom, certo? Na verdade, quando se fala de um item específico de comida, pode haver coisas igualmente boas neste mundo, mas com certeza é possível sustentar uma argumentação muito razoável de que não há nada melhor no planeta do que aquilo que você está prestes a presenciar.

"Estamos falando de um item de incrível habilidade artesanal que, no entanto, é reproduzido milhares de vezes, constantemente, é fresco, bem sob nossos pés e também em muitos outros pontos de venda. Eles estão em toda a parte. Pelo que sei, são todos bons, mas esta — esta é a nave-mãe. É um ótimo bolinho de massa da melhor qualidade. Um prazer que inunda a cabeça, algo inimaginável até que você experimente. Comi minha primeira sopa com bolinho de massa aqui anos atrás e foi uma experiência profundamente religiosa. Coma isso todo santo dia. É uma parada obrigatória se você vier para Taipei, e eles sabem disso e estão preparados."

DIN TAI FUNG, Xinyi Road, 194, Seção 2, Da'an District, Taipei, Tel. +886 2 2321 8928, www.dintaifung.com.tw (dez bolinhos por 210 novos dólares taiwaneses/cerca 7 dólares)

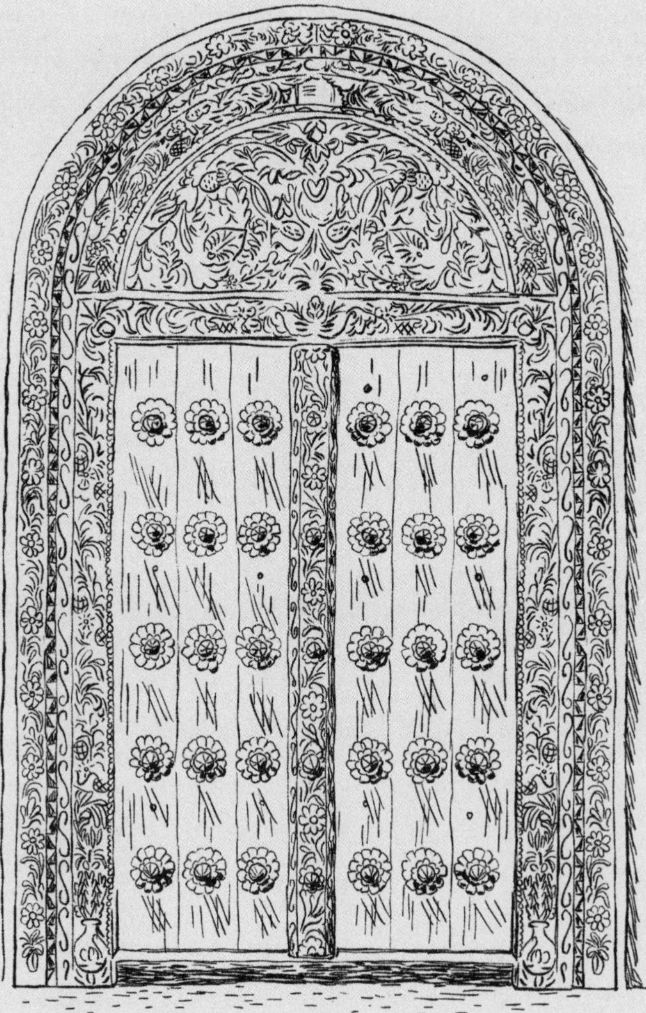

TANZÂNIA

Intrigado com os massai, a vida selvagem e a promessa de acomodações luxuosas para safáris, Tony e a equipe de filmagem do *Lugares desconhecidos* visitaram a Tanzânia, na África Oriental, em 2014. Lá ele se confrontou com questões relacionadas à fantasia ocidental sobre a África: será que ela existe e, em caso afirmativo, quem pode acessá-la e por quê?

"É uma loucura chegar ao Serengeti pela estrada. Depois de um tempo, você se acostuma com a cena do *Livro da selva* que se desenrola diante do carro. Girafas e gnus, zebras — todos parecem viver bem, lado a lado. Nenhum conflito. Milhares e milhares de gnus em sua migração anual estão por toda a parte. Um grande círculo que se estende pela Tanzânia e pelo Quênia, em busca de pastagens de qualidade. Tem tudo a ver com água, capim e um bom lugar para fazer bebês.

"Ao longo dos anos, minha equipe e eu filmamos na Libéria, em Gana, na Namíbia, na África do Sul, em Moçambique, no Congo e grande parte do Norte da África. Mas o que nunca fizemos foi voltar às nossas primeiras impressões, aos filmes de Hollywood sobre esse continente e aos documentários sobre a natureza que fizeram parte da infância de muitos de nós: enormes rebanhos de animais selvagens disparando pelo Serengeti, leões, girafas, zebras e hipopótamos, equipamentos de safári, Land Rovers e os igualmente magníficos 'nativos' em suas vestes coloridas. Será que essa África sequer existe? E, se existe, como? E para quem?

"Essa África, a África em Cinemascope, existe. É possível encontrá-la no interior e nos arredores da cratera de Ngorongoro, de uma beleza indescritível, onde leões e seus adversários tradicionais, os guerreiros massai, ainda vivem como há cem anos.

"Os leões sobrevivem porque são protegidos. Visitar a Tanzânia para observar e fotografar essas criaturas lindas, mas letais (e outros animais) é um importante setor de atividade, trazendo muitos milhões ao país a cada ano. Faz sentido financeiramente proteger os animais e o ambiente em que vivem.

"Os massai são pastores — e guerreiros. Seu status dentro da tribo, a imagem de si mesmos, é amplamente baseada em seu papel tradicional como defensores dos rebanhos — como guerreiros, matadores de leões. Os leões comem o gado e as cabras quando conseguem pegá-los. Os massai protegem e dependem do gado e das cabras para sobreviver. Os leões vagam por grandes territórios, competindo por comida com outros predadores. Os massai pastoreiam seu gado em grandes territórios. Assim tem sido por séculos.

"Este grupo étnico é uma das últimas grandes tribos guerreiras do planeta. Seminômades, esse povo acredita que todo o gado do mundo é um presente dos deuses para eles. Eles se deslocam com os animais pelas planícies da Tanzânia, estabelecendo um lar onde encontram o melhor pasto. O gado é tudo, é a riqueza da família, a unidade monetária, os doadores de leite e, em ocasiões especiais, de carne e sangue.

"Os leões são lindas criaturas vivas que milhares e milhares de pessoas do mundo todo querem vir ver.

"Os massai são um lindo povo vivo que um número um pouco inferior de pessoas de todo o mundo quer vir ver.

"Dá para entender o problema.

"Muitas pessoas esforçadas e bem-intencionadas estão tentando ajudar a resolver esse conflito de interesses. Mas ele traz, mais uma vez, a questão com a qual nos deparamos com frequência em nossas viagens: para quem o mundo natural existe? Para as pessoas que vivem por lá — que sempre viveram por lá? Mesmo quando eles se tornam (...) inconvenientes? Ou para os animais que também sempre viveram lá — mas que, como seus adversários, estão sob ameaça, não conseguem mais sobreviver sem a intervenção de especialistas (em geral) de pele clara usando sapatos confortáveis?

"É uma questão incômoda. Seria preciso ser verdadeiramente monstruoso para sugerir o sacrifício de um em nome do outro. Mas as lentas engrenagens da história já estão tomando essa decisão por nós — e o resultado não costuma ser bonito."[1]

CHEGADA E DESLOCAMENTO

Você vai pousar no **Aeroporto Internacional de Kilimanjaro (JRO)**, que atende voos internos da Tanzânia e da África Oriental, bem como de Doha, Frankfurt e Amsterdã. É altamente recomendável providenciar com antecedência o transporte terrestre junto ao seu hotel ou aos organizadores do safári. Cada trecho custará em torno de 690 mil xelins tanzanianos/300 dólares.

VOLTA AO MUNDO

LUXO NA BEIRA DA CRATERA

Enquanto explorava o Serengeti, Tony se hospedou no **&Beyond Ngorongoro Crater Lodge**, uma volta completa aos tempos coloniais:

"A hospedagem aqui é muito, muito agradável. Um banho de espuma quente o aguarda depois de um longo dia no meio do mato. Talvez um xerez seco de um decantador de vidro decorado. Na manhã seguinte, você acorda com o café da manhã em seus aposentos, talvez na varanda. Serviço de prata, café quente, croissant recém-saído do forno." A pousada é composta por 18 suítes de luxo, com lareira, banheira e Wi-Fi. As diárias, bastante caras, incluem refeições, expedições de observação da vida selvagem todo dia, lavanderia, seguro de evacuação e tudo, exceto a bebida alcoólica de primeira.

"A cratera de Ngorongoro foi um grande vulcão que, há cerca de 2,5 milhões de anos, desabou sobre si mesmo, criando, um verdadeiro mundo perdido. Dentro da cratera, há um ecossistema inteiro em outro ecossistema." A cratera tem 19 quilômetros de diâmetro no seu ponto mais amplo, cercada por uma orla arborizada e com um solo de pasto aberto que é um excelente habitat para os leões, hipopótamos e elefantes mencionados anteriormente, junto com rinocerontes, leopardos, javalis, gazelas e búfalos. O raso lago Magadi é um habitat convidativo para flamingos-cor-de-rosa.

"Os animais selvagens ficam em paz na maior parte do tempo, e vêm beber pertinho da minha porta. Até o banheiro tem uma bela vista. Cenário natural idílico e encanamento bom? É praticamente o paraíso." Apenas certifique-se de seguir as regras da casa e não saia vagando sozinho, sobretudo à noite.

"Você não vai querer se perder por aqui. Com toda certeza, não vai querer andar a pé, sair do carro ou se machucar, por exemplo. A natureza, como dizem, é uma amante cruel. Ela protege a si mesma, sem piedade. A evidência" — ele se referia às carcaças de animais — "**desta matemática cruel chamada 'sobrevivência' está em toda parte.**"

&BEYOND NGORONGORO CRATER LODGE: Área de Conservação de Ngorongoro, Tel. +27 11 809 4300, www.andbeyond.com/our-lodges/africa/tanzania/ngorongoro-crater/andbeyond-ngorongoro-crater-lodge/ (as diárias começam a partir de 2.500.000 xelins/1.100 dólares por pessoa, por noite)

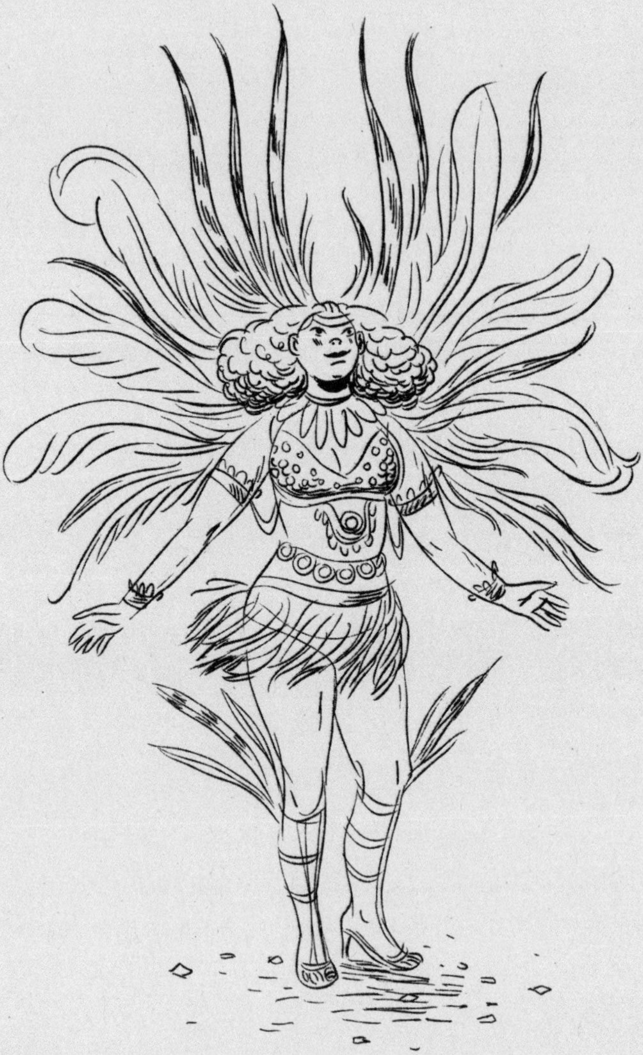

TRINIDADE E TOBAGO

A visita de Tony a Trinidade e Tobago para o *Lugares desconhecidos* foi programada para oferecer uma trégua do inverno de Nova York e também para acontecer várias semanas antes do lendário Carnaval do país, pois ele tinha uma aversão bem conhecida à agitação caótica desse tipo de evento.

"Trinidade e Tobago: um país, duas ilhas muito diferentes, dois lugares muito diferentes. Uma ilha é o que você esperava ao chegar de chinelos e camisa havaiana ou besuntado de protetor solar."[1] Essa seria Tobago. Das duas ilhas com cultura marcadamente africana, é a menor, menos desenvolvida, mais descontraída, mais praiana e mais voltada para o turismo. **"Tobago é o que você espera ao sair do bufê no cruzeiro SS Norway. Dias preguiçosos de praia, bebidas a bordo, mansões, tudo em ritmo de calipso.**

"A outra" — Trinidad, 45 quilômetros a sudoeste — **"não tem nada a ver com isso.**

"Os rostos que você vê nas ruas são africanos, indianos, chineses e do Oriente Médio. E todas as nuances possíveis entre eles. Esta colcha de retalhos de identidades étnicas e cores é um legado direto do passado colonial de Trinidade." Trinidade é industrializada, mais movimentada; é bem mais diversa do ponto de vista cultural e religioso do que Tobago, embora haja elementos de linguagem, história e economia comuns às duas ilhas.

"Localizada no extremo sul do mar do Caribe e a 11 quilômetros da costa da Venezuela, Trinidade e Tobago há muito são escalas importantes. Como várias ilhas da área, todo mundo já passou por lá num momento ou outro — os habituais caçadores de fortuna europeus. Os espanhóis vieram em busca de ouro. Em seguida, os holandeses, franceses e britânicos se revezaram no que dava dinheiro na época: o açúcar — uma economia baseada no trabalho em grandes plantações e na escravidão. Por fim, a ilha esbarrou em grana alta: o **petróleo." Trinidad e Tobago permanece como o maior produtor de petróleo e gás natural do Caribe.

"**Nenhuma ilha ao sol é o paraíso na Terra**, por mais que assim pareça quando vista da caixa de concreto, dos cubículos envidraçados ou das caixas de madeira em que vivemos. E nem toda a dança, música e boa comida do mundo poderiam manter a união daquilo que nos separa. O que pode parecer um caldeirão utópico de etnias e de culturas vivendo juntas sob palmeiras balançando ao vento é, na verdade, bem mais complicado. Mas Trinidade e Tobago conseguiu tirar melhor proveito da situação do que outros, no seu estilo orgulhoso e singular."

CHEGADA E DESLOCAMENTO

O **Aeroporto Internacional de Piarco (POS)**, em Porto da Espanha, é quase inevitavelmente sua porta de entrada via aérea, embora Tobago também tenha um pequeno aeroporto internacional, **Arthur Napoleon Raymond Robinson International (TAB)**, conhecido até 2011 como Crown Point International. O Piarco é o principal *hub* da Caribbean Airlines, e os dois aeroportos atendem a voos de outras localidades do Caribe, da América do Norte e de algumas cidades europeias.

Do POS, é possível pegar um táxi para Porto da Espanha, que fica a cerca de 25 quilômetros de distância. Espere pagar cerca de 240 dólares de Trinidade e Tobago/35 dólares por uma viagem de 30 minutos e verifique se é um dos motoristas oficiais licenciados, que estarão com um uniforme de camisa branca e calça escura, com crachás de identificação oficiais. É comum dar gorjeta de 10%-15% do total da tarifa para os motoristas.

Há também um ônibus, operado pela Public Transport Service Corporation (PTSC) de Trinidade e Tobago, que sai de hora em hora do Piarco a City Gate, o principal terminal rodoviário, localizado no histórico South Quay, no que antes foi o terminal do agora extinto sistema ferroviário do governo de Trinidade. Compre passagens de ônibus a 27 dólares de TT/4 dólares no terminal de vídeo ou no quiosque de jornais do aeroporto ou, para voltar, no terminal rodoviário.

Do aeroporto, os táxis oficiais (aqueles cujas placas começam com um H) podem levá-lo ao hotel ou a outro lugar, por um valor que varia de 34-475 dólares de TT/5-70 dólares, além de uma gorjeta de 10%-15% dependendo de seu destino.

VOLTA AO MUNDO

COMER EM TRINDADE: OS *DOUBLES*

"Meio século depois da independência de Trinidade do Império Britânico, existem surpreendentemente poucos vestígios arquitetônicos. Mas a face do país — e de sua população — mudou para sempre desde o fim da escravidão, em 1834, quando a Grã-Bretanha passou a precisar de mão de obra barata — senão gratuita — para trabalhar nas plantações. Encontraram o que precisavam na Índia Oriental. Entre o fim da escravidão total e o início da Primeira Guerra Mundial, 150 mil servos contratados foram trazidos da Índia para cá. A servidão contratada é escravidão com outro nome. As pessoas trazidas da Índia para cá eram compradas, vendidas e encarados como propriedade, mas foram informadas que seriam libertadas, caso completassem 5 anos de trabalho muitas vezes árduo.

"Entre os legados duradouros desse arranjo está a marca indelével da culinária indiana em Trinidade; entre os pratos mais icônicos está o sanduíche (ou coisa parecida) rápido e quente, servido no café da manhã, conhecido como *doubles*.

"As pessoas ficam me procurando na rua. A primeira coisa que dizem é: 'Você já comeu *doubles*?' Então, estou comendo os malditos *doubles*, tá bom?

"O *doubles* é uma versão caribenha do *channa bhatura* indiano: dois pedaços macios e molengas de pão ao estilo indiano, carregados com uma pilha úmida de grão-de-bico com *curry*, molho de pimenta e manga."

O pão, chamado *bara*, é frito por imersão, a massa às vezes temperada com cúrcuma, e o *curry* de grão-de-bico, temperado com cominho, cebola, alho e *curry* em pó, é chamado *channa*. Vários chutneys de tamarindo, pepino ou coco também podem ser usados; essencial para a experiência do *doubles* é o molho de pimenta, pedido numa das três intensidades: leve, moderada e picante.

Uma advertência: a escritora e poeta de Trinidade Anu Lakhan, que compartilhou sua receita de *doubles* no *Lugares desconhecidos*, advertiu: "Em Trinidade e Tobago, o deslize de uma pessoa é a viagem de outra ao pronto-socorro."

O conteúdo é embrulhado em papel encerado para conservar tudo junto; é altamente recomendável ter guardanapos extras à mão.

Enquanto comia seus *doubles* numa cadeira do lado de fora do **U-Wee**, fazendo malabarismos para evitar respingos, Tony disse: "**Estruturalmente, muitas questões. Não quero vazamentos. Vazamentos nunca são bons**", mas ao terminar, ele acrescentou: "**Acho que não tem carne aqui e ainda assim gosto. Quer dizer, é muito, muito bom.**"

U-WEE DOUBLES & ROTI SHOP: Augustine Street, M9V St. Augustine, Trinidade (sem telefone, sem site) (um *double*, 5-8 dólares de TT/0,75-1,25 dólar)

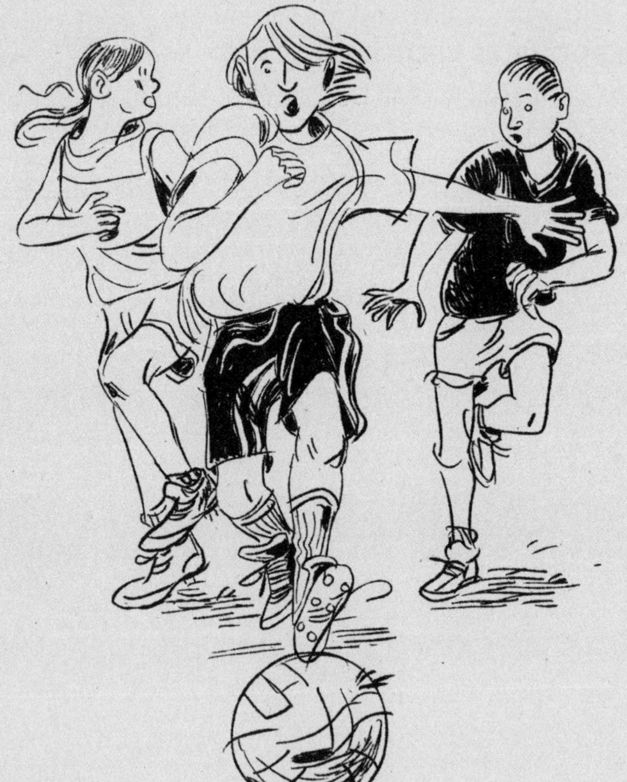

URUGUAI

"**Atraentes insinuações de uma história familiar alternativa no Uruguai. Quem somos nós, realmente?**", perguntou Tony, enquanto ele e o irmão visitavam o país juntos na esperança de localizar seus ancestrais, em 2008, para o *Sem reservas*; os resultados foram irregulares (ver o ensaio de Christopher Bourdain, "Devaneios uruguaios," na página 436). Tony voltou vários anos depois para gravar *Lugares desconhecidos*.

O Uruguai foi, de 1500 até o início de 1800, uma colônia da Espanha, com incursões ocasionais dos portugueses. Assim como os Estados Unidos, o Uruguai se beneficiou economicamente da Segunda Guerra Mundial e passou por uma onda de ativismo social e político, centrada em movimentos estudantis, nas décadas de 1960 e 1970, e isso atraiu atenção indesejada daqueles que estavam no poder.

"**Pode-se dizer que a perspectiva de movimentos socialistas (ou, Deus me livre, *comunistas*) na América Latina na década de 1960 era um tema de grande preocupação para os Estados Unidos e seus aliados mais autoritários na região. Assim, o surgimento do Movimento de Libertação Nacional, grupo radical conhecido como Tupamaros, foi motivo de preocupação para a CIA.**

"**Com apoio encoberto e assumido de nosso país, foi decretado estado de emergência e uma ditadura de direita se apoderou dos instrumentos de poder, dando início a um período de repressão que durou de 1973 a 1985. Com o apoio e muitas vezes a orientação de agentes da CIA, treinados no que chamamos hoje em dia de 'métodos avançados de interrogatório', alguns dos desgraçados mais brutais das piores juntas militares do planeta esmagaram corpos e mentes em celas por toda a América Latina. Em meados**

dos anos 1980, os uruguaios não aguentam mais. Manifestações gigantes e greves enfim obrigaram o governo a organizar eleições e os militares foram varridos do poder."[1]

Sobre o Uruguai de hoje, Tony declarou: "É realmente um de meus países favoritos. Coisas a saber do Uruguai: é progressista. A maconha é legal. O aborto pode ser feito com facilidade. Casamento gay, sistema de saúde universal, educação gratuita — inclusive de nível superior. E a democracia por aqui não é nenhuma piada. Na última eleição, 96% dos eleitores uruguaios foram às urnas".

CHEGADA E DESLOCAMENTO

O **Aeroporto Internacional de Carrasco (MVD)** é a porta de entrada para Montevidéu e o restante do Uruguai. No momento em que este artigo foi escrito, os únicos voos dos Estados Unidos saíam de Miami. Existem também alguns voos saídos de Madrid e de um algumas cidades das Américas do Sul e Central. O aeroporto fica a cerca de 22 quilômetros do centro da cidade, de 30-40 minutos de carro. Para chegar ao hotel, você pode reservar on-line, antecipadamente, um carro com motorista por cerca de 1.500 pesos uruguaios (40 dólares), ou pegar um táxi com taxímetro, que exige planejamento menos antecipado, mas tende a ser menos confortável, embora não seja menos caro. Também há serviço de ônibus entre o aeroporto e o centro da cidade, mas os ônibus costumam ficar lotados e nem todos têm compartimento para bagagem.

Os turistas que já estão na Argentina também podem optar por cruzar o rio da Prata, na verdade um estuário, de balsa saindo de Buenos Aires para Montevidéu, uma viagem de 2-4 horas que custa entre 1.900-5.600 pesos/50-150 dólares por trecho, dependendo da hora do dia e se sua viagem é apenas de barco ou inclui transporte terrestre. Lembre-se que, por se tratar de uma travessia internacional, você passará pela segurança, pelo controle de passaportes e pela aduana, como se estivesse chegando de um voo. As duas maiores transportadoras são Buquebus (www.buquebus.com) e Colonia Express (www.argentina.coloniaexpress.com).

MONTEVIDÉU

"Fundada pelos espanhóis no início dos anos 1700, Montevidéu exala um encanto decadente, uma grandeza descascada em suas áreas mais antigas. Não é apenas o que esta cidade é, mas o que não é. Não é lotada. Não há muita presença policial, nenhuma foto do benevolente presidente vitalício ou algo parecido. O Uruguai é relativamente pequeno, e Montevidéu é, ouso dizer, charmosa. É a única grande cidade do país e contém metade de sua população, o que ainda assim não é muito.

"Em 1868, o **Mercado del Puerto** de Montevidéu foi erguido de viga e vidro. O cheiro, aquele cheiro adorável, atinge você a um quarteirão de distância. Faz os joelhos vacilarem com seu canto de sereia: fumaça de madeira de lei e carnes escaldantes de todas as manifestações imagináveis.

"O mercado de hoje, embora ainda sob a mesma estrutura magnífica, foi praticamente dominado pelo mais impressionante dos dispositivos de cozinha, a *parrilla*. O próprio Prometeu não poderia ter imaginado um aproveitamento tão magistral de carvão e de chamas. Pilhas enormes e constantemente renovadas de madeira nobre, plena de sabores, são reduzidos a brasas cintilantes. As brasas são varridas por baixo das barras de uma enorme grelha. Mais madeira é jogada. As brasas se aquecem e são alimentadas pela gordura crepitante de mil cortes de carne e de deliciosas entranhas. Lombo de porco, costeletas, pedaços de cordeiro, pequenos pássaros, bifes, flancos, filés, juntas inteiras, um mosaico de linguiças, sibilando e cuspindo, o cheiro pairando sobre tudo: um glorioso e alegre miasma de carne."[113]

Para um verdadeiro banquete carnívoro, visite a **Estancia del Puerto**; procure qualquer vendedor com uma longa fila de moradores locais e, se gosta de bebidas que descem facilmente, não deixe de pedir um *siete y tres*, uma especialidade local que consiste em sete partes de vinho tinto e três partes de refrigerante de cola.

MERCADO DEL PUERTO: Rambla 25 de Agosto de 1825, 228, 11000, Montevidéu, www.mercadodelpuerto.com (preços variam)

"O **Bar Arocena**, no bairro de Carrasco, em Montevidéu, é especializado no sanduíche nacional não oficial do Uruguai, o lendário *chivito*, servido 24 horas por dia, sete dias por semana, desde 1923. Um príncipe, um rei, um Gargântua entre sanduíches — essa pilha assustadora de proteína é composta de bife, presunto, bacon, queijo, ovo cozido, maionese e guarnições."

BAR AROCENA: Avenida Alfredo Arocena, 11.500, Montevidéu (*chivito* em torno de 425 pesos/10 dólares)

GARZÓN

"EU ME MUDEI PARA CÁ PARA RECOMEÇAR EM SILÊNCIO"
"A pacata aldeia de Garzón fica a cerca de 30 quilômetros da costa, no interior. População: 200 habitantes. Mas um deles é um chef extraordinário que abandonou a corrida do ouro dos proprietários de restaurante na vizinha José Ignacio por essas ruas tranquilas e fantasmagóricas.

"Francis Mallmann nasceu e cresceu na Argentina, mas está mais feliz agora no país de sua mãe. O que ele está procurando? Com certeza, encontrou calma em abundância, mas com uma trajetória de sucesso como a dele, que cobre três continentes, deve haver algo mais, algo que talvez tenha relação com o som distante de chamas crepitantes e de carne queimando.

"A comida chega em simples tábuas de madeira. Sem frescura. Carne de porco assada, abóbora cozida na brasa, legumes assados sobre pedras quentes. Elementar, fundamental e delicioso. Os temperos são mínimos. Cítrico para dar acidez, sal marinho, pimenta, azeite. Por que alguém precisaria de mais do que isso? Os métodos de Mallmann quase não divergem da caverna, mas são executados com um pouco mais de precisão."[114] A comida do restaurante Garzon é profundamente simples, mas, talvez devido à localização remota, é muito cara, com entradas em torno de 1.700 pesos/40 dólares, pratos principais em torno de 2.900 pesos/70 dólares e vinhos de mesa locais por cerca de 4.200 pesos/100 dólares por garrafa. Anexo ao restaurante, há um hotel com cinco quartos, cada um por cerca de 38.000 pesos/900 dólares por noite.

RESTAURANTE GARZON: Costa José Ignacio, 20401, Garzón, Departamento de Maldonado, Tel. +598 4410 2811, www.restaurantegarzon.com (preços disponíveis no site)

"Uruguay dreamin'"

POR CHRISTOPHER BOURDAIN

"Um baú de fotografias antigas, documentos decrépitos encontrados há 35 anos na França. Quando éramos crianças, meu irmão e eu costumávamos analisá-los atentamente e nos perguntar quem eram aquelas pessoas. Aurelien Bourdain, nosso bisavô: pescador de ostras, como a maioria dos moradores daquela parte da França onde passávamos as férias quando crianças. Na época, isso era praticamente tudo o que sabíamos sobre a árvore genealógica da família Bourdain. Mas dentro daquele baú antigo havia pistas de uma travessia transatlântica inexplicável até uma remota capital sul-americana.

"Quando nossa tia Jeanne morreu, em 1972, Chris e eu ajudamos a esvaziar a casa dela. Curiosos com esse tesouro de fotografias e documentos desbotados que sugerem todos os tipos de aventuras e casamentos mistos na América do Sul, nos tornamos, por um verão, genealogistas amadores. Meu irmão nunca desistiu."

Essa foi a narração de Tony para a abertura do programa *Sem reservas* no Uruguai, em que participei com ele, em 2008. Ele exagerou um pouco para acrescentar uma carga dramática, mas a essência estava correta: a história contada por nosso pai quando éramos crianças era que os pais dele tinham vindo da França, separadamente,, por volta do final da Primeira Guerra Mundial, e que se conheceram e se casaram em Nova York. Éramos, portanto, franceses. E a França foi o destino de nossas primeiras grandes viagens familiares ao exterior, em 1966 e 1967. Nas duas ocasiões, passamos algum tempo visitando a tia de nosso pai, Jeanne, em sua casa em La Teste, no sudoeste da França.

Mais tarde, porém, já adolescentes em 1972, com a morte de *tante* Jeanne, fomos mais uma vez a La Teste, basicamente para ajudar a esvaziar sua casa e colocá-la à venda. Foi nessa ocisão que encontramos os documentos antigos. E, com eles, ficamos sabendo de pelo menos dois ancestrais chamados Jean (John), que viveram por um tempo no sul do Brasil e no Uruguai em meados do século XIX, antes de finalmente retornarem à França depois de 1860.

Ah, e a tataravó uruguaia.

Então éramos latinos! A história toda nos fascinou. Quantos membros da família tinham vivido no Uruguai? Como ganhavam a vida: pescando? Vendiam *escargots* em um carrinho, roupas francesas, perfumes? Mais empolgante ainda era a possibilidade de que tivessem sido traficantes de armas, uma ideia que surgiu anos depois, quando descobri que toda a região em questão, na América do Sul, havia sido foco de conflitos entre as potências locais e europeias em meados do século XIX.

Mas o que eu e Tony, e todos nós, sabíamos sobre o Uruguai, afinal? Nas escolas dos Estados Unidos, nas décadas de 1960 e 1970, você talvez aprendesse um pouco sobre incas, maias e astecas, e um pouco sobre os primeiros exploradores europeus, mas ninguém ensinava nada sobre a América Latina depois que os europeus chegaram e dizimaram as antigas culturas locais. Não acho que a situação tenha mudado muito.

E a *World Book Encyclopedia* — a versão impressa do Google da nossa infância — não ajudava muito. O Uruguai era mais ou menos uma nota de rodapé. Criavam gado por lá. Mais ou menos como a Argentina.

A falta de qualquer noção sobre o Uruguai aumentava o mistério do que a família Bourdain podia ter feito lá.

No final de 2007, Tony perguntou se eu gostaria de ir com ele para as filmagens de um episódio do *Sem reservas* no Uruguai. Eu havia me divertido muito na minha aparição anterior na TV ao lado dele, na França em 2001, e sempre esperava poder viajar com Tony de novo. Sendo bem sincero, eu ficaria feliz em me juntar a ele em qualquer lugar. Congo, o *bayou* da Louisiana, o deserto de Gobi? Sim, sim, sim.

O motivo aparente do convite para este programa em particular foi a pesquisa genealógica, mas, na verdade, tinha tudo a ver com Tony explorando a cena gastronômica do Uruguai. Fui sozinho para uma visita de quinze minutos à embaixada francesa, sem câmeras, numa tentativa malsucedida de obter algumas informações históricas, mas foi tudo o que fiz em termos de pesquisa familiar.

Felizmente, a filmagem foi marcada para fevereiro, verão no Uruguai (tempo em que a vida é mais mansa). Quando o dia chegou, saí direto de meu confortável, mas não muito emocionante trabalho num escritório em Nova York, e voei para Montevidéu com meu irmão itinerante e sua comitiva de produção: os produtores Max Landes e Diane Schutz e os cinegrafistas Zach Zamboni e Todd Liebler.

Tentei não deixar transparecer que, para mim, foram férias absurdamente divertidas, que me tiraram completamente da rotina; para os outros, aquilo era trabalho.

Geralmente sou muito aventureiro quando viajo, e meu conceito básico sempre que chego a um lugar novo longe de casa é "Esta pode ser a última vez que venho aqui." Gosto de dar uma longa caminhada para ver o lugar, mesmo que seja no meio da noite ou que esteja chovendo. Assim, quando chegamos em Montevidéu, eu queria sair para explorar mais ou menos imediatamente.

Zach e Max estavam dispostos a ir comigo. Nós três estávamos com vontade de almoçar, então partimos. Nosso objetivo era o Mercado del Puerto, o famoso mercado central de alimentos de Montevidéu, mas perambulamos um pouco pela parte antiga da cidade antes de chegar lá.

Sempre tive um carinho especial por lugares que exalam a glória de dias passados, lugares cujo apogeu veio e se foi: estações ferroviárias grandiosas e decrépitas; sistemas de canais do início da Era Industrial; fábricas centenárias extintas; ruínas das mansões de celebridades há muito esquecidas. As partes antigas de Montevidéu, com uma gigantesca estação de trem vazia e um bairro de casas coloniais majestosas, mas um tanto assombradas, em tons pasteis, fora de uso e com portas e janelas tapadas por tábuas, se encaixam perfeitamente neste perfil. Gostei daquilo. Assim como Salvador, Havana e Buenos Aires, Montevidéu já tinha sido um grande centro de comércio transatlântico com Espanha, Portugal e outros países nos séculos XVIII e XIX; no século XX, no entanto, esses antigos centros perderam importância e prosperidade.

Max, Zach e eu finalmente chegamos ao Mercado del Puerto, um fantástico paraíso do século XIX, com fornecedores de carne e de bebida operando barracas individuais sob um teto alto, manchado de fumaça, no que equivale a um enorme galpão. Alguns velhos perambulavam pelo local com violões, cantando canções antigas, pelas quais as pessoas pagavam em dinheiro ou bebidas. Ficamos de papo com alguns locais num dos bares e bebemos *medio y medio*, uma mistura de vinhos branco e espumantes que desce com facilidade. Essas primeiras horas em terra deram o tom de uma viagem muito divertida.

Durante essa primeira visita e quando voltei com Tony, notei a maneira especificamente uruguaia de grelhar carne: a superfície da grelha de metal é mantida em inclinação diagonal, imediatamente ao lado — mas não diretamente acima — de um fogo a lenha. O supervisor da *parrilla* varre periodicamente uma camada fina da brasa sob a grelha. Essa técnica produz algumas das melhores e mais saborosas carnes do mundo. Vou jurar que isso é verdade até morrer.

Numa de nossas primeiras cenas diante das câmeras, Tony me pegou num Chevrolet Bel Air 1951 (supostamente o mesmo carro usado no filme *Miami Vice*, de 2006, cujas cenas em Havana foram filmadas em Montevidéu), com a premissa de que estávamos dirigindo pelas partes antigas da cidade, admirando a paisagem.

O que os espectadores não viram foi Max e a produtora local, Sofia, encolhidos no chão do banco de trás durante todo o percurso acidentado. Se os dois tivessem uns sessenta ou noventa centímetros a menos, o abraço forçado poderia ter sido peculiarmente romântico, mas acho que a realidade foi mais dolorosa.

Zach, por sua vez, estava montado, virado de costas, numa pequena motocicleta logo à nossa frente, filmando a viagem fraterna com grande risco para a sua saúde e segurança pessoal, sem fazer ideia da direção em que o condutor da moto viraria no próximo segundo. Sabe-se lá como, Zach sobreviveu à filmagem.

Nos dias seguintes, fomos para a fazenda de gado Los Mortados, no interior do estado de Lavalleja — local de um maravilhoso banquete ao ar livre, uma das minhas partes favoritas da viagem (apesar de uma cena um tanto dramática envolvendo o fim de um tatu). Foi uma viagem longa e solitária: no Uruguai, depois que você se afasta uns trinta quilômetros da costa rumo ao interior, se vê pouquíssima gente, apenas pastagens com vacas e outros animais. Vinte a trinta minutos se passavam entre uma construção e outra, embora não faltassem cercas.

Paramos para almoçar num bar com cara de *saloon* numa cidade que parecia ter saído direto de um western de Sergio Leone. Eu meio que esperava que Lee Van Cleef entrasse com um cinturão, com a trilha sonora de *Três homens em conflito*, de Ennio Morricone, tocando ao fundo.

A parada seguinte foi em Cabo Polonio, um ponto de terra no ângulo de duas faixas longas e intocadas de uma bela praia na costa do Atlântico. O lugar fica a quilômetros de qualquer outra coisa — mais perto do Brasil do que de qualquer uma das principais cidades do Uruguai. E é um lugar onde de alguma forma uma comunidade hippie ao estilo dos anos 1960 sobreviveu ao século XXI, um pouco como o enclave de Christiania em Copenhague, só que na praia e fora do mapa.

Alguns dos habitantes claramente levaram a sério a sugestão de Timothy Leary de "se liga, sintonize, dê o fora". Um tanto interessante, suponho, mas para mim, o lugar todo me dava uma sensação de "Ilha dos Brinquedos Desaparecidos". Sendo bem sincero, não é para mim. Em todo caso, acho que prefiro que continue como está em vez de se tornar só mais um reduto de milionários.

Uma parada mais à frente na rota ao longo da costa leste foi certamente uma das partes mais vibrantes e memoráveis da viagem: o chef argentino Francis Mallmann providenciou que uma vaca inteira fosse aberta em corte borboleta(!) e disposta numa estrutura que, de forma perturbadora, lembrava um crucifixo. A estrutura foi colocada numa praça perto de seu restaurante, e a carne cozinhou lentamente numa fogueira durante dias. Não é algo que temos o hábito de fazer nos subúrbios de Nova York.

Foi surpreendente em todos os aspectos, incrivelmente delicioso, e fiquei encantado ao saber que Mallmann tinha distribuído os infinitos quilos de sobras destrinchadas para toda a cidadezinha. Brilhante e generoso.

Nossa última parada, no famoso balneário de Punta del Este, incluiu a pequena cidade de mesmo nome e uma série de outras comunidades ao longo da costa. Algumas partes são como a Rodeo Drive e atraem uma casta superglamurosa de argentinos e uruguaios ricos, visitantes ou proprietários de casas de veraneio. A cidade de José Ignacio é mais discreta, com prédios de madeira descoloridos pelo sol, muito mais Fire Island do que Hamptons. Meu tipo de lugar.

Nossa visita ao restaurante La Huella, localizado bem na praia, foi provavelmente minha parte favorita da viagem toda. O clima estava ótimo e eu me sentia feliz e relaxado. Tinha acabado de passar vários dias viajando com Tony e sua divertida turma de amigos, vendo coisas interessantes e desfrutando de refeições incríveis. (E sem estar a trabalho!) No La Huella, bebi um mojito de boas-vindas delicioso (está bem, mais de um), e todo o tipo de comida deliciosa apareceu na mesa, com o som e a visão das ondas ao fundo. Um momento tranquilo e despretensioso, como o próprio Uruguai.

Adoro viajar e tive a sorte de viajar muito. A meu ver, alguns países parecem preocupados em nos lembrar que são bons nisso ou naquilo, ou que já tiveram algum tipo de império, ou que hoje são importantes por... tanto faz.

O Uruguai é encantador justamente por ser muito *despretensioso*. Não há palácios, pirâmides nem museus navais. O que ele nos oferece é muito espaço, um belo litoral e um estilo de vida tranquilo. Boa comida e bebida são abundantes e acessíveis. E as pessoas parecem ter prazer com as pequenas alegrias da vida, incluindo o hábito nacional singular de carregar e beber constantemente de uma garrafa térmica decorativa com erva-mate. Uma espécie de "hora do chá que dura o dia todo". Espero voltar algum dia, reencontrar algumas das pessoas que conheci durante as filmagens do programa de 2008 e fazer um brinde ao Tony.

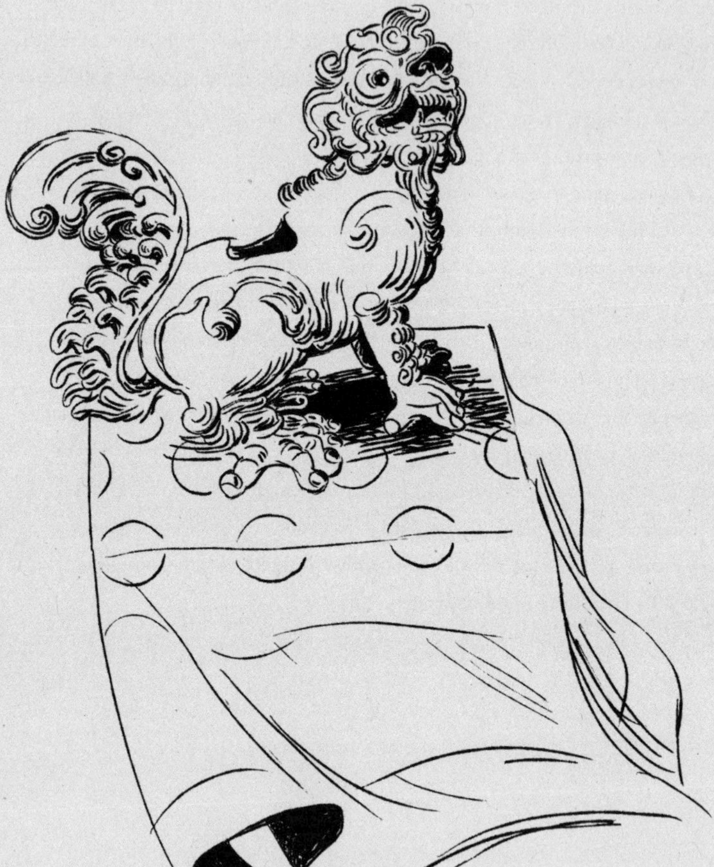

VIETNÃ

"Está sentindo esse cheiro? Fumaça de escapamento de moto, molho de peixe, incenso, o odor distante de... alguma coisa. Carne de porco grelhada?

"Vietnã: agarra você e não deixa ir embora. Depois de começar a amá-lo, você o ama para sempre. Venho aqui desde 2000, a primeira vez que estive nesta parte do mundo, e desde então ele ocupa um lugar especial no meu coração e na minha imaginação. Sempre volto. Preciso voltar."

HOI AN E HUE

Muitas vezes ignoradas quando os viajantes ocidentais planejam a primeira visita ao Vietnã, Hoi An e Hue oferecem experiências relativamente mais tranquilas do que Hanói ou Saigon, embora sejam cidades vibrantes, com especialidades gastronômicas regionais e muito interesse cultural e histórico.

CHEGADA E DESLOCAMENTO

Nenhuma das duas cidades tem aeroporto; a maior cidade da região, Da Nang, é lar do **Aeroporto Internacional Da Nang (DAD)**, a pouco mais de um quilômetro do centro da cidade, cerca de 30 quilômetros de Hoi An e 90 de Hue. Há táxis disponíveis na área de desembarque e um número limitado de carros para alugar estão disponíveis no terminal. Um serviço de táxi ou carro agendado, do DAD a Hoi An, leva de 30-40 minutos e custa 345.000-700.000 dongs vietnamitas, ou 15-30 dólares; o mesmo serviço até Hue leva cerca de 2 horas e custa entre 1.150-1.610 milhões de dongs/50-70 dólares. Os motoristas não esperam gorjetas, mas vão apreciá-las.

Você pode pegar o trem Expresso da Reunificação para o norte, operado pela Vietnam Railways, entre Da Nang e Hue, que leva cerca de 2h30 de viagem (consulte www.vietnam-railway.com para horários, tarifas, e compra de passagens). O trem não para em Hoi An, então um táxi é sua melhor aposta para a distância relativamente curta.

HOI AN: PACIFICAMENTE INTACTA

"Hoi An, na região central do Vietnã, conseguiu escapar de boa parte da destruição da guerra, sobrevivendo como era antes do alvorecer do século XX. Ruas pitorescas e antigas casas comerciais datam dos tempos em que era uma capital do comércio e do transporte marítimo para ricos comerciantes chineses e japoneses. Há uma tranquilidade aqui que é realmente específica da região central. Isso é autêntico. Não há 'bairro restaurado' por aqui, não há esforço; é o que é, e nisso está a beleza do lugar."[1]

O sanduíche *banh mi* favorito de Tony em todo o Vietnã pode ser encontrado em um lugar chamado **Bánh Mì Phuong**. "No coração da cidade velha, no mercado central, um transeunte sussurrou para mim que aquele *banh mi* era o melhor da cidade, e eu bem que acreditei. Certos *banh mi* são muito leves; este é carregado com tudo. Isso é um *banh mi* categoria luxo. É o prato *banh mi* com tudo dentro. Patê de fígado, pepino, esse tipo de presunto, pasta de peixe, maionese. Só a baguete já é um milagre. Como ficam tão crocantes e frescas por fora? Tão leves, tão perfeitas por dentro?"

BÁNH MÌ PHUONG: 2b Phan Chu Trinh, Cam Chau, Hoi An, Quang Nam 560000, Tel. +84 905743773, www.tiembanhmiphuong.blogspot.com (cerca de 29.000 dongs/1,25 dólar)

VIETNÃ

HUE: UMA CIDADE DE FANTASMAS

Em Hue e seus arredores, você encontrará "**palácios, pagodes e túmulos**", sem dúvida "o centro da vida intelectual, artística, culinária e religiosa do país.

"Hue está localizada nas margens norte e sul do rio Perfume, na região central do Vietnã — montanhas atrás, mar à frente, um arranjo determinado por critérios militares e espirituais. Por 143 anos, Hue foi a sede do poder para a dinastia Nguyen, que governou todo o país até o final do século XIX, quando os franceses começaram a assumir o poder e a tomar terras sob seu controle. Os franceses permitiram que o trono imperial governasse nominalmente até o fim da Segunda Guerra Mundial, em 1945."

Quem estuda a Guerra do Vietnã ou aqueles com idade suficiente para ter vivido a época, ou logo depois dela, devem ter ouvido falar na "Ofensiva de Tet", uma ação coordenada que devastou grande parte de Hue. "O lugar de Hue na história mudou para sempre durante a Guerra do Vietnã. Em 1968, Hue se tornou cenário de alguns dos combates mais acirrados do conflito. Durante o Ano--Novo Lunar, os feriados do Tet, quando normalmente havia uma interrupção das hostilidades, mais de cem cidades em todo o Vietnã do Sul foram atacadas pelos vietnamitas do norte e vietcongues. Hue logo caiu."[2]

BUN BO HUE

No centro do animado **Mercado Dong Ba** de Hue, você pode encontrar a sopa de seus sonhos. "Na hierarquia de coisas deliciosas e pastosas em tigela, o *bún bò Hue* está no topo. Aqui, Kim Chau cria um caldo elaborado de ossos com perfume de capim-limão, especiarias e pasta de camarão fermentada. No fundo, macarrão de arroz, guarnecido — não, amontoado — com pernil bovino tenro, cozido lentamente, bolinhos de carne de caranguejo, pé de porco e *huyêt* — bolo de sangue. Decorado com rodelas de limão, coentro, cebolinha, molho apimentado, folhas de bananeira picadas e brotos de feijão mung, é um fenômeno de sabor e textura. A melhor sopa do mundo. É simplesmente... um alimento em tigela tão sofisticado e complexo quanto aquele servido em qualquer restaurante francês."

MERCADO DONG BA: Bún Bò Hue Kim Chau: 2 Tran Hung Dao, Phu Hoa, Hue, Tel. +84 234 3524663, www.chodongba.com.vn (50.000 dongs/cerca de 2 dólares)

HANÓI

A visita de Tony a Hanói, em 2016, pontuada por uma refeição informal de *bun cha* com o então presidente Barack Obama, foi a última de uma série de episódios arrebatadores passados no Vietnã. Cada um deles foi uma variação sobre o mesmo tema: seu amor profundo e duradouro pelo lugar.

CHEGADA E DESLOCAMENTO

O **Noi Ba International (HAN)** é o aeroporto de Hanói, localizado a cerca de 38 quilômetros do centro da cidade. O Terminal 2, construído em 2014, atende voos internacionais de companhias aéreas como a Cathay Pacific, Korean Air, ANA, Vietnam Airlines, Thai Airways e Air Asia.

Há táxis na saída do desembarque. Combine uma tarifa fixa com seu motorista antes de partir. Deve ficar em torno de 420.000 dongs/18 dólares, e embora gorjetas não sejam esperadas, são bem-vindas. Para evitar um golpe bem conhecido que consiste no motorista levá-lo a um hotel diferente, insistindo que aquele que você reservou foi fechado ou mudou de lugar, talvez seja melhor combinar com antecedência junto ao seu hotel, e eles providenciarão um táxi confiável.

LEMBRANÇAS DO METROPOLE

Como sempre, a hospedagem favorita de Tony em Hanói era no **Sofitel Legend Metropole Hanoi** (originalmente, Hotel Metropole), gloriosamente restaurado, no bairro francês da cidade, em frente à Ópera de Hanói. "**É onde escritores, espiões e infames ficaram por décadas.**"[3] A imensa e convidativa piscina e o acesso ao abrigo antiaéreo, uma relíquia da guerra dos Estados Unidos com o Vietnã, também despertavam sua curiosidade.

Construído pelos franceses e inaugurado em 1901, o hotel foi, no período que se seguiu à independência, denominado Thong Nhat, ou "Hotel da Reunificação". Charlie Chaplin e Paulette Goddard passaram a lua-de-mel no Metropole em 1936; Graham Greene ficou uma temporada por lá em 1951 enquanto escrevia *O americano tranquilo*, e ele serviu de base para Jane Fonda durante sua infame visita à cidade em 1972.

SOFITEL LEGEND METROPOLE HANOI: Ngo Quyen Street, 15, Hoan Kiem, Hanói, Tel. +84 24 38266919, www.sofitel-legend-metropole-hanoi.com (diárias a partir de 5,8 milhões de dongs/250 dólares)

COMECE PELOS CARACÓIS

"***Bún ôc***: primeira refeição em Hanói, e é algo que eles fazem aqui melhor do que em qualquer outro lugar. Um caldo apimentado e maravilhoso com tomates, ervas, *noodles* e caracóis frescos. Ok. Agora estou oficialmente em Hanói. Hummm. Mágico."[4] O caldo adquire uma consistência carnuda graças aos ossos de porco ou frango, e o toque picante vem do capim-limão. Os *noodles* que ficam parcialmente ensopados são uma aletria de arroz. Além dos caracóis, a tigela costuma ser complementada com tofu frito, camarão ou bolinhos de peixe. Rodelas de limão e *rau ram*, a erva mentolada e apimentada também conhecida como coentro vietnamita, são servidos à parte.

BÚN ỐC PHO CO: Luong Ngoc Quyen, 36, Hong Buom, Hoan Kiem, Hanói, Tel. +84 125 4733723 (35.000-45.000 dongs/1,50-2 dólares)

VALEU, OBAMA

Parece que todo mundo conhece *pho*, a sopa de *noodles* com carne que costuma ser a droga de entrada para aqueles que ainda não foram iniciados nas maravilhas da comida vietnamita. Depois do encontro televisivo de Tony com o presidente Barack Obama em 2016, muito mais pessoas passaram a se familiarizar com o *bun cha*, uma mistura de almôndegas de barriga de porco grelhada e de carne de porco servidas com ervas, pimenta, aletria de arroz e um caldo picante, azedo, de peixe, onde se mergulha tudo.

Durante sua primeira visita a Hanói, ele observou um pouco do marketing orgânico: "Enganosamente simples. Um hibachi improvisado bem na calçada. Uma loja escura com a fachada coberta por uma camada de fuligem, aberta para a rua. O mestre do *bun cha* ventila as brasas vermelhas, até a temperatura certa para grelhar a parte externa da carne de porco sem secar por dentro. A gordura escorre da carne de porco marinada, se transformando em fumaça, que penetra na carne com próprio sabor. Com a ajuda de um ventilador confiável, o resto da fumaça é como publicidade gratuita, atraindo os transeuntes com seu perfume atraente."[5]

"Em minha opinião, não há lugar melhor para receber o líder do Mundo Livre do que um desses lugares clássicos de *noodles*, descolados e familiares que se encontram em Hanói. O jantar e uma cerveja custam cerca de seis dólares. Suponho que o presidente não participa de muitos jantares de estado como este. E o *bun cha* é tão típico e específico de Hanói quanto possível."[6]

BUN CHA HUONG LIEN: Le Van Huu, 29, Pham Dinh Ho, Hoi Ba Trung, Hanói, Tel. +84 439 434106 (refeição típica em torno de 140.000 dongs/6 dólares)

SAIGON E HO CHI MINH

"Desde o primeiro minuto que cheguei neste país, soube que minha vida tinha mudado. Minha vida antiga, de repente, nunca mais seria suficientemente boa. Precisava de uma vida nova, que me permitisse continuar voltando para cá. As ruas, o parar, o andar e o parar do trânsito sem fim. Os padrões aparentemente impenetráveis. A preparação mental necessária para simplesmente atravessar a rua. Uma sobrecarga sensorial, uma onda de percepção acentuada semelhante à da cafeína, que sempre resulta em coisas boas.

"Quando vim aqui pela primeira vez [em 2000], ainda era possível ver a Saigon do romance de Graham Greene, *O americano tranquilo*. Ainda era uma cidade de bicicletas, motocicletas e triciclos. Havia cheiro de incenso queimado dos pagodes, carvão de lanchonetes, óleo diesel, jasmim. Mulheres vestidas com graciosos *áo dàis* e chapéus pontudos passavam pedalando. E marcos arquitetônicos, como o Majestic Hotel, a Ópera, o Caravelle, de cujo telhado era possível assistir à guerra, no passado.

"Hoje, o antigo sonho de um dia ter uma Honda parece ter se tornado realidade para quase todos. As bicicletas foram substituídas por lambretas e motocicletas. Chapéus pontiagudos tradicionais foram trocados por capacetes. O antigo ainda está aqui, mas ao redor, entre exemplares da velha arquitetura colonial francesa, em todos os lugares há uma construção moderna. Um *boom* de construções. O choque do novo."

CHEGADA E DESLOCAMENTO

O **Aeroporto Internacional Tan Son Nhat (SGN)**, o maior do país, é servido por várias companhias aéreas importantes, entre elas a Cathay Pacific, United, Emirates, Korean Air, ANA, Singapore e Air France, bem como por companhias regionais.

Você pode contratar um serviço de táxi pré-pago dentro do aeroporto ou conseguir um na fila de táxis. O custo de uma viagem saindo do aeroporto, que fica a cerca de 6,5 quilômetros do centro da cidade, é de 185.000-462.000 dongs/8-20 dólares. Gorjetas não são esperadas, mas são sempre bem-vindas. Há também ônibus amarelos com ar-condicionado que levam passageiros do aeroporto para a cidade por 23.000-46.000 dongs/1-2 dólares; siga as placas em inglês ao sair do terminal.

VIVER A HISTÓRIA NO CONTINENTAL

O **Hotel Continental Saigon** era o preferido de Tony na cidade. Concluído em 1880 no estilo colonial francês, foi o primeiro hotel do Vietnã, construído para os colonos franceses e batizado com o nome de um hotel de Paris. Graham Greene foi um hóspede de longa data; o hotel é um cenário importante do romance *O americano tranquilo* e serviu de base para jornalistas, empreiteiros e outros durante a guerra com os Estados Unidos. O bar no térreo, aberto para a rua, era apelidado de "a plataforma Continental" pelos correspondentes de guerra nos anos 1970. As árvores de frangipani que começaram a ser plantadas no pátio há mais de um século permanecem. O governo norte-vietnamita, vitorioso, tomou posse do hotel em 1975 e mantém o controle através da Saigon Tourist, a empresa de turismo controlada pelo estado. Hoje em dia, embora falte a ele a opulência encontrada em outras relíquias coloniais, o Continental é um refúgio fresco e semiluxuoso em meio à agitação, o barulho e o calor de Saigon.

HOTEL CONTINENTAL SAIGON: Rua Dong Khoi, 132-134, Distrito 1, Ho Chi Minh, Tel. +84 2838 299 201, www.continentalsaigon.com (diárias a partir de 2 milhões de dongs/90 dólares)

DRINQUES NO REX

Depois de ter sido uma garagem e concessionária de automóveis para empresários coloniais franceses, o Rex foi transformado em hotel no fim dos anos 1950, e foi o local de boletins militares diários, apelidado de "as folias das cinco da tarde", durante a guerra com os Estados Unidos. Como o Continental, o Rex Hotel Saigon se tornou propriedade do estado após a queda da cidade. Tony adorava o bar na cobertura, de onde se pode observar a vida nas ruas, lá embaixo. Tomar uns drinques ali, dizia ele, era "**obrigatório**".

REX HOTEL SAIGON: Nguyen Hue, 141, Ben Nghe, Distrito 1, Ho Chi Minh City, Tel. +84 28 3829 2185, www.rexhotelsaigon.com (os quartos custam a partir de 3,5 milhões de dongs/150 dólares por noite)

SENHORA DO ALMOÇO

"**Nguyen Thi Thanh é conhecida como 'a Senhora do Almoço'.** Ela é uma espécie de espírito independente porque prepara uma sopa diferente a cada dia, que faz do zero, numa espécie de menu cíclico ao longo da semana."

Uma das sopas oferecidas é o *bún bò Hue*: "Carne ao estilo Hue, e acho que há sangue de porco no meio. Caldo de ossos de porco, ossos de boi, depois carne fatiada, porco fatiado, coxa de porco, pés de porco. Sangue de porco coagulado, cebola, gengibre, macarrão de arroz. Uma série de especiarias diferentes, os maus bocados e segredos da casa zelosamente guardados. A magia de uma sopa entre sopas." Espere pagar em torno de 46.000-69.000 dongs/2-3 dólares. E uma advertência: se alguém trouxer rolinhos primavera para sua mesa e você comê-los, eles serão adicionados à conta, sem qualquer aviso.

Desde sua aparição na TV com Tony, Nguyen Thi Thanh evoluiu de lenda local a personalidade internacional badalada. Anos depois de seu contato inicial com a mídia, ela continua a alimentar hordas de moradores e visitantes.

SENHORA DO ALMOÇO DE QUAN AN: Phuong Da Kao (perto de Hoang Sa), Distrito 1, Ho Chi Minh (sem telefone, sem site) (46.000-69.000 dongs/2-3 dólares)

MERCADO BENH THANH

O Mercado Ben Thanh é, na verdade, duas coisas: um mercado diurno para têxteis, sapatos, souvenires, eletrônicos, produtos domésticos, agrícolas, frutos do mar, pássaros vivos e alimentos prontos; e um mercado noturno, lotado com ainda mais fornecedores de comida e bebida, um lugar animado para petiscar algumas das melhores pedidas da cidade.

"**O cheiro de um monte de aves vivas e de alimentos sendo preparados formam uma mistura bastante inebriante.**" Há muito o que degustar em Benh Thanh: "**Em todo caso, é tudo muito fresco e cheira bem. Todos os vendedores têm muito orgulho de seus produtos e vão querer que você experimente tudo.**"

MERCADO BENH THANH: Le Loi, Ben Thanh, Distrito 1, Ho Chi Minh, Tel. +84 283829 9274, www.chobenthanh.org.vn (preços variam)

APÊNDICE: REFERÊNCIAS CINEMATOGRÁFICAS

BUENOS AIRES, ARGENTINA: Embora ambientado em Hong Kong, Tony e a equipe lançaram mão de *Amor à flor da pele* (2000), de Wong Kar-wai, em sua evocação de saudade e solidão intercalada com momentos de felicidade, como inspiração para o episódio de Buenos Aires de *Lugares desconhecidos*.

VIENA, ÁUSTRIA: Tony faz referência à cena da roda-gigante em *O terceiro homem* (1949), dirigido por Carol Reed, no episódio de Viena de *Sem reservas*.

BORNÉU, CAMBOJA, VIETNÃ: Ao longo de muitos anos de produção para a TV, Tony e sua equipe se inspiraram continuamente no clássico filme da guerra do Vietnã *Apocalypse Now* (1979), de Francis Ford Coppola, que foi baseado no romance *Coração das trevas*, de Joseph Conrad, de 1902.

QUEBEC, CANADÁ: Michael Steed, ao dirigir o episódio do Quebec de *Lugares desconhecidos* em meio a áreas tranquilas cobertas pela neve e pelo gelo do norte, encontrou inspiração em *Fargo* (1996), de Joel e Ethan Coen, e *O doce amanhã* (1997), de Atom Egoyan.

HONG KONG: A forma com que o diretor Wong Kar-wai empregava as sinalizações de néon específicas de Hong Kong, as escadas rolantes abundantes, o denso desenvolvimento vertical e o porto dramático, como visto em seus filmes *Amores expressos* (1994), *Anjos caídos* (1995) e *Amor à flor da pele* (2000), inspirou os episódios de *Sem reservas*, *Fazendo escala* e *Lugares desconhecidos* produzidos na cidade.

HELSINQUE, FINLÂNDIA: *Uma noite sobre a terra* (1991), de Jim Jarmusch, e *A mocinha da fábrica de fósforos* (1990), de Aki Kaurismäki, influenciaram a ironia sombria do episódio de *Sem reservas* dedicado à Finlândia.

MARSELHA, FRANÇA: O diretor Toby Oppenheimer olhou para os filmes mais leves do diretor francês da *Nouvelle Vague*, Éric Rohmer, como *O joelho de Claire* (1970) e *Pauline na praia* (1983) ao planejar o episódio de *Lugares desconhecidos*.

PUNJAB, ÍNDIA: Certos planos na cena do trem do episódio do Punjab de *Lugares desconhecidos* foram fortemente influenciados por *Viagem a Darjeeling* (2007), dirigido por Wes Anderson.

ROMA, ITÁLIA: Para os episódios gravados na Itália, Tony e sua equipe se basearam em *A doce vida* (1960), de Federico Fellini; *Mamma Roma* (1962), de Pier Paolo Pasolini, e *Via Veneto* (1964), de Giuseppe Lipartiti.

SARDENHA, ITÁLIA: Tony se inspirou nos aspectos não violentos e não criminosos de *O poderoso chefão* (1972), ao planejar as cenas de família neste episódio de *Sem reservas*, que apresentava os parentes de sua esposa, Ottavia. Ele devaneou: **"Eu me imagino, é claro, tombando entre os tomateiros do quintal em algum lugar perseguindo um neto com uma fatia de laranja na boca"**, uma referência direta à suave despedida de Don Corleone, o personagem de Marlon Brando.

TÓQUIO, JAPÃO: O diretor Nick Brigden emulou a edição hipercinética e a intensidade dos close-ups de *Tóquio porrada* (1995), de Shin'ya Tsukamoto.

LAGOS, NIGÉRIA: *Music au Poing* (1982), dirigido por Jean-Jacques Flori e Stephane Tchal-Gadjieff, emprestou contexto narrativo e história musical para o episódio de *Lugares desconhecidos*, segundo o diretor Morgan Fallon.

LOS ANGELES, CALIFÓRNIA: *Colateral* (2004), de Michael Mann, mostra o submundo sombrio da cidade que se reflete nos episódios de *Sem reservas*, *Fazendo escala* e *Lugares desconhecidos* filmados por lá.

MIAMI, FLÓRIDA: Tony e a equipe de *Lugares desconhecidos* encenaram uma cena de festa num hotel de Miami que homenageou a cena da festa de aniversário do filme italiano *A grande beleza* (2013), dirigido por Paolo Sorrentino.

NOVA YORK, NOVA YORK: O diretor Michael Steed se voltou para *Wild Style* (1982), de Charlie Ahearn, e para os filmes não narrativos de Stan Brakhage para dar o tom das gravações no Lower East Side.

VIRGÍNIA OCIDENTAL: *Docinho da América* (2016), de Andrea Arnold, que olha para a beleza, as contradições, as pequenas alegrias do dia a dia, inspirou o diretor Morgan Fallon para o episódio.

AGRADECIMENTOS

Tenho uma enorme dívida de gratidão para com Tony, cujo carisma, curiosidade, inteligência, sagacidade e generosidade de espírito são a razão de ser deste livro. Sua confiança em mim era essencial.

Muito obrigado ao pessoal da Ecco — Sara Birmingham, Sonya Cheuse, Meghan Deans, Gabriella Doob, Ashlyn Edwards, Dan Halpern, Doug Johnson, David Koral, Renata de Oliveira, Miriam Parker, Allison Saltzman, Rachel Sargent, Michael Siebert e Rima Weinberg —, cujos talentos criativos e habilidades formidáveis transformaram uma ideia em algo concreto.

Agradeço a Kimberly Witherspoon e a Jessica Mileo da Inkwell Management, pela orientação criativa, pela força e por ajudar a pagar as contas.

Agradeço a Wesley Allsbrook pelas ilustrações perfeitas, que Tony Bourdain certamente teria adorado.

Agradeço àqueles que generosamente contribuíram com lembranças e ideias para este livro: Jen Agg, Steve Albini, Vidya Balachander, Christopher Bourdain, Bill Buford, BJ Dennis, Nari Kye, Claude Tayag, Daniel Vaughn e Matt Walsh.

Agradeço a Chris Collins e Lydia Tenaglia, da produtora Zero Point Zero, por fazer programas de televisão geniais com Tony e um time dos sonhos de diretores, produtores, cinegrafistas e editores, incluindo Jeff Allen, Jared Andrukanis, Nick Brigden, Helen Cho, Morgan Fallon, Josh Ferrell, Sally Freeman, Nari Kye (de novo!), Todd Liebler, Alex Lowry, Toby Oppenheimer, Lorca Shepperd, Michael Steed, Tom Vitale e Sandy Zweig, que responderam com a maior boa vontade às minhas muitas, muitas perguntas.

Agradeço também a todos que esclareceram dúvidas; deram conselhos, fizeram companhia em viagens e/ou ofereceram um lugar para ficar; e que de

AGRADECIMENTOS

algum modo ajudaram a dar forma a este livro: Seema Ahmed, Hashim Badani, Jonathan Bakalarz, Raphael Bianchini, Daniel Boulud, Jessica Bradford, Kee Byung-kuen, Jessica Delisle, Lolis Elie, Paula Froelich, Jonathan Hayes, Fergus Henderson, Kate Kunath, Akiko Kurematsu, Matt Lee, Ted Lee, Esther Liberman, Yusra e Mohamed Ali Makim, David Mau, Claudia McKenna-Lieto, Dave McMillan, Max Monesson, Antonio Mora, Fred Morin, Inky Nakpil, Aik Wye Ng, Esther Ng, Cory Pagett, Sara Pampaloni, Matt Sartwell, KF Seetoh, Crispy Soloperto, Katherine Spires, Gabriele Stabile, James Syhabout, Yoshi Tezuka, Nathan Thornburgh, Chris Thornton, Alicia Tobin, Alison Tozzi Liu, Jason Wang, Maisie Wilhelm, e Amos e Emily Zeeberg.

Laurie Woolever

NOTAS

INTRODUÇÃO

1   Todas as citações são de: *Lugares desconhecidos*, 12ª temporada, ep. 01.

ARGENTINA

1   Todas as citações são de: *Lugares desconhecidos*, 7ª temporada, ep. 08.

AUSTRÁLIA

1   Todas as citações são de: *Sem reservas*, 5ª temporada, ep. 12.

ÁUSTRIA

1   Todas as citações são de: *Sem reservas*, 7ª temporada, ep. 04.

BRASIL

1   Todas as citações são de: *Lugares desconhecidos*, 3ª temporada, ep. 08.

BUTÃO

1   Todas as citações são de: *Lugares desconhecidos*, 11ª temporada, ep. 08.

CAMBOJA

1   Todas as citações são de: *Sem reservas*, 7ª temporada, ep. 02.

CANADÁ

1   Todas as citações sobre Quebec são de: *Lugares desconhecidos*, 1ª temporada, ep. 04.
2   Todas as citações sobre Montreal são de: *Fazendo escala*, 1ª temporada, ep. 06.
3   Todas as citações sobre Toronto são de: *Fazendo escala*, 2ª temporada, ep. 05.
4   Todas as citações sobre Vancouver são de: *Sem reservas*, 4ª temporada ep. 03.

CHINA

1. Todas as citações sobre Hong Kong são de: *Fazendo escala*, 1ª temporada, ep. 05; *Lugares desconhecidos*, 11ª temporada, ep. 05 e *Sem reservas*, 3ª temporada, ep. 13.
2. Todas as citações sobre Xangai são de: *Lugares desconhecidos*, 4ª temporada, ep. 01 e *Sem reservas*, 3ª temporada, ep. 07.
3. Todas as citações sobre Sichuan são de: *Lugares desconhecidos*, 8ª temporada, ep. 03.

CINGAPURA

1. Publicado com permissão da revista *Food & Wine*.
2. Todas as citações sobre são de: *Lugares desconhecidos*, 1ª temporada, ep. 01; *Fazendo escala*, 1ª temporada, ep. 01 e *Sem reservas*, 4ª temporada; ep. 01.

COREIA DO SUL

1. Todas as citações são de: *Sem reservas*, 2ª temporada, ep. 11 e *Lugares desconhecidos*, 5ª temporada, ep. 01.

CROÁCIA

1. Todas as citações são de: *Sem reservas*, 8ª temporada, ep. 3.

CUBA

1. De *Lugares desconhecidos*, 6ª temporada, ep. 01.
2. De *Lugares desconhecidos*, "Prime cuts" da 6ª temporada.

ESPANHA

1. De *Sem reservas*, 4ª temporada, ep. 17.
2. De *Lugares desconhecidos*, 9ª temporada, ep. 02.

ESTADOS UNIDOS

1. Todas as citações sobre Los Angeles são de: *Fazendo escala*, 1ª temporada, ep. 10.
2. Todas as citações sobre Miami são de: *Fazendo escala*, 1ª temporada, ep. 04 e *Lugares desconhecidos*, 5ª temporada, ep. 02.
3. Todas as citações sobre Atlanta são de: *Fazendo escala*, 2ª temporada, ep. 05.

4   Todas as citações sobre Chicago são de: *Sem reservas*, 5ª temporada, ep. 05; *Fazendo escala*, 2ª temporada, ep. 01 e *Lugares desconhecidos*, 7ª temporada, ep. 02.
5   Todas as citações sobre Nova Orleans são de: *Fazendo escala*, 2ª temporada, ep. 09.
6   Todas as citações sobre Provincetown são de: *Lugares desconhecidos*, 4ª temporada, ep. 07.
7   Todas as citações sobre Detroit são de: *Lugares desconhecidos*, 2ª temporada, ep. 08 e *Sem reservas*, 5ª temporada, ep. 13.
8   Todas as citações sobre Livingston são de: *Lugares desconhecidos*, 7ª temporada, ep. 04 e *Sem reservas*, 5ª temporada, ep. 17.
9   Todas as citações sobre Nova Jersey são de: *Lugares desconhecidos*, 5ª temporada, ep. 05.
10 De *Sem reservas*, 5ª temporada, ep. 08.
11 De *Fazendo escala*, 1ª temporada, ep. 02.
12 De *Lugares desconhecidos*, 12ª temporada, ep. 07.
13 De *A Cook's Tour*, 1ª temporada, ep. 19.
14 De *Sem reservas*, 5ª temporada, ep. 06.
15 De *Sem reservas*, 5ª temporada, ep. 19.
16 De *Lugares desconhecidos*, 4ª temporada, ep. 02.
17 De *Sem reservas*, 9ª temporada, ep. 10.
18 Todas as citações são de: *Sem reservas*, 3ª temporada, ep. 03.
19 Todas as citações sobre a Filadélfia são de: *Fazendo escala*, 2ª temporada, ep. 03.
20 Todas as citações sobre Pittsburgh são de: *Lugares desconhecidos*, 10ª temporada, ep. 04.
21 Todas as citações sobre Charleston são de: *Lugares desconhecidos*, 6a temporada, ep. 08.
22 Todas as citações sobre Austin são de: *Sem reservas*, 9ª temporada, ep. 01.
23 Todas as citações sobre Seattle são de: *Lugares desconhecidos*, 10ª temporada, ep. 08 e *Fazendo escala*, 2ª temporada, ep. 06.
24 Todas as citações sobre Virgínia Ocidental são de *Lugares desconhecidos*, 11ª temporada, ep. 01.

FILIPINAS

1   Todas as citações são de: *Sem reservas*, 5ª temporada, ep. 07 e *Lugares desconhecidos*, 7ª temporada, ep. 01.

FINLÂNDIA

1   Todas as citações são de *Sem reservas*, 8ª temporada, ep. 06.

FRANÇA

1   Todas as citações sobre os Alpes Franceses são de: *Lugares desconhecidos*, 10ª temporada, ep. 01.
2   Todas as citações sobre Lyon são de: *Lugares desconhecidos*, 3ª temporada, ep. 03.
3   Todas as citações sobre Marselha são de: *Lugares desconhecidos*, 6ª temporada, ep. 02.
4   Todas as citações sobre Paris são de: *Fazendo escala*, 2ª temporada, ep. 02; *Sem reservas*, 1ª temporada, ep.01 e *Sem reservas*, 6ª temporada, ep. 24.

GANA

1   Todas as citações são de: *Sem reservas*, 3ª temporada, ep. 02.

ÍNDIA

1   Todas as citações sobre Mumbai são de: *Sem reservas*, 2ª temporada, ep. 10.
2   Todas as citações sobre Punjab são de: *Lugares desconhecidos*, 3ª temporada, ep. 01.
3   Todas as citações sobre o Rajastão e Udaipur são de: *Sem reservas*, 2ª temporada, ep. 09.

IRLANDA

1   Todas as citações são de: *Sem reservas*, 3ª temporada, ep. 01 e *Fazendo escala*, 2ª temporada, ep. 06.

ISRAEL

1   Todas as citações são de: *Lugares desconhecidos*, 2ª temporada, ep. 01.

ITÁLIA

1   Todas as citações sobre Nápoles são de: *Sem reservas*, 7ª temporada, ep. 11.
2   Todas as citações sobre Roma são de: *Lugares desconhecidos*, 8ª temporada, ep. 09; *Sem reservas*, 6ª temporada, ep. 20 e *Fazendo escala*, 1ª temporada, ep. 03.
3   Todas as citações sobre a Sardenha são de: *Sem reservas*, 5ª temporada, ep. 20.

JAPÃO

1   Todas as citações sobre Osaka são de: *Sem reservas*, 2ª temporada, ep. 07.
2   Todas as citações sobre Tóquio são de: *Lugares desconhecidos*, 2ª temporada, ep. 07; *Lugares desconhecidos*, 8ª temporada, ep. 05 e *Sem reservas*, 4ª temporada, ep. 16.

LAOS

1   Todas as citações são de: *Lugares desconhecidos*, 9ª temporada, ep. 03 e *Sem reservas*, 4ª temporada, ep. 11.

LÍBANO

1   Todas as citações são de: *Sem reservas*, 2ª temporada, ep. 14 e *Sem reservas*, 6ª temporada, ep. 02.

MACAU

1   Todas as citações são de: *Sem reservas*, 7ª temporada, ep. 10.

MALÁSIA

1   De *Lugares desconhecidos*, 6ª temporada, ep. 06.
2   De *Sem reservas*, 1ª temporada, ep. 05.
3   Todas as citações são de: *Sem reservas*, 8ª temporada, ep. 08.

MARROCOS

1   Todas as citações são de: *Lugares desconhecidos*, 1ª temporada, ep. 05.

MÉXICO

1   Todas as citações são de: *Lugares desconhecidos*, 3ª temporada, ep. 04 e *Sem reservas*, 5ª temporada, ep. 01.

MIANMAR

1   Todas as citações são de: *Lugares desconhecidos*, 1ª temporada, ep. 01.

MOÇAMBIQUE

1   Todas as citações são de: *Sem reservas*, 8ª temporada, ep. 01.

NIGÉRIA

1   Todas as citações são de: *Lugares desconhecidos*, 10ª temporada, ep. 03.

OMÃ

1   Todas as citações são de: *Lugares desconhecidos*, 9ª temporada, ep. 06.

PERU

1   Todas as citações são de: *Lugares desconhecidos*, 1ª temporada, ep. 07 e *Sem reservas*, 2ª temporada, ep. 03.

PORTUGAL

1   Todas as citações sobre Liboa são de: *Sem reservas*, 8ª temporada, ep. 04.
2   Todas as citações sobre Porto são de: *Lugares desconhecidos*, 9ª temporada, ep. 08.

QUÊNIA

1   Todas as citações são de *Lugares desconhecidos*, 12ª temporada, ep. 01.

REINO UNIDO

1   Todas as citações sobre Londres são de: *Fazendo escala*, 1ª temporada, ep. 09.
2   Todas as citações sobre Edimburgo são de: *Sem reservas*, 4ª temporada, ep. 06.
3   Todas as citações sobre Glasgow são de: *Lugares desconhecidos*, 5ª temporada, ep. 03.

SRI LANKA

1   Todas as citações são de: *Sem reservas*, 5ª temporada, ep. 09 e *Lugares desconhecidos*, 10ª temporada, ep. 05.

TAIWAN

1   Todas as citações são de: *Fazendo escala*, 2ª temporada, ep. 08.

TANZÂNIA

1   Todas as citações são de: *Lugares desconhecidos*, 4ª temporada, ep. 05.

TRINIDADE E TOBAGO

1   Todas as citações são de: *Lugares desconhecidos*, 9ª temporada, ep. 07.

URUGUAI

1   Todas as citações são de: *Lugares desconhecidos*, 11ª temporada, ep. 02 e *Sem reservas*, 4ª temporada, ep. 14.

VIETNÃ

1   De *Sem reservas*, 1ª temporada, ep. 04.
2   Todas as citações sobre Hue são de: *Lugares desconhecidos*, 4ª temporada, ep. 04.
3   Todas as citações sobre Hanói sao de: *Lugares desconhecidos*, 8ª temporada, ep. 01..
4   De *Sem reservas*, 5ª temporada, ep. 10.
5   De *A Cook's Tour*, 1ª temporada, ep. 04.
6   De *Sem reservas*, 5ª temporada, ep. 10.

A indicação de temporadas e episódios de todas as séries de Anthony Bourdain se baseia nas listas catalogadas pelo Internet Movie Database (IMDb), disponíveis em www.imdb.com. (N. do E.)